有机化学

（第二版）

张袖丽　褚明杰　主编

科学出版社

北京

内 容 简 介

本书是在进一步精简第一版教材内容,结合各专业的基本要求,并注意知识更新的基础上编写的。全书仍按官能团系统编排,共15章,除绪论外,主要内容包括烃、烃的衍生物、天然有机化合物和波谱学基础四部分。内容安排既注重与中学化学、普通化学和后续课程的衔接,又注重与农业科学及相关学科的联系。各章节中有思考题,每章后附有适量习题,供学生自学及复习时使用。

本书可作为高等农林院校各相关专业的本科生教材,也可作为农、林、生物、食品、环境等相关科技工作者及备考硕士研究生的参考用书。

图书在版编目(CIP)数据

有机化学/张袖丽,褚明杰主编.—2版.—北京:科学出版社,2022.12
ISBN 978-7-03-073806-6

Ⅰ.①有⋯ Ⅱ.①张⋯ ②褚⋯ Ⅲ.①有机化学-高等学校-教材 Ⅳ.①O62

中国版本图书馆 CIP 数据核字(2022)第 221160 号

责任编辑:丁 里 / 责任校对:张小霞
责任印制:霍 兵 / 封面设计:迷底书装

科学出版社 出版
北京东黄城根北街 16 号
邮政编码:100717
http://www.sciencep.com

北京市密东印刷有限公司印刷
科学出版社发行 各地新华书店经销
*

2015 年 1 月第 一 版	开本:787×1092 1/16
2022 年 12 月第 二 版	印张:18 1/2
2024 年 11 月第十二次印刷	字数:474 000

定价:59.00 元
(如有印装质量问题,我社负责调换)

《有机化学(第二版)》编写委员会

主　编　张袖丽　褚明杰

副主编　宋常春　黄长干　陈君华　杨　华
　　　　徐鲁斌　甘小平

编　委（按姓名汉语拼音排序）

　　　　陈君华　陈珊珊　陈忠平　褚明杰
　　　　甘小平　高　宝　黄长干　吕献海
　　　　聂旭亮　宋常春　王　辉　徐鲁斌
　　　　杨　华　姚传志　张袖丽　朱　婧

第二版前言

《有机化学》第一版自发行以来,得到了同行专家和学生的好评。老师们在使用过程中对教材提出了许多宝贵的建设性意见和建议。为了适应新时期高等教育改革发展的趋势,打开有机化学教学新思路,更全面地反映学科核心知识点和基本要求,编者结合兄弟院校尤其是使用本书的各位老师的建议和学生学习的需求,在第一版的基础上进行了修订和完善。

本次修订保持原教材的知识结构体系和框架结构,在内容选择上继续强调实用性,拓宽知识面,着重加强重要的化学反应教学,简化理论内容的推演证明。考虑到不同学校、不同专业对教学的要求不完全相同,对每一章节的思考题和习题进行了精简,对一些难度较大的习题进行了更换。

为了配合本书在教学中的实际需要,同时也是作为本书内容的有益补充,安徽农业大学有机化学教研室借助超星泛雅平台(移动端学习通)建设了与本书配套的网络课程,可供线上课程、线上线下混合式课程及线下课程使用。在网络课程中,除了课程的讲解视频外,还提供了多媒体课件和课后习题参考答案,每一章节中还增加了相应的随堂练习题及章节练习,并配套设计了综合练习题及习题讲解视频。同时,网络课程中还提供了相当数量的课外阅读资料。网上课程每学年与线下课程同步开放,有需要的老师或学生可与安徽农业大学理学院应用化学系有机化学教研室联系。

本书第一版由安徽农业大学、江西农业大学、安徽科技学院三所院校参与编写,第二版邀请青岛农业大学徐鲁斌副教授、王辉副教授参与修订。

在本书编写出版的过程中,得到了所在各院校领导、教研室其他同仁及相关部门人员的大力支持,在此谨表示衷心的感谢!此外,编写本书时参考了大量的文献资料,在此谨向有关专家和原作者表示感谢,对大力支持本书出版的科学出版社表示衷心的感谢!

由于编者水平有限,书中难免存在疏漏和不足之处,恳请使用本书的同行专家和读者批评指正。

编 者

2022 年 1 月

第一版前言

有机化学作为高等农林院校生命科学、农学、食品科学、环境等众多专业的一门重要基础课程,与许多学科有着交叉渗透。有机化学主要研究有机化合物的来源、结构、性质、应用、制备以及有关理论知识。本书参照全国"面向 21 世纪课程教材"有机化学教学研讨会制定的教学大纲,结合面向 21 世纪高等农业院校有机化学课程体系和教学内容改革方案的要求,并借鉴国内外同类教材的优点,结合编者多年的教学经验编写而成。本书从农业院校的实际出发,注重与普通化学的衔接及与后续课程的联系,结合当前教学过程的实际需求,精选内容,加强基础,并紧密联系当前本学科发展的新内容、新成果和新技术,在编写中力求文字简练、说理清楚、通俗易懂、由浅入深,以便于教师的课堂教学和学生的课后复习及自学。

本书以培养学生分析问题、解决问题以及科学思维能力和创新能力为目标,着重介绍有机化学的基本原理和基本知识,阐明各类有机化合物结构与性质之间的相互关系。全书共 15 章,章节次序基本上按官能团系统编排,包括烃类化合物、烃的衍生物及天然有机化合物等主要内容,其中立体化学知识占有适当的篇幅;同时,考虑到农林院校教学的实际情况,将波谱知识放在最后,供不同院校在教学中根据实际情况选用。全书重点阐述了有机化学的基本知识、基本反应和基本理论,突出了各类官能团的结构和性质的关系,并将主要有机反应机理及立体化学内容穿插在有关章节介绍以便分散难点。各章中以日常生活、工农业生产及生物体内存在的重要有机化合物为例,介绍了这些化合物的结构和性质,使读者了解有机化合物与生产、生活的密切关系。为了帮助学生学好有机化学,适应考教分离的形式,同时也便于在作业上有选择余地,各章节中有思考题,在每章后附有适量习题,供教师和学生选用。

本书由安徽农业大学、江西农业大学、安徽科技学院三所院校的十几位教师共同编写。全书由张袖丽教授和褚明杰副教授制定编写大纲,设计编写体系,并完成全书的统稿、修改和定稿工作。

在本书编写过程中得到了安徽农业大学、江西农业大学、安徽科技学院校领导、教务部门、教研室其他同仁及相关部门人员的大力支持和帮助,在此表示衷心的感谢。此外,本书的编写参考了大量的文献资料,在此向有关专家及原作者表示衷心的感谢。向大力支持本书出版的科学出版社表示衷心感谢。

由于编者水平有限,书中疏漏之处在所难免,恳切希望使用本书的同行和读者批评指正。

编 者
2014 年 12 月

目 录

第二版前言
第一版前言

第1章 绪论 ·· 1
  1.1 有机化合物与有机化学 ·· 1
  1.2 有机化合物与无机化合物的比较 ······································ 1
    1.2.1 结构及组成上的差别 ·· 1
    1.2.2 性质上的差别 ·· 2
  1.3 有机化合物的分类 ·· 2
    1.3.1 根据碳架结构分类 ·· 2
    1.3.2 根据官能团分类 ··· 3
  1.4 有机化合物的研究程序和方法 ··· 4
  1.5 有机化合物结构理论 ··· 5
    1.5.1 价键理论 ·· 5
    1.5.2 杂化轨道理论 ·· 6
    1.5.3 分子轨道理论 ·· 7
  1.6 有机化学中的酸碱概念 ·· 8
    1.6.1 酸碱电离理论 ·· 8
    1.6.2 酸碱质子理论 ·· 8
    1.6.3 酸碱电子理论 ·· 9
  1.7 分子间的作用力 ··· 9
    1.7.1 偶极-偶极作用 ··· 9
    1.7.2 色散力 ··· 9
    1.7.3 氢键 ·· 10
  习题 ··· 10

第2章 饱和烃 ··· 12
  2.1 烷烃 ··· 12
    2.1.1 烷烃的同系列和同分异构 ······································ 12
    2.1.2 烷烃的命名 ·· 13
    2.1.3 烷烃的结构与构象 ··· 15
    2.1.4 烷烃的物理性质 ·· 18
    2.1.5 烷烃的化学性质 ·· 20
    2.1.6 烷烃的天然来源及用途 ··· 22
  2.2 环烷烃 ··· 23
    2.2.1 环烷烃的异构和命名 ·· 23

2.2.2 环烷烃的物理性质 ··· 25
　　　2.2.3 环烷烃的化学性质 ··· 25
　　　2.2.4 环烷烃的结构与稳定性 ··· 27
　　　2.2.5 环己烷及其衍生物的构象 ··· 28
　习题 ·· 31

第3章 不饱和烃 ·· 32
3.1 单烯烃 ·· 32
　　3.1.1 烯烃的结构 ·· 32
　　3.1.2 烯烃的异构现象和命名 ··· 33
　　3.1.3 烯烃的物理性质 ··· 35
　　3.1.4 烯烃的化学性质 ··· 36
3.2 炔烃 ·· 41
　　3.2.1 炔烃的结构 ·· 41
　　3.2.2 炔烃的异构现象和命名 ··· 42
　　3.2.3 炔烃的物理性质 ··· 42
　　3.2.4 炔烃的化学性质 ··· 43
3.3 二烯烃 ·· 45
　　3.3.1 1,3-丁二烯的结构和共轭效应 ··· 46
　　3.3.2 共轭二烯烃的化学性质 ··· 48
3.4 萜类化合物 ·· 50
　　3.4.1 异戊二烯规律与萜的分类 ··· 50
　　3.4.2 重要的萜类化合物 ·· 51
　习题 ·· 55

第4章 芳香烃 ·· 57
4.1 单环芳烃 ·· 57
　　4.1.1 单环芳烃的异构和命名 ··· 57
　　4.1.2 苯的分子结构 ··· 59
　　4.1.3 单环芳烃的物理性质 ··· 60
　　4.1.4 单环芳烃的化学性质 ··· 61
　　4.1.5 亲电取代反应的定位规律及其应用 ··· 65
4.2 稠环芳烃 ·· 69
　　4.2.1 萘、蒽、菲的结构和命名 ··· 69
　　4.2.2 萘的性质 ·· 70
　　4.2.3 富勒烯简介 ·· 71
4.3 非苯芳香烃 ·· 71
　　4.3.1 休克尔规则 ·· 71
　　4.3.2 几种常见非苯芳香烃的结构 ·· 72
　习题 ·· 73

第5章 旋光异构 ……………………………………………………………………… 75
5.1 物质的旋光性 ……………………………………………………………… 75
5.1.1 偏振光和旋光性 ………………………………………………………… 75
5.1.2 旋光度和比旋光度 ……………………………………………………… 76
5.1.3 旋光性与分子结构的关系 ……………………………………………… 77
5.2 含手性碳原子化合物的旋光异构 ………………………………………… 79
5.2.1 含一个手性碳原子化合物的旋光异构 ………………………………… 79
5.2.2 含两个手性碳原子化合物的旋光异构 ………………………………… 83
5.2.3 不含手性碳原子化合物的旋光异构 …………………………………… 87
5.2.4 旋光异构体性质的比较 ………………………………………………… 88
5.2.5 外消旋体的拆分 ………………………………………………………… 88
5.2.6 动态立体化学简介 ……………………………………………………… 90
习题 ………………………………………………………………………………… 91

第6章 卤代烃 ……………………………………………………………………… 93
6.1 卤代烃的分类和命名 ……………………………………………………… 93
6.1.1 卤代烃的分类 …………………………………………………………… 93
6.1.2 卤代烃的命名 …………………………………………………………… 93
6.2 卤代烃的物理性质 ………………………………………………………… 94
6.3 卤代烃的化学性质 ………………………………………………………… 95
6.3.1 取代反应 ………………………………………………………………… 96
6.3.2 消除反应 ………………………………………………………………… 96
6.3.3 与金属的反应 …………………………………………………………… 97
6.3.4 卤代烃的两种反应机理 ………………………………………………… 98
6.3.5 不饱和卤代烃结构与化学活性的关系 ………………………………… 103
6.3.6 重要的卤代烃类化合物 ………………………………………………… 106
习题 ………………………………………………………………………………… 107

第7章 醇、酚、醚 ………………………………………………………………… 110
7.1 醇 …………………………………………………………………………… 110
7.1.1 醇的分类和命名 ………………………………………………………… 110
7.1.2 醇的物理性质 …………………………………………………………… 111
7.1.3 醇的化学性质 …………………………………………………………… 112
7.1.4 重要的醇类化合物 ……………………………………………………… 116
7.2 酚 …………………………………………………………………………… 118
7.2.1 酚的分类和命名 ………………………………………………………… 118
7.2.2 酚的物理性质 …………………………………………………………… 119
7.2.3 酚的化学性质 …………………………………………………………… 120
7.2.4 重要的酚类化合物 ……………………………………………………… 123
7.3 醚 …………………………………………………………………………… 125

        7.3.1 醚的分类和命名 ………………………………………………………… 125
        7.3.2 醚的物理性质 …………………………………………………………… 126
        7.3.3 醚的化学性质 …………………………………………………………… 126
        7.3.4 环醚 ……………………………………………………………………… 128
    7.4 硫醇、硫酚和硫醚 ………………………………………………………………… 129
        7.4.1 硫醇、硫酚和硫醚的命名 ……………………………………………… 129
        7.4.2 硫醇、硫酚和硫醚的物理性质 ………………………………………… 129
        7.4.3 硫醇、硫酚和硫醚的化学性质 ………………………………………… 129
    习题 …………………………………………………………………………………… 131

第8章 醛、酮、醌 ……………………………………………………………………… 133
    8.1 醛和酮 …………………………………………………………………………… 133
        8.1.1 醛、酮的分类和命名 …………………………………………………… 133
        8.1.2 醛、酮的物理性质 ……………………………………………………… 134
        8.1.3 醛、酮的化学性质 ……………………………………………………… 134
        8.1.4 重要的醛、酮类化合物 ………………………………………………… 143
    8.2 醌 ………………………………………………………………………………… 144
        8.2.1 醌的结构和命名 ………………………………………………………… 144
        8.2.2 醌的性质 ………………………………………………………………… 145
        8.2.3 重要的醌类化合物 ……………………………………………………… 146
    习题 …………………………………………………………………………………… 147

第9章 羧酸、羧酸衍生物和取代酸 …………………………………………………… 150
    9.1 羧酸 ……………………………………………………………………………… 150
        9.1.1 羧酸的分类和命名 ……………………………………………………… 150
        9.1.2 羧酸的物理性质 ………………………………………………………… 151
        9.1.3 羧酸的化学性质 ………………………………………………………… 152
        9.1.4 重要的羧酸类化合物 …………………………………………………… 156
    9.2 羧酸衍生物 ……………………………………………………………………… 158
        9.2.1 羧酸衍生物的命名 ……………………………………………………… 158
        9.2.2 羧酸衍生物的物理性质 ………………………………………………… 160
        9.2.3 羧酸衍生物的化学性质 ………………………………………………… 160
        9.2.4 重要的羧酸衍生物 ……………………………………………………… 163
    9.3 取代酸 …………………………………………………………………………… 163
        9.3.1 羟基酸 …………………………………………………………………… 163
        9.3.2 羰基酸 …………………………………………………………………… 166
    习题 …………………………………………………………………………………… 170

第10章 含氮和含磷有机化合物 ………………………………………………………… 171
    10.1 胺 ……………………………………………………………………………… 171
        10.1.1 胺的分类和命名 ……………………………………………………… 171

        10.1.2 胺的物理性质 ………………………………………………………… 173
        10.1.3 胺的化学性质 ………………………………………………………… 174
        10.1.4 重要的胺类化合物 …………………………………………………… 179
    10.2 其他含氮有机化合物 …………………………………………………………… 181
        10.2.1 重氮化合物 …………………………………………………………… 181
        10.2.2 偶氮化合物 …………………………………………………………… 183
        10.2.3 碳酸酰胺 ……………………………………………………………… 185
        10.2.4 苯磺酰胺 ……………………………………………………………… 186
    10.3 含磷有机化合物 ………………………………………………………………… 187
        10.3.1 含磷有机化合物的分类和命名 ………………………………………… 187
        10.3.2 常见有机磷农药 ……………………………………………………… 188
    习题 ……………………………………………………………………………………… 192

第 11 章 杂环化合物和生物碱 ………………………………………………………… 194
    11.1 杂环化合物 ……………………………………………………………………… 194
        11.1.1 杂环化合物的分类和命名 …………………………………………… 194
        11.1.2 杂环化合物的结构 …………………………………………………… 196
        11.1.3 杂环化合物的物理性质 ……………………………………………… 197
        11.1.4 杂环化合物的化学性质 ……………………………………………… 197
        11.1.5 个别杂环化合物及其衍生物 ………………………………………… 200
    11.2 生物碱 …………………………………………………………………………… 205
        11.2.1 生物碱概述 …………………………………………………………… 205
        11.2.2 生物碱的性质 ………………………………………………………… 205
        11.2.3 重要的生物碱 ………………………………………………………… 206
    习题 ……………………………………………………………………………………… 209

第 12 章 糖类化合物 …………………………………………………………………… 211
    12.1 单糖 ……………………………………………………………………………… 211
        12.1.1 单糖的结构 …………………………………………………………… 211
        12.1.2 单糖的物理性质 ……………………………………………………… 215
        12.1.3 单糖的化学性质 ……………………………………………………… 215
        12.1.4 重要的单糖及其衍生物 ……………………………………………… 219
    12.2 二糖 ……………………………………………………………………………… 222
        12.2.1 还原性二糖 …………………………………………………………… 222
        12.2.2 非还原性二糖 ………………………………………………………… 223
    12.3 多糖 ……………………………………………………………………………… 224
        12.3.1 淀粉 …………………………………………………………………… 225
        12.3.2 纤维素 ………………………………………………………………… 226
        12.3.3 其他重要的多糖 ……………………………………………………… 227
    习题 ……………………………………………………………………………………… 228

第13章　脂类 ······ 230
13.1　油脂 ······ 230
13.1.1　油脂的存在和用途 ······ 230
13.1.2　油脂的结构和组成 ······ 230
13.1.3　油脂的化学性质 ······ 232
13.2　表面活性剂 ······ 234
13.2.1　肥皂及其去污作用 ······ 234
13.2.2　合成表面活性剂 ······ 235
13.3　类脂 ······ 236
13.3.1　磷脂 ······ 236
13.3.2　蜡 ······ 239
13.4　甾族化合物 ······ 239
13.4.1　甾族化合物概述 ······ 239
13.4.2　重要的甾族化合物 ······ 240
习题 ······ 242

第14章　氨基酸、蛋白质和核酸 ······ 243
14.1　氨基酸 ······ 243
14.1.1　氨基酸的结构、分类和命名 ······ 243
14.1.2　氨基酸的物理性质 ······ 246
14.1.3　氨基酸的化学性质 ······ 246
14.2　蛋白质 ······ 249
14.2.1　蛋白质的元素组成和分类 ······ 249
14.2.2　蛋白质的结构 ······ 250
14.2.3　蛋白质的性质 ······ 252
14.3　核酸 ······ 254
14.3.1　核酸的化学组成 ······ 254
14.3.2　核酸的结构 ······ 257
14.3.3　核酸的生物功能 ······ 259
习题 ······ 260

第15章　波谱学基础 ······ 261
15.1　波谱知识概述 ······ 261
15.1.1　光的基本性质 ······ 261
15.1.2　能级跃迁与分子吸收光谱 ······ 261
15.2　紫外光谱 ······ 262
15.2.1　电子跃迁 ······ 262
15.2.2　紫外光谱的表示方法 ······ 263
15.2.3　紫外光谱中的常用术语 ······ 264
15.2.4　紫外光谱的应用 ······ 264

15.3 红外光谱 ··· 265
　　15.3.1 红外光与红外光谱 ·· 265
　　15.3.2 分子的振动 ·· 266
　　15.3.3 有机化合物基团的特征频率 ··· 266
　　15.3.4 有机化合物红外光谱图解析和应用 ··· 267
15.4 核磁共振谱 ··· 269
　　15.4.1 核磁共振的产生原理 ·· 269
　　15.4.2 核磁共振仪和核磁共振谱 ·· 270
　　15.4.3 有机物结构与核磁共振谱 ·· 271
　　15.4.4 核磁共振谱图解析 ·· 274
15.5 质谱 ·· 275
　　15.5.1 质谱的基本原理 ··· 275
　　15.5.2 质谱的表示方法 ··· 275
　　15.5.3 质谱的解析 ·· 277
习题 ·· 279
参考文献 ·· 280

第1章 绪 论

1.1 有机化合物与有机化学

有机化学是化学学科的一个重要分支,是研究有机化合物的组成、结构、性质及其变化规律的一门学科。

人们对有机化合物本质的认识是随着生产实践的发展、科学技术的进步而不断深化的。17世纪中叶,人们依据来源将自然界中的物质分为动物物质、植物物质和矿物物质三大类。1806年,瑞典著名化学家伯齐利厄斯(J. Berzelius)首先把来源于植物和动物有机体的物质称为有机化合物(简称有机物),并把对这些化合物的研究称为有机化学。基于这种认识,有机物就只能在生物体内受一种特殊力量的作用才能产生出来,而不能在实验室由人工合成,这种神秘莫测的"特殊力量"就称为"生命力"或"生活力"。"生命力"学说在一段时期内严重阻碍了有机化学的发展。

1828年,德国化学家韦勒(F. Wöhler)在研究氰酸盐的过程中,首次在实验室由无机化合物氰酸铵合成了有机化合物尿素。

$$NH_4Cl + AgCNO \longrightarrow AgCl\downarrow + NH_4CNO$$

$$NH_4CNO \xrightarrow{\triangle} (NH_2)_2CO$$

这一实验结果有力地冲击了"生命力"学说,也开辟了人工合成有机化合物的新纪元。此后,许多天然有机化合物如乙酸、酒石酸、苹果酸等相继被合成,大量自然界不存在的有机化合物也被制造出来。从此,"生命力"学说被彻底否定了,有机化合物的含义也发生了根本变化。

有机化学在19世纪下半叶迅速发展起来。化学家分析了大量有机物的元素组成,发现绝大多数有机物都含有碳、氢两种元素,有些还含有氧、硫、氮、磷、卤素等其他元素。于是,葛美林(L. Gmelin)和凯库勒(F. A. Kekulé)把碳化合物称为有机化合物,有机化学就是研究碳化合物的化学。后来,肖莱马(K. Schörlemmer)在化学结构学的基础上提出:有机化合物就是碳氢化合物及其衍生物,有机化学就是研究碳氢化合物及其衍生物的化学。

1.2 有机化合物与无机化合物的比较

有机化合物和无机化合物虽然没有明显的界线,但典型的有机物和典型的无机物在结构和性质上还是存在明显的差别。

1.2.1 结构及组成上的差别

组成无机物的元素种类很多,元素周期表中的100多种元素都可参与其中,而有机物的组成元素大多只有碳、氢及氧、氮、硫、磷、卤素等10多种。虽然构成有机化合物的元素种类不多,但有机化合物的数目却极其庞大,这主要与碳原子的成键特点有关。有机物中碳原子都是4价,具有通过共价键与碳原子或其他原子结合的超强能力。此外,即使分子式相同的有机化合物,还可以通过原子间不同的键合方式和不同的连接顺序构造出许多不同的有机化合物,同分异构现象非常普遍。

1.2.2 性质上的差别

与无机物相比,有机物的物理、化学性质具有以下特点。

1. 熔点、沸点较低

有机化合物绝大多数为共价化合物,属于分子晶体,而无机化合物大多属于离子晶体或原子晶体。分子晶体是以分子间的范德华(van der Waals)力相吸引,它比离子间和原子间的作用力弱得多,只需较低的能量就可破坏这种分子间有规律的排列,所以有机化合物的熔点和沸点均较低,其熔点大多低于 300 ℃。

2. 水溶性差

共价化合物一般极性较弱或无极性,而水是强极性物质,根据"相似相溶"规律,多数有机化合物易溶于极性弱的有机溶剂(如乙醚、苯、烃、丙酮等),而难溶或不溶于水。

3. 易燃烧

组成有机化合物的主要元素碳和氢均具有可燃性,燃烧后生成 CO_2 和 H_2O,同时放出大量的热。

4. 反应速率慢且副反应多

无机化合物的反应一般为离子反应,反应速率快。有机化合物的反应一般为分子间的反应,反应速率取决于分子间的有效碰撞,反应过程中涉及共价键的断裂和形成,所以反应速率比较慢。另外,有机化合物分子结构复杂而庞大,反应中心往往不局限于分子的某一固定部位,而是可以在不同部位同时发生反应,得到多种产物。因此,有机反应极少是定量完成的。

1.3 有机化合物的分类

有机化合物可以根据碳架结构和官能团分类。

1.3.1 根据碳架结构分类

按照分子的碳架结构(碳原子的连接方式),有机物可以分为开链和环状两种。

1. 开链化合物

这类化合物中的碳链两端不相连,且碳链可长可短,碳碳键可以是单键、双键或三键,分子中无环状结构。由于这类化合物最初在油脂中发现,因此也称为脂肪族化合物。

例如

$$CH_3CH_2\underset{\underset{CH_3}{|}}{C}H\overset{\overset{CH_3}{|}}{C}HCH_3 \qquad CH_3(CH_2)_7CH{=}CH(CH_2)_7COOH \qquad (CH_3)_2CHCH_2\overset{\overset{O}{\|}}{C}CH_3$$

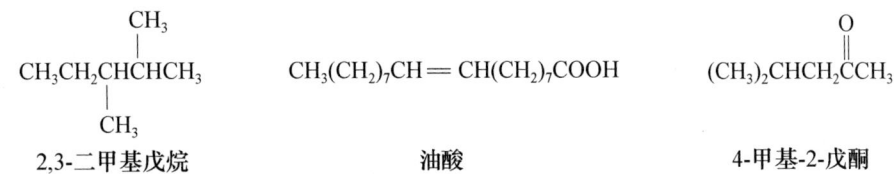

2,3-二甲基戊烷　　　　**油酸**　　　　**4-甲基-2-戊酮**

2. 环状化合物

这类化合物含有环状结构。根据成环原子的不同,又可分为碳环化合物和杂环化合物。

(1) 碳环化合物是环上原子全部是碳原子的化合物,根据性质又可分为脂环族和芳香族两类。脂环族化合物性质与脂肪族化合物相似,可以看成是由脂肪族化合物关环而成的。具有芳香性的化合物称为芳香族化合物,一般含有苯环结构。

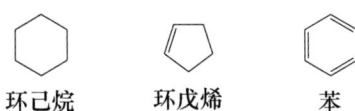

环己烷
环戊烯
苯

(2) 杂环化合物的分子中环上除了碳原子以外还有其他杂原子。例如

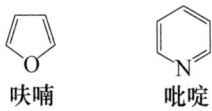

呋喃

吡啶

1.3.2 根据官能团分类

官能团也称功能团,是指分子中比较活泼而且容易发生反应的原子或基团,它反映化合物的主要特征,通常决定化合物的主要性质。按官能团研究和学习有机化合物是比较方便的,含有相同官能团的化合物具有类似的性质,可以将它们归于一类。常见的重要官能团见表 1-1。

表 1-1 常见的重要官能团

官能团构造	官能团名称	化合物类型	化合物举例
$>C{=}C<$	双键	烯烃	$CH_2{=}CH_2$
$-C{\equiv}C-$	三键	炔烃	$CH{\equiv}CH$
—X(F,Cl,Br,I)	卤原子	卤代烃	C_2H_5-X
—OH	羟基	醇、酚	C_2H_5OH,C_6H_5OH
C—O—C	醚键	醚	$C_2H_5-O-C_2H_5$
$-\overset{\overset{O}{\|}}{C}-H$ (—CHO)	醛基	醛	$CH_3-\overset{\overset{O}{\|}}{C}-H$

续表

官能团构造	官能团名称	化合物类型	化合物举例
$-\overset{\overset{O}{\|}}{C}-$	酮基	酮	$CH_3-\overset{\overset{O}{\|}}{C}-CH_3$
$-\overset{\overset{O}{\|}}{C}-OH\ (-COOH)$	羧基	羧酸	$CH_3-\overset{\overset{O}{\|}}{C}-OH$
$-CN$	氰基	腈	CH_3-CN
$-NH_2$	氨基	胺	CH_3-NH_2
$-NO_2$	硝基	硝基化合物	CH_3-NO_2
$-SH$	巯基	硫醇	C_2H_5-SH
$-SO_3H$	磺酸基	磺酸	$C_6H_5-SO_3H$

1.4 有机化合物的研究程序和方法

研究一个有机化合物通常需要经过以下程序：

(1) 分离提纯。

有机反应比较复杂，副产物和其他杂质较多。因此，如何除去这些杂质，得到一个单一纯净的化合物是有机化学研究中的一个重要任务。

经典的提纯方法有重结晶法、蒸馏法、升华法和层析法等，近年来发展起来的各种色谱法，如高效液相色谱法、气相色谱法、薄层色谱法、电泳法等，都是实验室中很有用的高效提纯方法。

(2) 物理常数测定。

通过物理常数的测定，不但可以鉴定单一的有机化合物，而且可以判断其纯度。纯净的有机化合物一般具有固定的熔点、沸点、密度、折光率等物理常数，如果化合物不纯，则其熔点、沸点范围增大，甚至测不出固定的常数。

(3) 相对分子质量和分子式的确定。

提纯后的有机物就可以做元素定性和定量分析，以确定它由哪些元素组成及各元素的相对含量，通过计算得出它的实验式。实验式并不能反映分子中各原子的确切数目。要确定其分子式，还要测定其相对分子质量。

测定相对分子质量的方法很多，常用的有蒸气密度法、凝固点降低法、沸点升高法及渗透压法等。近年发展起来的质谱仪可以准确、快速地测定化合物的相对分子质量。

(4) 结构式的确定。

确定一个有机化合物分子的结构尤其是空间构型是一项很艰巨的工作，一般要经过物理方法和化学方法的综合分析，才能获得比较准确的结果。

用化学方法进行各种实验，可以揭示化合物分子中不同官能团存在的情况，借以判断其结构。有时，为了确定一个较复杂的有机化合物的结构，通常要用化学方法把分子拆开，测定这些较小"碎片"的结构，再将这些"碎片"拼接确定分子的整体结构。必要时，还需以推断出来的结构作模板，用已知结构的化合物为原料，通过特定的路线进行化学合成。如果得到的结果一致，才能最终确定其结构。

近代物理方法的应用为有机化合物结构的确定开辟了新的途径,大大丰富了有机物鉴定的手段,简化了结构确定的过程。红外光谱、紫外-可见光谱、质谱、核磁共振谱及 X 射线衍射等近现代物理方法与化学方法相结合,可以快速地为有机化合物结构的确定提供准确可靠的数据。

1.5 有机化合物结构理论

共价键是有机化合物分子中最主要、最基本的化学键,了解和熟悉有机化合物分子中共价键的形成是研究有机化合物结构与性质的关键。

解释共价键形成的理论有多种,其中常用的有价键理论、杂化轨道理论和分子轨道理论。

1.5.1 价键理论

价键理论认为共价键的形成可以看作是原子轨道的重叠或电子配对的结果。

1. 原子轨道

原子是由原子核和核外电子两部分组成的。核外电子绕核做高速运动,具有粒子性和波动性,可用量子力学来描述。根据薛定谔(Schrödinger)方程可以描述电子在核外某一区域出现的概率大小。这种概率可以用小黑点的密度来表示,习惯上把这种分布形象地称为电子云。如果用一个界面把这样的分布划出一个区域,电子在这个区域内出现的概率很大,在这个区域以外则很小,这个区域就称为原子轨道,通常用 1s 轨道、2s 轨道、2p 轨道、3s 轨道、3p 轨道等表示。图 1-1 表示 1s 电子云和 1s、2p 轨道。

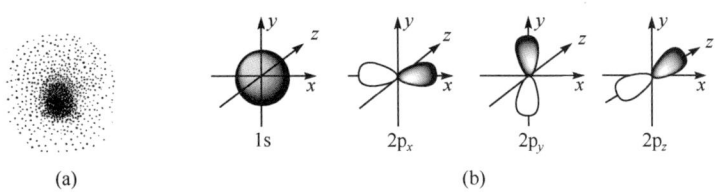

图 1-1 电子云和轨道示意图
(a) 1s 电子云分布示意图;(b) 1s、2p 轨道示意图

2. 共价键的形成

原子是如何通过电子共享而形成共价键的呢? 价键理论认为,如果两个原子各有一个未成对的电子,并且自旋方向相反,其原子轨道就可重叠形成一个共价键。原子轨道重叠后,在两个原子核间电子云密度较大,增加了对成键两原子的原子核的吸引力,降低了两核之间的正电排斥,使整个体系的能量降低,形成稳定的共价键。成键的电子主要定域在两个成键原子之间。例如,图 1-2 中,两个氢原子的 1s 轨道可以相互重叠形成氢分子。

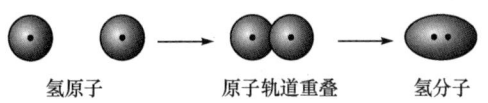

图 1-2 氢分子的形成

共价键具有饱和性和方向性。一个原子有几个未成对电子,就可以与其他原子形成几个共价键,这就是共价键的饱和性。在形成共价键时,原子轨道的重叠程度越大,所形成的共价键越牢固。因此,在形成共价键时,原子轨道总是尽可能沿轨道的最大重叠方向进行重叠,这就是共价键的方向性。例如,在图 1-3 中,氢原子的 1s 轨道和氟原子的 $2p_x$ 轨道在重叠时只有沿着 x 轴接近,才能达到最大程度的重叠,形成稳定的共价键。这种沿着轨道对称轴方向"头对头"重叠而生成的键称为 σ 键。

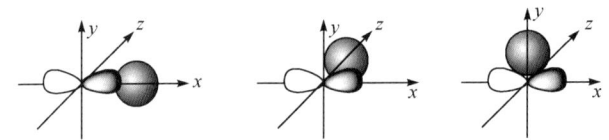

图 1-3　氢原子与氟原子形成共价键时 1s 轨道和 $2p_x$ 轨道的重叠

1.5.2　杂化轨道理论

碳原子核外有六个电子,正常的电子排布为 $1s^2 2s^2 2p_x^1 2p_y^1$,只有两个未成对电子,按价键理论只能形成两个共价键,但在有机化合物中,碳原子是 4 价的。为此,鲍林(L. Pauling)提出了杂化轨道理论加以解释。

杂化轨道理论认为,能量相近的原子轨道可进行杂化,组成能量相等的杂化轨道,使成键能力更强,体系能量降低,成键后达到最稳定的分子状态。碳原子外层 $2s^2 2p_x^1 2p_y^1$ 四个电子,其中 2s 轨道上的一个电子吸收能量跃迁到 $2p_z$ 轨道,然后四个轨道进行杂化,形成四个能量相等的新的 sp^3 杂化轨道,sp^3 杂化轨道的能量稍高于 2s 轨道,低于 2p 轨道(图 1-4)。

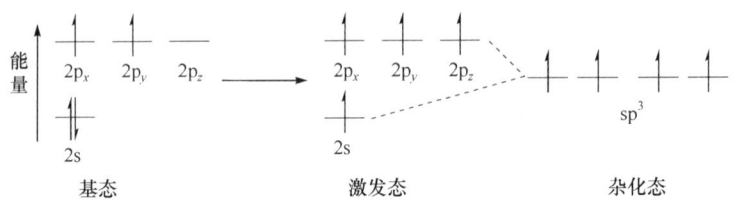

图 1-4　碳原子的 sp^3 杂化

每个 sp^3 杂化轨道含有 1/4 s 轨道成分和 3/4 p 轨道成分,形状如图 1-5(a)所示。每个 sp^3 杂化轨道中都有一个未成对电子,所以碳原子可以与其他原子形成四个稳定的共价键。为了使成键电子之间的排斥力最小,四个 sp^3 杂化轨道在空间的排布是以碳原子为中心,四个轨道分别指向正四面体的四个顶点,两个轨道对称轴之间的夹角为 109.5°,形状如图 1-5(b)所示。饱和烷烃分子中的共价键均是 sp^3 杂化。例如,在甲烷分子中,碳原子上的四个 sp^3 杂化轨道与四个氢原子的 1s 轨道沿轨道对称轴方向重叠,形成四个稳定的 σ 键。

除 sp^3 杂化外,在不饱和烃分子中碳原子还可以进行 sp^2 杂化和 sp 杂化。sp^2 杂化是由一个 2s 轨道和两个 2p 轨道杂化形成三个 sp^2 杂化轨道。sp^2 杂化轨道对称分布在碳原子周围,互成 120°夹角,为平面构型。碳原子剩余的一个 p 轨道未参与杂化,垂直于三个 sp^2 杂化轨道形成的平面(图 1-6)。三个 sp^2 杂化轨道和一个 2p 轨道各有一个未成对电子,因此碳仍然表现为 4 价。例如,乙烯分子中两个碳原子各以一个 sp^2 杂化轨道相互重叠形成一个 C—C σ 键,另外两个 sp^2 杂化轨道分别与两个氢原子的 1s 轨道重叠形成两个 C—H σ 键。两个碳原子各剩一个未参与杂化的 2p 轨道,两个 2p 轨道通过侧面"肩并肩"重叠形成 π 键,两个碳原子之间形成 C═C。

图 1-5　碳原子的 sp³ 杂化轨道示意图

图 1-6　碳原子的 sp² 杂化轨道示意图

sp 杂化是由一个 2s 轨道和一个 2p 轨道杂化形成两个 sp 杂化轨道,sp 杂化轨道对称地分布在以碳原子为中心的同一直线的两个相反的方向上,互成 180° 夹角。另外两个 2p 轨道未参与杂化,与 sp 杂化轨道相互垂直(图 1-7)。例如,乙炔分子中的两个碳原子各以一个 sp 轨道相互重叠生成一个 C—C σ 键,另一个 sp 轨道分别与一个氢原子的 1s 轨道重叠形成一个 C—H σ 键,两个碳原子各剩余两个未杂化的 2p 轨道相互侧面重叠形成两个 π 键,两个碳原子之间形成 C≡C。

图 1-7　碳原子的 sp 杂化轨道示意图

1.5.3　分子轨道理论

分子轨道理论认为,形成共价键的电子不再定域在两个成键原子之间,而是在整个分子内运动,是离域的。成键电子的运动状态,即分子轨道,用波函数 ψ 来描述。分子轨道可以通过原子轨道波函数 φ 的近似处理导出,目前应用最广泛的是原子轨道线性组合法。分子轨道理论假设,同原子轨道一样,每个分子轨道也具有一定的能级,分子中的电子根据能量最低原理、泡利(Pauli)不相容原理和洪德(Hund)规则逐级排列在分子轨道中。按照分子轨道理论,原子轨道的数目与形成的分子轨道的数目是相等的。例如,两个原子轨道组成两个分子轨道,其中一个分子轨道的波函数是由两个原子轨道的波函数相加而成,另一个分子轨道的波函数是由两个原子轨道的波函数相减而成:

$$\psi_1 = \varphi_1 + \varphi_2 \qquad \psi_2 = \varphi_1 - \varphi_2$$

在分子轨道中,当两个原子轨道波函数的符号相同,即波的相位相同,它们相互叠加,使两个原子核之间的电子云密度增加[图 1-8(a)],得到比原子轨道能量低的分子成键轨道 ψ_1;当两个原子轨道的波函数的符号相反,即波的相位相反,它们相互抵消,使两个原子核之间的电子云密度减小,两个原子核之间有一节面,在节面上电子云的密度是零[图 1-8(b)],得到比原子轨道能量高的分子反键轨道 ψ_2。

因此,电子从原子轨道进入成键的分子轨道,形成化学键,从而使体系的能量降低,形成稳定的分子。能量降低越多,形成的分子越稳定。

原子轨道组成分子轨道还必须具备成键的三个原则:

(1) 能量相近原则,只有能量相近的原子轨道才能有效组成分子轨道。

(2) 对称性匹配原则,只有相位(符号)相同的原子轨道才能相互匹配组成分子轨道。

(3) 最大重叠原则,原子轨道重叠的程度越大,形成的分子轨道越稳定。

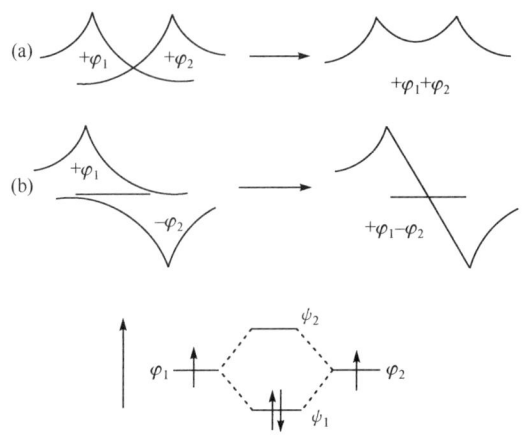

图 1-8　氢原子形成氢分子的轨道示意图
(a) 两个相位相同的波函数相互叠加结果示意图；(b) 两个相位相反的波函数相互叠加结果示意图

1.6　有机化学中的酸碱概念

酸碱概念是随着化学学科的发展而不断扩大和发展的，它不仅可以用来考察和判断无机化合物、配合物的反应，同样可以用来考察和判断有机化合物的许多反应。下面简单介绍三种常用酸碱理论。

1.6.1　酸碱电离理论

酸碱电离理论由阿伦尼乌斯(S. Arrhenius)于1887年提出。该理论认为，凡是在水溶液中电离出的阳离子全部是 H^+ 的物质称为酸，电离出的阴离子全部是 OH^- 的物质称为碱。

该理论将酸碱局限在了水溶液中，对于非水体系及分子中不含 H^+、OH^- 成分的物质的酸碱性则无法解释。

1.6.2　酸碱质子理论

酸碱质子理论分别由丹麦化学家布朗斯特(Brønsted)和英国化学家劳里(Lowry)同时于1923年提出，称为布朗斯特-劳里酸碱质子理论。该理论认为，凡是能给出(提供)质子(H^+)的分子或离子为酸，能接受质子的分子或离子为碱。从酸碱质子理论的观点来看，任何酸碱反应都是两个共轭酸碱对之间的质子传递。

$$HA + B^- \rightleftharpoons A^- + HB$$

酸和碱的区分是相对的，同一分子或离子，在某一反应中是酸，而在另一反应中可能是碱。例如，甲醇与强碱作用时放出质子，此时甲醇是酸，但它在浓酸中接受质子时则属于碱。

酸碱质子理论中酸碱强度常用解离常数 K_a、K_b 或酸常数 pK_a($pK_a = -\lg K_a$)、碱常数 pK_b($pK_b = -\lg K_b$)表示，K_a 值越大或 pK_a 值越小，表示酸性越强。如果某酸的酸性越强，则它的共轭碱的碱性就越弱。在水溶液中，酸的 pK_a 与其共轭碱的 pK_b 之和等于14。在酸碱反应中，总是较强的酸与较强的碱反应生成较弱的碱和酸。

酸碱质子理论扩大了酸碱的范围，它包含了所有显碱性的物质，但仍有不足之处，那些不

交换 H^+ 而又具有酸性的物质不包含在内。

1.6.3 酸碱电子理论

酸碱电子理论由美国化学家路易斯(G. N. Lewis)于 1923 年提出。该理论认为,接受电子对的物质称为酸,提供电子对的物质称为碱。酸和碱的加合物称为酸碱配位化合物,简称配合物。

$$A \quad + \quad :B \longrightarrow A:B$$
$$\text{酸} \qquad \text{碱} \qquad \text{酸碱配位化合物}$$

酸是缺电子的,是亲电试剂,如 BF_3、$AlCl_3$、Ag^+、R^+、H^+、$\overset{+}{N}O_2$ 等;碱含有未共用电子对,是亲核试剂,如 NH_3、ROH、RNH_2、ROR、RSH、X^-、OH^-、RO^-、R^-、SH^- 等,以及烯烃、芳香化合物等。

酸碱电子理论进一步扩大了酸碱的范围。路易斯理论中的碱与布朗斯特理论中的碱的概念是一致的,但路易斯酸比布朗斯特酸的范围更广泛。

1.7 分子间的作用力

原子通过化学键结合成分子,分子通过分子间作用力结合成物质。分子间的作用力较弱,但它对物理性质(如熔点、沸点、溶解度等)影响较大。一般来说,分子间的作用力越大,这种物质的熔点和沸点相对就越高,极性分子间的作用力大于非极性分子间的作用力,其在水中的溶解度也大于非极性分子在水中的溶解度。

分子间的作用力主要有偶极-偶极作用、色散力和氢键三种。

1.7.1 偶极-偶极作用

偶极-偶极作用存在于极性分子之间,是极性分子带有部分正电荷的一端与另一极性分子带有部分负电荷的一端的吸引作用。例如,CH_3Cl 分子中氯原子电负性大,带有部分负电荷,相连的碳原子电负性小,带有部分正电荷,整个分子形成偶极子。一个偶极子的负端如果取向合适,就可以吸引另一个偶极子的正端,使分子定向排列。因此,这种偶极-偶极相互作用也称为取向力。偶极-偶极作用使极性分子之间结合得比较牢固,熔点、沸点与非极性分子相比差别较大。例如,丙酮(相对分子质量58)的沸点为 56 ℃,而相对分子质量相等的丁烷的沸点为 -0.5 ℃。

$$\overset{\delta+}{H_3C}—\overset{\delta-}{Cl}----\overset{\delta+}{H_3C}—\overset{\delta-}{Cl}----\overset{\delta+}{H_3C}—\overset{\delta-}{Cl}$$

1.7.2 色散力

色散力也称范德华力。非极性分子虽然偶极矩为零,但在分子中电荷的分配并不总是均匀的,在运动中可以产生瞬间偶极。这种瞬间偶极将影响邻近的另一分子的电荷分布,即能够诱导邻近分子产生偶极(诱导偶极)。瞬间偶极与诱导偶极使两个分子之间产生相互作用,称为色散力。色散力作用范围很小,是一种很弱的分子间力,只有在分子靠得很近时才起作用,其大小与分子的极化率及分子的接触面积有关。结构相似的一系列化合物(同系物),随着相对分子质量的增大,分子的体积增大,分子的极化率随之增大,使得分子间的色散力增大,因此其沸点升高。

1.7.3 氢键

氢键属于偶极-偶极作用的一种。当氢原子与电负性很大、原子半径很小的原子(如 F、O、N 等)相连时,由于这些原子吸电子能力很强,氢原子变成接近正离子状态,当其再与另一分子中的 F、O 或 N 原子相遇时,氢原子就在两个电负性很强的原子间形成桥梁,产生静电吸引作用,这种分子间的作用力称为氢键。氢键以虚线表示,如

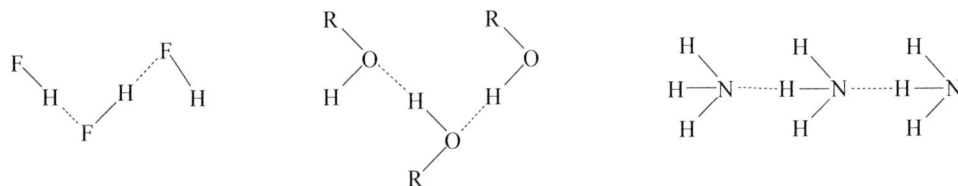

氢键可以分为分子间氢键和分子内氢键两种。一般来说,如果分子可以形成分子内氢键,则其分子间氢键就会减少,其分子间作用力就会相应减小,熔点和沸点也随之降低。例如,互为同分异构体的邻苯二酚和对苯二酚,邻位异构体可以形成分子内氢键,其熔点为 105 ℃,沸点为 246 ℃;而对位异构体只能形成分子间氢键,其熔点为 172 ℃,沸点为 287 ℃。

以上三种分子间作用力,氢键强度最大,偶极-偶极作用次之,色散力最弱。

思考题 1-1

下面 6 位是诺贝尔化学奖获得者,请查阅资料,了解他们各是哪国科学家、分别于哪一年获得诺贝尔化学奖、因何获奖。

(1) Hermann Emil Fischer (2) Victor Grignard (3) Otto P. H. Diels
(4) Giulio Natta (5) Luis Federico Leloir (6) Alan G. MacDiarmid

---

习　题

1. 解释下列术语:
    (1) 有机化合物　(2) 官能团　(3) 杂化轨道　(4) σ 键　(5) π 键
    (6) 路易斯酸碱　(7) 亲电试剂　(8) 亲核试剂　(9) 范德华力　(10) 氢键

2. 下列分子是否具有极性?
    (1) H_2O_2　(2) H—Br　(3) CH_2Cl_2　(4) $CH_3CH_2OCH_2CH_3$
    (5) $\underset{Br}{\overset{H_3C}{>}}C=C\underset{Br}{\overset{CH_3}{<}}$　(6) $\underset{Br}{\overset{H_3C}{>}}C=C\underset{CH_3}{\overset{Br}{<}}$

3. 指出下列化合物分子间作用力的主要类型。
    (1) CH_3CH_2OH　(2) CH_3CHO　(3) $CH_3CH_2CH_2Cl$
    (4) $CH_3CH_2CH_2CH_3$　(5) $C_{10}H_{21}COOH$　(6) C_6H_6(苯)

4. 根据酸碱电子理论,下列分子或离子哪些是酸和亲电试剂? 哪些是碱和亲核试剂?
    (1) H_2O　(2) NH_3　(3) Cl^-　(4) CN^-　(5) H^+　(6) OH^-
    (7) NO_2^+　(8) Br^-　(9) $C_2H_5O^-$　(10) C_2H_5OH　(11) $CH_3\overset{+}{C}HCH_3$　(12) $CH_3\overset{O}{\overset{\|}{C}}{}^+$

5. 下列各反应均可看成是酸和碱的反应,试注明各反应物中哪些化合物是酸、哪些化合物是碱。

（1） $CH_3COOH + H_2O \rightleftharpoons H_3O^+ + CH_3COO^-$

（2） $CH_3COO^- + HCl \rightleftharpoons CH_3COOH + Cl^-$

（3） $H_2O + CH_3NH_2 \rightleftharpoons CH_3\overset{+}{N}H_3 + OH^-$

（4） $(C_2H_5)_2O + BF_3 \rightleftharpoons (C_2H_5)_2O^+ - \overset{-}{B}F_3$

6. 正丁醇($CH_3CH_2CH_2CH_2OH$)的沸点(117.3℃)比它的同分异构体乙醚($CH_3CH_2OCH_2CH_3$)的沸点(34.5℃)高得多,但两者在水中的溶解度差别不大,正丁醇为7.7%(质量分数,20℃),乙醚为6.9%(质量分数,20℃),试解释之。

第 2 章 饱 和 烃

只含碳和氢两种元素的化合物称为碳氢化合物,简称烃。烃是最简单的有机化合物,可以看作是有机化合物的母体,其他有机化合物可以看作是烃分子中的氢原子被其他原子或基团取代形成的衍生物。

烃的种类很多,根据烃分子中碳原子间的连接方式,可分类如下:

$$
烃\begin{cases}
脂肪烃\begin{cases}
饱和脂肪烃\begin{cases}饱和脂链烃(烷烃)\\ 饱和脂环烃(环烷烃)\end{cases}\\
不饱和脂肪烃\begin{cases}不饱和脂链烃(烯烃、炔烃)\\ 不饱和脂环烃(环烯烃、环炔烃)\end{cases}
\end{cases}\\
芳香烃\begin{cases}单环芳香烃\\ 多环芳香烃\\ 稠环芳香烃\end{cases}
\end{cases}
$$

2.1 烷 烃

烷烃是通式为 C_nH_{2n+2} 的碳氢化合物的总称,式中 n 为碳原子数。目前已知的烷烃,所含碳原子数可超过 100。

2.1.1 烷烃的同系列和同分异构

最简单的烷烃是甲烷,分子式是 CH_4,其次依次是乙烷、丙烷、丁烷、戊烷等,它们的分子式分别为 C_2H_6、C_3H_8、C_4H_{10}、C_5H_{12} 等。组成上相差一个或数个 CH_2 的一系列化合物称为同系列。同系列中的各个化合物互称同系物,CH_2 称为系差。

除烷烃外,其他烃类及烃的衍生物也都存在同系列。由于同系物的结构相似,因而具有相似的化学性质,它们的物理性质随碳原子数增加呈规律性变化。因此,在每个同系列中只要研究几个典型的、有代表性的化合物的性质,就可以推测其他同系物的性质,这为我们学习和研究有机化学提供了方便。但是应该指出,同系列中的第一个化合物,由于其构造与同系列中的其他成员有较大的差异,往往又表现出某些特殊的性质。

烷烃的同系列中,从丁烷开始,分子中碳原子就有不同的连接方式,从而出现结构不同的化合物。例如

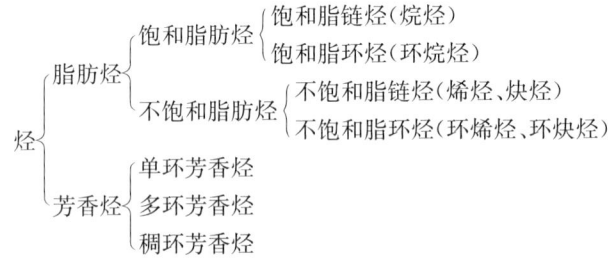

正丁烷 (b. p. -0.5 ℃)   异丁烷 (b. p. -11.7 ℃)

正丁烷和异丁烷具有相同的分子式(C_4H_{10}),但它们是不同的化合物。这种分子式相同而结构式不同的化合物称为同分异构体,这种现象称为同分异构现象,简称同分异构。正丁烷和异丁烷属于同分异构体中的构造异构体,这种构造异构是由碳链的构造不同引起的,故又称

碳链异构。碳链异构体的数目随碳原子数的增加而迅速增加,如戊烷有下列三种异构体,而癸烷有七十五种异构体。

$$CH_3-CH_2-CH_2-CH_2-CH_3 \qquad CH_3-CH_2-CH-CH_3 \qquad CH_3-\underset{\underset{CH_3}{|}}{\overset{\overset{CH_3}{|}}{C}}-CH_3$$
$$\qquad\qquad\qquad\qquad\qquad\qquad\qquad\qquad\qquad |$$
$$\qquad\qquad\qquad\qquad\qquad\qquad\qquad\qquad CH_3$$

正戊烷(b. p. 36.1℃)   异戊烷(b. p. 28 ℃)   新戊烷(b. p. 9.5 ℃)

从戊烷的异构体可以看出,分子中各碳原子所处的位置并不完全相同。我们把只与一个碳原子相连的碳原子称为伯碳原子或一级碳原子,用 $1°C$ 表示;与两个碳原子相连的碳原子称为仲碳原子或二级碳原子,用 $2°C$ 表示;与三个碳原子相连的碳原子称为叔碳原子或三级碳原子,用 $3°C$ 表示;与四个碳原子相连的碳原子称为季碳原子或四级碳原子,用 $4°C$ 表示。与伯、仲、叔碳原子相连的氢原子分别称为伯、仲、叔氢,记为 $1°H$、$2°H$、$3°H$。不同类型的氢原子的反应活性有一定的差异,它们的反应活性顺序为 $3°H>2°H>1°H$。

思考题 2-1

写出 C_6H_{14} 所有同分异构体的构造式,并用记号标出各同分异构体中的 $1°C$、$2°C$、$3°C$、$4°C$ 和 $1°H$、$2°H$、$3°H$。

2.1.2 烷烃的命名

有机化合物的命名是有机化学的重要内容之一,烷烃的命名法是有机化合物命名法的基础。烷烃常用的命名法有普通命名法和系统命名法两种。

1. 普通命名法

普通命名法又称习惯命名法,基本原则如下:

(1) 根据分子中碳原子的数目称某烷。碳原子数在十以内时,用天干甲、乙、丙、丁、戊、己、庚、辛、壬、癸表示;碳原子数在十以上,用中文数字十一、十二等表示。

(2) 用"正"代表直链烷烃;用"异"代表链端具有 $(CH_3)_2CH-$ 结构的烷烃;用"新"代表链端具有 $(CH_3)_3C-$ 结构的烷烃。例如

$$CH_3(CH_2)_6CH_3 \qquad\qquad CH_3(CH_2)_{14}CH_3$$

     正辛烷   正十六烷

$$CH_3(CH_2)_4CH_3 \qquad CH_3\overset{\overset{CH_3}{|}}{C}HCH_2CH_2CH_3 \qquad CH_3-\underset{\underset{CH_3}{|}}{\overset{\overset{CH_3}{|}}{C}}-CH_2CH_3$$

  正己烷   异己烷   新己烷

普通命名法只能命名少数简单的有机化合物。

2. 系统命名法

系统命名法是国际上通用的 IUPAC(International Union of Pure and Applied Chemistry,国际纯粹与应用化学联合会)命名原则。我国所用的系统命名法是根据 IUPAC 系统命名

法的原则,结合我国的文字特点而制定的。

直链烷烃的系统命名法与普通命名法基本一致,命名中不加"正"字,根据碳原子数称某烷。例如

$$CH_3(CH_2)_5CH_3 \qquad CH_3(CH_2)_7CH_3 \qquad CH_3(CH_2)_{10}CH_3$$
庚烷 　　　　　壬烷　　　　　　十二烷

支链烷烃可以看作是直链烷烃的衍生物,其命名的主要规则如下:

(1) 选择主链,确定母体。选择最长的碳链为主链(母体),把支链当作取代基,根据主链所含的碳原子数称某烷。若选择主链有多种可能时,应选择含取代基最多的最长碳链作主链。例如

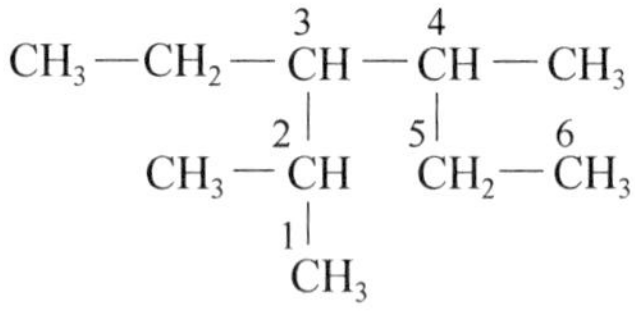

$$\begin{array}{c} \overset{3}{CH_3-CH_2-CH-CH-CH_3} \\ \underset{1}{\overset{2}{CH_3}-CH} \quad \overset{5}{CH_2}-\overset{6}{CH_3} \\ \underset{1}{CH_3} \end{array}$$

2,4-二甲基-3-乙基己烷

烷烃分子中去掉一个氢原子剩下的基团称为烷基,其通式为 C_nH_{2n+1},通常用 R— 表示。常见的烷基有

$$CH_3- \qquad CH_3CH_2- \qquad CH_3CH_2CH_2- \qquad (CH_3)_2CH-$$
甲基　　　　乙基　　　　　丙基　　　　　　异丙基

$$CH_3CH_2CH_2CH_2- \qquad \underset{CH_3}{CH_3CH_2CH-} \qquad (CH_3)_2CHCH_2-$$
丁基　　　　　　　　仲丁基　　　　　　　　异丁基

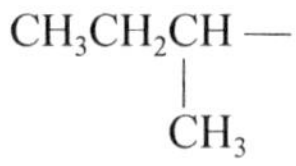

$$(CH_3)_3C- \qquad (CH_3)_3CCH_2-$$
叔丁基　　　　　　新戊基

(2) 给主链碳原子编号。从离取代基较近的一端开始,将主链碳原子依次用阿拉伯数字编号,取代基的位置是它所连接的主链碳原子的号码数。当主链编号有几种可能时,采用"最低系列"编号法,即逐个比较两种编号中表示取代基位置的数字,最先遇到位次较小的编号系列定为最低系列。例如

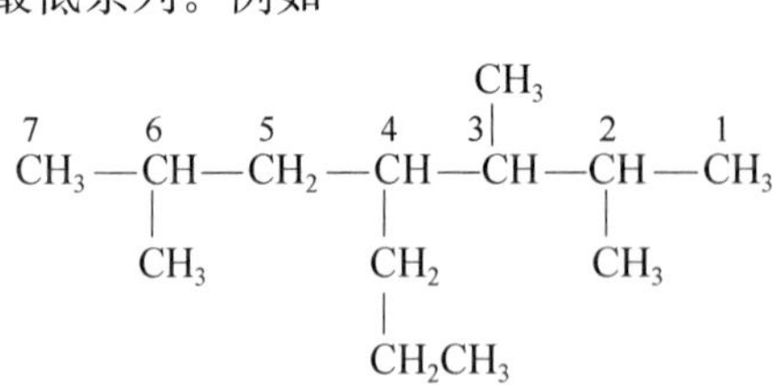

2,3,6-三甲基-4-丙基庚烷 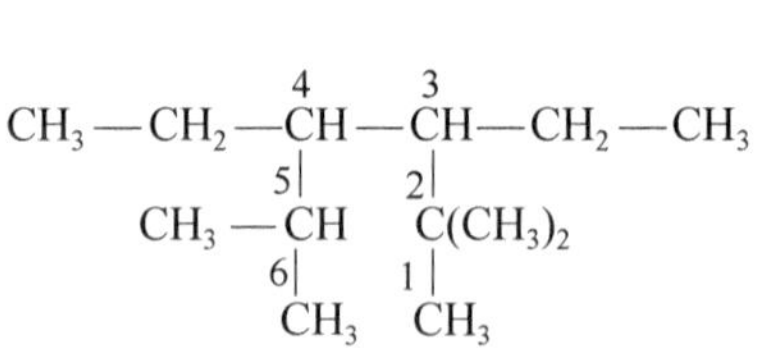　　　　　　　2,2,5-三甲基-3,4-二乙基己烷

(3) 写全名。把取代基的位次、数目、名称依次写在母体名称前面。相同的取代基合并计数,用中文数字二、三、四等表示其数目;不同的取代基,按顺序规则(见第 3 章)规定,较优先基团后列出。取代基位次间用逗号隔开,位次与取代基之间用短横线"-"隔开。例如

$$\overset{8}{CH_3}-\overset{7}{CH_2}-\overset{6}{CH_2}-\underset{\underset{CH_3}{|}}{\overset{5}{CH}}-\underset{\underset{CH_2CH_3}{|}}{\overset{4}{CH}}-\overset{3}{CH_2}-\underset{\underset{CH_3}{|}}{\overset{2}{CH}}-\overset{1}{CH_3}$$

2,5-二甲基-4-乙基辛烷

系统命名法是目前最完善和统一的命名法,根据一个化合物的系统名称,只能写出一个化合物的结构,反之一个化合物的结构也只能有一个名称。因此,必须严格遵循所有的命名规则。

思考题 2-2

1. 写出下列化合物的构造式。
(1) 仲丁基与异丁基组成的烷烃　(2) 异丙基与仲丁基组成的烷烃　(3) 叔丁基与新戊基组成的烷烃
2. 用系统命名法命名下列化合物。
(1) $CH_3-\underset{\underset{CH_3}{|}}{CH}-\underset{\underset{CH_2CH_3}{|}}{CH}-CH_3$　　(2) $CH_3-\underset{\underset{CH_3}{|}}{CH}-CH_2-\underset{\underset{CH_3}{|}}{CH}-\underset{\underset{CH_2CH_3}{|}}{CH}-CH(CH_3)_2$

(3) $CH_3CHCH_2\underset{\underset{CH_2CH_3}{|}}{\overset{\overset{CH_2CH_3}{|}}{C}}HCH_2CH_3$　　(4) $(CH_3)_3CCH(CH_3)_2$

2.1.3 烷烃的结构与构象

1. 烷烃的结构

甲烷分子中的碳原子是 sp^3 杂化,四个 sp^3 杂化轨道分别与氢原子的 1s 轨道互相重叠生成四个等同的碳氢 σ 键。因此,甲烷分子具有正四面体的空间结构,其中碳原子位于正四面体的中心,四个氢原子位于四面体的四个顶点上,如图 2-1 所示。分子中 C—H 键的键长为 0.109 nm,H—C—H 的键角为 109.5°,C—H 键的键能为 414 kJ·mol^{-1}。甲烷分子的形成过程如图 2-2 所示。

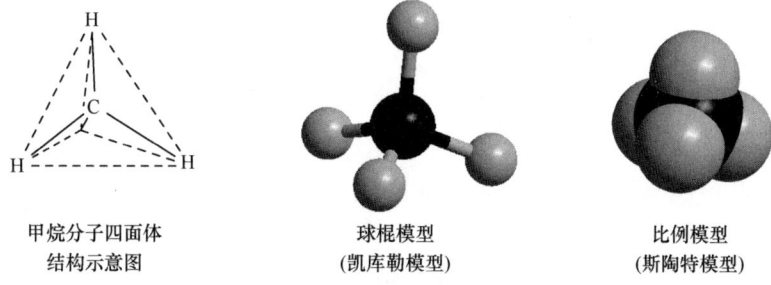

甲烷分子四面体　　　　球棍模型　　　　比例模型
结构示意图　　　　(凯库勒模型)　　　(斯陶特模型)

图 2-1　甲烷分子的模型

乙烷分子中含有两个 sp^3 杂化碳原子,各以 sp^3 杂化轨道沿对称轴方向重叠生成 C—C σ 键,每个碳原子其余的三个 sp^3 杂化轨道分别与六个氢原子的 1s 轨道重叠,形成六个 C—H σ 键。乙烷分子的形成过程如图 2-3 所示。

乙烷分子中 C—C 键的键长为 0.154 nm,键能为 347 kJ·mol^{-1},C—H 键的键长为 0.109 nm,键角也是 109.5°。

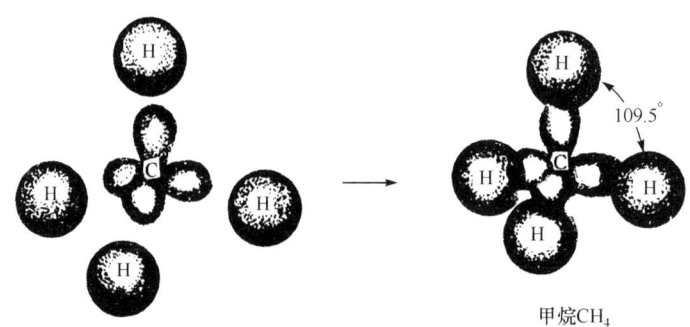

图 2-2 甲烷分子形成示意图

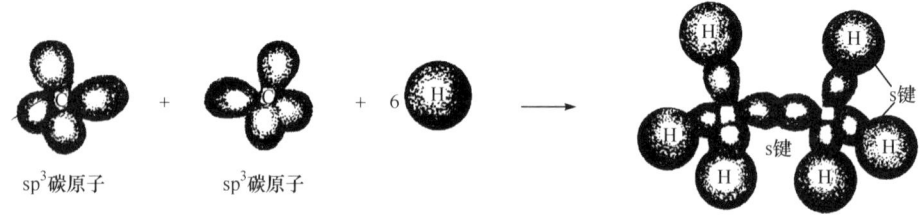

图 2-3 乙烷分子形成示意图

其他烷烃分子中的碳原子也都是 sp^3 杂化,碳原子与其他原子形成 σ 键时都呈四面体形结构,所以三个碳以上的烷烃分子中的碳链常呈锯齿形,而不像结构式所表示的直线形。

2. σ 键的旋转与构象

两个成键的原子轨道沿着对称轴的方向相互重叠形成的键称为 σ 键。由于形成 σ 键的原子轨道是沿着轨道对称轴的方向相互重叠的,成键电子云对称地分布在连接两个原子核轴线的周围,因而形成 σ 键的两个原子或基团可以绕键轴自由旋转,σ 键不被破坏。

烷烃中的 C—C 和 C—H σ 键可以绕键轴自由旋转,使碳原子上所连接的原子或原子团在空间排列成许多不同的形式。这种由于围绕 σ 键旋转而产生的分子中原子或基团在空间的不同排列方式称为构象。同一分子的不同构象称为构象异构体。

1) 乙烷的构象

在乙烷分子中,如果固定一个甲基,而使另一个甲基绕 C—C σ 键键轴旋转,则两个甲基上氢原子的相对位置将不断改变,产生不同的构象。乙烷分子可以有无数种构象,但其中最典型的构象只有两种,一种是交叉式,另一种是重叠式。常用透视式和纽曼(M. S. Newman)投影式表示构象,如图 2-4 所示。

在图 2-4(a)中,一个甲基上的三个氢原子刚好与另一个甲基上的三个氢原子全部重叠,这种构象称为重叠式;在图 2-4(b)中,一个甲基上的氢原子处于另一个甲基上两个氢原子的正中间,这种构象称为交叉式。

纽曼投影式是从 C—C 键的延长线上观察分子的,两个碳原子在投影式中处于重叠位置,用 人 代表离观察者较近的碳原子及其三个键,用 丫 代表离观察者较远的碳原子及其三个键,每个碳原子所连接的三个键在投影式中互成 120°。

在重叠式中,两个碳原子上的氢原子相距最近,相互排斥作用最大,因而热力学能最高,是

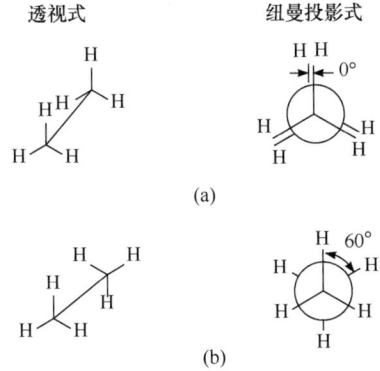

图 2-4 乙烷的重叠式和交叉式构象
(a) 重叠式；(b) 交叉式

最不稳定的构象；在交叉式中，两个碳原子上的氢原子间相距最远，相互排斥作用最小，分子热力学能最低，是最稳定的构象，称为优势构象。重叠式和交叉式构象之间的能量差为 12.5 kJ·mol^{-1}，此能量差称为能垒。乙烷两种典型构象在能量上的关系如图 2-5 所示。

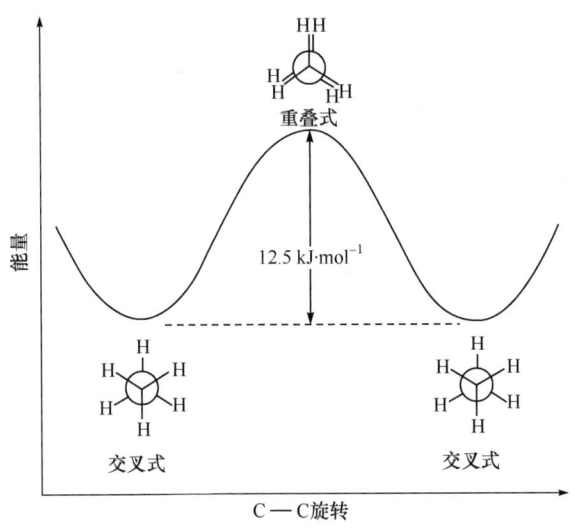

图 2-5 乙烷各种构象的能量变化曲线

交叉式和重叠式是乙烷的两种典型构象，二者之间还存在无数个中间构象。大部分时间乙烷主要以较稳定的交叉式构象存在，但交叉式和重叠式构象之间能量只相差 12.5 kJ·mol^{-1}，在室温时，分子运动所提供的能量就足以使 C—C σ 键迅速旋转，因此乙烷分子处于各种构象迅速转化的动态平衡之中，在室温下不能分离出占优势构象的乙烷分子。但借助 X 射线衍射及有关光谱的研究，可确认优势构象的存在。

2) 丁烷的构象

在丁烷分子中，以 C_2—C_3 键为轴旋转时也会产生无数种构象，其中具有典型意义的有四种：全重叠式、部分重叠式、对位交叉式、邻位交叉式，如图 2-6 所示。

丁烷四种构象与能量的关系如图 2-7 所示。

全重叠式中，两个最大基团(甲基)相距最近，相互排斥力最大，热力学能最高，是最不稳定的构象；对位交叉式中，两个最大基团(甲基)相距最远，相互排斥力最小，热力学能最

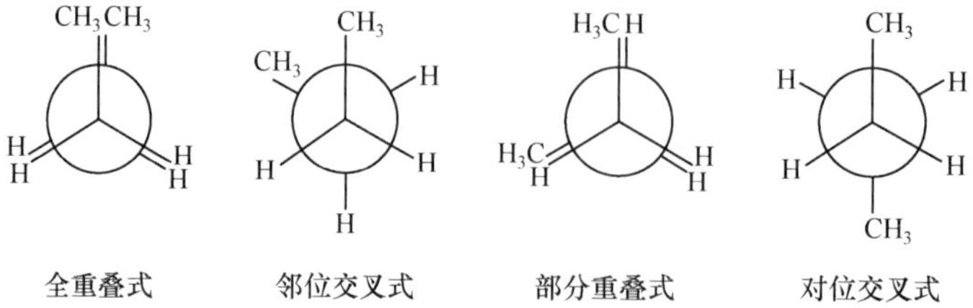

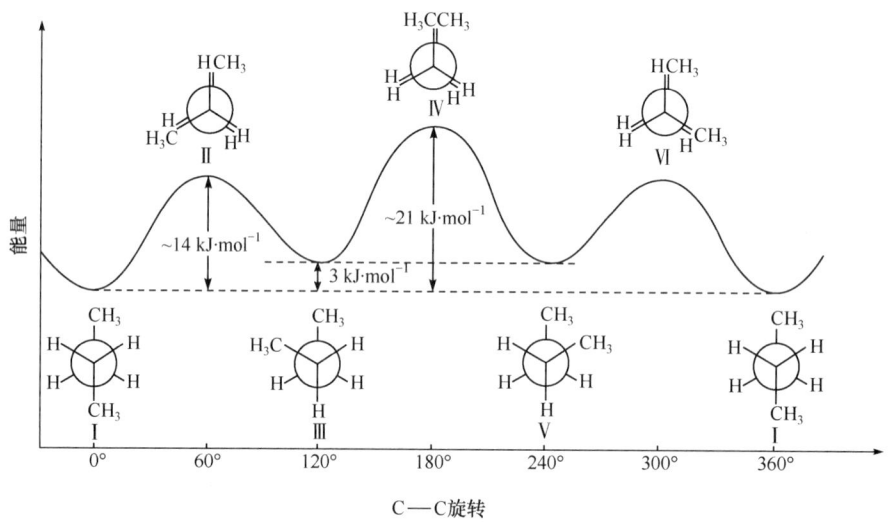

图 2-6 丁烷的构象式

图 2-7 丁烷各种构象的能量变化曲线

低,因而是最稳定的构象。其他两种构象的能量位于全重叠式和对位交叉式之间,部分重叠式能量高于邻位交叉式。四种构象的稳定性次序为:对位交叉式>邻位交叉式>部分重叠式>全重叠式。在室温时,对位交叉式约占68%,邻位交叉式约占32%,其他两种构象极少。由于各构象间热力学能相差不大,各种构象之间能迅速相互转变,因而丁烷是各种构象的平衡混合物。

思考题 2-3

用纽曼投影式写出下列化合物的典型构象,并指出何者为优势构象,为什么?

$$\underset{OH\ \ \ OH}{CH_2-CH_2} \quad 和 \quad \underset{}{}-CH_2-CH_2Br$$

2.1.4 烷烃的物理性质

有机化合物的物理性质主要包括状态、颜色、沸点、熔点、密度、折光率、溶解度等。一般纯净的有机化合物,其许多物理性质在一定条件下有固定的数值,常把这些数值称为物理常数。通过测定物理常数,可以检验物质的纯度,或者鉴别个别化合物。

部分烷烃的物理常数见表 2-1。

表 2-1　部分烷烃的物理常数

名称	结构式	沸点/℃	熔点/℃	密度/(g·mL^{-1})(20 ℃)
甲烷	CH_4	−161.7	−182.6	0.424(−164 ℃)
乙烷	CH_3CH_3	−88.6	−172.0	0.546(−100 ℃)
丙烷	$CH_3CH_2CH_3$	−42.2	−187.1	0.582(−45 ℃)
丁烷	$CH_3(CH_2)_2CH_3$	−0.5	−138.0	0.579
戊烷	$CH_3(CH_2)_3CH_3$	36.1	−129.0	0.626
己烷	$CH_3(CH_2)_4CH_3$	68.7	−95.0	0.659
庚烷	$CH_3(CH_2)_5CH_3$	98.4	−90.5	0.684
辛烷	$CH_3(CH_2)_6CH_3$	125.6	−56.8	0.703
壬烷	$CH_3(CH_2)_7CH_3$	150.7	−53.7	0.718
癸烷	$CH_3(CH_2)_8CH_3$	174.0	−29.7	0.730
十六烷	$CH_3(CH_2)_{14}CH_3$	280.0	18.1	0.775
十七烷	$CH_3(CH_2)_{15}CH_3$	292.0	22.0	0.777
十八烷	$CH_3(CH_2)_{16}CH_3$	308.0	28.0	0.777

由表 2-1 可以看出,室温下,C_1~C_4 的直链烷烃为气体,C_5~C_{16} 的直链烷烃为液体,C_{17} 以上的直链烷烃为固体。

直链烷烃的沸点随相对分子质量的增加而有规律地升高,相邻两同系物沸点差随相对分子质量增加而逐渐减小,如图 2-8 所示。在烷烃的同分异构体中,直链异构体的沸点最高,支链越多,沸点越低。

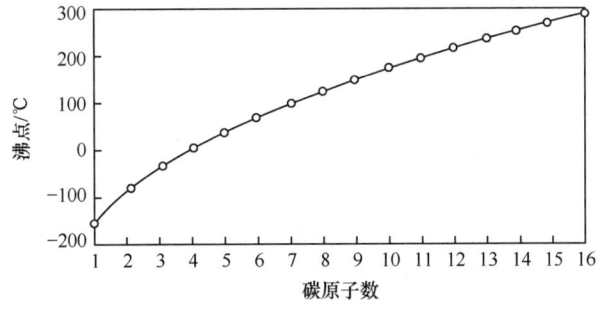

图 2-8　直链烷烃的沸点曲线

物质的沸点主要与分子间的作用力有关,分子间的作用力越大,物质的沸点越高。烷烃是非极性分子,分子间只有色散力存在,色散力与分子中原子的数目和大小成正比,烷烃分子中碳原子和氢原子数目越多,则色散力越大,沸点越高。因此,直链烷烃的沸点随相对分子质量增加而升高。但色散力只有在很近的距离内才能有效地作用,它随距离的增加很快地减弱。有支链的烷烃分子由于支链的阻碍,不能紧密地靠在一起,相距较远,色散力减弱。因此,带支链的烷烃分子间的色散力比直链烷烃小,沸点比相应的直链烷烃低。

直链烷烃的熔点基本上也是随相对分子质量的增加而升高。一般来说,含偶数个碳原子的直链烷烃对称性比相邻两个含奇数个碳原子的直链烷烃对称性高。因此,含奇数碳原子的烷烃和含偶数碳原子的烷烃分别构成两条熔点曲线,且随着相对分子质量的增加,两条曲线逐渐靠近,如图 2-9 所示。

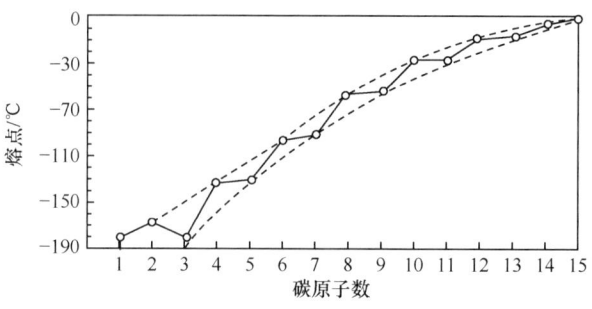

图 2-9 直链烷烃的熔点曲线

在晶体中,分子间的作用力不仅取决于分子的大小,而且与分子在晶格中的排列情况有关,对称性大的烷烃,在晶格中能紧密堆积,熔点相应较高。

烷烃的密度都小于 1 g·mL^{-1},比水轻。烷烃密度的变化规律也是随着相对分子质量的增加而逐渐增大,见表 2-1。

烷烃是非极性化合物,易溶于非极性溶剂如汽油中,而不溶于极性大的水中。

2.1.5 烷烃的化学性质

烷烃的化学性质很稳定,在常温常压下,一般不与强酸、强碱、强氧化剂、强还原剂等发生反应。但是在一定的条件下,如在适当的温度、压力和催化剂的作用下,也能发生氧化、裂化、取代等反应。

1. 氧化反应

烷烃在空气中燃烧,如果氧气充足则生成二氧化碳和水,并放出大量的反应热。这正是汽油、柴油(主要成分为不同碳链的烷烃混合物)等作为内燃机燃料的基本原理。

$$CH_4 + 2O_2 \longrightarrow CO_2 + 2H_2O + 891 \text{ kJ·mol}^{-1}$$

$$C_nH_{2n+2} + \frac{3n+1}{2}O_2 \longrightarrow nCO_2 + (n+1)H_2O + Q$$

烷烃燃烧时要消耗大量的氧,供氧不足时,燃烧不完全,会产生一氧化碳等有毒物质。

低级烷烃($C_1 \sim C_6$)的蒸气与一定比例的空气混合后,遇到火花发生爆炸,这是煤矿井中发生爆炸事故的主要原因之一。

2. 裂化反应

烷烃在没有氧气的条件下加热到 400 ℃ 以上时,碳链断裂生成较小的分子,这种反应称为热裂化反应。相对分子质量较大的高级烷烃和带支链的烷烃,加热时更容易发生热裂化反应。裂化反应是复杂的过程,其产物为许多化合物的混合物,烷烃分子中所含碳原子数越多,产物越复杂。反应条件不同,产物也相应不同。从反应的实质看,裂化反应是 C—C 键和 C—H 键断裂分解的反应。

$$CH_3-CH_2-CH_2-CH_3 \xrightarrow{500\ ℃} \begin{cases} CH_4 + CH_3CH=CH_2 \\ CH_3CH_3 + CH_2=CH_2 \\ CH_3CH_2CH=CH_2 + H_2 \end{cases}$$

近年来热裂化已被催化裂化所代替。工业上利用催化裂化把高沸点的重油转变为低沸点的汽油,从而提高石油的利用率,提高汽油的质量。通过催化裂化反应还可获得其他重要的化工原料,如乙烯、丙烯、丁二烯等。

3. 取代反应

分子中的原子或原子团被其他原子或原子团取代的反应称为取代反应。被卤素原子取代的反应称为卤化反应。

1) 氯化反应

烷烃与氯气在室温和黑暗中不发生反应,但在强烈的日光照射下反应剧烈,生成碳和氯化氢。

$$CH_4 + 2Cl_2 \xrightarrow{强烈日光} C + 4HCl$$

在漫射光、热或催化剂的作用下,甲烷与氯气反应,生成一氯甲烷和氯化氢,同时放出热。

$$CH_4 + Cl_2 \xrightarrow{光} CH_3Cl + HCl$$

反应中生成的一氯甲烷容易继续氯化,生成二氯甲烷、三氯甲烷和四氯化碳。

$$CH_3Cl + Cl_2 \xrightarrow{光} CH_2Cl_2 + HCl$$
$$CH_2Cl_2 + Cl_2 \xrightarrow{光} CHCl_3 + HCl$$
$$CHCl_3 + Cl_2 \xrightarrow{光} CCl_4 + HCl$$

反应产物为四种氯甲烷的混合物,但控制反应条件,可以使某种氯化物为主要产物。例如,工业上采用加热氯化法控制反应温度为 400~500 ℃,甲烷与氯气的比例为 10∶1(体积比,下同)时,主要产物为一氯甲烷;甲烷与氯气的比例为 0.263∶1 时,主要生成四氯化碳。

2) 氯化反应机理

反应机理(又称反应历程)是指化学反应中,从反应物转变到产物所经历的途径。了解反应机理,可以让我们弄清反应物分子中的化学键是如何断裂的,生成物分子中的化学键又是如何形成的,使我们能够进一步掌握反应规律,从而达到更好地控制和利用反应的目的。

有机反应的实质是某些共价键的断裂和新共价键的形成。因此,要认识一个反应的本质,必须研究共价键的断裂和形成情况。在有机化合物的反应中,依据不同的反应条件,共价键的断裂方式有均裂和异裂两种。

$$A:B \xrightarrow{均裂} A\cdot + B\cdot$$
$$A:B \xrightarrow{异裂} A^+ + B^-$$

共价键均裂时,共用电子对均等地分配给两个成键原子,生成具有单电子的原子或原子团,称为自由基(或游离基)。通过共价键均裂的反应称为自由基反应。共价键异裂时,成键的一对电子完全为某一个原子或基团所有,生成正、负离子。通过共价键异裂的反应称为离子型反应。

烷烃在光照条件下的卤化反应是按自由基反应机理进行的。自由基反应机理通常分为三个阶段。下面以甲烷的氯化反应为例。

(1) 链的引发。在光照条件下，氯分子吸收光子的能量，均裂成高能量的氯原子（氯自由基）。

$$Cl_2 \xrightarrow{h\nu} 2Cl\cdot$$

这是反应的第一步，称为链引发阶段。链引发阶段的特点是：产生活性很高的自由基。

(2) 链的增长。氯自由基十分活泼，一旦生成，立即与甲烷反应生成甲基自由基和氯化氢。

$$Cl\cdot + CH_4 \longrightarrow HCl + \cdot CH_3$$

甲基自由基也很活泼，与氯分子碰撞时夺取一个氯原子生成一氯甲烷分子和一个新的氯自由基。

$$\cdot CH_3 + Cl_2 \longrightarrow CH_3Cl + Cl\cdot$$

新的氯自由基可继续与甲烷反应，生成氯化氢和甲基自由基，也可夺取新生成的一氯甲烷分子中的氢，生成氯化氢和氯甲基自由基。这样，只要有少量氯自由基存在，就能使反应连续进行，得到一氯甲烷、二氯甲烷、三氯甲烷和四氯化碳。反应最终产物是多种卤代烷的混合物。

$$Cl\cdot + CH_3Cl \longrightarrow \cdot CH_2Cl + HCl$$
$$\cdot CH_2Cl + Cl_2 \longrightarrow CH_2Cl_2 + Cl\cdot$$
$$Cl\cdot + CH_2Cl_2 \longrightarrow \cdot CHCl_2 + HCl$$
$$\cdot CHCl_2 + Cl_2 \longrightarrow CHCl_3 + Cl\cdot$$
$$Cl\cdot + CHCl_3 \longrightarrow \cdot CCl_3 + HCl$$
$$\cdot CCl_3 + Cl_2 \longrightarrow CCl_4 + Cl\cdot$$

每一步反应中，都生成一个新的自由基，使反应能够一环扣一环地连续进行下去，所以称为连锁反应或链反应，这一阶段称为链增长阶段。其特点是：每一步都消耗一个自由基，同时又产生一个新的自由基。

(3) 链的终止。随着链反应的进行，甲烷等反应物迅速被消耗，自由基相遇的机会增多，自由基互相碰撞后结合成稳定的分子，使反应终止。

$$Cl\cdot + Cl\cdot \longrightarrow Cl_2$$
$$Cl\cdot + \cdot CH_3 \longrightarrow CH_3Cl$$
$$\cdot CH_3 + \cdot CH_3 \longrightarrow CH_3CH_3$$

这个阶段称为链的终止阶段。其特点是：自由基被消耗而不再产生。

2.1.6 烷烃的天然来源及用途

烷烃大量存在于石油、天然气、沼气中。石油的成分非常复杂，但主要是各种烷烃的复杂混合物，也含有环烷烃和芳香烃，含量因产地而异。石油通过分级蒸馏可得到各种沸点不同的烷烃，可以用作燃料、溶剂、化工原料等。

天然气中约含75%的甲烷、15%的乙烷和5%的丙烷，其余则为较高级的烷烃。甲烷是沼气的主要成分(占总体积的 50%~70%),沼气中的甲烷是由腐烂的植物在微生物的作用下产生的,可用作气体燃料。甲烷也是一种多用途的化工原料,可用于生产甲醇、甲醛、甲酸、炭黑、乙炔、合成气等。

石油和天然气都是重要的能源,同时也是十分重要的化工原料。

生物体中烷烃含量很少,但有其独特的功能。有些植物的叶子和果皮上的蜡质层中含有少量高级烷烃,如苹果皮上的蜡含有十七烷及二十九烷,烟叶上的蜡含二十七烷及三十一烷,这些烷烃对植物表面起着保护作用。某些动物身上也可以分泌出一些烷烃。例如,有一种蚁,它们通过分泌一种有气味的物质来传递警戒信息,这种有气味的物质中含有十一烷和三十烷。又如,有一种雌虎蛾能分泌 2-甲基十七烷,用它来引诱雄蛾,因此人们可利用它来诱捕雄蛾。人工合成性引诱剂来诱杀害虫,可以使害虫断种绝代,这是新兴的第三代农药,有着广阔的发展前景。

2.2 环 烷 烃

环烷烃是脂环烃的一种。根据组成环的碳原子数的不同,可分为三元环、四元环、五元环、六元环等;根据分子内环的数目,可分为单环烃、双环烃和多环烃。本节主要讨论单环烷烃,其通式为 C_nH_{2n},与单烯烃互为同分异构体。

2.2.1 环烷烃的异构和命名

1. 环烷烃的异构

单环烷烃中,由于环的大小、侧链的长短和位置的不同,产生构造异构体。例如,含五个碳的环烷烃(C_5H_{10})有五种构造异构体。

环戊烷

甲基环丁烷

乙基环丙烷

1,1-二甲基环丙烷

1,2-二甲基环丙烷

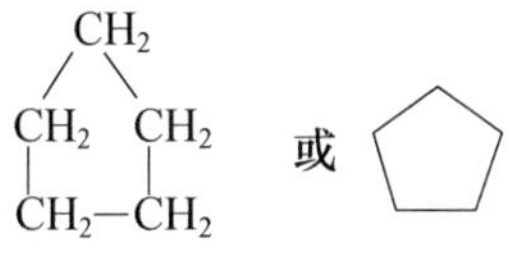

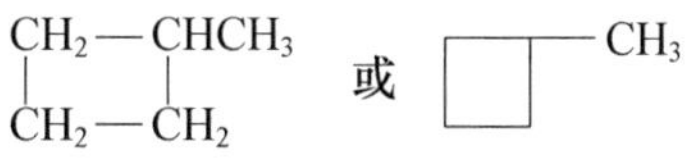

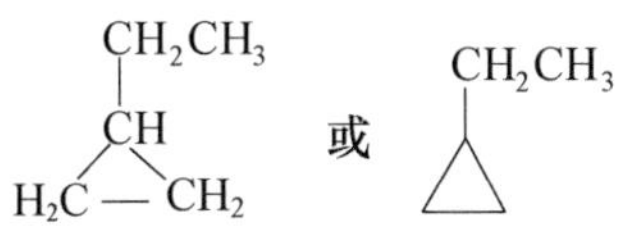

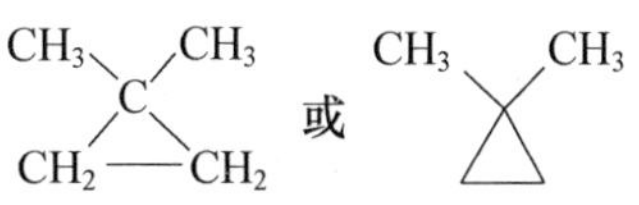

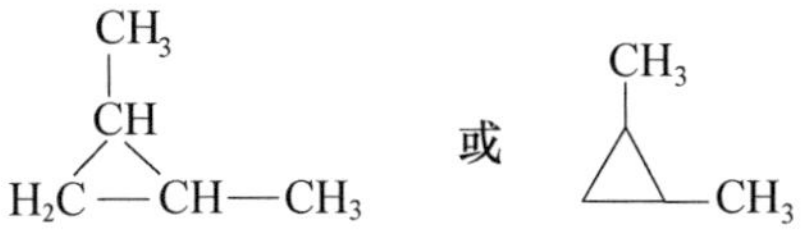

环烷烃分子中,由于环的存在限制了环上 C—C σ 键的自由旋转,当环上有两个碳原子各自连有两个不相同的原子或基团时,就有顺反异构现象。例如,1,2-二甲基环丙烷有两种不同的空间排列方式,两个甲基可以在环的同侧,也可以在环的异侧,它们是具有不同物理性质的顺反异构体。

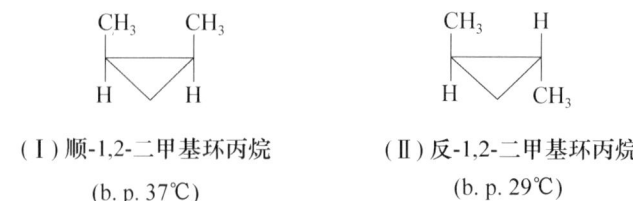

（Ⅰ）顺-1,2-二甲基环丙烷　　　　（Ⅱ）反-1,2-二甲基环丙烷

(b. p. 37℃)　　　　　　　　　　(b. p. 29℃)

分子中原子或基团在空间的排列称为构型，（Ⅰ）和（Ⅱ）是因构型不同而产生的异构体，称为构型异构体。这种构型异构体通常用顺、反来区别，称为顺反异构体。顺反异构又称几何异构，是立体异构的一种。

构型和构象虽然都涉及分子中原子在空间的排布情况，但它们是两个不同的概念。一种构型转变为另一种构型一般涉及化学键的断裂，而构象异构体的转变不涉及化学键的断裂。

2. 环烷烃的命名

1）单环烷烃的命名

单环烷烃的命名与开链烷烃相似，根据环上碳原子数称"环某烷"。对于单环烷烃的衍生物，若环上只有一个取代基，不必编号，取代基名称放在"环"字之前；若环上有多个取代基，应将成环碳原子编号，把连接最小取代基的碳定为1，并遵循最低序列的原则。例如

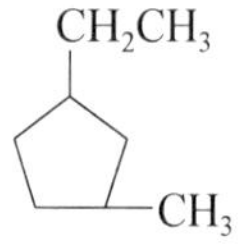

1-甲基-3-乙基环戊烷 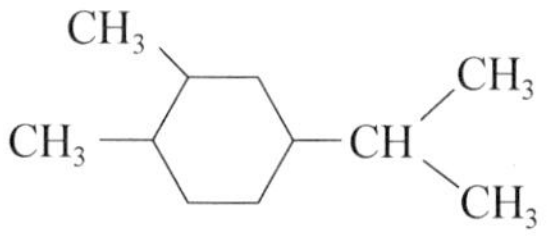　　　　　　1,2-二甲基-4-异丙基环己烷

顺反异构体的命名是假定环中碳原子在一个平面上，以环平面为参考平面，两个取代基在环平面同侧者称为顺式，在异侧者称为反式。例如

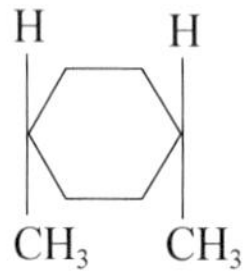

顺-1,4-二甲基环己烷 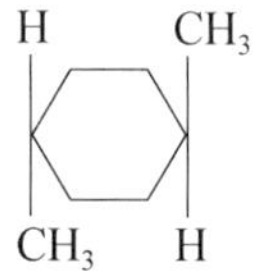　　　　　　反-1,4-二甲基环己烷

2）双环烷烃的命名

（1）螺环化合物的命名。两个碳环共用一个碳原子的化合物称为螺环化合物，共用的碳原子称为螺原子。螺环化合物的命名是根据螺环上碳原子的总数称为螺某烷，并在"螺"字后面的方括号内，用阿拉伯数字按由小到大的顺序标明螺原子相连的两环的碳原子数（不计螺原子），数字之间用下角圆点隔开。螺环的编号从小环与螺原子相邻的碳原子开始，沿小环编号，然后经过螺原子到大环。例如

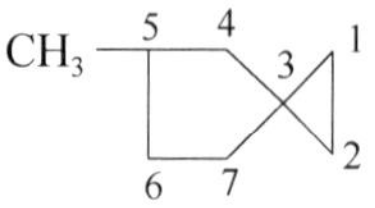

5-甲基螺[2.4]庚烷 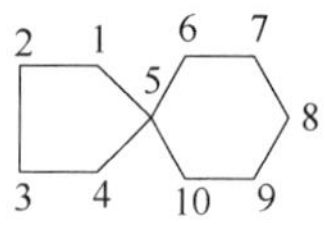　　　　　　　螺[4.5]癸烷

（2）桥环化合物的命名。两个碳环共用两个或两个以上碳原子的化合物称为桥环化合

物。围成环的各条碳链称为桥,桥头共用的碳原子称为桥头碳。桥环化合物的命名是根据桥环上碳原子的总数称为二环某烷,在环字后面方括号内,标明除桥头碳原子以外各桥身的碳原子数目,大的在前,小的在后,数字之间用下角圆点隔开。桥环的编号是从一个桥头碳原子开始,沿最长的桥到另一个桥头碳原子,再沿次长的桥回到第一个桥头碳原子,最短的桥最后编号。例如

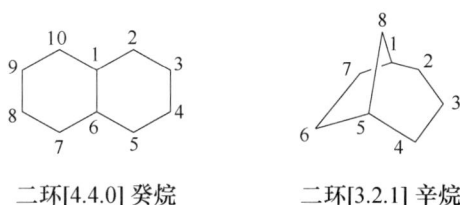

二环[4.4.0]癸烷　　　　二环[3.2.1]辛烷

思考题 2-4

命名下列化合物。

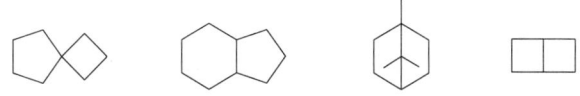

2.2.2 环烷烃的物理性质

环烷烃的熔点、沸点、密度都比含同数碳原子的开链烷烃高。常温下,环丙烷、环丁烷为气体,环戊烷为液体,高级同系物为固体。环烷烃不溶于水,易溶于有机溶剂。常见环烷烃的物理常数见表 2-2。

表 2-2　常见环烷烃的物理常数

名称	熔点/℃	沸点/℃	密度/(g·mL^{-1})(20 ℃)
环丙烷	−127.6	−32.9	0.720 (−79 ℃)
环丁烷	−90.0	12.0	0.703 (0 ℃)
环戊烷	−93.0	49.3	0.745
环己烷	6.5	80.8	0.779
环庚烷	−8.0	118.0	0.810
环辛烷	4.0	148.0	0.836

2.2.3 环烷烃的化学性质

环烷烃的化学性质与烷烃相似,可以发生卤化反应和氧化反应。但三元和四元的小环烷烃却具有一些特殊的性质,它们与烯烃相似,容易发生开环加成反应。

1. 加成反应

(1) 加氢。在催化剂(如镍)的作用下,环丙烷、环丁烷与氢加成生成相应的烷烃。环戊烷则需要在高温和高活性铂催化剂作用下才能加氢变成相应的烷烃。

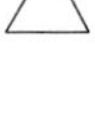

$$\triangle + H_2 \xrightarrow[80\ ℃]{Ni} CH_3CH_2CH_3$$

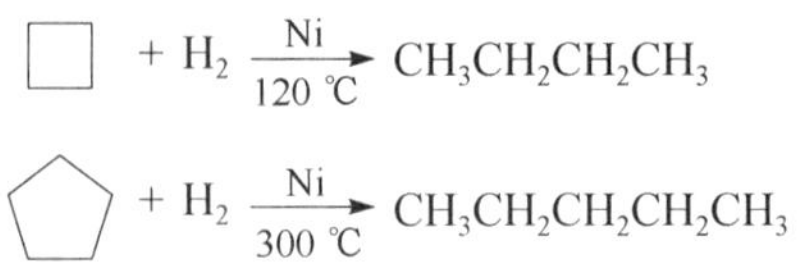

□ + H₂ $\xrightarrow{\text{Ni}}_{120\ ℃}$ CH₃CH₂CH₂CH₃

⬠ + H₂ $\xrightarrow{\text{Ni}}_{300\ ℃}$ CH₃CH₂CH₂CH₂CH₃

(2) 加溴。环丙烷与溴在室温下就能发生开环加成,而环丁烷与溴必须加热才能发生开环加成。

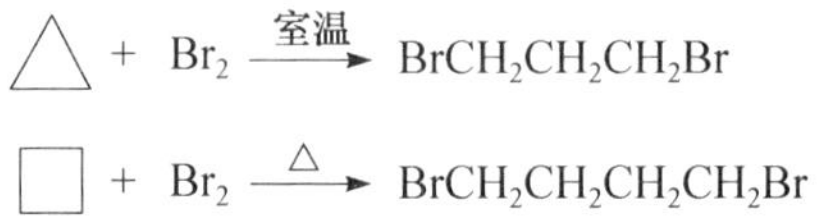

△ + Br₂ $\xrightarrow{\text{室温}}$ BrCH₂CH₂CH₂Br

□ + Br₂ $\xrightarrow{\triangle}$ BrCH₂CH₂CH₂CH₂Br

环戊烷以上的环烷烃很难与溴进行加成反应。

(3) 加卤化氢。环丙烷及其烷基衍生物在常温下也易与卤化氢发生开环加成反应。

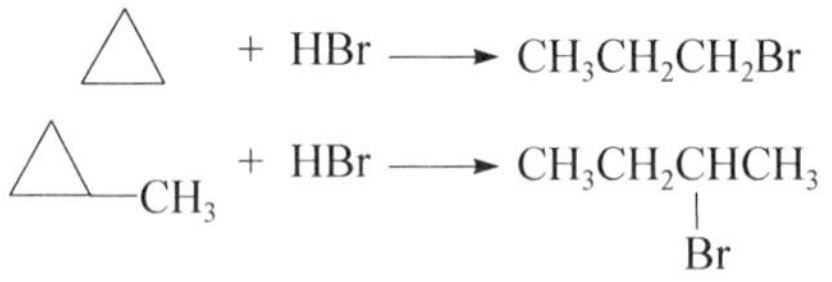

△ + HBr ⟶ CH₃CH₂CH₂Br

△—CH₃ + HBr ⟶ CH₃CH₂CHCH₃
|
Br

烷基取代的环丙烷与卤化氢加成符合马氏规则(见第 3 章),氢加到含氢较多的碳原子上。环的断裂主要发生在含氢最多和含氢最少的两个碳原子之间。环丁烷、环戊烷等较大的环烷烃在常温下与卤化氢不发生反应。

2. 取代反应

在高温或光照下,环烷烃与烷烃一样能发生自由基取代反应。

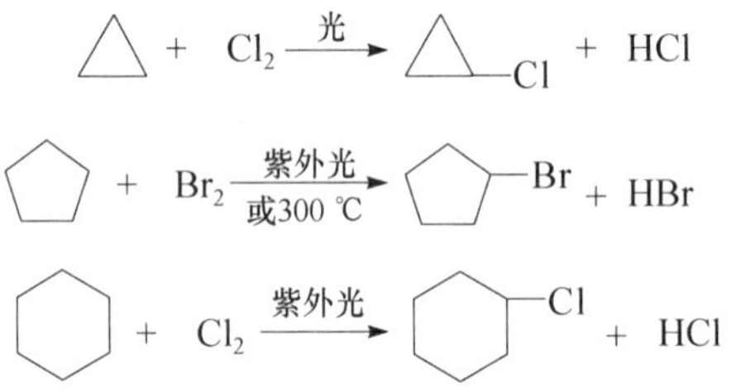

△ + Cl₂ $\xrightarrow{\text{光}}$ △—Cl + HCl

⬠ + Br₂ $\xrightarrow[\text{或}300\ ℃]{\text{紫外光}}$ ⬠—Br + HBr

⬡ + Cl₂ $\xrightarrow{\text{紫外光}}$ ⬡—Cl + HCl

3. 氧化反应

常温下,环烷烃与一般的氧化剂(如 KMnO₄ 水溶液或臭氧等)不发生反应,因此可以用 KMnO₄ 水溶液来鉴别烯烃和环丙烷。但在加热情况下用强氧化剂,环烷烃也可以被氧化。

⬡ + HNO₃ $\xrightarrow{\triangle}$ CH₂CH₂COOH
|
CH₂CH₂COOH

思考题 2-5

1. 完成下列反应。

(1) 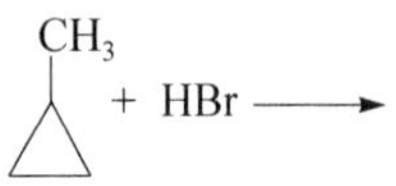 △—CH₃ + HBr ⟶   (2) (CH₃)△(CH₃)(CH₃) + HCl ⟶

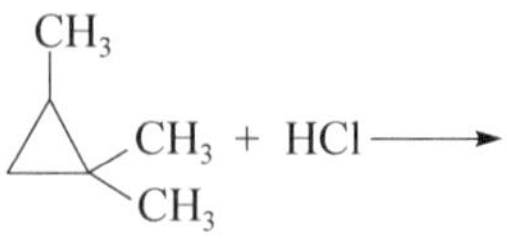

2. 用简便的化学方法鉴别下列化合物。

2-戊烯、甲基环丙烷、戊烷

2.2.4 环烷烃的结构与稳定性

环烷烃的化学性质表明:环丙烷和环丁烷不稳定,容易开环;环戊烷和环己烷较稳定,不易开环。现代理论认为环丙烷不稳定的原因是成环碳原子的 sp^3 杂化轨道未能形成最大程度重叠。在环丙烷分子中,三个碳原子在同一平面上呈正三角形,碳原子之间连线的夹角为 $60°$。环丙烷中碳原子都是 sp^3 杂化的。为了实现最大重叠,必须将杂化轨道的夹角压缩,而量子力学计算结果表明,sp^3 杂化轨道的夹角不能小于 $104°$。因此,环丙烷分子中成键的 sp^3 杂化轨道不能像开链烷烃那样从对称轴的方向实现最大重叠形成正常的 σ 键,而只能偏离一定的角度,在碳碳连线的外侧重叠,形成一种键能较小、稳定性较差的弯曲键,如图 2-10 所示。

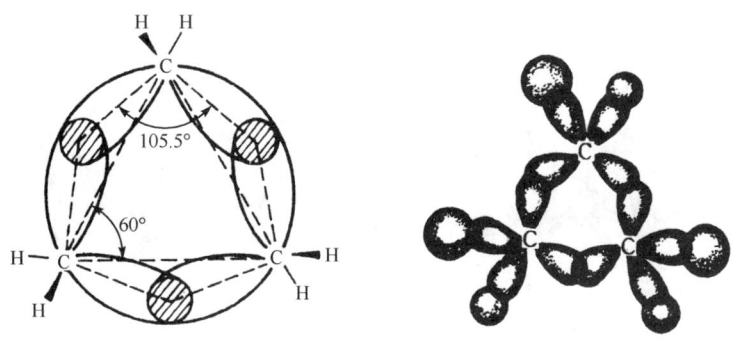

图 2-10 环丙烷碳碳之间成键示意图

物理方法测定结果表明,在环丙烷分子中 C—C—C 轨道夹角为 $105.5°$,比正常的轨道夹角 $109.5°$ 小,因而使分子具有一种恢复正常键角的角张力。角张力的存在是环丙烷分子不稳定的主要因素。另外,环丙烷的三个碳原子位于同一平面上,相邻碳原子上的 C—H 键全部处于重叠式构象而产生扭转张力。扭转张力的存在也是环丙烷不稳定的原因之一。这两种张力均使环丙烷分子的热力学能升高,C—C σ 键键能变小($230 \text{ kJ} \cdot \text{mol}^{-1}$),环稳定性差,易开环加成。

环丁烷的结构与环丙烷相似,sp^3 杂化轨道也是弯曲重叠形成弯曲键。但环丁烷的四个碳原子不在同一个平面上,通常呈蝶形折叠状构象(图 2-11),角张力和扭转张力均比环丙烷小,因而比环丙烷稳定。

环戊烷分子中的五个碳原子也不在同一个平面上,其中四个碳原子处于同一个平面,第五个碳原子向上或向下微微翘起,结构形状像一个开启的信封(图 2-12),键角接近 $109.5°$,环张力很小,因而较稳定,不易发生开环作用,易发生取代反应。

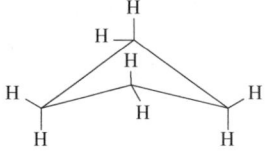

图 2-11 环丁烷的构象

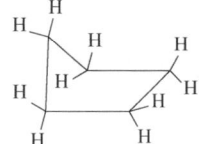

图 2-12 环戊烷的构象

环己烷分子中的碳原子也不在同一平面内,C—C—C 键角为 $109.5°$,分子中既无角张力也无扭转张力,是无张力的环,分子很稳定。它的性质类似于开链烷烃,难以发生开环作用。

五元环和六元环比较稳定,在一定条件下又容易形成,因此自然界以五元环和六元环存在的化合物较为普遍。

2.2.5 环己烷及其衍生物的构象

1. 环己烷的构象

环己烷分子中,六个成环碳原子不在同一平面上,C—C—C 键角为 109.5°,是无张力环,环很稳定。环己烷分子中 C—C 键的扭动可以产生无数种构象,其中最典型的有椅式构象和船式构象(图 2-13)。椅式构象和船式构象可以在环不受破坏的情况下互相转变,其中船式构象的势能比椅式构象高 29.7 kJ·mol^{-1},故椅式构象比船式构象稳定,椅式构象和船式构象的相对稳定性也可以从它们的纽曼投影式看出(图 2-14)。

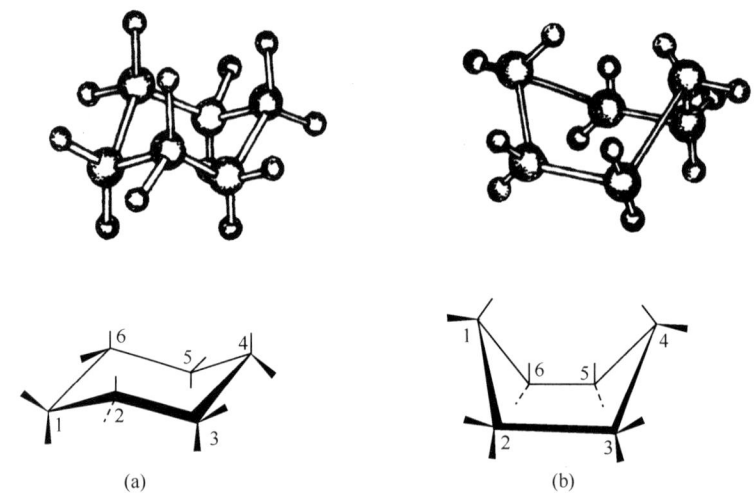

图 2-13 环己烷的椅式(a)和船式(b)构象

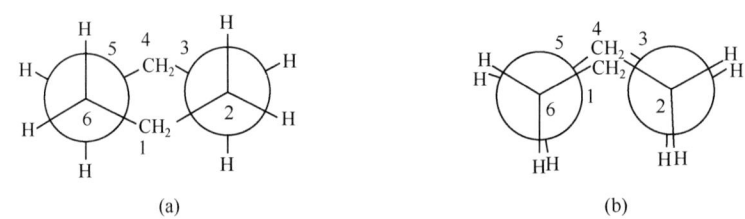

图 2-14 环己烷椅式(a)和船式(b)构象的纽曼投影式

从图 2-14 可以看出,椅式构象中所有相邻两个碳原子上的碳氢键和碳碳键都处于邻位交叉式,没有扭转张力。而在船式构象中,C_2 与 C_3 和 C_5 与 C_6 上的碳氢键处于全重叠式,因而具有扭转张力,而且 C_1 和 C_4 上两个向内伸展的氢原子相距只有 0.183 nm,小于它们的范德华半径之和(约 0.248 nm),故有范德华张力。由于这两种张力的存在,船式构象能量较高,不如椅式构象稳定。因此,椅式构象为环己烷的优势构象。常温下,在各种构象的动态平衡中,椅式构象占 99.9%。

椅式构象中 1、3、5 三个碳原子在同一平面上,2、4、6 三个碳原子在另一个平面上,两个平面互相平行,相距 0.05 nm。通过环的中心向这两个平面作垂线,得到椅式构象的对称轴

(图 2-15)。

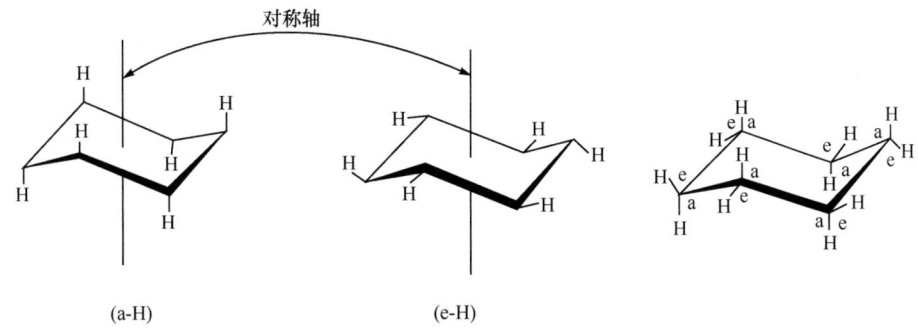

图 2-15　环己烷椅式构象中的 a 键和 e 键

环己烷椅式构象中的十二个 C—H 键可以分为两类，六个 C—H 键与分子的对称轴平行，称为直立键或 a 键(axial bond)，三个向上，三个向下，交替排列；另外六个 C—H 键与对称轴的夹角为 109.5°，称为平伏键或 e 键(equatorial bond)，三个向上斜伸，三个向下斜伸，交替排列，如图 2-15 所示。

在室温下，环己烷的一种椅式构象可以通过 C—C 键的扭曲转变成另一种椅式构象，这时 1、3、5 三个碳原子由上面的平面转移到下面的平面，2、4、6 三个碳原子由下面的平面转移到上面的平面，同时原来的 a 键都变成 e 键，原来的 e 键都变成 a 键，如图 2-16 所示。

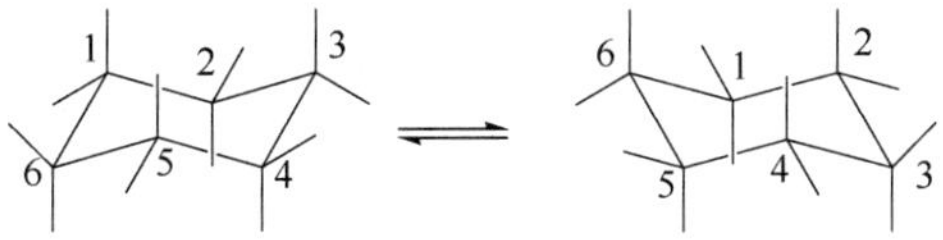

图 2-16　两种椅式构象的相互转变

2. 一取代环己烷的构象

甲基环己烷分子中，甲基可以在 e 键的位置，也可以在 a 键的位置，从而出现两种可能的构象，它们可以通过环的翻转互相转变，达到动态平衡。甲基在 a 键位置时，由于与环同侧 C_3、C_5 上 a 键氢距离较近，存在较大的空间排斥力，故分子能量较高。甲基在 e 键位置时，与邻近的氢原子相距较远，没有上述的排斥力，因而能量较低，两者能量差为 $7.5 \text{ kJ} \cdot \text{mol}^{-1}$。室温下，能量低的 e-甲基构象占 95% 左右，能量高的 a-甲基构象占 5% 左右，故 e-甲基构象为优势构象。

a-甲基(5%)　　　　e-甲基(95%)

所有 e-取代基环己烷构象都比 a-取代基构象稳定，并且取代基体积越大，两种构象的能量差越大，e-取代基构象所占的比例也越大。

叔丁基环己烷几乎完全以一种 e-叔丁基构象存在。

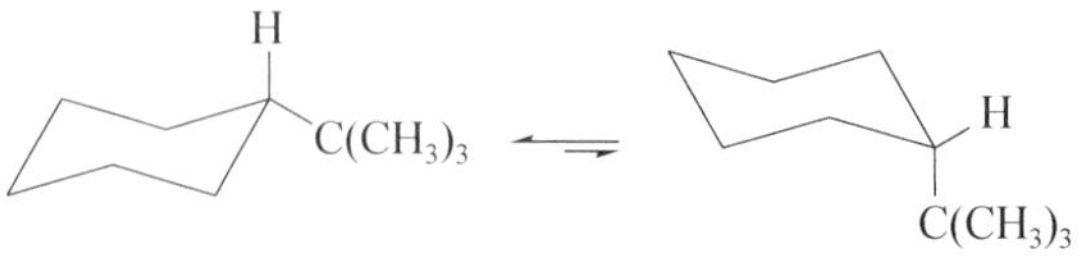

e-叔丁基(>99.99%)   a-叔丁基(0.01%)

3. 二取代环己烷的构象

二甲基环己烷有顺、反两种异构体，在顺-1,2-、反-1,3-和顺-1,4-异构体中，两个甲基一个以 e 键、另一个以 a 键分别与环相连，它们的构象为 ae 型，环翻转后仍为 ae 型。例如

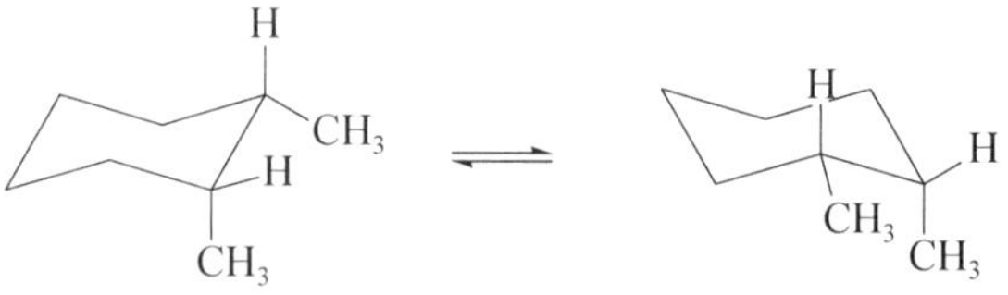

顺-1,2-二甲基环己烷构象

反-1,2-、顺-1,3-和反-1,4-二甲基环己烷的构象有 aa 型和 ee 型两种，并通过环翻转相互转化。aa 型中，甲基受到环同侧两个 a 氢原子的排斥，势能升高，因此这几个化合物主要以 ee 型构象存在。例如

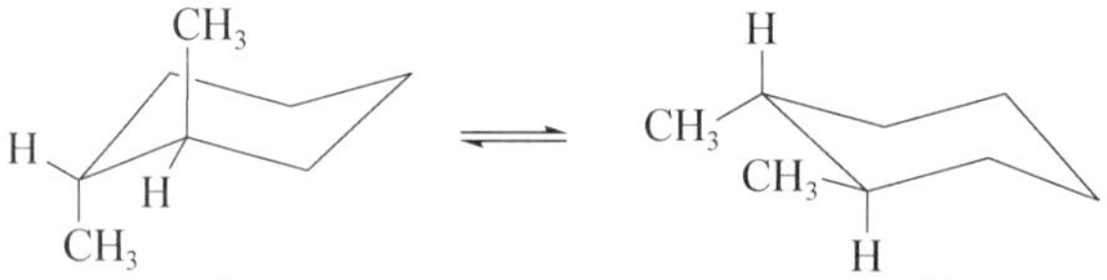

aa型   ee型

反-1,2-二甲基环己烷构象

在顺-1-甲基-4-叔丁基环己烷的两种椅式构象中，叔丁基在 e 键上的构象比在 a 键上的构象稳定得多。

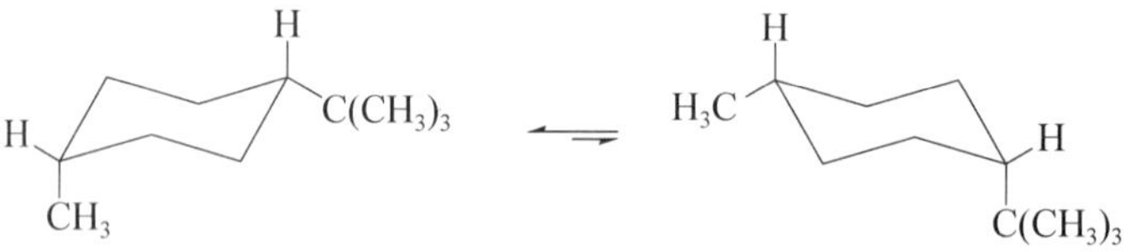

由上可知，环己烷多元取代物中，e 取代基最多的构象最稳定。有不同取代基时，体积大的取代基在 e 键上的构象最稳定。

思考题 2-6

写出下列化合物的优势构象。
(1) 反-1-甲基-2-异丙基环己烷　　　(2) 顺-1-乙基-4-叔丁基环己烷
(3) 反-1-甲基-3-叔丁基环己烷　　　(4) 顺-1,3-二氯环己烷

习 题

1. 用系统命名法命名下列化合物。

    (1) $(CH_3CH_2)_2CHCH_3$

    (2) $CH_3\underset{|}{\overset{\overset{C_2H_5}{|}}{C}H}CH_3$
          CH_2CH_3 (下)

    (3) $(CH_3)_3C\underset{CH(CH_3)_2}{\overset{CH_3CH_2\quad CH_2CH_3}{C}}$

    (4) $(C_2H_5)_2CHCH(C_2H_5)CH_2CH(CH_3)_2$

    (5) $CH_3-CH-CH_2-\overset{CH(CH_3)_2}{\underset{CH_3}{C}H}-CH-CH_3$
          CH_2CH_3

    (6) 环己烷上 1-CH₃(H向下), 2-C₂H₅(H向下)

    (7) 环己烷上 1-CH₃, 2-CH₂CH₃, 3-C(CH₃)₃

    (8) 双环化合物，含 CH₃ 和 gem-二甲基

2. 写出下列化合物的构造式。

    (1) 由一个叔丁基和异丙基组成的烷烃。

    (2) 含一侧链甲基，相对分子质量为 98 的环烷烃。

    (3) 相对分子质量为 114，同时含有 1°C、2°C、3°C、4°C 的烷烃。

3. 写出下列化合物的结构式，如其名称与系统命名原则不符，请予以改正。

    (1) 3,3-二甲基丁烷   (2) 2,3-二甲基-2-乙基丁烷

    (3) 4-异丙基庚烷   (4) 3,4-二甲基-3-乙基戊烷

    (5) 3,4,5-三甲基-4-正丙基庚烷   (6) 2-叔丁基-4,5-二甲基己烷

4. 相对分子质量为 72 的烷烃进行高温氯代反应，根据氯代产物的不同，推测各种烷烃的结构式。

    (1) 只生成一种一氯代产物   (2) 可生成三种不同的一氯代产物

    (3) 生成四种不同的一氯代产物   (4) 只生成二种二氯代产物

5. 不查表将下列烷烃按沸点由高至低排序。

    (1) 2,3-二甲基戊烷   (2) 2-甲基己烷   (3) 正庚烷

    (4) 正戊烷   (5) 环戊烷

6. 写出下列化合物的优势构象。

    (1) $BrCH_2CH_2Cl$ (2) $CH_3CH_2CH_2CH_3$ (3) 环己基-CH_2CH_3

    (4) 反-1-甲基-4-叔丁基环己烷

7. 写出 1,3-二甲基环己烷和 1-甲基-4-异丙基环己烷的顺反异构体优势构象，并比较每组中哪个稳定，为什么？

8. 有 A、B、C、D 四个互为同分异构体的饱和脂环烃。A 是含一个甲基、一个叔碳原子及四个仲碳原子的脂环烃；B 是最稳定的环烷烃；C 是具有两个不相同的取代基，有顺反异构体的环烷烃；D 是只含有一个乙基的环烷烃。试写出 A、D 的结构式，B 的优势构象，C 的顺反异构体，并分别命名。

第3章 不饱和烃

分子中含有碳碳双键或三键的烃类化合物称为不饱和烃(unsaturated hydrocarbon)。含有碳碳双键的是烯烃,包括单烯烃、二烯烃、环烯烃等;含有碳碳三键的是炔烃。本章主要讨论单烯烃、炔烃及二烯烃。

3.1 单烯烃

单烯烃是指分子中含有一个碳碳双键的不饱和开链烃,习惯上又简称烯烃(alkene),其通式为 C_nH_{2n}。

3.1.1 烯烃的结构

烯烃分子中,组成双键的碳原子为 sp^2 杂化,即一个 2s 轨道与两个 2p 轨道杂化形成三个等同的 sp^2 杂化轨道。

在乙烯分子中,两个碳原子各以一个 sp^2 杂化轨道相互重叠形成一个 C—C σ键;又各以两个 sp^2 杂化轨道与氢原子的 1s 轨道重叠,形成四个 C—H σ键,这样形成的五个 σ键都在同一平面上(图 3-1)。每个碳原子上还有一个未参与杂化的 p 轨道,其对称轴垂直于这五个 σ键所在的平面,且相互平行,侧面重叠,形成 π键(图 3-2)。

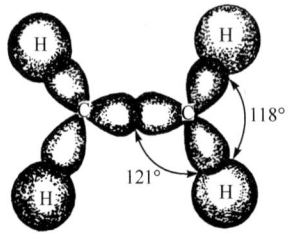

图 3-1 乙烯分子中的 σ键

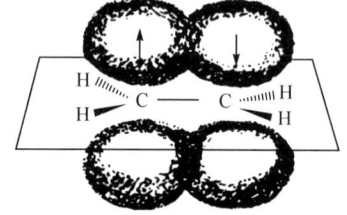

图 3-2 乙烯分子中的 σ键和 π键

因此,碳碳双键是由一个 σ键和一个 π键组成。由于 π键是两个 p 轨道侧面重叠形成的,因此以双键相连的两个原子间不能自由旋转。因为旋转时,两个 p 轨道不能重叠,π键便被破坏。

π键的重叠程度一般比 σ键小,不如 σ键稳定,比较容易断裂。C═C 键的键能为 611 kJ·mol^{-1},不是 C—C 键键能的两倍。C═C 键的键长为 0.134 nm,比 C—C 键的键长短。

由于 π键的电子云不像 σ键电子云那样集中在两个原子核的连线上,而是分布在上、下两方,故原子核对 π电子的束缚力较小。因此,π电子云具有较大的流动性,在外界电场的影响下比较容易极化。

3.1.2 烯烃的异构现象和命名

1. 异构现象

由于碳碳双键的存在,烯烃的同分异构现象比烷烃复杂。除碳链异构外,还有双键位置不同引起的位置异构以及双键两侧的基团在空间的排布不同而引起的顺反异构。

1) 构造异构

从丁烯起,烯烃就有同分异构现象。例如

$$CH_3CH_2CH=CH_2 \qquad CH_3CH=CHCH_3 \qquad CH_3-\underset{\underset{CH_3}{|}}{C}=CH_2$$

$$\text{1-丁烯(I)} \qquad \text{2-丁烯(II)} \qquad \text{2-甲基丙烯(III)}$$

(I)、(II)与(III)是碳链异构,(I)与(II)又互为双键位置异构。

2) 顺反异构

烯烃也有顺反异构现象。例如,2-丁烯由于分子中碳碳双键不能自由旋转,这两个双键碳原子所连接的原子和基团在空间就有两种不同的排布方式(图3-3)。

顺-2-丁烯 (b.p. 3.5 ℃)   反-2-丁烯 (b.p. 0.9 ℃)

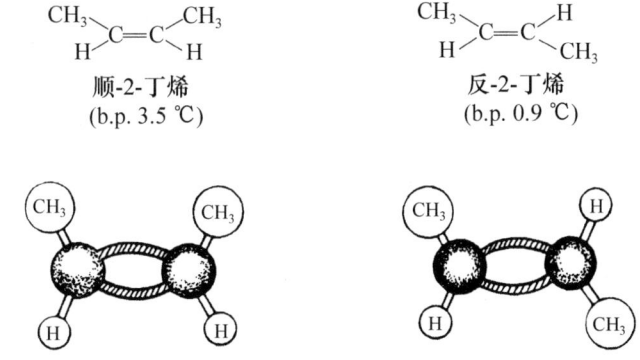

图 3-3　顺-2-丁烯和反-2-丁烯的分子模型

必须指出,并不是所有的烯烃都有顺反异构现象。产生顺反异构的必要条件是:构成双键的两个碳原子各连有不同的原子或基团,否则就不存在顺反异构现象,即

$$\underset{b}{\overset{a}{>}}C=C\underset{e}{\overset{d}{<}} \qquad \text{若}a\neq b\text{ 且}d\neq e\text{时有顺反异构}$$

当分子中含有两个或多个双键,且又符合产生顺反异构的条件时,其顺反异构体数目等于或小于 2^n 个(n 为双键数)。例如,1-苯基-1,3-戊二烯有四个顺反异构体。

顺,顺-　　　　反,反-

顺,反-　　　　反,顺-

思考题 3-1

1. 下列各组化合物属于顺反异构、构造异构还是相同结构？

(1)
$$\underset{CH_3}{\overset{CH_3}{>}}C=C\underset{Br}{\overset{H}{<}} \text{ 和 } \underset{CH_3}{\overset{CH_3}{>}}C=C\underset{H}{\overset{Br}{<}}$$

(2)
$$\underset{Cl}{\overset{CH_3}{>}}C=C\underset{CH_3}{\overset{Cl}{<}} \text{ 和 } \underset{Cl}{\overset{CH_3}{>}}C=C\underset{Cl}{\overset{CH_3}{<}}$$

(3) $CH_3CH_2CH=CH_2$ 和 $CH_3CH=CHCH_3$

2. 写出 2,4-己二烯的所有顺反异构体。

2. 命名

烯烃的系统命名法与烷烃基本相似，但必须选择含碳碳双键在内的最长碳链为主链，根据主链上碳原子数目称为"某烯"；从靠近双键的一端给主链碳原子编号，以较小数字表示双键的位次，写在名称之前。例如

$$CH_3-\underset{\underset{CH_3}{|}}{C}=CH-\underset{\underset{CH_3}{|}}{CH}-CH_2CH_3 \qquad CH_3CH_2-\underset{\underset{CH_2}{\|}}{C}-CH(CH_3)_2$$

2,4-二甲基-2-己烯　　　　　　　　3-甲基-2-乙基-1-丁烯

$$CH_3-CH=\underset{\underset{CH_3}{|}}{C}-CH_3$$

2-甲基-2-丁烯　　　　　　　　3-甲基环己烯

当烯烃分子中去掉一个氢原子后，剩下的基团称为某烯基。例如

$CH_2=CH-$ 　乙烯基　　　　$CH_2=CHCH_2-$ 　烯丙基

$CH_3CH=CH-$ 　丙烯基　　　$CH_2=\underset{\underset{CH_3}{|}}{C}-$ 　异丙烯基

对于顺反异构体，当两个双键碳上连接的两个相同原子或基团在双键同侧时称为顺式，异侧时称为反式，如 2-丁烯的两个构型可用顺或反来标记。但当两个双键碳上连接了四个不同的原子或基团时，就要用 Z/E 标记法确定它们的构型。例如

$$\underset{H}{\overset{CH_3}{>}}C=C\underset{Cl}{\overset{Br}{<}} \qquad \underset{H}{\overset{CH_3CH_2}{>}}C=C\underset{CH_2CH_3}{\overset{CH_3}{<}}$$

根据英戈尔德(R. S. Ingold)、卡恩(R. S. Cann)等化学家提出的原子和基团的优先顺序规则，将每一双键碳上的两个原子或基团进行排列。两个优先原子或基团在双键同侧的为 Z 型，异侧的为 E 型。优先顺序规则的主要内容如下：

(1) 按与双键碳直接相连原子的原子序数大小排列，原子序数大的为优先基团，排在序列的前面，孤对电子位于最后。例如

$$I>Br>Cl>S>F>O>N>C>H>孤对电子$$

(2) 如果直接相连的第一个原子相同时，再按原子序数由大到小逐个比较其次相连的原子，并依此类推。例如

$$-C(CH_3)_3>-CH(CH_3)_2>-CH_2CH_2CH_3>-CH_3$$

其次相连原子：　　　(C,C,C)　　(C,C,H)　　(C,H,H)　　(H,H,H)

$$—CH_2OH > —C(CH_3)_3$$

其次相连原子： (O、H、H) (C,C,C)

(3) 当基团中有双键或三键时,每个双键或三键当作连有两个或三个相同的基团。例如

$$—CH=CH_2 \text{、} —\overset{O}{\underset{\|}{C}}—H \text{、} —\overset{O}{\underset{\|}{C}}—OH \text{、} —\text{Ph}$$

当作

$$—\overset{H}{\underset{CH_2}{\overset{|}{C}}}—CH_2 \text{、} —\overset{H}{\underset{O}{\overset{|}{C}}}—O \text{、} —\overset{OH}{\underset{O}{\overset{|}{C}}}—O \text{、} —\overset{C}{\underset{C}{\overset{|}{C}}}—C$$

优先顺序为

$$—\overset{O}{\underset{\|}{C}}—OH > —\overset{O}{\underset{\|}{C}}—H > —\text{Ph} > —CH=CH_2$$

根据这个规则,便可确定下列化合物的构型。

$$\underset{H}{\overset{CH_3}{>}}C=C\underset{Cl}{\overset{Br}{<}}$$

(Z)-1-氯-1-溴丙烯

式中:$CH_3 > H; Br > Cl$。

$$\underset{H}{\overset{CH_3CH_2}{>}}C=C\underset{CH_2CH_3}{\overset{CH_3}{<}}$$

(E)-4-甲基-3-庚烯

式中:$CH_3CH_2 > H; CH_3CH_2CH_2 > CH_3$。

顺/反和 Z/E 是标记烯烃构型的两种不同方法,它们之间没有必然的联系,不能简单地把顺和 Z 或反和 E 等同看待。例如

$$\underset{H}{\overset{CH_3}{>}}C=C\underset{H}{\overset{CH_3}{<}} \qquad \underset{H}{\overset{CH_3}{>}}C=C\underset{Cl}{\overset{CH_3}{<}}$$

(Z)-2-丁烯　　　　(E)-2-氯-2-丁烯
(顺-2-丁烯)　　　　(顺-2-氯-2-丁烯)

思考题 3-2

写出 2-甲基-1,3-戊二烯的顺反异构体,并用 Z/E 法标记其构型。

3.1.3 烯烃的物理性质

烯烃的物理性质与烷烃相似。在常温常压下,$C_2 \sim C_4$ 的烯烃为气体,$C_5 \sim C_{18}$ 的烯烃为液体,C_{19} 以上的为固体。它们都难溶于水,易溶于有机溶剂,密度都小于 $1\ \text{g} \cdot \text{mL}^{-1}$。部分烯烃的物理常数见表 3-1。

表 3-1 部分烯烃的物理常数

名称	沸点/℃	熔点/℃	密度/(g·mL^{-1})(20 ℃)
乙烯	−103.7	−169.5	0.570(在沸点)
丙烯	−47.7	−185.2	0.610(在沸点)
1-丁烯	−6.4	−130	0.625(在沸点)
顺-2-丁烯	3.5	−139.3	0.621
反-2-丁烯	0.9	−105.5	0.604
异丁烯	−6.9	−140.8	0.631(−10 ℃)
1-戊烯	30.1	−138.0	0.641
1-己烯	63.5	−139.8	0.673
1-庚烯	93.6	−119.0	0.697
1-辛烯	119.2	−104	0.715
1-十八烯	179	17.5	0.791

3.1.4 烯烃的化学性质

烯烃分子中含有 π 键，π 键不牢固，易断裂。因此，烯烃的化学性质比烷烃活泼，容易发生加成、氧化、聚合等反应。

1. 加成反应

加成反应一般是指含有不饱和键的化合物与试剂作用，π 键断裂，两个不饱和原子与试剂的两个原子或基团间形成两个 σ 键，从而降低了分子不饱和度的反应。

1) 与卤素的加成

烯烃能与卤素发生加成反应，生成邻位二卤化物。不同的卤素与烯烃的反应活性不同，氟与烯烃的反应非常猛烈，常使烯烃完全分解；氯与烯烃反应较氟缓和，但也要加溶剂稀释；溴与烯烃可正常反应。例如，将乙烯通入溴的四氯化碳溶液中，溴的红棕色迅速褪去，生成 1,2-二溴乙烷。实验室中常用此法鉴别碳碳双键的存在。

$$CH_2=CH_2 + Br_2 \xrightarrow{CCl_4} \underset{\underset{Br}{|}}{CH_2}-\underset{\underset{Br}{|}}{CH_2}$$
1,2-二溴乙烷

碘与烯烃很难反应，但氯化碘(ICl)或溴化碘(IBr)能与烯烃迅速反应。

$$\text{\textbackslash}C=C\text{\textbackslash} + IBr \longrightarrow -\underset{\underset{Br}{|}}{C}-\underset{\underset{|}{|}}{\overset{I}{C}}-$$

这个反应常用来测定油脂和某些天然产物的不饱和度。

实验表明，卤素分子(如溴分子)与烯烃分子接近时，在烯烃的 π 电子影响下，溴分子中的 σ 键发生极化，并与烯烃作用生成溴鎓离子和溴负离子；然后溴鎓离子与溴负离子反应，生成 1,2-二溴化物。

$$\overset{|}{\underset{|}{C}}=\overset{|}{\underset{|}{C}} + \overset{\delta+}{Br}-\overset{\delta-}{Br} \xrightarrow{慢} -\overset{|}{\underset{|}{C}}\underset{\underset{|}{C}}{\overset{\diagup}{\diagdown}}Br^+ + Br^-$$

溴鎓离子

$$Br^- + -\overset{|}{\underset{|}{C}}\underset{\underset{|}{C}}{\overset{\diagup}{\diagdown}}Br^+ \xrightarrow{快} -\overset{|}{\underset{Br}{C}}-\overset{Br}{\underset{|}{C}}-$$

反应中,烯烃的双键具有供电子性质,首先加成的是缺电子溴原子,它具有亲电性质。像溴这种具有亲电性质的试剂称为亲电试剂。由亲电试剂进攻而引起的加成反应称为亲电加成反应。

烯烃与卤素的亲电加成机理得到了实验的有力证明。例如,乙烯与溴的加成反应在氯化钠水溶液中进行时,得到的产物为混合物。

$$CH_2=CH_2 + Br_2 \xrightarrow[H_2O]{NaCl} \underset{Br}{\overset{|}{C}}H_2-\underset{Br}{\overset{|}{C}}H_2 + \underset{Br}{\overset{|}{C}}H_2-\underset{Cl}{\overset{|}{C}}H_2 + \underset{Br}{\overset{|}{C}}H_2-\underset{OH}{\overset{|}{C}}H_2$$

这一事实说明,乙烯与溴的加成是分步进行的。第一步,溴分子向乙烯分子进攻生成溴鎓离子,这一步反应活化能高,反应较慢,是决定整个反应的速度的一步。第二步,很不稳定的溴鎓离子立即与反应体系中的负离子结合,得到加成产物。

2) 与卤化氢的加成

烯烃可与卤化氢加成,生成卤代烷。例如

$$CH_2=CH_2 + HX \longrightarrow CH_3CH_2X$$

加成时,不同卤化氢的活性顺序为

$$HI>HBr>HCl$$

不对称烯烃与 HX 加成时,可得两种产物。例如

$$CH_3-CH=CH_2 + HBr \longrightarrow CH_3-\underset{Br}{\overset{|}{C}}H-CH_3 + CH_3CH_2CH_2Br$$

2-溴丙烷(主要产物)   1-溴丙烷(次要产物)

实验证明,上述反应的主要产物是 2-溴丙烷。马尔科夫尼科夫(Markovnikov)根据大量的实验事实总结出一条经验规则:不对称烯烃与 HX 加成时,氢原子主要加到含氢较多的双键碳上,而卤原子加到含氢较少的双键碳上,此规则简称马氏规则。

思考题 3-3

完成下列反应式,并指出主要产物及次要产物。

(1) 2-甲基-2-丁烯与 HCl   (2) ⬡—CH₃ + HBr ⟶

马氏规则可用诱导效应(inductive effect)解释。诱导效应是指在有机物分子中,由于电负性不同的原子或基团的影响,分子中成键电子云向某一方向发生偏移的效应,常用符号 I 表示。例如

$$-\overset{|}{\underset{|}{C_4}}-\overset{|}{\underset{|}{C_3}}\xrightarrow{\delta\delta\delta+}\overset{|}{\underset{|}{C_2}}\xrightarrow{\delta\delta+}\overset{|}{\underset{|}{C_1}}\xrightarrow{\delta+}Cl^{\delta-}$$

在碳链的一端连有一个氯原子,由于 C—Cl 键极化,C_1 上带有部分正电荷。C_2—C_1 键上的电子云分布被 C_1 上的正电荷诱导而变得不对称,即向 C_1 方向移动,使 C_2 也带有少量正电荷。同理 C_2 又使 C_3 带有更少量正电荷。这就是说氯原子的影响可通过电荷诱导作用传递到分子中与它不直接相连的原子上。诱导效应具有加和性,但在沿着 σ 键传递时迅速减弱,实际上在传过两三个原子后就可忽略不计了。

在比较各种原子或基团的诱导效应时,常以氢原子为标准。一个原子或基团的吸电子能力比氢原子强,就产生吸电子诱导效应,用 −I 表示。例如

吸电子能力:$F>Cl>Br>I>CH_3O>HO>C_6H_5>H$

若吸电子能力不及氢原子,就产生斥电子诱导效应,用 +I 表示。例如

斥电子能力:$(CH_3)_3C>(CH_3)_2CH>CH_3CH_2CH_2>CH_3>H$

根据诱导效应不难理解,丙烯与 HBr 加成时,由于甲基的 +I 效应,双键上 π 电子云发生极化,含氢较多的双键碳上 π 电子云密度较大,有利于亲电试剂的进攻,因此氢原子主要加到这一碳上。

$$CH_3-CH=CH_2 + H^{\delta+}-Br^{\delta-} \longrightarrow CH_3-\underset{\underset{Br}{|}}{CH}-CH_3$$

马氏规则也可用反应过程中生成的碳正离子中间体的相对稳定性解释。烯烃与卤化氢的加成反应机理如下:

$$\underset{}{\diagup}C=C\underset{}{\diagdown} + H-X \xrightarrow{慢} -\underset{|}{\overset{H}{\underset{|}{C}}}-\overset{+}{\underset{|}{C}}- + X^-$$

$$-\underset{|}{\overset{H}{\underset{|}{C}}}-\overset{+}{\underset{|}{C}}- + X^- \xrightarrow{快} -\underset{|}{\overset{H}{\underset{|}{C}}}-\underset{|}{\overset{X}{\underset{|}{C}}}-$$

其中生成碳正离子的一步涉及 π 键断裂,反应较慢,是决定整个反应速度的一步。若此步生成的碳正离子比较稳定,反应就比较容易进行。当烷基与带正电荷的中心碳原子相连时,由于烷基的 +I 效应,中心碳上的正电荷得到分散。中心碳上所连烷基增多,正电荷分散程度也随之增大。根据物理学规律,一个带电体系的电荷越分散,体系越稳定。因此,不同类型碳正离子的相对稳定性顺序为

$$CH_3-\overset{CH_3}{\underset{CH_3}{\overset{|}{C^+}}} > CH_3-\overset{H}{\underset{CH_3}{\overset{|}{C^+}}} > CH_3-\overset{H}{\underset{H}{\overset{|}{C^+}}} > H-\overset{H}{\underset{H}{\overset{|}{C^+}}}$$

即叔(3°)>仲(2°)>伯(1°)>$^+CH_3$。

当丙烯与 HBr 加成时,可生成两种碳正离子。

$$CH_3-CH=CH_2 + H^+ \longrightarrow \begin{cases} CH_3-\overset{+}{C}H-CH_3 & (\text{I}) \\ CH_3-CH_2-\overset{+}{C}H_2 & (\text{II}) \end{cases}$$

显然,碳正离子(Ⅰ)比(Ⅱ)稳定,所以主要产物为2-溴丙烷,符合马氏规则。

由上可见,烯烃与 HX 的加成反应也属于亲电加成。当不饱和碳上氢原子被烷基取代后,烷基的 +I 效应使双键碳上电子云密度增大,亲电加成反应速度也随之增大。

思考题 3-4
下列烯烃与 HBr 加成时,反应速率由大到小的排列顺序如何?
$CH_2=CH_2$ $CH_3CH=CH_2$ $(CH_3)_2C=CH_2$ $(CH_3)_2C=CHCH_3$

当有过氧化物(如 H_2O_2、R—O—O—R 等)存在时,丙烯或其他不对称烯烃与 HBr 加成产物是反马氏规则的。例如

$$CH_3CH=CH_2 + HBr \xrightarrow{\text{过氧化物}} CH_3CH_2CH_2Br$$

过氧化物的存在对 HCl 和 HI 的加成方式没有影响。

3) 与硫酸的加成

烯烃与冷的浓硫酸发生亲电加成反应,生成硫酸氢酯,加成的取向也遵循马氏规则。硫酸氢酯水解得到醇,利用这一反应可由烯烃制取醇类。

$$R-CH=CH_2 + H_2SO_4 \longrightarrow R-\underset{\underset{OSO_3H}{|}}{C}H-CH_3$$

硫酸氢酯

$$R-\underset{\underset{OSO_3H}{|}}{C}H-CH_3 + H_2O \xrightarrow{\triangle} R-\underset{\underset{OH}{|}}{C}H-CH_3 + H_2SO_4$$

烷烃不与浓硫酸反应,因此可利用这一反应除去烷烃中的少量烯烃。

4) 与水的加成

在酸(硫酸、磷酸等)的催化下,烯烃与水进行加成反应,直接生成醇,加成的取向也符合马氏规则。例如

$$CH_3CH=CH_2 + H_2O \xrightarrow[195\ ℃,\ 2\ MPa]{H_3PO_4/\text{硅藻土}} CH_3-\underset{\underset{OH}{|}}{C}H-CH_3$$

这种制备醇的方法称为直接水合法。

5) 催化加氢

一般情况下,烯烃和氢在 200 ℃时仍不发生反应。但在催化剂(如铂、钯或镍等)存在时,烯烃可与氢发生加成反应生成烷烃。例如

$$CH_2=CH_2 + H_2 \xrightarrow{\text{催化剂}} CH_3-CH_3$$

烯烃的加氢反应是在催化剂表面进行的。氢和烯烃被吸附在催化剂的表面,使它们分子中的 π 键和 H—H σ 键减弱或断裂,降低了反应的活化能。

烯烃的氢化反应是放热反应,1 mol 烯烃氢化时放出的热量称为摩尔氢化热。根据摩尔氢化热不同,可以分析不同烯烃的相对稳定性。例如

$$\underset{H}{\overset{CH_3}{C}}=\underset{CH_3}{\overset{H}{C}} + H_2 \xrightarrow{\text{催化剂}} CH_3CH_2CH_2CH_3 + 115.5\ kJ·mol^{-1}$$

$$\underset{H}{\overset{CH_3}{C}}=\underset{H}{\overset{CH_3}{C}} + H_2 \xrightarrow{\text{催化剂}} CH_3CH_2CH_2CH_3 + 119.7\ kJ·mol^{-1}$$

顺-2-丁烯和反-2-丁烯氢化后的产物都是丁烷,反式比顺式少放出 4.2 kJ·mol^{-1} 的能量,意味着反式的热力学能比顺式低 4.2 kJ·mol^{-1},也就是说反-2-丁烯比顺-2-丁烯稳定。

2. 氧化反应

烯烃容易被氧化,其氧化产物随着反应条件及氧化剂的不同而不同。

1) 催化氧化

乙烯在银催化剂存在下,被空气中的氧直接氧化为环氧乙烷,这是工业上生产环氧乙烷的方法。

$$CH_2=CH_2 + 1/2\ O_2 \xrightarrow[220\sim280\ ℃]{Ag} CH_2\underset{O}{-}CH_2$$

环氧乙烷的性质活泼,是有机合成的重要中间体。

2) KMnO$_4$ 氧化

冷、稀 KMnO$_4$ 中性或碱性水溶液与烯烃作用,可使烯烃的 π 键断裂,氧化生成邻位二元醇。

$$R-CH=CH_2 + KMnO_4 + H_2O \longrightarrow R-\underset{OH}{\overset{}{C}H}-\underset{OH}{\overset{}{C}H_2} + KOH + MnO_2$$

生成的二元醇可进一步被氧化分解成低相对分子质量的羧酸和 CO$_2$。在反应中,KMnO$_4$ 溶液紫色褪去并生成棕褐色的 MnO$_2$ 沉淀。因此,该反应可用于不饱和烃的鉴别。

在较高温度下或用酸性 KMnO$_4$ 溶液氧化,烯烃的双键断裂生成低级的酮、羧酸和 CO$_2$。

$$R-CH=CH_2 \xrightarrow[H_2SO_4]{KMnO_4} RCOOH + CO_2 + H_2O$$
羧酸

$$R'-\underset{}{\overset{R}{C}}=CH-R'' \xrightarrow[H_2SO_4]{KMnO_4} R-\overset{O}{\overset{\|}{C}}-R' + R''-\overset{O}{\overset{\|}{C}}-OH$$
酮　　　　**羧酸**

根据氧化产物可推断原烯烃分子中的双键位置及其分子结构。

3) 臭氧化反应

在较低温度下烯烃与臭氧反应生成臭氧化物,这个反应称为臭氧化反应。生成的臭氧化物在还原剂锌粉存在下水解生成醛或酮。

$$R'-\overset{R}{\overset{|}{C}}=CH-R'' \xrightarrow{O_3} R'\underset{O-O}{\overset{R}{\underset{|}{C}}\underset{|}{}CH-R''} \xrightarrow{Zn/H_2O} R-\overset{O}{\overset{\|}{C}}-R' + R''-CHO$$
　　　　　　　　　　　　　　　　　　　　　　　　　　　　　酮

根据臭氧化物的还原水解产物,也可推断原烯烃的双键位置及分子结构。

思考题 3-5

完成下列反应。

(1) ⬠ $\xrightarrow[H_2O]{冷、稀 KMnO_4}$

(2) $\underset{CH_3}{\overset{CH_3}{C}}=CHCH_3 \xrightarrow[H_2SO_4]{KMnO_4}$

(3) $\begin{matrix}CH_3\\CH_3\end{matrix}$ C=CHCH$_3$ $\xrightarrow{\text{1) O}_3}_{\text{2) Zn/H}_2\text{O}}$ (4) CH$_3$CH$_2$CH=CH$_2$ $\xrightarrow{\text{1) O}_3}_{\text{2) Zn/H}_2\text{O}}$

3. α-氢的反应

在有机物分子中,与官能团直接相连的碳原子通常称为α-碳,α-碳上所连的氢原子则称为α-氢。烯烃分子中的α-氢受到双键的影响,表现出特殊的活泼性,易发生卤化、氧化等反应。例如

$$CH_3CH=CH_2 + Cl_2 \xrightarrow{500\ ℃} CH_2=CHCH_2Cl + HCl$$
3-氯丙烯

$$CH_3CH=CH_2 + O_2 \xrightarrow[350\ ℃,0.25\ MPa]{\text{钼酸铋等}} CH_2=CHCHO$$
丙烯醛

4. 聚合反应

烯烃分子在催化剂、引发剂或光照下,π键断裂,进行自身相互加成,生成相对分子质量较大的化合物,称为聚合反应。发生聚合反应的低分子物质称为单体,聚合产物称为聚合物。例如

$$n\ CH_2=CH_2 \xrightarrow[100\sim150\ MPa]{200\sim300\ ℃,\text{微量}O_2} {\bf\big[}CH_2-CH_2{\bf\big]}_n$$

单体　　　　　　　　　聚合物(聚乙烯)

因为上述反应是在 100～150 MPa 下进行的,工业上称此为高压聚乙烯。聚乙烯的相对密度为 0.9 左右,质地软而韧,弹性强,电绝缘性好,耐化学腐蚀,无毒,故可用于农业生产和食品包装。如果加入适当的添加剂,加工成型,就成为常用的聚乙烯塑料制品。

3.2 炔　烃

炔烃(alkyne)是分子中含有碳碳三键的烃类化合物。单炔烃的通式为 C_nH_{2n-2},与碳原子数相同的二烯烃互为同分异构体。

3.2.1 炔烃的结构

炔烃分子中,组成三键的碳原子为 sp 杂化。例如,乙炔分子中,两个碳原子各以一个 sp 杂化轨道相互重叠形成 C—C σ键,又各以另一个 sp 杂化轨道与氢原子的 s 轨道重叠形成两个 C—H σ键。这三个 σ键的对称轴及四个原子分布在同一条直线上(图 3-4)。

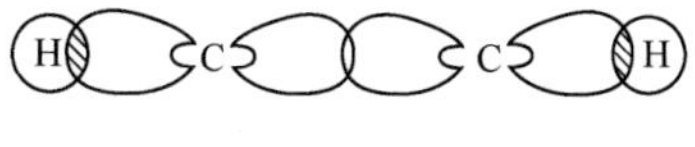

图 3-4　乙炔分子中的 σ键

每个碳原子上的两个未杂化的 p 轨道分别两两相互平行重叠,形成两个 π键。两个 π键的电子云围绕 σ键形成一个圆筒状,如图 3-5 所示。

因此,碳碳三键由一个 σ键和两个相互垂直的 π键组成。现代物理方法证明乙炔分子中所有原子都在一条直线上;C≡C 键的键长为 0.120 nm,比 C=C 键的键长短;C≡C 键的键能为 837 kJ·mol^{-1}。

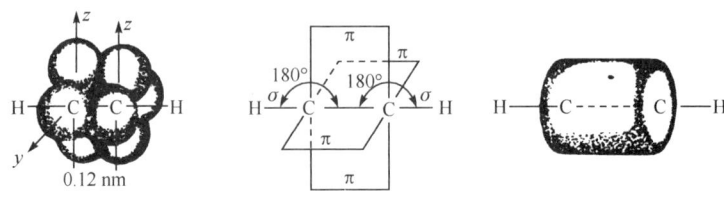

图 3-5 乙炔分子中的 π 键

思考题 3-6

从参与杂化的轨道名称、数目及杂化轨道的特点比较 sp、sp^2 及 sp^3 杂化,并说明 σ 键与 π 键有何不同。

3.2.2 炔烃的异构现象和命名

炔烃的构造异构与烯烃相似,也存在碳链异构和官能团的位置异构。由于与三键碳相连的三个 σ 键均在一条直线上,因此炔烃没有顺反异构体。

炔烃的系统命名与烯烃相似,只是将"烯"字改为"炔"。例如

$CH_3—C≡C—CH_3$　　　　$(CH_3)_2CHC≡CH$　　　　$(CH_3)_3C—C≡C—CH(CH_3)_2$

　　2-丁炔　　　　　　　　3-甲基-1-丁炔　　　　　　2,2,5-三甲基-3-己炔

同时含有碳碳三键和双键的不饱和烃称为"烯炔"。命名时应选取含有双键和三键碳原子在内的最长碳链为主链;离不饱和键较近的一端开始给主链碳原子编号;当主链两端离不饱和键距离相同时,应使双键的位次较小。例如

$CH_2=CH—CH_2—C≡CH$　　　　　　　　

　　1-戊烯-4-炔　　　　　　　　　　　　顺-3-戊烯-1-炔

思考题 3-7

1. 炔烃有无顺反异构体? 为什么?
2. 写出分子式为 C_6H_{10} 的炔烃同分异构体,并命名。

3.2.3 炔烃的物理性质

炔烃的物理性质与烯烃相似,同样是随着相对分子质量增加而有规律地变化。它们的熔点、沸点与对应的烷烃、烯烃相比稍高,密度稍大。常温常压下 $C_2 \sim C_4$ 的炔烃为气体,四个碳以上的炔烃为液体,高级炔烃为固体。部分炔烃的物理常数见表 3-2。

表 3-2 部分炔烃的物理常数

名称	沸点/℃	熔点/℃	密度/(g·mL^{-1})(20 ℃)
乙炔	−83.4(升华)	−81.8	0.618(在沸点)
丙炔	−23.2	−101.5	0.671(在沸点)
1-丁炔	8.5	−122.0	0.668(在沸点)
2-丁炔	27.0	−32.3	0.691

续表

名称	沸点/℃	熔点/℃	密度/(g·mL^{-1})(20 ℃)
1-戊炔	40.2	−98	0.695
2-戊炔	55.0	−101	0.714
3-甲基-1-丁炔	29.35	−89.7	0.665
1-己炔	72.0	−124.0	0.719
2-己炔	84	−88.0	0.731
3-己炔	81.0	−105	0.723

3.2.4 炔烃的化学性质

炔烃的化学性质与烯烃相似,也可以发生加成、氧化、聚合等反应。但由于三键与双键有所不同,因而炔烃与烯烃在很多反应中是有差别的。此外,炔烃还有一些自己的独特性质。

1. 加成反应

1) 与卤素和卤化氢的加成

与烯烃一样,炔烃也能与卤素、卤化氢等发生亲电加成反应,但反应活性比烯烃小。例如

$$CH \equiv CH \xrightarrow{Br_2} \underset{H}{\overset{Br}{C}} = \underset{Br}{\overset{H}{C}} \xrightarrow{Br_2} CHBr_2 - CHBr_2$$

反-1,2-二溴乙烯　　1,1,2,2-四溴乙烷

乙烯可使溴的四氯化碳溶液迅速褪色,而乙炔则需几分钟的时间。

炔烃与卤化氢加成可得一卤代烯,继续反应得二卤代烷,产物符合马氏规则。例如

$$R-C \equiv CH \xrightarrow{HX} R-\underset{}{\overset{X}{C}}=CH_2 \xrightarrow{HX} R-\underset{X}{\overset{X}{C}}-CH_3$$

$$CH \equiv CH + HCl \xrightarrow[120\sim180\ ℃]{HgCl_2} CH_2 = CHCl$$

当分子中同时存在碳碳三键和双键时,亲电加成首先发生在双键上。例如

$$CH_2 = CH - CH_2 - C \equiv CH + Br_2 \longrightarrow \underset{}{\overset{Br}{CH_2}} - \underset{}{\overset{Br}{CH}} - CH_2 - C \equiv CH$$

这是因为三键的键长较短,p 轨道之间的重叠程度较大,所以炔烃中的 π 键比烯烃中的 π 键稳定,亲电反应相对较难发生。

2) 水合反应

在硫酸汞的稀硫酸溶液催化下,炔烃与水加成,首先生成烯醇,烯醇立即重排为稳定的醛或酮。炔烃的水合反应又称为库切洛夫(Kucherov)反应。例如

$$CH \equiv CH + H_2O \xrightarrow[H_2SO_4]{HgSO_4} [CH_2 = CHOH] \longrightarrow CH_3CHO$$

乙烯醇　　　　乙醛

$$CH_3-C\equiv CH + H_2O \xrightarrow[H_2SO_4]{HgSO_4} \left[CH_3-\underset{OH}{\overset{}{C}}=CH_2 \right] \longrightarrow CH_3-\underset{}{\overset{O}{C}}-CH_3$$
丙烯-2-醇   丙酮

只有乙炔的水合反应得到乙醛，其他炔烃反应后都得到酮。炔烃的水合反应也遵从马氏规则。

3) 与氢氰酸的加成

氢氰酸与烯烃难发生加成反应，但在催化剂存在下可与炔烃加成生成烯腈。例如

$$CH\equiv CH + HCN \xrightarrow[80\sim 90\ ℃]{Cu_2Cl_2} CH_2=CH-CN$$
丙烯腈

$$R-C\equiv CH + HCN \xrightarrow[80\sim 90\ ℃]{Cu_2Cl_2} CH_2=\underset{}{\overset{R}{C}}-CN$$

丙烯腈是合成橡胶和合成纤维的原料。

4) 催化氢化

在催化剂存在下，一分子炔烃可与两分子氢气加成生成烷烃。

$$R-C\equiv CH \xrightarrow[催化剂]{H_2} R-CH=CH_2 \xrightarrow[催化剂]{H_2} R-CH_2-CH_3$$

由于催化加氢是在催化剂表面进行的，碳碳三键比碳碳双键更易被催化剂表面吸附，因此炔烃比烯烃容易加氢。利用这一差别，选择适当的催化剂，控制一定条件，可使炔烃加氢停留在烯烃阶段。例如

$$CH_2=CH-\underset{CH_3}{\overset{}{CH}}-C\equiv CH + H_2 \xrightarrow[喹啉]{Pd/CaCO_3} CH_2=CH-\underset{CH_3}{\overset{}{CH}}-CH=CH_2$$

2. 氧化反应

炔烃被 $KMnO_4$ 或 O_3 氧化时，三键断裂生成羧酸、CO_2 等产物。

$$R-C\equiv CH \xrightarrow{\underset{或KMnO_4,H^+}{KMnO_4,OH^-}} R-COOH + CO_2 + H_2O$$

$$R-C\equiv C-R' \xrightarrow[CCl_4]{O_3} R-\underset{O-O}{\overset{O}{\underset{|}{C}}\diagdown\overset{}{\underset{|}{C}}}-R' \xrightarrow{H_2O} RCOOH + R'COOH$$

与烯烃的氧化一样，由所得产物的结构也可推断原炔烃的结构。

3. 聚合反应

炔烃也能进行聚合反应，根据其构造和反应条件不同，可以聚合成两类不同的聚合物——低聚物和高聚物。例如

$$CH\equiv CH + CH\equiv CH \xrightarrow[NH_4Cl]{Cu_2Cl_2} CH_2=CH-C\equiv CH$$
乙烯基乙炔

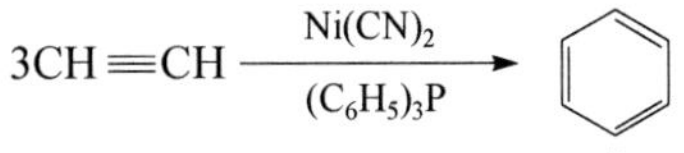

$$3CH\equiv CH \xrightarrow[(C_6H_5)_3P]{Ni(CN)_2} \text{苯}$$

在齐格勒-纳塔(Ziegler-Natta)催化剂作用下,乙炔也可以聚合成聚乙炔。它有顺、反两种异构体。

$$n\,CH\equiv CH \xrightarrow[\triangle,\text{加压}]{TiCl_4-Al(C_2H_5)_3} {+CH=CH+}_n$$

顺聚乙炔　　　　　　反聚乙炔

聚乙炔具有单、双键交替结构,有较好的导电性。若在聚乙炔中掺杂 I_2、Br_2 或 BF_3 等路易斯酸,其电导率可提高到金属水平,因此称为"合成金属"。

4. 炔化物的生成

乙炔和端位炔烃($R-C\equiv CH$)分子中,连接在 sp 杂化碳上的氢原子比较活泼,具有微弱的酸性($pK_a=25$),可被碱金属或重金属原子取代,生成金属炔化物。例如

$$CH\equiv CH + 2Na \xrightarrow{190\sim 200\,℃} NaC\equiv CNa + H_2\uparrow$$

$$R-C\equiv CH + Ag(NH_3)_2NO_3 \longrightarrow R-C\equiv CAg\downarrow + NH_4NO_3 + NH_3$$
（灰白色）

$$R-C\equiv CH + Cu(NH_3)_2Cl \longrightarrow R-C\equiv CCu\downarrow + NH_4Cl + NH_3$$
（砖红色）

重金属炔化物干燥时因撞击或受热会发生爆炸,实验时可用无机酸处理分解。利用这一反应可鉴定化合物分子中是否含有 $-C\equiv CH$ 结构。

上述性质表明,连接在三键碳上的氢原子比较活泼。这是因为三键碳为 sp 杂化,sp 杂化轨道中的 s 成分比 sp^2 和 sp^3 中的大,表现出较大的电负性。因此,直接与三键碳相连的氢原子与相应的烯烃($=CH-H$)、烷烃($-CH_2-H$)中的氢原子相比,更易解离质子而显弱酸性。例如,乙炔、乙烯和乙烷的 pK_a 值分别为 25、36.5 和 42。

思考题 3-8

某烃的相对分子质量为 68,且含有一个叔碳原子,并能与硝酸银的氨溶液作用生成灰白色沉淀,试写出该烃的构造式。

3.3 二烯烃

分子中含有两个碳碳双键的不饱和烃称为二烯烃。根据分子中两个双键的相对位置不同,二烯烃可分为三类:

(1) 累积二烯烃。两个双键连接在同一个碳原子上。例如

$$CH_2=C=CH_2$$

丙二烯

(2) 隔离二烯烃。两个双键被两个或两个以上单键隔开。例如

$$CH_3-CH=CH-CH_2-CH=CH_2$$

1,4-己二烯

(3) 共轭二烯烃。两个双键被一个单键隔开。例如

$$CH_2=CH-CH=CH_2$$

1,3-丁二烯

隔离二烯烃的性质与单烯烃相似;累积二烯烃数量少,且很容易异构化变成炔烃;而共轭二烯烃无论在理论上还是在实际应用中都很重要,是本节的讨论重点。

3.3.1 1,3-丁二烯的结构和共轭效应

1. 1,3-丁二烯的结构

在1,3-丁二烯分子中,每个碳原子都是sp^2杂化,它们各用三个sp^2杂化轨道分别与氢的1s轨道及相邻碳原子的sp^2杂化轨道重叠形成三个碳碳σ键和六个碳氢σ键,这九个σ键及分子中的所有原子都在同一平面上。每个碳原子上剩下一个未杂化p轨道的对称轴都垂直于这一平面,这些p轨道并不局限在$C_1—C_2$和$C_3—C_4$间重叠形成π键,在$C_2—C_3$间也有一定程度的重叠。因此,在$C_2—C_3$间也有部分双键性质(图3-6)。这种在多个原子间形成的π键称为离域π键,也称大π键。

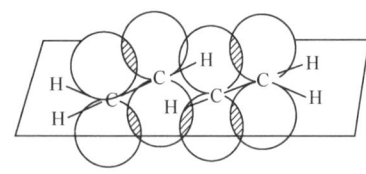

图 3-6 1,3-丁二烯分子中的 π 键和 σ 键

2. 共轭体系与共轭效应

1) π-π 共轭体系

由1,3-丁二烯的结构分析可知,在1,3-丁二烯分子中的π电子云分布与单烯烃不同,它们不是局限在某两个碳原子之间,而是分布在包括四个碳原子的分子轨道中,这种分子轨道称为离域轨道,这样形成的键称为离域键(或称大π键)。这种现象称为电子的离域,凡是发生电子离域的结构体系统称为共轭体系。像1,3-丁二烯这样单、双键交替排列的共轭体系称为π-π共轭体系。

2) 共轭体系的形成条件及其特点

综上所述,共轭体系中的各原子必须在同一平面上,每个原子必须有一个垂直于该平面的p轨道。

在共轭体系中,虽然各原子间的π电子云密度不尽相同,但由于电子离域,单、双键的差别减小,键长有平均化倾向。例如,在1,3-丁二烯分子中,$C_2—C_3$键的键长是0.148 nm,比乙烷中C—C键的键长0.154 nm短;$C_1—C_2$键和$C_3—C_4$键的键长是0.137 nm,比乙烯分子中C=C键的键长0.134 nm长。共轭体系越长,单、双键的差别就越小。

另外，共轭体系的势能较低，因而比较稳定，这从它们的氢化热可以得到证明。例如

$$CH_2=CH-CH_2-CH=CH_2 + 2H_2 \longrightarrow CH_3CH_2CH_2CH_2CH_3 + 254.4 \text{ kJ·mol}^{-1}$$

$$CH_2=CH-CH=CH-CH_3 + 2H_2 \longrightarrow CH_3CH_2CH_2CH_2CH_3 + 226.4 \text{ kJ·mol}^{-1}$$

非共轭的 1,4-戊二烯氢化时释放出 254.4 kJ·mol^{-1} 的能量，具有共轭体系的 1,3-戊二烯氢化时释放出 226.4 kJ·mol^{-1} 的能量，两者差值为 28 kJ·mol^{-1}，该差值称为离域能或共轭能。共轭体系范围越大，其共轭能也越大，结构也越稳定。

3) 共轭效应

共轭效应(conjugative effect)是指在共轭体系中原子间的相互影响而引起的电子离域作用，常用 C 表示。+C 表示供电子的共轭效应；-C 表示吸电子的共轭效应。因内部结构而产生的共轭效应称为静态共轭效应；在化学反应时受外界电场（或试剂）影响而产生的 π 电子云重新分配称为动态共轭效应。例如

$$\overset{\delta+}{CH_2}=\overset{\delta-}{CH}-\overset{\delta+}{CH}=\overset{\delta-}{CH}-\underset{\delta+}{\overset{\overset{\delta-}{O}}{\underset{}{C}}}-OH \quad （静态）$$

$$H^+ \quad \overset{\delta-}{CH_2}=\overset{\delta+}{CH}-\overset{\delta-}{CH}=\overset{\delta+}{CH}-\overset{\delta-}{CH}=\overset{\delta+}{CH_2} \quad （动态）$$

从上两式可以看出，共轭体系的一端受到作用，整个共轭体系中的原子均受到影响。共轭体系有多大，其影响的范围就有多大。结果是共轭体系中各原子上的电子云密度有疏密交替现象。

4) p-π 共轭体系

在氯乙烯分子中，氯原子与两个双键碳原子在同一平面上。氯原子上有孤对电子的 p 轨道也能与组成双键的 π 轨道侧面重叠，形成三中心（两个碳一个氯）四电子的大 π 键。经测定，氯乙烯分子中 C=C 键的键长为 0.138 nm，比正常的 C=C 键键长长；C—Cl 键键长为 0.169 nm，比正常的 C—Cl 键键长 0.177 nm 短。由此可见，氯乙烯分子中键长发生平均化，如图 3-7 所示。

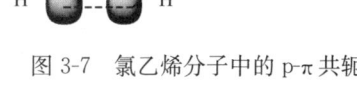

图 3-7 氯乙烯分子中的 p-π 共轭

这种由 p 轨道与 π 轨道重叠而形成的共轭体系称为 p-π 共轭体系。由于氯原子的 p 轨道上有两个电子，电子云密度较 π 轨道大，因此共轭效应的方向是电子云由 p 轨道向 π 轨道流动，氯原子具有 +C 效应。

其他 p-π 共轭体系举例如下：

$$CH_2=CH-\overset{+}{CH_2} \qquad CH_2=CH-\overset{\cdot}{CH_2}$$

烯丙基正离子　　　　　烯丙基自由基

苯酚　　　　　氯苯

5）超共轭

（1）σ-π 超共轭。与双键碳相邻的饱和 C—H 键的 σ 轨道也能与 π 轨道有很少的重叠，使 C—H 键的 σ 电子可以向 π 轨道离域，如图 3-8 所示。

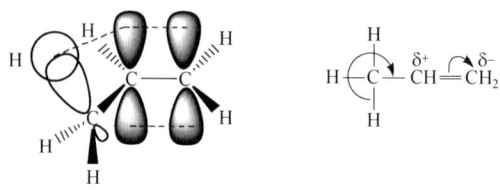

图 3-8 丙烯分子中超共轭效应示意图

这种共轭是很微弱的，通称超共轭。在超共轭体系中，电子一般是从 C—H 键向 π 键流动。如果 α-碳上有两个或三个 C—H，则这两个或三个 C—H 都可与 π 键共轭。在化学式中，常用一个包括所有参与超共轭的 C—H 键的弯曲箭头表示。例如

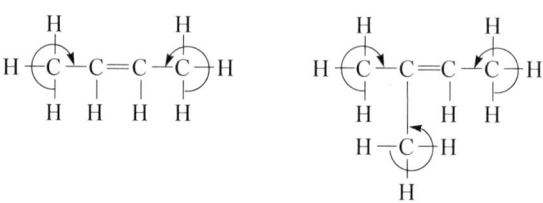

参与超共轭的 C—H 键越多，电子离域的范围也越大，体系就越稳定。

（2）σ-p 超共轭。在烃基自由基和碳正离子等活性中间体中，C—H 键也可与 p 轨道发生超共轭。在这种情况下，p 轨道中只有单电子（在自由基中）或没有电子（在碳正离子中），如图 3-9 所示。

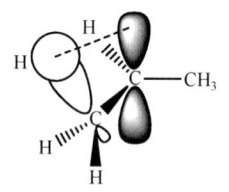

图 3-9 σ-p 超共轭示意图

思考题 3-9

1. 指出下列结构中存在何种电子效应，并用相应符号表示。

$CH_3—CH=CH—CH=CH_2$、$CH_2=CH—CH=CH—Cl$、 $CH_3—\!\!\!\!\bigcirc\!\!\!\!—Cl$

2. 试用电子效应解释下列碳正离子的稳定性顺序。

$CH_3—\overset{+}{C}H—CH=CH_2 > \overset{+}{C}H_2—CH=CH_2 > (CH_3)_3\overset{+}{C} > (CH_3)_2\overset{+}{C}H > CH_3\overset{+}{C}H_2 > \overset{+}{C}H_3$

3.3.2 共轭二烯烃的化学性质

1. 1,2-加成和 1,4-加成反应

共轭二烯烃如 1,3-丁二烯可以与卤素、卤化氢等发生亲电加成反应，也可以催化加氢。

$$CH_2=CH-CH=CH_2 \begin{cases} \xrightarrow{Br_2} CH_2-CH-CH=CH_2 + CH_2-CH=CH-CH_2 \\ \quad\quad\quad\quad\; |\;\;\;\;\;\; | \quad\quad\quad\quad\quad\quad\quad\; |\quad\quad\quad\quad\; | \\ \quad\quad\quad\quad Br\;\;\; Br \quad\quad\quad\quad\quad\quad\; Br\quad\quad\quad\; Br \\ \xrightarrow{HCl} CH_3-CH-CH=CH_2 + CH_3-CH=CH-CH_3 \\ \quad\quad\quad\quad\quad\quad\; | \quad\quad\quad\quad\quad\quad\quad\quad\quad\quad\quad\; | \\ \quad\quad\quad\quad\quad\quad Cl \quad\quad\quad\quad\quad\quad\quad\quad\quad\quad\;\; Cl \\ \xrightarrow[\text{催化剂}]{H_2} CH_3-CH_2-CH=CH_2 + CH_3-CH=CH-CH_3 \\ \quad\quad\quad\quad\quad\; \text{1,2-加成} \quad\quad\quad\quad\quad\quad\; \text{1,4-加成} \end{cases}$$

共轭二烯烃加成时有两种产物,一种是加到 C_1 和 C_2 上,称为1,2-加成;另一种是加到 C_1 和 C_4 上,而在 C_2 与 C_3 间形成一个新的 π 键,称为1,4-加成。

共轭二烯烃之所以有两种加成方式,是共轭体系中的 π 电子离域引起的。当1,3-丁二烯分子中的一端受到亲电试剂(如 Br_2)影响时,这种影响通过共轭链一直传递到分子的另一端,使整个共轭体系的 π 电子云变形而产生疏密交替现象。

$$\overset{\delta+}{CH_2}=\overset{\delta-}{CH}-\overset{\delta+}{CH}=\overset{\delta-}{CH_2} + \overset{\delta+}{Br}-\overset{\delta-}{Br} \longrightarrow CH_2=CH-\overset{+}{CH}-CH_2Br + Br^-$$

当溴正离子与 C_1 结合时,形成烯丙基型碳正离子中间体。其 C_2 上缺电子 p 轨道与 C_3、C_4 间 π 轨道构成三中心两电子的缺电子 p-π 共轭体系。由于电子的离域作用,正电荷得以分散,并主要落在 C_2 和 C_4 上,如下所示:

$$\underset{\delta+\quad\quad\quad\;\;\delta+}{CH_2 \overset{\oplus}{\cdots\cdots} CH \cdots\cdots CH-CH_2Br}$$

因此,溴负离子既能与 C_2 结合生成1,2-加成产物,也能与 C_4 结合生成1,4-加成产物。两种加成产物的比例取决于反应物结构、溶剂极性、产物稳定性及反应温度等诸多因素。例如

$$CH_2=CH-CH=CH_2 + Br_2 \longrightarrow \underset{\quad\quad\quad\; Br\;\;\;\; Br}{CH_2-CH-CH=CH_2} + \underset{Br\quad\quad\quad\quad\quad\; Br}{CH_2-CH=CH-CH_2}$$

40 ℃	20%	80%
−80 ℃	80%	20%

思考题 3-10

写出下列反应的主要产物。

(1) $CH_3CH=CH-CH=CH_2 + HBr \longrightarrow$

(2) $CH_3-\bigcirc + HCl \longrightarrow$

2. 双烯合成反应

1,3-丁二烯与乙烯在 200 ℃ 及高压下发生 1,4-加成反应,生成环己烯,但产率不高,仅为 18%。此反应称为第尔斯-阿尔德(Diels-Alder)反应,也称双烯合成反应。

$$\begin{matrix} H\;\;\;CH_2 \\ \diagdown\;\;\diagup \\ C \\ | \\ C \\ \diagup\;\;\diagdown \\ H\;\;\;CH_2 \end{matrix} + \begin{matrix} CH_2 \\ || \\ CH_2 \end{matrix} \xrightarrow[\text{高压}]{200\ ℃} \bigcirc \quad (18\%)$$

实践证明,当乙烯双键碳上连有吸电子基(如—CHO、—COOR、—COR、—C≡N、—NO₂等)时,反应能顺利进行,且产率也很高。例如

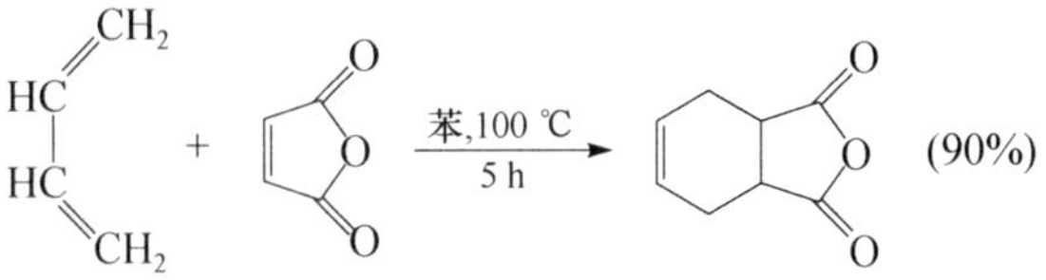

$$\underset{\text{CH}_2}{\overset{\text{CH}_2}{\underset{\text{HC}}{\parallel}}} + \underset{\text{O}}{\overset{\text{O}}{\bigcirc}} \xrightarrow[5\text{ h}]{\text{苯},100\ ℃} \quad (90\%)$$

在此反应中,共轭二烯烃称为双烯体,与双烯体发生反应的不饱和化合物称为亲双烯体。这一反应又称为环加成反应,反应是可逆的,加热至较高温度时,加成产物又会分解为原来的共轭二烯烃。

思考题 3-11

完成下列反应。

(1) CH₂=CH—CH=CH₂ + CH₂=CH—CHO $\xrightarrow{\triangle}$　　(2) 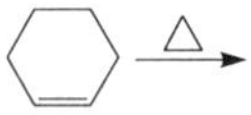 ⬡ $\xrightarrow{\triangle}$

3.4　萜类化合物

萜类也称萜烯类,是广泛存在于动植物体内的一类天然有机化合物,是植物香精油、生物色素、维生素、激素、树脂等物质的主要成分。

3.4.1　异戊二烯规律与萜的分类

绝大多数萜类化合物的结构可以看作是由若干个异戊二烯单位首尾相连而成的链状或环状聚合物。因此,无论萜类化合物的结构如何复杂,它们的碳架总可被划分为若干个头尾相连接的异戊二烯单位,这种结构上的特点称为异戊二烯规律。

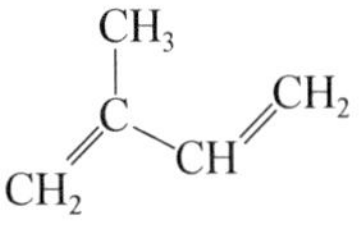

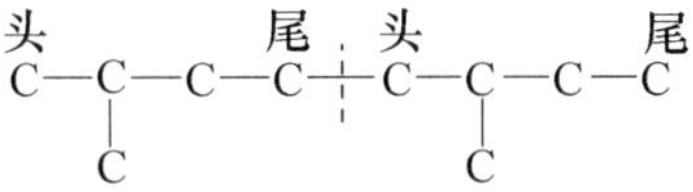

例如,罗勒烯和樟脑可划分为两个异戊二烯单位。

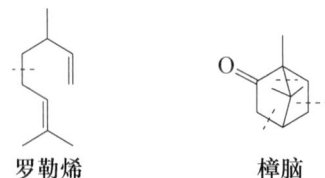

萜类化合物根据分子中所含异戊二烯单位的数目,可分为单萜、倍半萜、二萜、三萜、四萜和多萜等(表 3-3)。

表 3-3 萜类化合物分类

类别	单萜	倍半萜	二萜	三萜	四萜	多萜
异戊二烯单位数	2	3	4	6	8	>8
碳原子数	10	15	20	30	40	>40

思考题 3-12

画出下列化合物的异戊二烯单位,并指出它们属于哪一类萜。

(1) 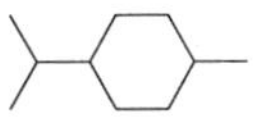 [结构式] (2) 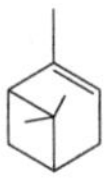 [结构式] (3) 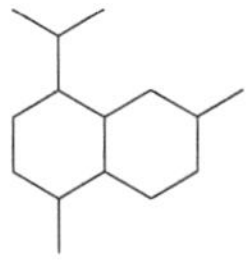 [结构式] (4) 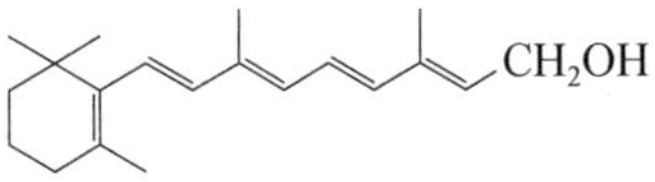 [结构式]

3.4.2 重要的萜类化合物

1. 单萜

单萜是由两个异戊二烯单位以头尾连接而成的萜类化合物。根据分子中两个异戊二烯单位相互连接的方式不同,可分为链状单萜、单环单萜和双环单萜。

1) 链状单萜

(1) 香叶烯。香叶烯是链状单萜的典型代表,是月桂油、松节油、酒花油等的重要成分,沸点为 160 ℃,密度为 0.802 g·mL^{-1},其结构式为

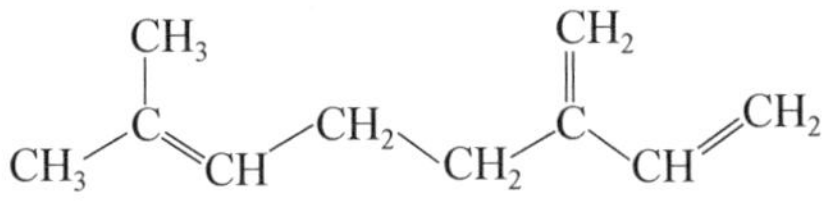

[结构式] 或 [结构式]

(2) 萜醇、萜醛。含氧开链单萜的重要代表有牻牛儿醇、橙花醇和柠檬醛等。牻牛儿醇与橙花醇互为顺反异构体,都是很好的香料。牻牛儿醇存在于多种香精油中,具有显著的玫瑰香气,橙花醇的香气比较温和。柠檬醛是由 α-柠檬醛和 β-柠檬醛组成的混合物,两者也互为顺反异构体,主要存在于柠檬草油中,都有香味,是合成紫罗兰酮、甲基紫罗兰酮的原料。

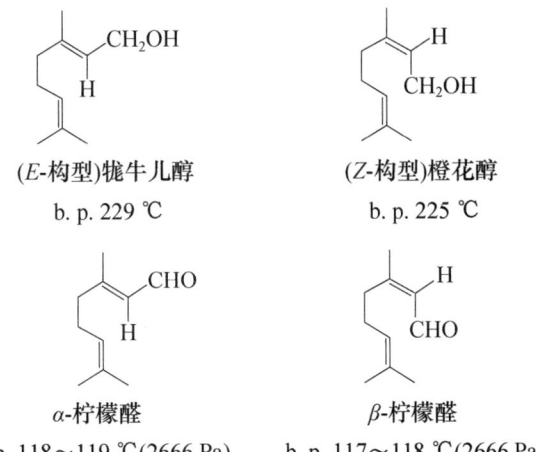

(E-构型)牻牛儿醇　　　　(Z-构型)橙花醇
b. p. 229 ℃　　　　　　b. p. 225 ℃

α-柠檬醛　　　　　　　β-柠檬醛
b. p. 118～119 ℃(2666 Pa)　b. p. 117～118 ℃(2666 Pa)

2) 单环单萜

(1) 苧烯。苧烯为 1,8-萜二烯,是单环萜烯的代表,它存在于柠檬油中,所以又称为柠檬

精,其结构式为

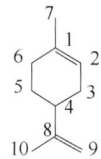

苧烯(b.p.175 ℃)

苧烯分子中有一个手性碳原子,因此有两个旋光异构体。左旋体存在于松针油和薄荷油中,右旋体存在于柠檬油和橙皮油中,外消旋体存在于松节油中。它们都是无色液体,有柠檬香味,可作为香料。

(2) 薄荷醇、薄荷酮。薄荷醇又称薄荷脑,是薄荷油的主要成分,它的氧化产物是单环萜酮,称为薄荷酮。

薄荷醇　　　薄荷酮

薄荷醇分子中有三个手性碳原子,应有八个旋光异构体,而天然薄荷油中几乎都是左旋体。薄荷醇和薄荷酮都存在于薄荷的茎、叶部分,都具有强烈的薄荷气味,前者是固体,熔点为 43.5 ℃;后者是液体,沸点为 207 ℃。薄荷醇在医药上可用作清凉剂、祛风剂、防腐剂,是清凉油、人丹等的主要成分,也可在化妆品、糖果、烟酒等中用作香料。

3) 双环单萜

莰醇是饱和双环萜醇,莰酮是饱和双环萜酮。

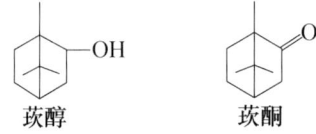

莰醇　　　莰酮

莰醇俗称龙脑,又名冰片,主要存在于热带植物龙脑的香精油中,为无色片状结晶,熔点为 208 ℃,易升华,味似薄荷,有发汗、镇痉、止痛、灭菌等功用,是人丹和冰硼散的主要成分。莰酮又称樟脑,主要存在于我国盛产的樟木中,可从樟脑油中结晶出来。莰酮为无色晶体,熔点为 180 ℃,易升华,有令人愉快的香气。在医药上用作强心剂、祛痰剂和兴奋剂,工业上用于制造电木、赛璐珞,也可用于驱虫防蛀。

2. 倍半萜

倍半萜是由三个异戊二烯单位组成的萜,常见的有法尼醇、昆虫保幼激素、脱落酸等。

1) 法尼醇

法尼醇又称金合欢醇,广泛存在于玫瑰花、金合欢花及兔耳草花的油中,具有令人愉快的铃兰清香气味。其结构式如下:

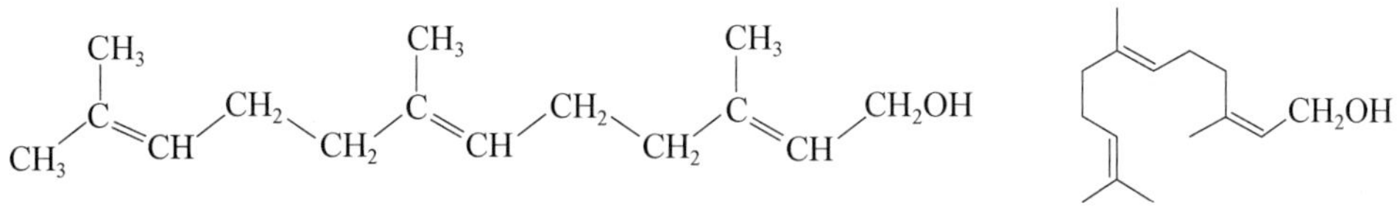

法尼醇(金合欢醇)
b. p. 125 ℃(66.65 Pa)

法尼醇是无色黏稠液体，有保幼激素的活性，可抑制昆虫的变态和性成熟，使幼虫不能变成蛹、蛹不能变成虫、成虫不产卵。法尼醇也可用于配制高级香料。

2）昆虫保幼激素

昆虫保幼激素(JH)是法尼醇酸酯的类似物，有三种结构，用 JHi、JHii、JHiii 表示。

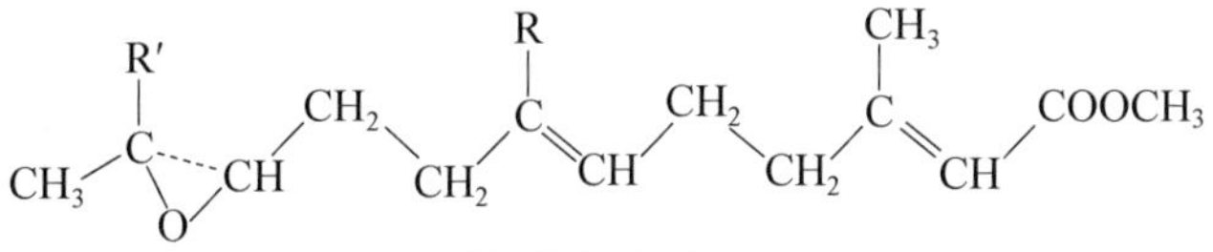

昆虫保幼激素(JH)

JHi: R'= R =CH₂CH₃
JHii: R'=CH₂CH₃；R = CH₃
JHiii: R'= R = CH₃

昆虫保幼激素是昆虫咽侧体分泌的一种激素，能使昆虫保持幼虫体态，目前主要用于养蚕业和害虫防治等。

3）脱落酸

脱落酸简称 ABA，广泛存在于高等植物中，在衰老的、即将脱落的或将要休眠的器官中含量较多，而幼嫩器官中的含量极微。

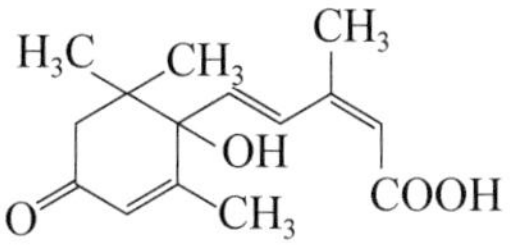

脱落酸

脱落酸为无色晶体，显酸性，能溶于稀碱（如 $NaHCO_3$）和多数有机溶剂中，但不溶于苯、石油醚等非极性溶剂。

脱落酸是植物内源激素的一种，能抑制植物生长发育，促进落叶和休眠，刺激气孔关闭，并能与促进生长发育的植物激素相拮抗，协同调节植物的生长发育。在农业生产上可用来脱叶，如棉花脱叶后便于机械收割；也可使果树提早休眠，提高抗寒能力。

3. 二萜

二萜是由四个异戊二烯单位连接而成的萜类化合物。常见的有叶绿醇、维生素 A 等。

1）叶绿醇

叶绿醇又称植物醇，是叶绿素的结构组成部分，是由四个异戊二烯单位连接而成的链状二萜。

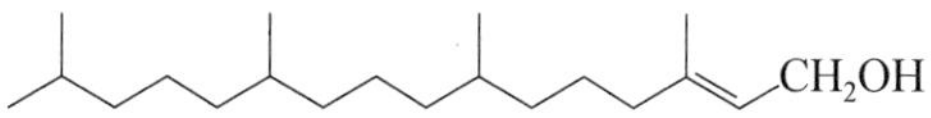

叶绿醇

2) 维生素 A

维生素 A 分为维生素 A_1 和维生素 A_2 两种。它们都是单环二萜醇类化合物,通常所说的维生素 A 是指维生素 A_1。

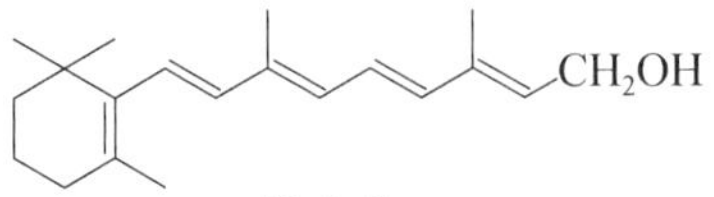

维生素A_1

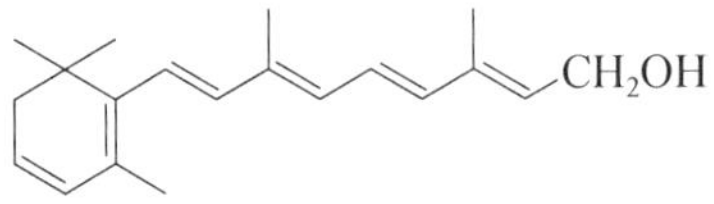

维生素A_2

维生素 A 是淡黄色结晶,熔点为 64 ℃,不溶于水,易溶于有机溶剂,属于脂溶性维生素。维生素 A 分子中含多个共轭双键,化学性质活泼,易被空气氧化和紫外线破坏而丧失其生理功能,但能耐热。它是哺乳动物正常生长发育所必需的物质。体内缺乏维生素 A 时,可导致皮肤粗糙、眼角膜硬化症和夜盲症。

4. 三萜

三萜是由六个异戊二烯单位连接而成,在生物界分布很广,如角鲨烯、三萜皂苷、乳胶等。

角鲨烯是含有六个双键的链状三萜烯,为全反式异构体,广泛存在于酵母、麦芽、鲨鱼肝油、鱼肝油、茶籽油、橄榄油等中。角鲨烯为液体,沸点为 280 ℃(2266 Pa),密度为 0.8562 g·mL^{-1},折光率 n_D^{20} 为 1.4990,凝固点在 -20 ℃ 以下;不溶于水,易溶于有机溶剂。

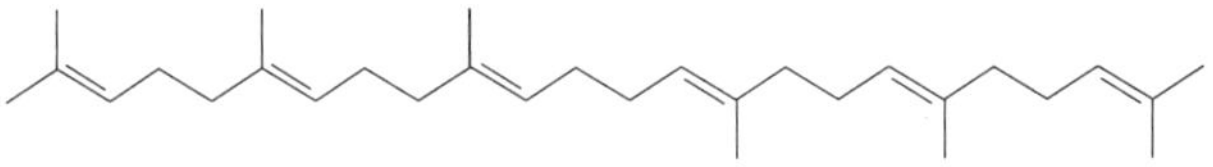

角鲨烯

角鲨烯易环化成三环、四环、五环等环状三萜类化合物。通过化学变化可转变成羊毛甾醇,而羊毛甾醇又是生物合成其他甾醇的基本单位,从而沟通了萜类化合物与甾体化合物之间的生源关系。

5. 四萜

四萜是由八个异戊二烯单位组成的化合物。这类化合物分子中都含有较长的共轭体系,因此都带有由黄到红的颜色,所以也称为多烯色素。

胡萝卜素是四萜的代表物,广泛存在于植物的叶、花、果实以及动物的乳汁、脂肪等中。由于胡萝卜素存在,胡萝卜和甘薯呈橙色,牛油、鸡油和蛋黄呈黄色,秋天的树叶也显出它的黄色。

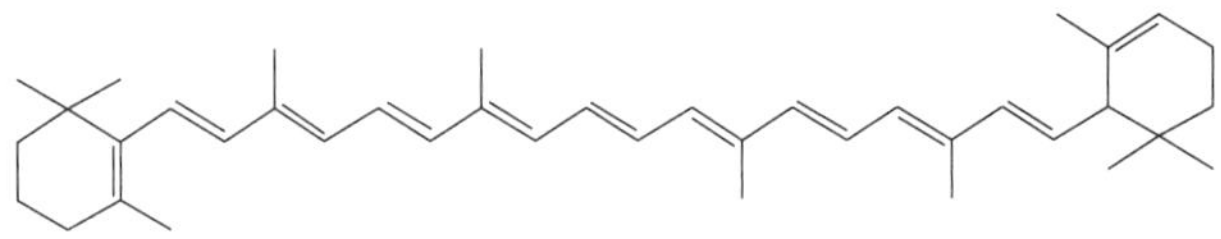

α-胡萝卜素(m.p.188 ℃)

β-胡萝卜素(m.p.184 ℃)

γ-胡萝卜素(m.p.178 ℃)

胡萝卜素是 α、β、γ 三种异构体的混合物,其中以 β-异构体的含量最高(α-异构体 15%,β-异构体 85%,γ-异构体 0.10%)。胡萝卜素是红色或深紫色晶体,它们都难溶于水,易溶于有机溶剂,遇浓硫酸或三氧化硫的氯仿溶液显深蓝色。这种显色反应常用来定性鉴定这类化合物。胡萝卜素在动植物体内可以转化为维生素 A,故称为维生素 A 原。

习　题

1. 命名下列烃基或化合物。

   (1) $HC\equiv C-$

   (2) $CH_2=CH-CH_2-$

   (3) $CH_3-CH=CH-$

   (4) $CH_2=\overset{|}{\underset{CH_3}{C}}-CH_3$

   (5) $CH_3CH_2-\overset{CH(CH_3)_2}{\underset{|}{C}}=CH_2$

   (6) $(CH_3)_2CHC\equiv CC(CH_3)_3$

   (7) $\overset{CH_3}{\underset{H}{}}C=\overset{H}{\underset{}{C}}-\overset{}{\underset{CH_3}{CH}}-C\equiv C-CH_3$

   (8) $\overset{CH_3}{\underset{H}{}}C=\overset{H}{\underset{C(CH_3)_3}{C}}-\overset{H}{\underset{CH_3}{C}}=C$

2. 写出下列化合物的结构式。

   (1) (E)-3,4-二甲基-2-戊烯

   (2) 反-4,4-二甲基-2-戊烯

   (3) (Z)-3-甲基-4-异丙基-3-庚烯

   (4) (E)-2,2,4,6-四甲基-5-乙基-3-庚烯

3. 下列各化合物有无顺反异构现象？如有,写出它们的顺反异构体。

   (1) 2-甲基-1-丁烯

   (2) 1,3,5-己三烯

   (3) 2,5-二甲基-3-己烯

   (4) 3-甲基-4-乙基-3-己烯

   (5) $ClCH_2CH_2-\underset{\underset{CH_3}{|}}{C}=C(CH_3)_2$

   (6) $CH\equiv C-CH=CH-CH_3$

   (7) $CH_3CH=CH-CH=CHCH_3$

   (8) $CH_3CH_2CH_2CH=CHCH_3$

4. 完成下列反应。

   (1) $(CH_3)_2C=CH_2 \xrightarrow{\text{冷、稀}KMnO_4} (\qquad)$

   (2) $(CH_3)_2C=CH_2 \xrightarrow{O_3} (\qquad) \xrightarrow[H_2O]{Zn} (\qquad)$

(3) $CH_3CH_2-\underset{\underset{CH_3}{|}}{C}=CH_2 + HBr \longrightarrow$ (   )

(4) $CF_3CH=CH_2 + HBr \longrightarrow$ (   )

(5) $CH_3CH_2-\underset{\underset{CH_3}{|}}{C}=CH_2 + HBr \xrightarrow{过氧化物}$ (   )

(6) $(CH_3)_2C=CH-CH=CH_2 + HBr \longrightarrow$ (   )

(7) $CH_2=CH-CH=CH_2 + CH_2=CH-CN \xrightarrow{\triangle}$ (   )

(8) $C_2H_5C\equiv CH + H_2O \xrightarrow[H_2SO_4]{HgSO_4}$ (   )

5. 用化学方法鉴别下列各组化合物。
   (1) 环丙烷、丙烯、丙炔
   (2) 丁烷、乙烯基乙炔、1,3-丁二烯

6. 某烃 A 的分子式为 C_6H_{10},催化氢化仅吸收 1 mol 氢;与臭氧反应后,在锌粉存在下水解得化合物 B,B 的结构式为 $H-\overset{O}{\overset{\|}{C}}-CH_2CH_2CH_2-\overset{O}{\overset{\|}{C}}-H$,写出 A 的构造式。

7. 有两种烯烃 A 和 B,经催化加氢都得到烷烃 C。A 用酸性 $KMnO_4$ 溶液氧化,得到 CH_3COOH 和 $(CH_3)_2CHCOOH$;B 在同样条件下则得到 CH_3COCH_3 和 CH_3CH_2COOH。写出 A、B、C 的构造式。

8. 化合物 A 和 B 的分子式同为 C_4H_6,都能使溴的四氯化碳溶液褪色。A 与硝酸银的氨溶液作用产生灰白色沉淀,氧化 A 得 CO_2 和丙酸;B 不与硝酸银的氨溶液作用,氧化 B 得 CO_2 和草酸($HOOC-COOH$)。试推测 A 与 B 的构造式。

9. 化合物 A 的分子式为 C_4H_8,它能使溴溶液褪色,但不能使稀的高锰酸钾溶液褪色。1 mol A 与 1 mol HBr 作用生成 B,B 也可以由 A 的同分异构体 C 与 HBr 作用得到。C 能使溴溶液褪色,也能使稀的高锰酸钾溶液褪色。试推测 A,B 和 C 的构造式,并写出各步反应式。

10. 某化合物 A 的分子式为 C_7H_{14},经高锰酸钾溶液氧化后生成两个化合物 B 和 C。A 经臭氧化后还原水解也得到相同产物 B 和 C。试写出 A 的构造式。

第4章 芳 香 烃

芳香烃(aromatic hydrocarbon)简称芳烃,最初是指从天然的香树脂、香精油中提取的具有芳香气味的物质。随着有机化学的发展,人们发现许多具有芳香族化合物特性的物质却没有芳香味,而具有芳香味的化合物却不一定具备芳香族化合物的特性,所以"芳香烃"是一个历史名词。芳香烃一般是指含有苯环结构并具有特殊化学性质的碳氢化合物。但某些碳环烃(如环戊二烯负离子)不含苯环,却具有类似苯的性质。因此,芳香烃是指苯及化学性质与苯类似的化合物。

根据分子中是否含有苯环可将芳香烃分为两大类:苯系芳香烃(含有苯环)和非苯芳香烃。

苯系芳香烃:可根据苯环的连接情况分为以下几类。

(1) 单环芳烃。分子中只含有一个苯环的芳烃。例如

苯 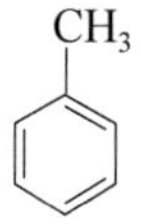　　甲苯 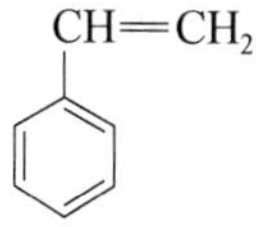　　苯乙烯

(2) 多环芳烃。分子中含有两个或两个以上独立苯环的芳烃。例如

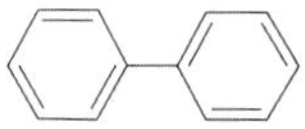

联苯 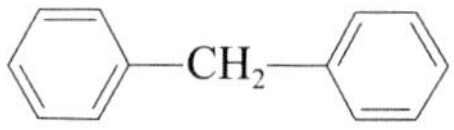　　二苯甲烷 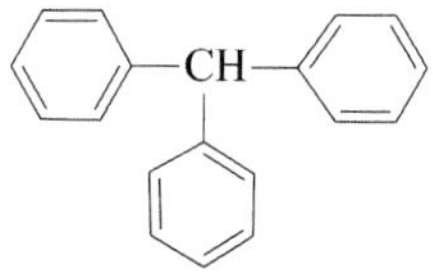　　三苯甲烷

(3) 稠环芳烃。分子中含有两个或两个以上苯环并通过共用两个相邻碳原子稠合而成的芳烃。例如

萘　　蒽　　菲

非苯芳香烃:分子中不存在苯环结构,但具有与苯相似的电子结构和化学性质,并具有芳香族化合物的共同特性。例如

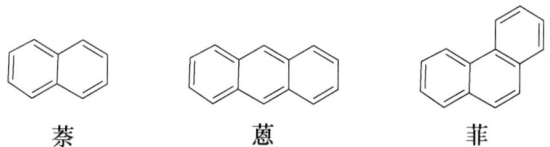

环丙烯正离子 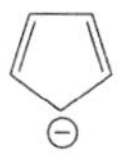　　环戊二烯负离子 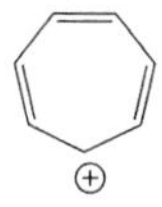　　环庚三烯正离子

4.1 单环芳烃

4.1.1 单环芳烃的异构和命名

苯是典型的单环芳烃,苯环上的氢原子被烃基取代形成苯的衍生物。

单环芳烃的命名通常以苯环为母体,烷基作为取代基。例如

苯

甲苯

乙苯

异丙苯

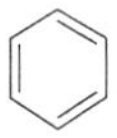

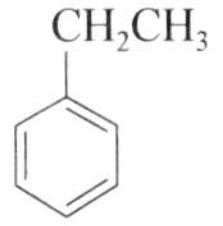

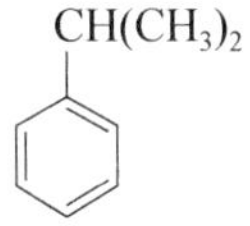

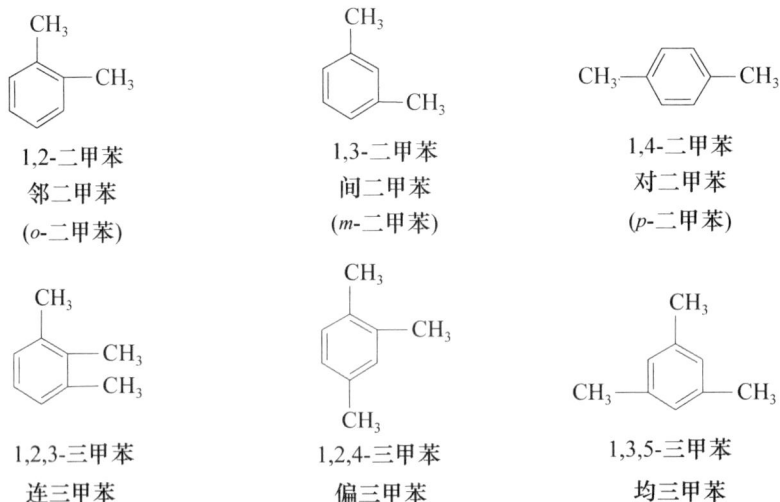

苯环上有多个取代基时,由于取代基位置不同,命名时应在名称前注明取代基位置。例如

1,2-二甲苯
邻二甲苯
(*o*-二甲苯)

1,3-二甲苯
间二甲苯
(*m*-二甲苯)

1,4-二甲苯
对二甲苯
(*p*-二甲苯)

1,2,3-三甲苯
连三甲苯

1,2,4-三甲苯
偏三甲苯

1,3,5-三甲苯
均三甲苯

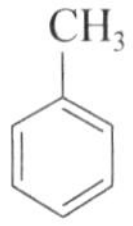

当芳环上连有的烃基比较复杂或含有不饱和键时,将芳环作为取代基来命名。例如

2-甲基-3-苯基戊烷

苯乙烯

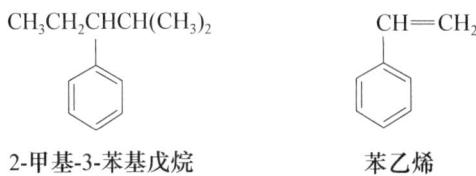

当芳环上连有不同类型官能团时,则以最优先的官能团作为母体,其他基团作为取代基。常见的官能团优先顺序为

$$—COOH, —SO_3H, —COOR, —COX, —CONH_2, —CN, —CHO, —OH, —NH_2$$

例如

2,4-二硝基苯甲酸

4-羟基苯磺酸

6-甲基-1-萘酚

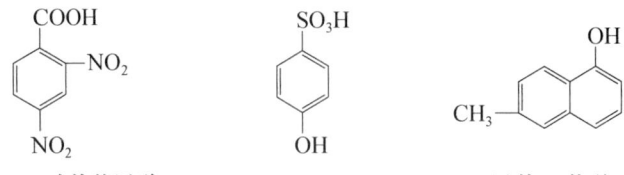

芳烃去掉一个氢原子后剩下的原子团为芳基(aryl),用 Ar—表示。例如

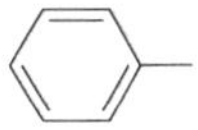

苯基(用Ph表示)

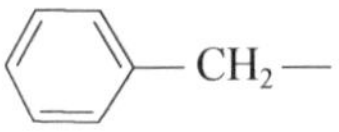

苄基(苯甲基)

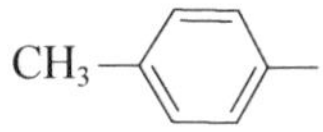

4-甲基苯基(对甲基苯基)

其他较常见的有

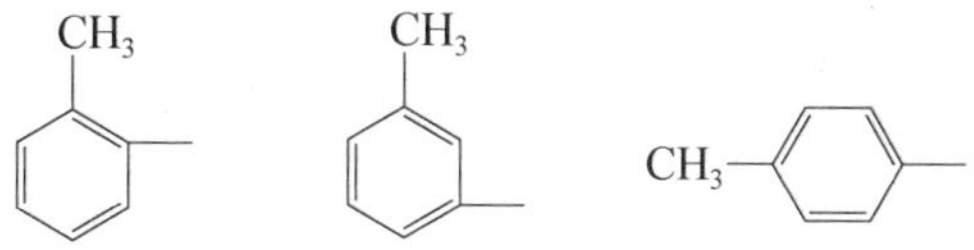

邻甲苯基   间甲苯基   对甲苯基

思考题 4-1

1. 写出 C_8H_{10} 的苯衍生物同分异构体的结构式，并命名。
2. 命名下列化合物。

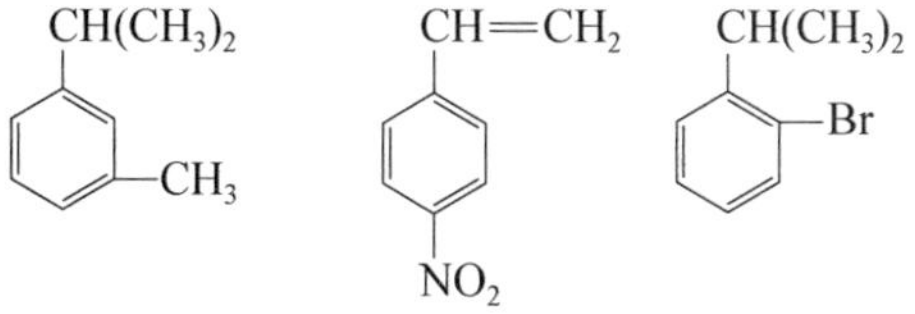

4.1.2 苯的分子结构

1. 苯的凯库勒结构式

1825 年从煤焦油中发现一种无色液体，其分子式为 C_6H_6，命名为苯。

苯催化加氢可以生成环己烷，说明苯具有六碳环的碳骨架，由于苯在进行取代反应时只生成一种一取代产物，说明碳环上六个碳、氢都是等同的。因此，1865 年凯库勒提出了苯是一个对称的六碳环，双键和单键是交替排列的，这种结构称为苯的凯库勒式。

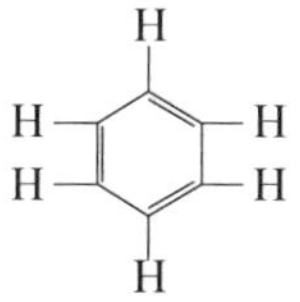

凯库勒结构有两个主要缺点：①不能说明苯的特殊稳定性；②按凯库勒式，苯分子中单、双键交替，有单、双键的区别，邻位二元取代应有两种：

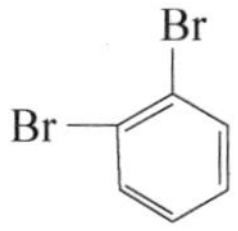

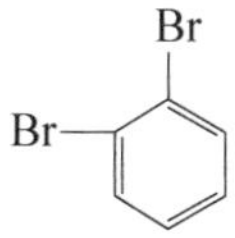

但实际上苯的邻位二元取代产物只有一种，完全没有单、双键的区别。因此，凯库勒结构式不能反映苯的真实结构。

2. 苯分子结构的近代观点

测定表明，苯是平面分子，其中六个碳原子构成正六边形，碳碳键长均为 0.139 nm，碳氢键长均为 0.108 nm，所有键角均为 120°。

杂化轨道理论认为：苯分子中六个碳原子都是 sp^2 杂化。每个碳原子分别用两个 sp^2 杂化轨道与相邻碳原子重叠形成两个 C—C σ 键。每个碳原子又以 sp^2 杂化轨道与氢原子形成一个 C—H σ 键。六个碳原子和六个氢原子都处在同一个平面内。每个碳原子各有一个垂直于分子平面的 p 轨道，它们相互平行，"肩并肩"重叠形成环状的大 π 键，六个 π 电子均匀地离域在大 π 轨道中，π 电子分布于环的两侧，把碳环夹在中间，形成一个三明治形的电子结构(图 4-1)。

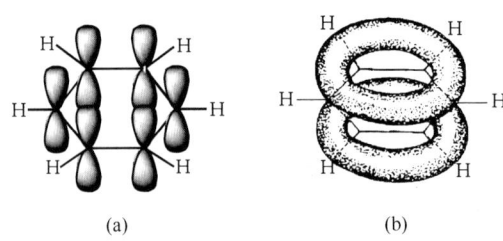

图 4-1 苯分子中的 p 轨道(a)及环状大 π 键(b)

六个 C—C σ 键和环状大 π 键构成闭合的共轭体系,使体系能量降低,键长完全平均化。

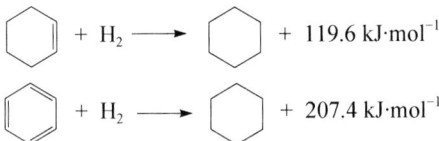

离域能为 $119.6×3-207.4=151.4(kJ·mol^{-1})$,比 1,3-丁二烯的离域能大一个数量级,因此苯的结构很稳定。若发生加成反应,会破坏共轭体系,使能量升高。也可用圆圈表示环状闭合大 π 键,因此目前常用的苯环结构表示式有

4.1.3 单环芳烃的物理性质

单环芳烃多为无色液体,不溶于水,易溶于石油醚、四氯化碳、乙醚、丙酮等有机溶剂。一般单环芳烃比水轻,相对密度为 0.86~0.9。沸点随相对分子质量增加而升高。二元取代苯的三种异构体中,对位异构体的熔点比邻位和间位异构体高(表 4-1)。这可能是由于对位异构体分子对称,晶格能较大。单环芳烃具有特殊气味,它们的蒸气有毒,能损坏造血器官和神经系统。

表 4-1 部分单环芳烃的物理常数

名称	熔点/℃	沸点/℃	相对密度(20 ℃)	折光率(n_D^{20})
苯	5.5	80.1	0.877	1.5001
甲苯	−9.5	110.6	0.867	1.4961
邻二甲苯	−25.2	144.4	0.882	1.5055
间二甲苯	−47.9	139.1	0.864	1.4972
对二甲苯	13.3	138.4	0.861	1.4958
连三甲苯	−25.4	176	0.894	1.5139
偏三甲苯	−43.8	169	0.876	1.5048
均三甲苯	−44.7	165	0.865	1.4994
乙苯	−95	136.2	0.867	1.4959
正丙苯	−99.5	159.2	0.862	1.4920
异丙苯	−96	152.4	0.862	1.4915
苯乙烯	−30.6	145.2	0.906	1.5468

4.1.4 单环芳烃的化学性质

苯环容易发生取代反应,在特定条件下也能发生加成反应。苯环侧链(烃基)的反应与脂肪烃类似,并可发生氧化反应。

1. 亲电取代反应

1) 卤化反应

在铁粉或三卤化铁等催化剂的催化下,苯环上的氢原子被卤素(一般为氯和溴)取代生成卤代苯。例如

$$\text{C}_6\text{H}_6 + \text{Br}_2 \xrightarrow[55\sim60\ ℃]{\text{Fe粉或FeBr}_3} \text{C}_6\text{H}_5\text{Br} + \text{HBr}$$

$$\text{C}_6\text{H}_6 + \text{Cl}_2 \xrightarrow[55\sim60\ ℃]{\text{Fe粉或FeCl}_3} \text{C}_6\text{H}_5\text{Cl} + \text{HCl}$$

在比较强烈的反应条件下,卤代苯可继续与卤素反应,主要生成邻位和对位二卤代苯。

$$\text{C}_6\text{H}_5\text{Br} + \text{Br}_2 \xrightarrow{\text{Fe粉或FeBr}_3} \text{邻-C}_6\text{H}_4\text{Br}_2 + \text{对-C}_6\text{H}_4\text{Br}_2$$

不同卤素与苯发生取代反应的活性顺序是

$$氟 > 氯 > 溴 > 碘$$

其中氟化反应很猛烈;碘化反应不仅较慢,而且生成的碘化氢是还原剂,从而使反应成为可逆反应。

烷基苯与卤素作用也发生苯环的卤代,反应比苯容易进行,主要得到邻位和对位取代物。光照下则会取代侧链上的氢原子,反应通常发生在 α-位,即 α-氢原子被取代。例如

$$\text{C}_6\text{H}_5\text{CH}_3 + \text{Cl}_2 \xrightarrow{\text{FeCl}_3} \text{邻氯甲苯} + \text{对氯甲苯}$$

$$\text{C}_6\text{H}_5\text{CH}_3 + \text{Cl}_2 \xrightarrow{光照} \text{C}_6\text{H}_5\text{CH}_2\text{Cl} + \text{HCl}$$
(苄氯(氯化苄))

反应机理:苯环上氢的卤化反应是亲电取代反应。

第一步,在催化剂作用下产生亲电试剂(路易斯酸)E^+。

第二步,亲电试剂 E^+ 进攻苯环,与离域的 π 电子相互作用,并从苯环的大 π 键中获得两个电子,与苯环的一个碳原子形成 σ 键而生成 σ 络合物(或称正离子中间体)。

$$\text{C}_6\text{H}_6 + \text{E}^+ \xrightarrow{慢} [\text{C}_6\text{H}_6\text{E}]^+$$

在 σ 络合物中,有一个碳原子由 sp^2 杂化变为 sp^3 杂化,脱离了共轭体系,苯环只剩下四个

π电子分布在五个碳原子的共轭体系上,能量较高,不稳定。因此,sp³杂化的碳原子很容易失去一个质子,从而恢复到原来的sp²杂化状态,结果又变回原来的六个π电子的环状闭合共轭体系,恢复苯环结构,降低了能量,生成取代苯。

$$\underset{H}{\overset{E}{\bigodot^+}} \xrightarrow[\text{快}]{-H^+} \bigodot\!\!-E$$

例如,卤化反应的机理如下:

$$Br_2 + FeBr_3 \longrightarrow [FeBr_4]^- + Br^+$$

$$\bigcirc + Br^+ \longrightarrow \underset{H}{\overset{Br}{\bigodot^+}} \longrightarrow \bigcirc\!\!-Br + H^+$$

$$[FeBr_4]^- + H^+ \longrightarrow FeBr_3 + HBr$$

2)硝化反应

苯与混酸(浓硝酸和浓硫酸的混合物)共热,苯环上的氢原子被硝基(—NO_2)取代,生成硝基苯。

$$\bigcirc + HNO_3 \xrightarrow[50\sim60\ ℃]{H_2SO_4} \bigcirc\!\!-NO_2 + H_2O$$
硝基苯

硝基苯不容易继续硝化,若使用发烟硝酸和发烟硫酸,在更高的温度下反应,可引入第二个硝基,主要生成间二硝基苯。

$$\bigcirc\!\!-NO_2 + HNO_3(\text{发烟}) \xrightarrow[90\ ℃]{H_2SO_4(\text{发烟})} \underset{}{\bigcirc}\!\!\begin{smallmatrix}NO_2\\NO_2\end{smallmatrix} + H_2O$$
间二硝基苯

烷基苯在较低的温度下与混酸作用,生成邻位和对位产物,此反应比苯容易进行。

$$\bigcirc\!\!-CH_3 + HNO_3 \xrightarrow[30\ ℃]{H_2SO_4} \underset{\text{邻硝基甲苯}}{\bigcirc\!\!\begin{smallmatrix}CH_3\\NO_2\end{smallmatrix}} + \underset{\text{对硝基甲苯}}{CH_3\!\!-\!\!\bigcirc\!\!-NO_2}$$

反应机理:

$$HNO_3 + 2H_2SO_4 \longrightarrow 2HSO_4^- + H_3^+O + {}^+NO_2$$

$$\bigcirc + {}^+NO_2 \longrightarrow \underset{NO_2}{\overset{H}{\bigodot^+}} \xrightarrow{HSO_4^-} \bigcirc\!\!-NO_2 + H_2SO_4$$

硝基苯是具有苦杏仁气味的黄色油状物,其蒸气有毒,可用此反应鉴别苯。

3)磺化反应

苯与浓硫酸或发烟硫酸反应,在苯环上引入磺酸基(—SO_3H),生成苯磺酸。

$$\text{C}_6\text{H}_6 \xrightarrow[70\sim80\ ℃]{\text{浓}\text{H}_2\text{SO}_4} \text{C}_6\text{H}_5\text{SO}_3\text{H} \xrightarrow[200\sim245\ ℃]{\text{发烟}\text{H}_2\text{SO}_4} \text{间苯二磺酸}$$

苯磺酸　　　　　间苯二磺酸

烷基苯在室温下也可发生磺化反应，主要生成邻位和对位产物。

$$\text{C}_6\text{H}_5\text{CH}_3 + \text{H}_2\text{SO}_4 \xrightarrow{30\ ℃} \text{邻甲苯磺酸} + \text{对甲苯磺酸}$$

反应机理（一般认为 SO_3 是磺化反应的亲电试剂）：

$$\text{H}_2\text{SO}_4 + \text{H}_2\text{SO}_4 \longrightarrow \text{HSO}_4^- + \text{H}_3\text{O}^+ + \text{SO}_3$$

$$\text{C}_6\text{H}_6 + \text{SO}_3 \longrightarrow [\sigma\text{-complex}] \xrightarrow{-\text{H}^+} \text{C}_6\text{H}_5\text{SO}_3^- \xrightarrow{\text{H}_2\text{O}} \text{C}_6\text{H}_5\text{SO}_3\text{H}$$

4）傅-克烷基化和酰基化反应

在无水三氯化铝等催化剂的作用下，苯及其衍生物与卤代烷或酰卤等作用，苯环上的氢原子被烷基或酰基取代的反应分别称为烷基化和酰基化反应，统称傅-克（Friedel-Crafts）反应。例如

$$\text{C}_6\text{H}_6 + \text{CH}_3\text{CH}_2\text{Cl} \xrightarrow{\text{无水AlCl}_3} \text{C}_6\text{H}_5\text{CH}_2\text{CH}_3 + \text{HCl}$$

乙苯

$$\text{C}_6\text{H}_6 + \text{CH}_3\text{COCl} \xrightarrow{\text{无水AlCl}_3} \text{C}_6\text{H}_5\text{COCH}_3 + \text{HCl}$$

苯乙酮

常用的催化剂有 $AlCl_3$、$FeCl_3$、$ZnCl_2$、BF_3 等，其中以 $AlCl_3$ 活性最高。常用的烷基化试剂有卤代烷、烯烃和醇，常用的酰基化试剂有酰卤和酸酐。

当苯环上仅连有强吸电子基团（如硝基、磺酸基、酰基和氰基等）时，一般不发生傅-克反应。因此，烷基化反应会生成多取代苯，而酰基化反应则不易发生多取代。

在烷基化反应中，亲电试剂是碳正离子，有时会发生碳正离子重排，形成更稳定的碳正离子，因此生成的取代产物是以带支链的烷基苯为主。例如

$$\text{C}_6\text{H}_6 + \text{CH}_3\text{CH}_2\text{CH}_2\text{Cl} \xrightarrow{\text{无水AlCl}_3} \text{C}_6\text{H}_5\text{CH}_2\text{CH}_2\text{CH}_3 + \text{C}_6\text{H}_5\text{CH}(\text{CH}_3)_2$$

正丙苯30%　　　异丙苯70%

$$\text{CH}_3\text{CH}_2\text{CH}_2\text{Cl} + \text{AlCl}_3 \longrightarrow [\text{AlCl}_4]^- + \text{CH}_3\text{—CH}_2\text{—CH}_2^+$$

$$\text{CH}_3\text{—CH}_2\text{—}\overset{+}{\text{CH}}_2 \xrightarrow{\text{重排}} \text{CH}_3\text{—}\overset{+}{\text{CH}}\text{—CH}_3$$

一级碳正离子　　　　二级碳正离子
（较活泼）　　　　　（较稳定）

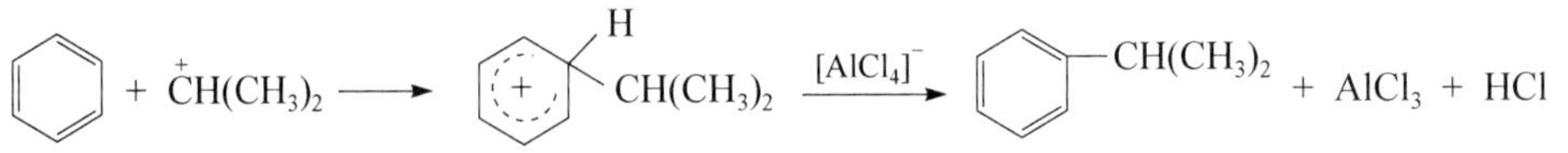

$$\bigcirc + \overset{+}{C}H(CH_3)_2 \longrightarrow \underset{CH(CH_3)_2}{\overset{H}{\bigcirc^+}} \xrightarrow{[AlCl_4]^-} \bigcirc-CH(CH_3)_2 + AlCl_3 + HCl$$

而酰基化反应的亲电试剂是酰基正离子，一般不会发生重排。例如

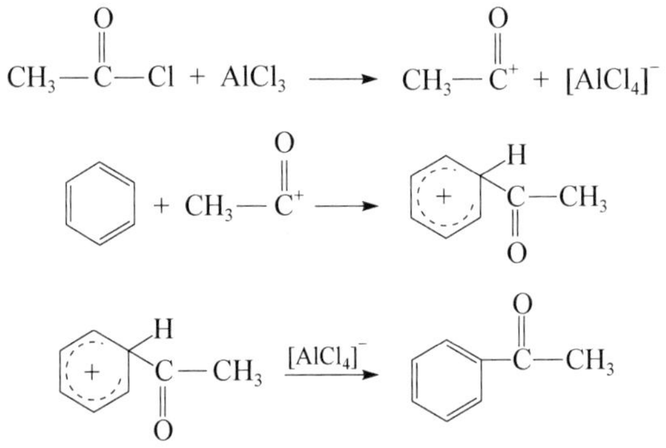

$$CH_3-\overset{O}{\underset{\|}{C}}-Cl + AlCl_3 \longrightarrow CH_3-\overset{O}{\underset{\|}{C^+}} + [AlCl_4]^-$$

$$\bigcirc + CH_3-\overset{O}{\underset{\|}{C^+}} \longrightarrow \underset{\underset{\|}{C}-CH_3}{\overset{H}{\bigcirc^+}}$$

$$\underset{\underset{\|}{C}-CH_3}{\overset{H}{\bigcirc^+}} \xrightarrow{[AlCl_4]^-} \bigcirc-\overset{O}{\underset{\|}{C}}-CH_3$$

2. 氧化反应

苯在一般条件下很难被氧化，但在特殊条件下也能发生氧化而使苯环破裂。例如，在高温和催化剂作用下，苯可被空气氧化生成顺丁烯二酸酐。

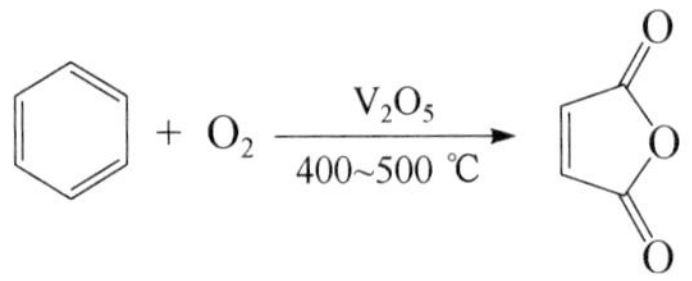

$$\bigcirc + O_2 \xrightarrow[400\sim500\ ℃]{V_2O_5} \text{(顺丁烯二酸酐)}$$

具有 α-氢的烷基苯侧链可以被高锰酸钾、重铬酸钾、硝酸等强氧化剂氧化，并且不论烃基碳链的长短，都被氧化成苯甲酸。没有 α-氢的烷基苯则不被氧化。例如

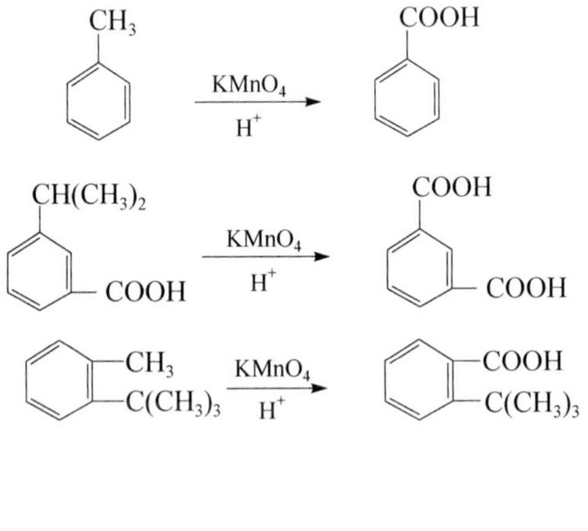

$$\bigcirc-CH_3 \xrightarrow[H^+]{KMnO_4} \bigcirc-COOH$$

$$\underset{COOH}{\bigcirc}-CH(CH_3)_2 \xrightarrow[H^+]{KMnO_4} \underset{COOH}{\bigcirc}-COOH$$

$$\underset{C(CH_3)_3}{\bigcirc}-CH_3 \xrightarrow[H^+]{KMnO_4} \underset{C(CH_3)_3}{\bigcirc}-COOH$$

3. 加成反应

苯环是一个闭合的共轭体系，比一般的不饱和烃稳定得多，一般不与亲电试剂加成，但在特定条件下也能发生加成反应。例如

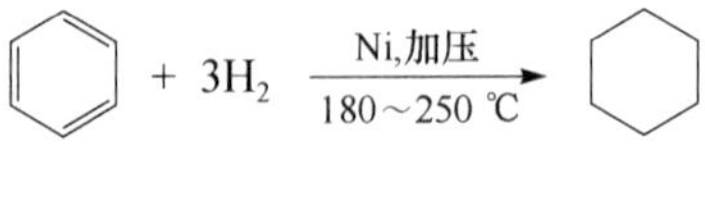

$$\bigcirc + 3H_2 \xrightarrow[180\sim250\ ℃]{Ni,加压} \bigcirc$$

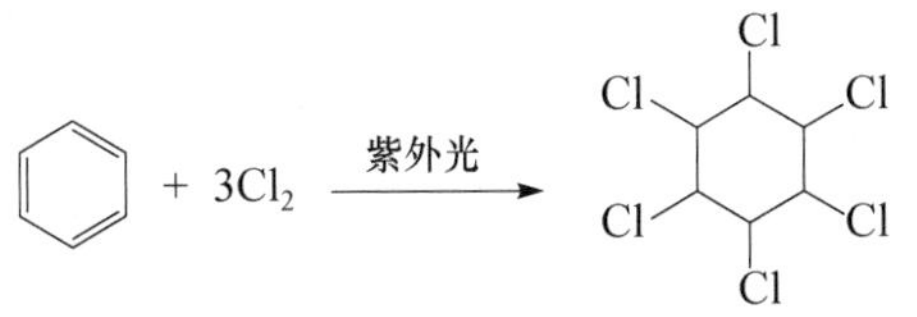

$$\text{苯} + 3Cl_2 \xrightarrow{\text{紫外光}} \text{六氯环己烷(六六六)}$$

4.1.5 亲电取代反应的定位规律及其应用

1. 定位基和定位效应

苯环上连接一个取代基(Y)称为一元取代苯。一元取代苯仍能发生亲电取代反应生成二取代苯。但第二个取代基进入苯环的位置和难易程度取决于苯环上原有取代基的影响,这种现象称为定位效应或定位作用。苯环上原来的取代基 Y 称为定位基。

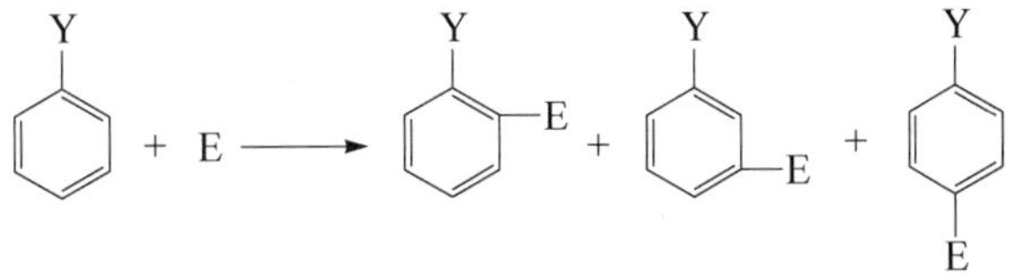

$$C_6H_5Y + E \longrightarrow \text{邻位} + \text{间位} + \text{对位}$$

常见的定位基分为两类:

第 Ⅰ 类定位基(邻、对位定位基)。使新引入的取代基主要进入它的邻位和对位,并且使苯环活化(卤素除外)。邻、对位定位基与苯环直接相连的原子上只有单键,除碳以外,都带有未成键的电子对,这些原子或基团一般具有供电子作用。属于这一类定位基的有(按强弱顺序排列)

—O^-,—NR_2,—NH_2,—OH,—$NHCOR$,—OR,—$OCOR$,—CH_3,—R,—Ar,—$X(I,Br,Cl)$

第 Ⅱ 类定位基(间位定位基)。使新引入的取代基主要进入它的间位,并使苯环钝化,不易发生亲电取代反应。间位定位基与苯环直接相连的原子或有正电荷,或以单键、重键、配价键与其他电负性更强的原子组成基团,它们具有从苯环吸电子的能力,从而降低苯环上的电子云密度。属于这一类定位基的有(按强弱顺序排列)

—N^+R_3,—NO_2,—CF_3,—CCl_3,—CN,—SO_3H,—CHO,—COR,—$COOH$,—$COOR$,—$CONR_2$

2. 定位规律的解释

苯是一个闭合的共轭体系,由于苯环上的 π 电子高度离域,因此每个碳原子的电子云密度是完全均匀分布的。当环上有一个取代基(定位基)以后,由于受到取代基的诱导效应或共轭效应影响,环上不同位置的电子云密度增加或减少而出现疏密交替分布的现象,亲电试剂优先进攻电子云密度较大的部位,于是苯环上各个部位进行亲电取代反应的难易程度有所不同。环上电子云密度变化情况与取代基(定位基)的性质有关。

1) 邻、对位定位基

邻、对位定位基大多是推电子基团或与苯直接相连的原子上有孤对电子或负电荷的基团,它们能通过诱导或共轭效应使苯环上电子云密度增加,有利于亲电试剂的进攻,使其比苯的亲电取代反应容易进行,对亲电取代反应有致活效应。例如,—CH_3 可以通过 σ-π 超共轭使苯环上电子云密度增加。—OH、—NH_2 中虽然氧、氮原子电负性大,具有吸电子诱导效应,但同时又可以形成 p-π 共轭体系,使氧或氮上的孤对电子向苯环转移,具有供电子的共轭效应。诱导效应和共轭效应方向相反,共轭效应占优势,总的结果使苯环上电子云密度增加。无论诱导效应还是共轭效应,并不是使苯环上每个碳原子的电子云密度平均地增加,而是在取代基的邻位和对位电子云密度增加较多。例如

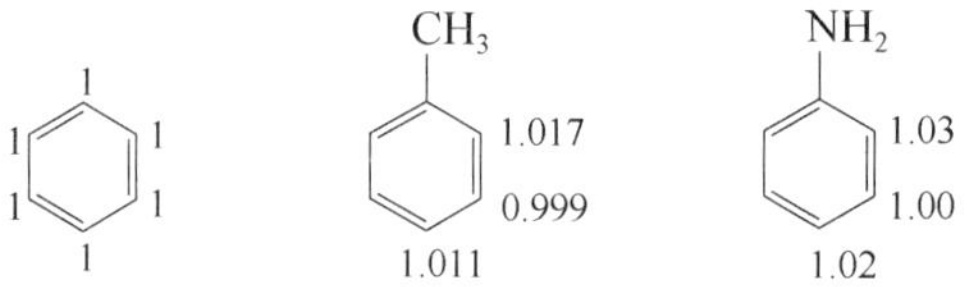

亲电试剂进攻电子云密度较高的邻位和对位,主要生成邻、对位异构体。

对于卤素取代基,同样具有吸电子诱导效应($-I$)和供电子共轭效应($+C$),而以诱导效应占优势,结果使苯环上的电子云密度降低,亲电取代反应钝化。而卤素原子间位的碳原子电子云密度降低较多,于是亲电试剂进攻邻、对位。因此,卤素原子是第一类定位基中的一个例外,同时具有邻、对位定位作用和钝化效应。

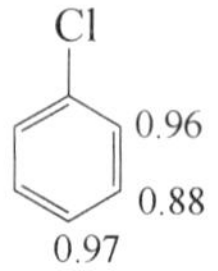

2)间位定位基

间位定位基是吸电子基团,与苯直接相连的原子上有重键或带正电荷,它们能通过诱导效应和共轭效应使苯环上电子云密度降低,不利于亲电试剂的进攻,对苯环的亲电取代反应起钝化作用。例如,$-NO_2$中氮原子电负性较大,具有吸电子诱导作用($-I$),同时能形成π-π共轭体系,使苯环上电子云向硝基转移,苯环上电子云密度降低,其亲电取代反应比苯更难进行。这种作用使苯环上邻位和对位电子云密度降低得更多,而间位降低得较少。因此,亲电试剂进攻电子云密度相对较高的间位,得到以间位为主的产物。

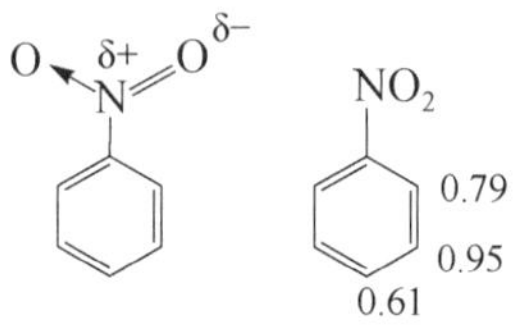

也可以从亲电取代反应的中间体 σ 络合物的稳定性来解释定位规律。例如,硝基苯在进行亲电取代反应时,可生成三种正离子中间体。

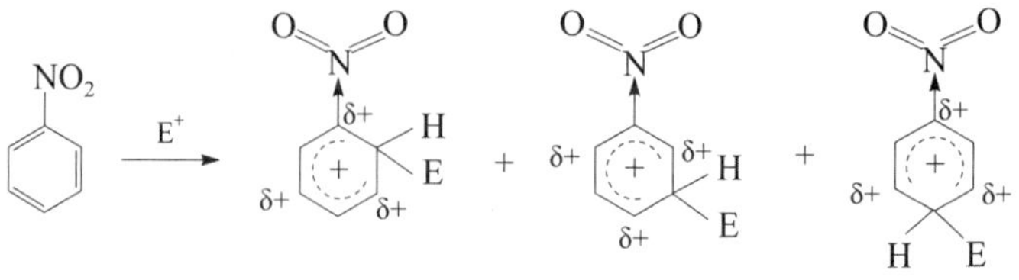

中间体 Ⅰ 和 Ⅲ 中,带正电荷的碳原子直接与硝基相连,硝基的吸电子作用使正电荷更加集中,能量高,不稳定,故不易形成。而中间体 Ⅱ 中没有这种情况,能量较低,因此主要生成中间体 Ⅱ,亲电取代反应主要发生在间位。

甲苯在进行亲电取代反应时,也可以生成三种中间体。

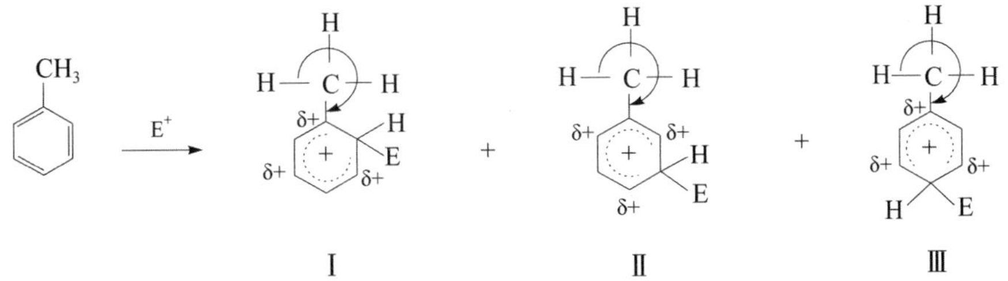

中间体Ⅰ和Ⅲ中，带正电荷的碳原子直接与甲基相连，甲基的推电子作用使正电荷分散较好，能量低，比较稳定，因此主要生成中间体Ⅰ和Ⅲ，亲电取代反应主要发生在邻、对位。

表 4-2 列出烷基苯进行硝化反应时各异构体的分布。从中可以发现，当邻、对位定位基体积较大时，由于空间位阻作用，邻位异构体减少，对位异构体增加。此外，温度和催化剂对异构体的比例也有一定影响。

表 4-2 烷基苯硝化时异构体的分布

化合物	定位基	异构体分布/%		
		邻位	对位	间位
甲苯	—CH$_3$	56.5	40.0	3.5
乙苯	—CH$_2$CH$_3$	45.0	55.0	0
异丙苯	—CH(CH$_3$)$_2$	30.0	68.0	2.0
叔丁苯	—C(CH$_3$)$_3$	18.0	81.0	1.0

3. 二元取代苯的定位规律

如果苯环上已经有两个取代基，第三个取代基进入的位置同时受两个取代基的制约，有以下规律：

（1）两个取代基的定位效应一致时，则由定位规律决定。例如，下列化合物进行亲电取代时，新取代基将进入箭头所示位置。

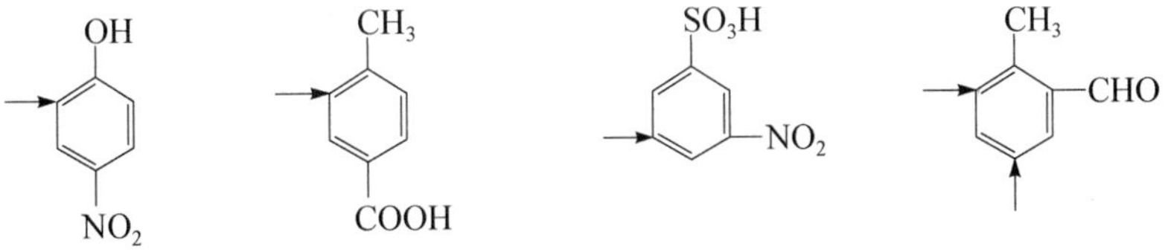

（2）两个取代基的定位效应不一致时，若两个取代基属于同一类定位基，则应由定位效应强的定位基决定基团进入位置；若两个取代基不属于同一类定位基，则由第Ⅰ类定位基决定基团进入位置。例如

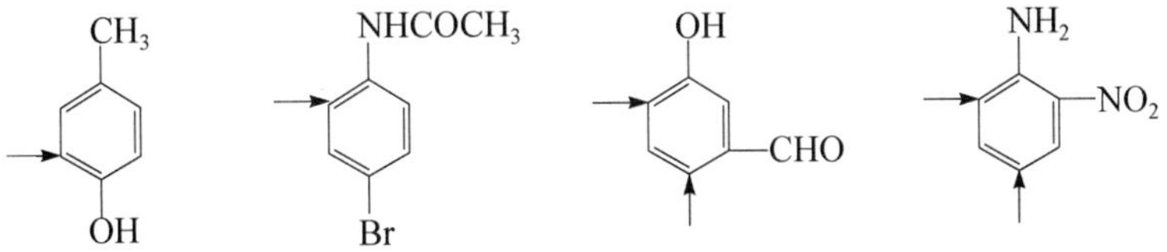

（3）由于空间位阻，处于间位的两个基团之间很少发生取代反应。例如

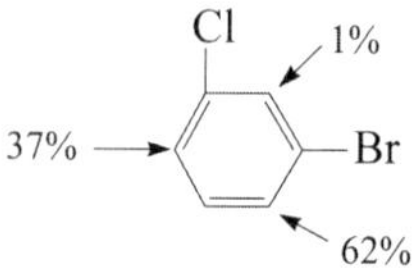

4. 定位规律的应用

苯环上亲电取代反应的定位规律不仅可以用来解释某些实验现象，更主要的是应用它来指导多取代苯的合成。合成多取代苯时必须考虑定位效应，否则难以达到预期目的。

例如，由苯合成间硝基溴苯时，要考虑先溴化还是先硝化。若先溴化再硝化，得到邻硝基溴苯和对硝基溴苯。若先硝化再溴化，则得到间硝基溴苯。因此，合成路线应为

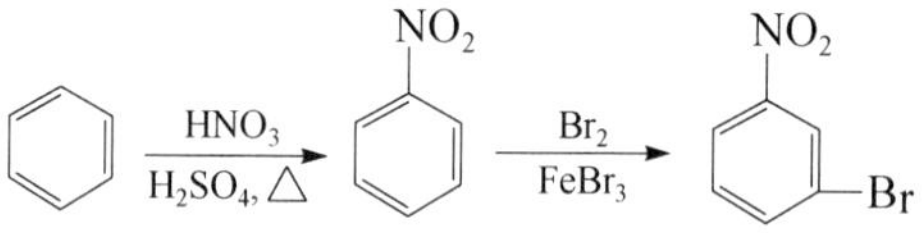

又如，由甲苯为原料合成间硝基苯甲酸，应先氧化，后硝化。合成路线为

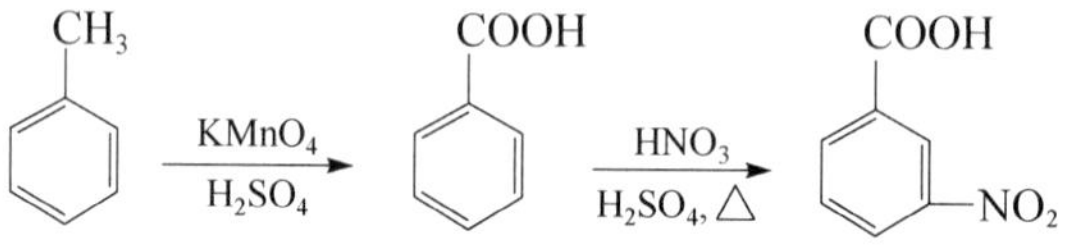

若合成邻硝基苯甲酸或对硝基苯甲酸，则合成顺序相反。

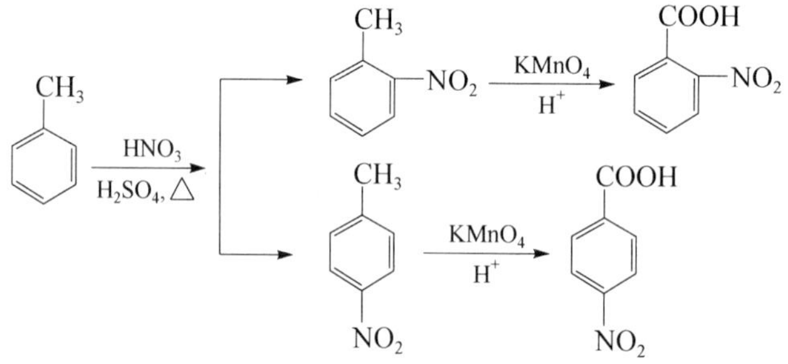

思考题 4-2

1. 用箭头表示下列化合物进行硝化时，硝基进入的位置。

(1) 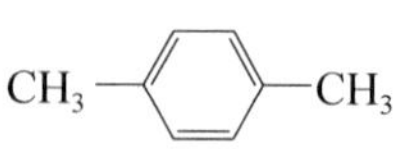 CH_3—〇—CH_3 (2) 3-氨基苯甲酸 (NH_2, COOH) (3) 3-硝基苯甲腈 (NO_2, CN) (4) 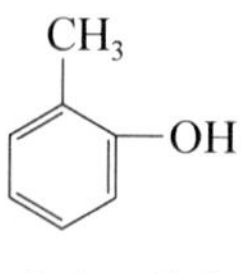 邻甲基苯酚 (CH_3, OH)

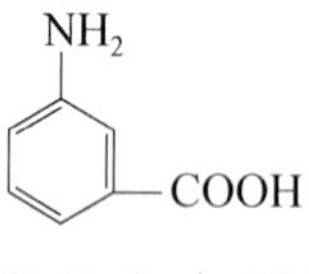

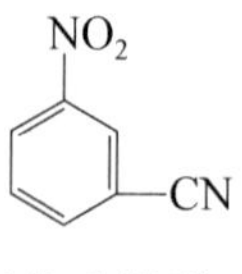

2. 某芳烃分子式为 C_9H_{12}，用 $K_2Cr_2O_7$ 加 H_2SO_4 氧化后得到一种二元酸。若将原芳烃硝化，则得到两种一元硝基化合物，试推测该芳烃的结构。

3. 以甲苯为原料合成下列化合物。

(1)  间溴苯甲酸 (2) 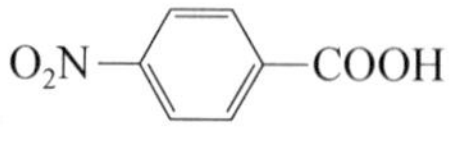 O_2N—〇—COOH

4.2 稠环芳烃

4.2.1 萘、蒽、菲的结构和命名

两个或两个以上苯环共用两个相邻的碳原子而组成的多环体系称为稠环芳烃。典型的稠环芳烃有

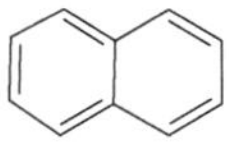

萘 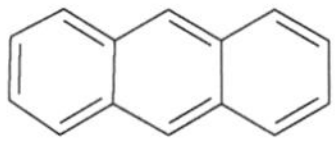　　　　蒽 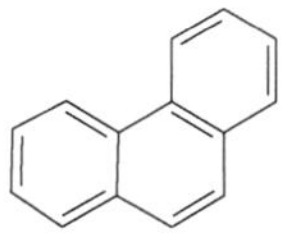　　　　菲

它们与苯的结构相比,有以下异同点:①碳原子都是 sp^2 杂化,都是平面分子,分子中都存在由 p 轨道侧面重叠形成的环状闭合共轭体系;②都有离域 π 键,都具有芳香性;③p 轨道重叠程度不同,电子云密度分布不均匀,键长不完全相等,反应活性不同,芳香性不如苯典型。稠环芳烃中单、双键键长如下:

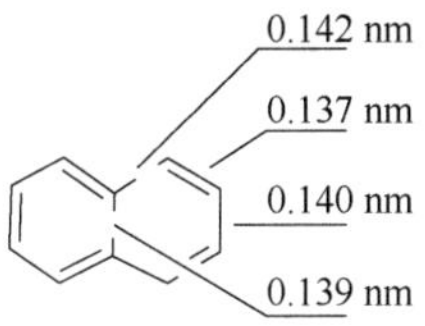

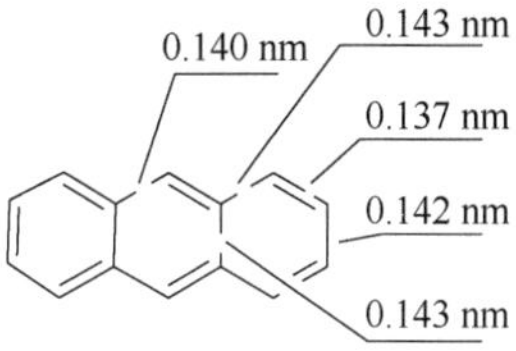

萘分子命名时,从共用碳原子的邻位开始编号,共用碳原子不编号。也可用 α、β 表示,其中 1、4、5、8 四个位置是等同的,称为 α-位;2、3、6、7 四个位置也是等同的,称为 β-位。α-位的电子云密度比 β-位大。

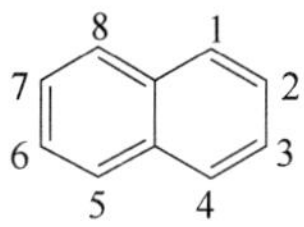

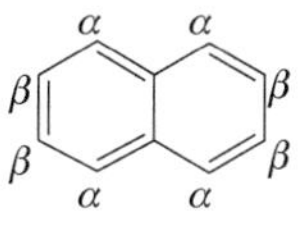

例如

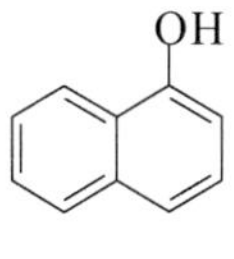

α-萘酚 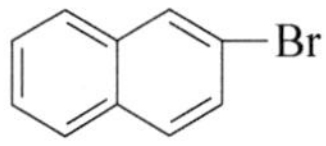　　β-溴萘 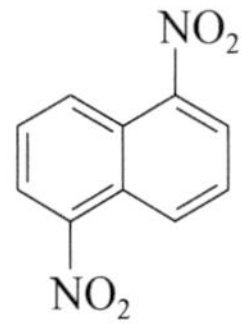　　1,5-二硝基萘 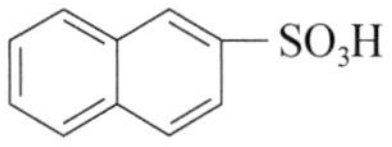　　2-萘磺酸 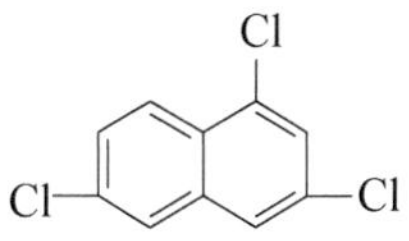　　1,3,6-三氯萘

蒽和菲的结构式及环上碳原子的固定编号如下:其中蒽的 1、4、5、8 四个位置是等同的,称为 α-位;2、3、6、7 四个位置也是等同的,称为 β-位;9、10 位是等同的,称为 γ-位。

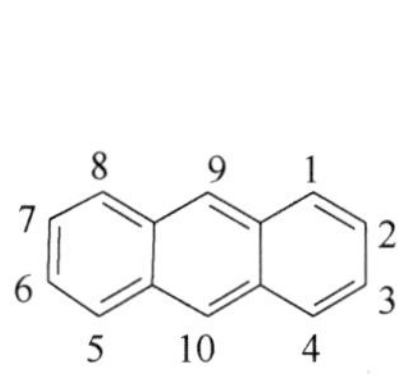

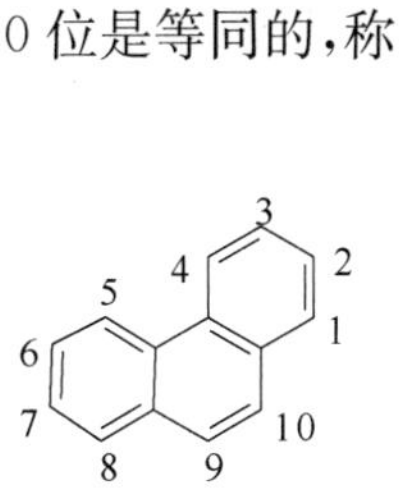

例如

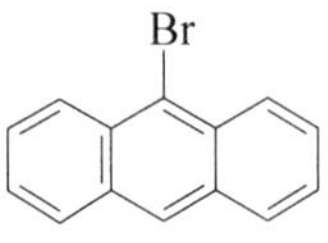

9-溴蒽 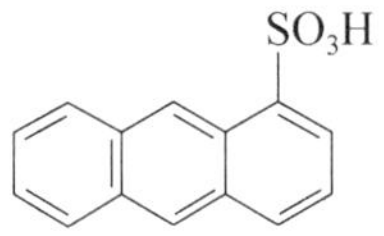　　　　1-蒽磺酸 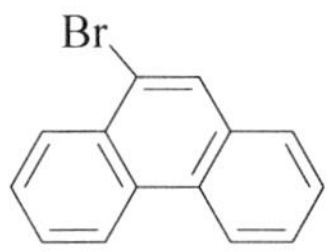　　　　9-溴菲

4.2.2 萘的性质

萘是白色结晶体,熔点为 80.2 ℃,沸点为 218 ℃,易升华,不溶于水而溶于有机溶剂;有特殊气味,是重要的有机合成原料。

萘的化学性质比苯活泼,能发生与苯类似的反应。

1. 取代反应

萘比苯容易发生亲电取代反应,α-位上电子云密度较高,所以主要取代在 α-位上。

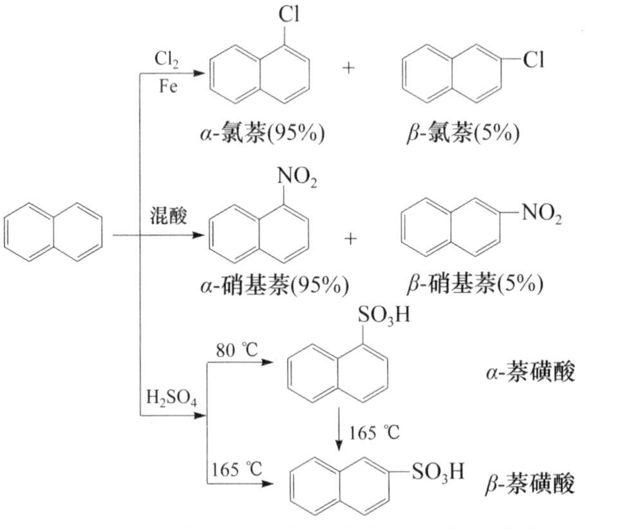

α-氯萘(95%)　　β-氯萘(5%)

α-硝基萘(95%)　　β-硝基萘(5%)

α-萘磺酸

β-萘磺酸

萘的溴代不需要路易斯酸催化,硝化的速度比苯快 750 倍。磺化时低温生成 α-萘磺酸,高温生成 β-萘磺酸。把 α-萘磺酸与硫酸加热至 165℃ 即可转变为 β-萘磺酸。

2. 氧化反应

萘容易被氧化,随反应条件不同生成不同的氧化产物。例如

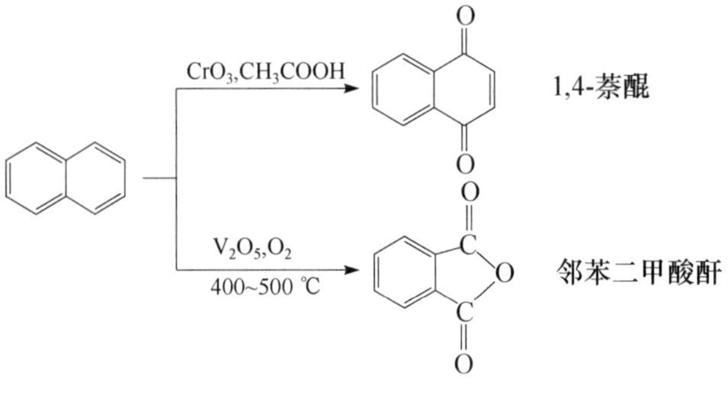

1,4-萘醌

邻苯二甲酸酐

3. 加成反应

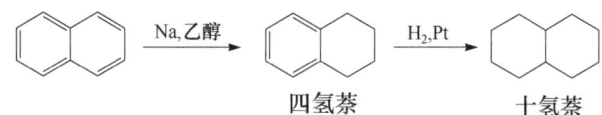

四氢萘与十氢萘都是良好的高沸点溶剂。十氢萘有两种构型异构体,并联处两个碳原子上的氢在环同侧的称为顺十氢萘,在环异侧的称为反十氢萘。电子衍射证明,它们分子中的两个六元环都以椅式构象存在。

反十氢萘(b. p. 194.6 ℃,ee 型)　　顺十氢萘(b. p. 185.4 ℃,ea 型)

若将十氢萘分子中一个六元环看作是另一个六元环上的两个取代基,则在反十氢萘中两个取代基都处于 e 键;在顺十氢萘中,则一个取代基处于 e 键,另一个处于 a 键。因此,反十氢萘比顺十氢萘稳定。

4.2.3 富勒烯简介

富勒烯(fullerene)是一种碳的同素异形体。任何只由碳元素组成,以球状、椭圆状或管状结构存在的物质都可以称为富勒烯。富勒烯与石墨结构类似,但石墨的结构中只有六元环,而富勒烯中可能存在五元环。1985 年,柯尔(R. Curl)等制备出 C_{60}。1989 年,德国科学家赫夫曼(D. Huffman)和克拉策门(W. Krätschmer)的实验证实了 C_{60} 的笼形结构(图 4-2),从此物理学家发现的富勒烯被科学界推向一个崭新的研究阶段。富勒烯的结构与建筑师富勒(Fuller)的代表作相似,所以称为富勒烯。

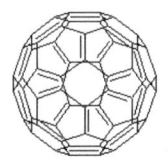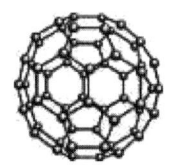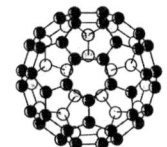

图 4-2　C_{60} 结构

4.3　非苯芳香烃

4.3.1　休克尔规则

既然苯是一个环状闭合的共轭体系,具有芳香性,那么由 sp^2 杂化碳原子所组成的任何一个环状共轭多烯是否都具有芳香性呢?1931 年,休克尔(E. Hückel)利用分子轨道法计算了单环多烯的 π 电子能级,从而提出了判断芳香性的规则:一个单环化合物,只要它具有平面的闭合共轭体系,并且 π 电子数为 $4n+2(n=0,1,2,3,\cdots)$ 时,该化合物就有芳香性。这个规则称为休克尔规则,也称 $4n+2$ 规则。

苯符合休克尔规则，π电子数为 6($n=1$)，因此它具有芳香性。环丁二烯虽然也是环状闭合的共轭体系，但其 π 电子数为 4，没有芳香性；环辛四烯不是平面分子，且 π 电子数为 8，也没有芳香性。

4.3.2 几种常见非苯芳香烃的结构

凡符合休克尔规则，但又不含有苯环的烃类化合物称为非苯芳香烃。非苯芳香烃包括一些环状多烯和芳香性离子。

1. 环丙烯正离子

环丙烯失去一个氢负离子，就得到只有两个 π 电子的环丙烯正离子，具有平面环状共轭结构，π 电子数符合休克尔规则($n=0$)，具有芳香性。经测定，环丙烯正离子中的碳碳键长都是 0.140 nm，说明环丙烯正离子的两个 π 电子完全离域在三个碳原子上，形成缺电子型大 π 键（三原子两电子 π 键），基态时两个 π 电子正好填满一个成键轨道，很稳定。

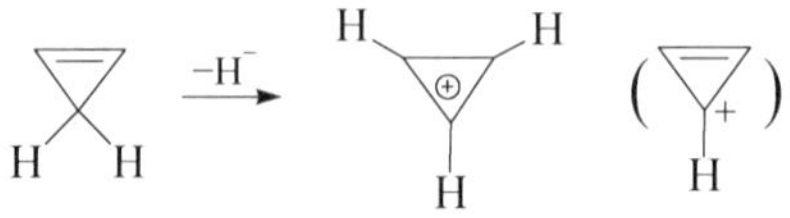

2. 环戊二烯负离子

环戊二烯无芳香性，当用强碱（如叔丁醇钾）处理时，亚甲基上失去一个质子生成环戊二烯负离子。

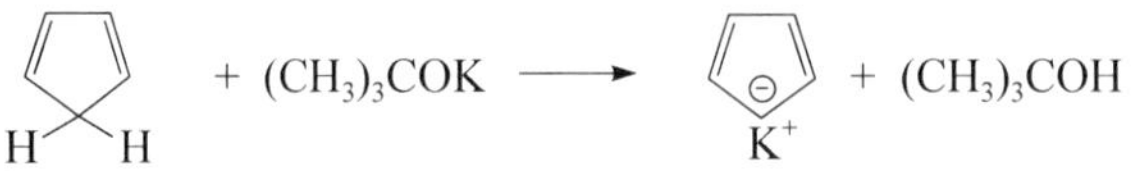

环戊二烯负离子具有平面环状闭合共轭体系，π 电子数为 6，符合休克尔规则($n=1$)，因此具有芳香性。

3. 环庚三烯正离子

环庚三烯失去一个氢负离子生成环庚三烯正离子。

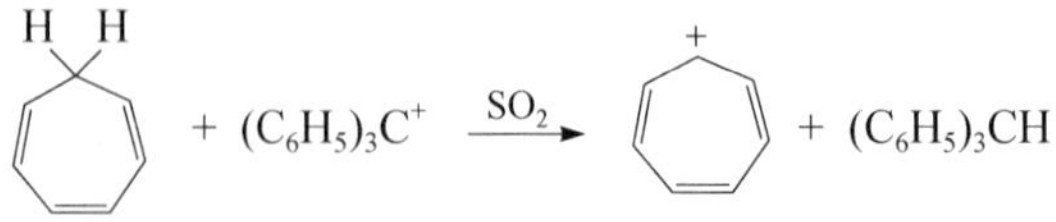

环庚三烯正离子具有平面环状闭合共轭体系，π 电子数为 6，符合休克尔规则($n=1$)，具有芳香性。

4. 轮烯

通常将含有十个碳原子以上具有交替的单、双键结构的单环多烯烃 C_nH_n ($n \geq 10$) 称为轮烯(annulene)。例如，[18]-轮烯就是具有环状闭合共轭体系的 18 个碳的单环化合物，其分子式为 $C_{18}H_{18}$，分子中有 18 个 π 电子，符合休克尔规则，具有芳香性。X 射线衍射证明，环中碳碳键键长几乎相等，整个分子基本处于同一平面上，是一个典型的芳香大环化合物。

总之,一般认为凡含有 $4n+2$ 个 π 电子的环状闭合共轭体系都具有一定程度的芳香性。凡是不含苯环结构而具有芳香性的环状化合物统称为非苯芳香族化合物。

思考题 4-3

指出下列化合物中哪些有芳香性。

   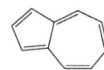

习 题

1. 命名下列化合物。

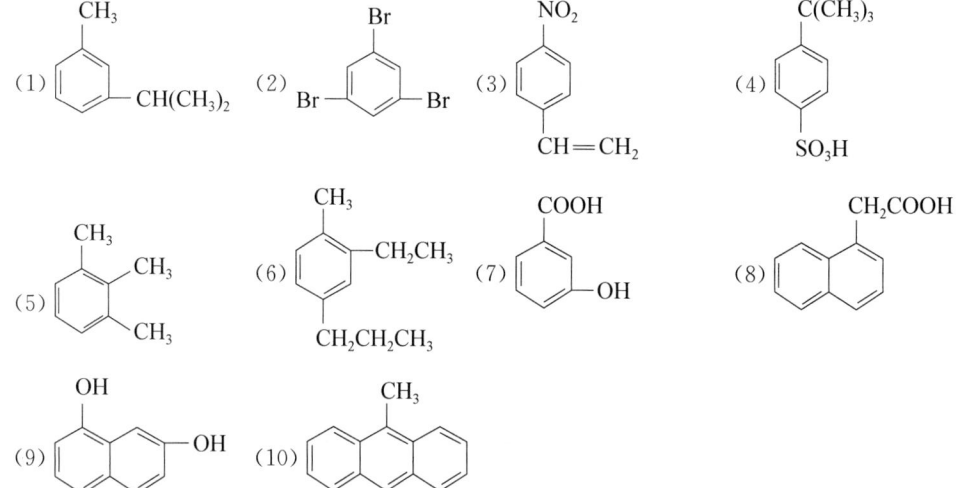

2. 写出下列化合物的结构式。
    (1) 对硝基异丙苯　　(2) 二苯甲烷　　(3) 对羟基苯甲酸　　(4) 对氯苄氯
    (5) 3-甲基苯磺酸　　(6) 2-溴萘　　(7) 间二硝基苯　　(8) [18]-轮烯

3. 完成下列反应式。

(1) C₆H₅CH(CH₃)₂ + Cl₂ $\xrightarrow{光照}$ (　　)　　(2) C₆H₅CH(CH₃)₂ + Cl₂ $\xrightarrow{FeCl_3}$ (　　)

(3) C₆H₅CH₂CH₂CH(CH₃)₂ $\xrightarrow[H^+]{KMnO_4}$ (　　)　　(4) C₆H₅CH₂Cl + C₆H₆ $\xrightarrow{无水AlCl_3}$ (　　)

(5) C₆H₆ + CH₃—C(=O)—Cl $\xrightarrow{AlCl_3}$ (　　)　　(6) C₆H₅CH₃ $\xrightarrow{混酸}$ (　　)

(7) 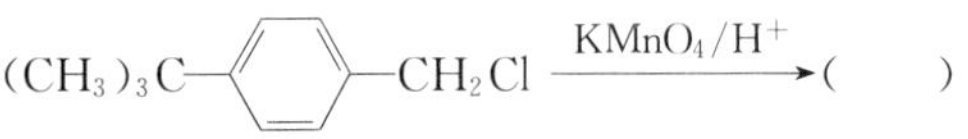 $(CH_3)_3C-\text{C}_6\text{H}_4-CH_2Cl \xrightarrow{KMnO_4/H^+}$ ( )

4. 以苯、甲苯及其他必要试剂合成下列化合物。
   (1) 间硝基溴苯
   (2) 对氯苄氯
   (3) 对硝基苯甲酸
   (4) 3-硝基-4-氯苯甲酸

5. 某烃类化合物 A，实验式 CH，相对分子质量为 208，经强氧化后得到苯甲酸，经臭氧化还原水解产物只有苯乙醛($C_6H_5CH_2CHO$)。推测 A 的结构，并写出反应式。

6. 判断下列化合物是否具有芳香性。

(1)   (2) 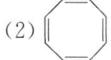 (3) 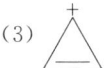 (4)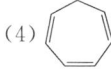

(5) 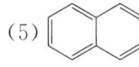 (6) 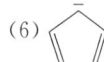 (7) 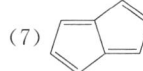 (8)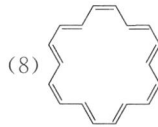

第 5 章 旋 光 异 构

同分异构现象(isomerism)是有机化学中极为普遍的现象,互为同分异构体(isomer)的化合物具有相同的分子式,而具有不同的分子结构式。根据分子结构中原子成键的顺序和空间排列方式的不同,同分异构现象可分为构造异构和立体异构两大类。构造异构包括碳链(碳架)异构、位置异构、官能团异构和互变异构。立体异构又可分为构型异构和构象异构,其中构型异构还可分为顺反异构和旋光异构。因此,可以把同分异构现象归纳如下:

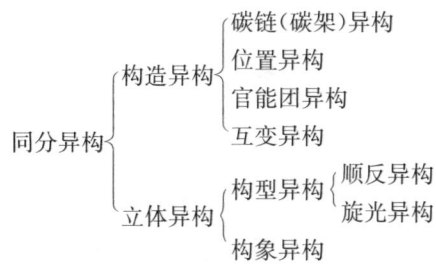

在前面的章节中,已经讨论了构造异构和立体异构中的顺反异构、构象异构,本章将讨论另一种重要的立体异构——旋光异构。旋光异构现象是指两个或两个以上的同分异构体,其组成和构造相同,但它们的空间构型和对偏振光的旋光性能不同。这些旋光性不同的同分异构体互为旋光异构体。

5.1 物质的旋光性

5.1.1 偏振光和旋光性

光波是一种电磁波,光的振动方向与其传播的方向相互垂直。图 5-1(a)为一束朝着我们眼睛射过来的普通光的横截面,图中每一双箭头表示与光的传播方向垂直的平面,普通光可以在垂直于其传播方向的任何可能的平面上振动。

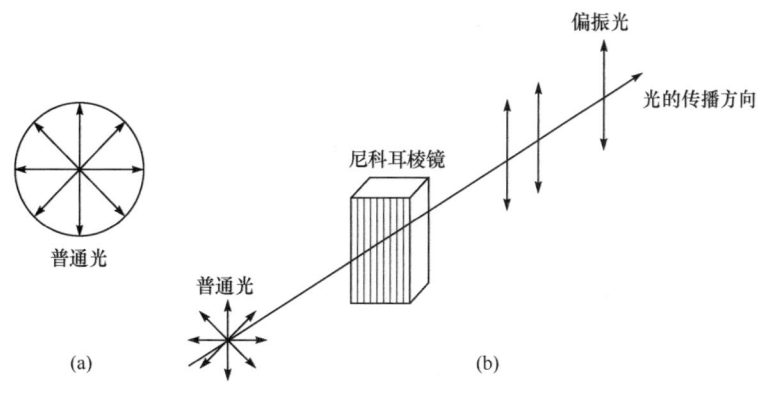

图 5-1 普通光与偏振光

若将普通光线通过一个由方解石(特殊晶形的碳酸钙)制成的尼科耳(Nicol)棱镜,则只有在与棱镜晶轴相互平行的平面上振动的光线才能透过该棱镜[图 5-1(b)],其余的光线将被阻挡而不能通过该棱镜。这种通过尼科耳棱镜的光线称为平面偏振光(plane-polarized light),简称偏振光或偏光。

当偏振光通过某物质(如水、乙醇等)时,对偏振光没有影响,透过该物质的偏振光还在原方向上振动;而当偏振光透过另一些物质(如 2-丁醇、乳酸、葡萄糖等)时,其振动平面却可以被旋转一定的角度(α),如图 5-2 所示。这种能使偏振光振动平面旋转的性质称为物质的旋光性。具有旋光性的物质称为旋光性物质或光学活性物质(optically active compounds)。

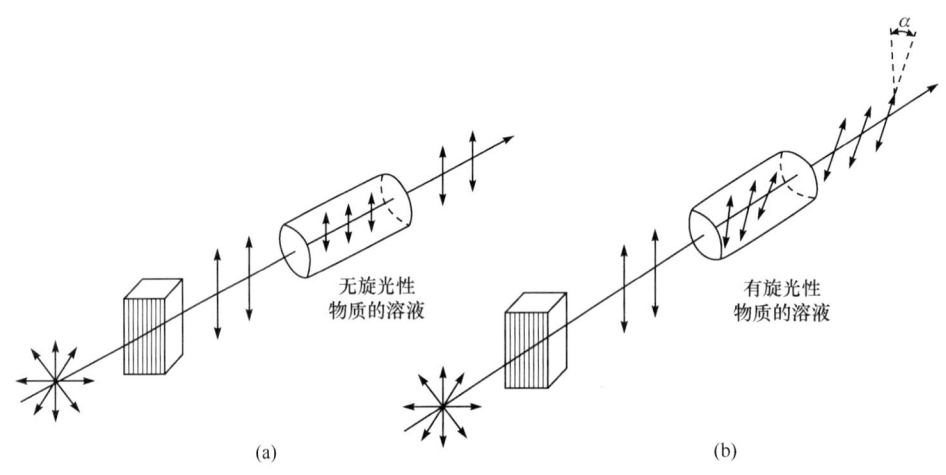

图 5-2 偏振光的旋转

5.1.2 旋光度和比旋光度

化合物的旋光性可以使用旋光仪(polarimeter)测定。旋光仪的主要部件包括光源、起偏镜、检偏镜、盛液管、刻度盘和目镜。光源通常使用单色钠光灯产生的钠光,起偏镜和检偏镜为两个尼科耳棱镜,两个棱镜之间放置盛液管,用于盛放被测物质。旋光仪的工作原理示意图如图 5-3 所示,光源发出的光首先通过起偏镜,再通过盛液管中的被测样品,然后经过检偏镜,最后通过目镜到达我们的眼睛。起偏镜是固定不动的,其作用是把光源投入的光变成偏振光,检偏镜与回转刻度盘相连,可以转动,用以测定通过被测物质的偏振光的振动平面是否发生了旋转,以及旋转的方向和角度。

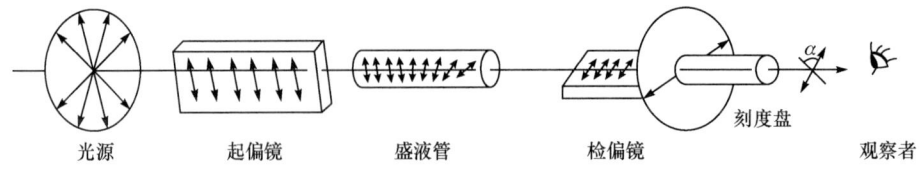

图 5-3 旋光仪的工作原理示意图

旋光性物质使偏振光旋转的角度称为旋光度,用 α 表示,其数值可由旋光仪的刻度盘读出。偏振光振动平面旋转的方向也与刻度盘旋转的方向一致,刻度盘顺时针方向旋转则指示化合物为右旋化合物(dextrotatory compound),用"+"表示;刻度盘逆时针方向旋转则指示化合物为左旋化合物(levorotatory compound),用"−"表示(旧文献中曾用 d、l 分别表示右旋、左旋化合物)。

实验测得的旋光度 α 和旋光方向不仅与物质的结构有关,而且与光源的波长、样品管的长度、试样浓度、所用溶剂、测定时的温度等都有关系。但在一定条件下,不同的旋光性物质的旋光度是一个特有的常数,通常用比旋光度(specific rotation)[α]来表示。

$$[\alpha]_\lambda^t = \frac{\alpha}{\rho_B L} \tag{5-1}$$

式中:α 为测定的旋光度(°);ρ_B 为溶液的浓度(g·mL^{-1},对纯液体为密度 ρ);L 为样品管的长度(dm);t 为测定时的温度(℃);λ 为光源的波长(nm)。

由此可见,比旋光度的定义是浓度为 1 g·mL^{-1} 的旋光性溶液在 1 dm 长样品管中测得的旋光度。例如,20 ℃时,以钠光灯为光源测得葡萄糖水溶液的比旋光度是+52.7°,记作

$$[\alpha]_D^{20} = +52.7°(水)$$

"D"表示所用光源的波长(钠光灯的 D 线,波长为 589 nm),所用溶剂可在括号中注明。

比旋光度与熔点、沸点、相对密度和折光率一样,是物质的物理常数。因此,对旋光性物质而言,化合物比旋光度的测定是常用的定性和定量分析手段之一。

思考题 5-1

将某蔗糖水溶液放在 1 dm 长的样品管中,在 20 ℃测得其旋光度为+3.2°,求这个溶液的浓度(已知蔗糖水溶液的比旋光度为+66°)。

5.1.3 旋光性与分子结构的关系

1. 手性和手性分子

一些物质为什么具有旋光性?旋光性只是化合物表现出的一种性质,特有的分子结构才是其内在的本质。下面将以旋光性化合物乳酸(2-羟基丙酸)为例来讨论分子结构和旋光性之间的关系。乳酸的结构式是 CH$_3$CHOHCOOH,其 2 位的碳原子与—H、—OH、—CH$_3$、—COOH 四个互不相同的原子或基团相连,在空间有两种不同排列,其立体结构可用图 5-4 的模型来表示。

初看乳酸分子的(a)、(b)两种模型时,它们好像是一样的,实际上把这两个模型放在一起比较就会发现,无论把它们怎样放置,二者都不可能完全重叠。因此,(a)和(b)是两种不同的构型,代表了两个不同的分子。进一步观察还会发现(a)和(b)之间的关系好像人的左手和右手,即两者互为实物和镜像之间的关系,相像但不能完全重合(图 5-5)。凡物质与其镜像的关系为相像但不能重合,就称为具有手性(chirality),具有手性的分子就是手性分子(chiral molecule),有旋光性。凡实物与镜像可以重合的称为非手性分子(achiral molecule),没有旋光性。

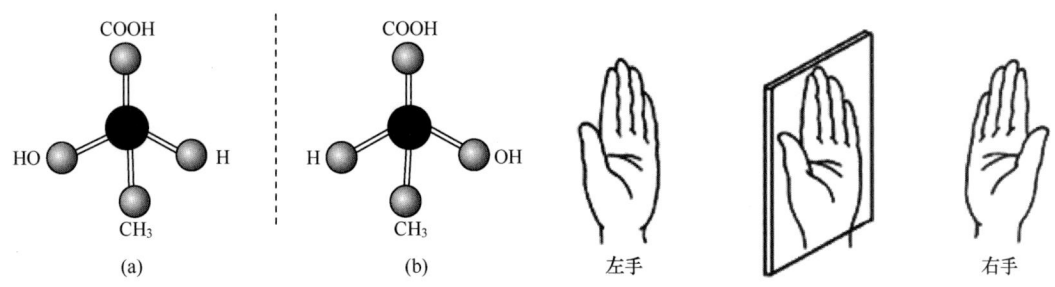

图 5-4 乳酸分子模型示意图　　　　图 5-5 左、右手的镜像关系示意图

像乳酸分子那样,分子中连有四个不相同原子或基团的碳原子就称为手性碳原子(chiral carbon atom)或不对称碳原子,用"*"表示。又如,2-丁醇和1-氯乙醇中也含有手性碳原子。

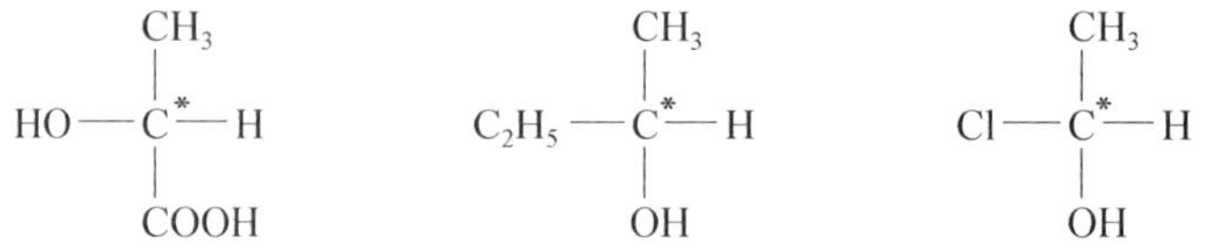

$$\begin{matrix} & CH_3 & & & CH_3 & & & CH_3 \\ HO- & C^*-H & & C_2H_5- & C^*-H & & Cl- & C^*-H \\ & COOH & & & OH & & & OH \\ & 乳酸 & & & 2\text{-}丁醇 & & & 1\text{-}氯乙醇 \end{matrix}$$

只含一个手性碳原子的化合物有旋光性,是手性分子。综上所述,判断一个化合物是否具有旋光性,最可靠的方法就是观察它能否与其镜像重合,如果不能重合就是手性分子,具有旋光性。但是这种方法不太方便,一般来说,要判断某一分子是否具有手性,通常可以研究该分子的对称性,看它是否具有某种对称因素,即根据分子的对称性就能判断它是否具有光学活性。最主要的对称因素有对称面(plane of symmetry)和对称中心(center of symmetry)。

2. 对称因素

1) 对称面

假设有一个平面可以把某分子分成互为镜像的两半,则这个平面就是该分子的对称面。例如,1,1-二氯乙烷有一个对称面,此对称面是由碳原子、氢原子和甲基三个原子或基团所在的平面构成。若分子中所有原子都在同一个平面上,这个平面也就是分子的对称面,如(E)-1,2-二氯乙烯。

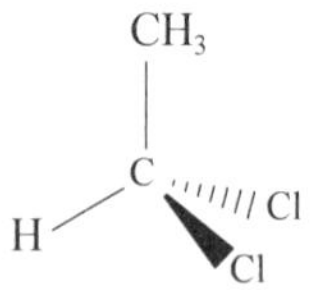

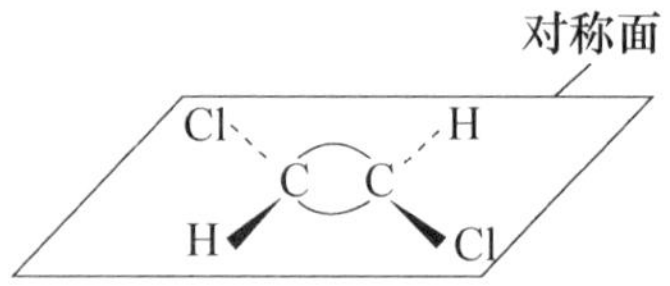

1,1-二氯乙烷　　　　　　(E)-1,2-二氯乙烯

2) 对称中心

如果分子中有一个点,它与分子中任何原子或基团相连成线,在此线反向延长线上等距离处均有相同的原子或基团,则该点称为分子的对称中心。例如,反-1,3-二氟-反-2,4-二氯环丁烷分子中心的那一点就是其对称中心。

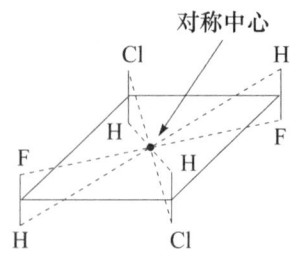

反-1,3-二氟-反-2,4-二氯环丁烷

凡具有对称面或对称中心的分子均是对称分子,其自身必定与其镜像重叠,它们是非手性化合物。因此,只要一个分子既无对称面也无对称中心,一般可初步判断它是不对称分子,即手性分子,分子的手性是物质具有旋光性的根本原因。由此可知,前述含一个手性碳原子的乳酸、2-丁醇和1-氯乙醇等化合物正是因其分子既无对称面也无对称中心,故可判断为手性分

子,具有旋光性。

思考题 5-2

通过判断分子的对称因素,确定下列分子是否有手性。

(1) $CH_3CH_2CHBrCOOH$ (2) 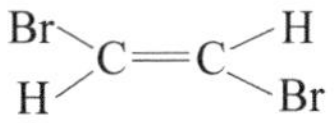 $\underset{H}{\overset{Br}{>}}C=C\underset{Br}{\overset{H}{<}}$ (3) (环己烷结构式，含 CH_3、H、Cl 取代基)

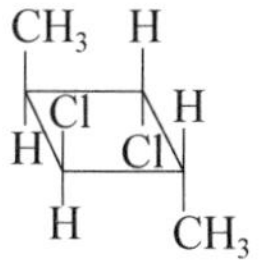

5.2 含手性碳原子化合物的旋光异构

5.2.1 含一个手性碳原子化合物的旋光异构

1. 对映体和外消旋体

前面介绍的乳酸是最早发现的只含有一个手性碳原子的化合物。从图 5-4 可知,乳酸分子是手性分子,有互为实物与镜像但彼此不能重叠的两种构型。互为镜像的两种构型异构体称为对映异构体,简称对映体。显然,乳酸的两种分子就是一对对映体,它们也是一对旋光异构体,旋光能力相同,但旋光方向相反,其中左旋乳酸的比旋光度为$-3.82°(15\ ℃)$,右旋乳酸的比旋光度为$+3.82°(15\ ℃)$。因此,若将乳酸的左、右旋体等量混合,混合物的旋光性就相互抵消了。这种由等量的对映体混合得到的物质称为外消旋体,用$(±)$表示,如$(±)$-乳酸。

2. 构型表示法

旋光异构体在结构上的区别仅在于原子或基团在空间的排列方式不同,即构型不同,而一般的平面结构式无法表示这种构型的差异,因此在有机化学中常用透视式或费歇尔(Fischer)投影式表示旋光异构体的构型。

1) 透视式

透视式是表示一个手性分子三维立体形象最直观的方法。书写时将手性碳原子放在纸平面上,实线表示处于纸平面内的键,实楔形线表示伸向纸平面前方的键,虚楔形线表示伸向纸平面后方的键。例如,乳酸的一对对映体的透视式为

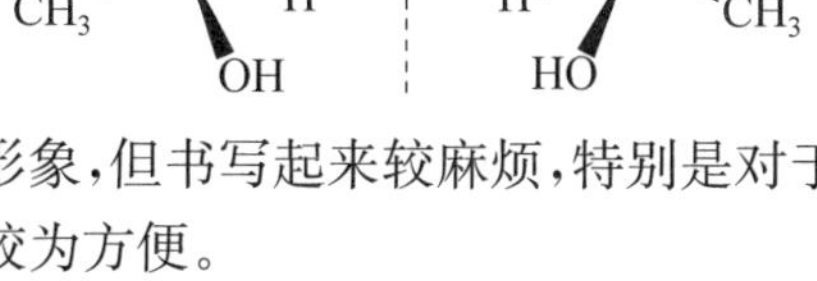

用透视式表示比较生动形象,但书写起来较麻烦,特别是对于结构比较复杂的分子就更麻烦。一般采用费歇尔投影式较为方便。

2) 费歇尔投影式

费歇尔投影式就是把分子模型按一定的规则投影在纸平面上,所得平面投影式即可代表不同的空间立体模型。投影的规则是:①把手性碳原子置于纸平面上,并以横竖两线的交点代表手性碳原子,横线表示伸向纸平面前方的键,竖线表示伸向纸平面后方的键;②习惯上把碳链竖直放置,并把命名时编号最小的碳原子放在最上端。图 5-6 为乳酸的一对对映体的费歇尔投影式。

费歇尔投影式是用平面式来表示分子的立体结构,使用时要注意投影式中基团的空间立

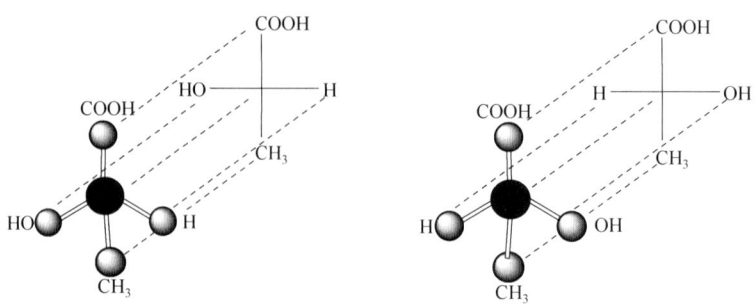

图 5-6 乳酸的费歇尔投影式

体关系。费歇尔投影式只能沿着纸平面转动,并且只能旋转180°及其整数倍,才不致改变原来的构型。决不能将费歇尔投影式沿着纸平面旋转90°及其奇数倍,也不能脱离纸平面翻转,否则得到的费歇尔投影式就代表其对映体的构型。此外,无论是透视式还是费歇尔投影式,与手性碳原子相连的任意两个原子或基团交换奇数次位置,得到的是其对映体;而交换偶数次,则其构型保持不变。

思考题 5-3

下列透视式或投影式中哪些是对映体?哪些是同一化合物?

3. 构型标记法

1) D/L 标记法(相对构型)

图 5-4 列出乳酸的两种构型,究竟哪个是左旋体,哪个是右旋体,这在 1951 年以前是无法确定的,当时不能用实验的方法测定分子中基团在空间真实的排列状况——真实构型(也称绝对构型)。为了研究方便,选取甘油醛为标准物质,人为规定羟基在规范的费歇尔投影式横线左边的是左旋甘油醛,其构型为 L 型(L 是拉丁文 leavo 的第一个字母,意为"左");羟基在规

范的费歇尔投影式横线右边的是右旋甘油醛,其构型为 D 型(D 是拉丁文 dexcro 的第一个字母,意为"右")。它们的费歇尔投影式可表示如下:

$$\begin{array}{c} \text{CHO} \\ \text{HO}\!-\!\!\!-\!\!\!-\!\text{H} \\ \text{CH}_2\text{OH} \end{array} \qquad \begin{array}{c} \text{CHO} \\ \text{H}\!-\!\!\!-\!\!\!-\!\text{OH} \\ \text{CH}_2\text{OH} \end{array}$$

L-(-)-甘油醛   D-(+)-甘油醛

标准物质的构型确定后,其他旋光性物质的构型就可通过一定的化学转变与甘油醛的构型联系起来或相对照而确定。例如,右旋甘油醛通过氧化反应转变成左旋甘油酸,左旋甘油酸还原得到左旋乳酸。由于在整个转变过程中只涉及甘油醛手性碳所连基团的化学转变,即只是将—CHO 氧化成—COOH,将—CH_2OH 还原成—CH_3,而甘油醛手性碳的四个键没有变化,因此在整个转变过程中此手性碳的构型一直保持下来,即转变得到的左旋甘油酸、左旋乳酸和右旋甘油醛的空间构型相同,都是 D 构型。

$$\begin{array}{c} \text{CHO} \\ \text{H}\!-\!\!\!-\!\!\!-\!\text{OH} \\ \text{CH}_2\text{OH} \end{array} \xrightarrow{[O]} \begin{array}{c} \text{COOH} \\ \text{H}\!-\!\!\!-\!\!\!-\!\text{OH} \\ \text{CH}_2\text{OH} \end{array} \xrightarrow{[H]} \begin{array}{c} \text{COOH} \\ \text{H}\!-\!\!\!-\!\!\!-\!\text{OH} \\ \text{CH}_3 \end{array}$$

D-(+)-甘油醛   D-(-)-甘油酸   D-(-)-乳酸

由此可知,对于其他与甘油醛结构类似的化合物构型的确定方法是:同甘油醛的费歇尔投影式对照,手性碳原子上的横键所连两个原子或基团中较大的一个若在投影式左侧的为 L 构型,若在右侧的为 D 构型。例如

$$\begin{array}{c} \text{CHO} \\ \text{Cl}\!-\!\!\!-\!\!\!-\!\text{H} \\ \text{CH}_3 \end{array} \qquad \begin{array}{c} \text{CHO} \\ \text{H}\!-\!\!\!-\!\!\!-\!\text{Cl} \\ \text{CH}_3 \end{array} \qquad \begin{array}{c} \text{COOH} \\ \text{NH}_2\!-\!\!\!-\!\!\!-\!\text{H} \\ \text{CH}_3 \end{array} \qquad \begin{array}{c} \text{COOH} \\ \text{H}\!-\!\!\!-\!\!\!-\!\text{NH}_2 \\ \text{CH}_3 \end{array}$$

L-2-氯丙醛   D-2-氯丙醛   L-2-氨基丙酸   D-2-氨基丙酸

由于 D/L 标记法确定的构型是相对于人为规定的标准物而言的,故也称为相对构型。1951 年毕育特(J. M. Bijvoet)等用 X 射线衍射法测定了右旋酒石酸铷钠的绝对构型,发现其绝对构型与其相对构型恰好相同。这意味着以甘油醛为标准所确定的相对构型实际上就是绝对构型。

需要注意的是,D、L 只是表示手性碳原子的相对构型,与旋光方向并没有什么必然的联系。旋光方向(+或-)是旋光性化合物固有的性质,是用旋光仪实际测定的结果,而旋光性化合物的构型是用人为规定的方法确定的。D 构型的化合物可以是左旋的(如左旋乳酸),也可以是右旋的(如右旋甘油醛)。在既要表明构型又要标出旋光性时,则同时用 D、L 表示构型和(+)、(-)表示旋光性。例如,右旋甘油醛可用 D-(+)-甘油醛来表示。

D/L 标记法有局限性,因为有些化合物不易同甘油醛联系;也因为有时采用不同的转化方法,同一化合物可以是 D 型,也可以是 L 型;特别是在标记含多个手性碳原子的化合物和环状化合物时通常容易引起混乱。为了克服这个缺点,现国际上通常采用 IUPAC 建议的 *R/S* 标记法。但在标记氨基酸和糖类化合物的构型时,仍普遍采用 D/L 标记法。

2) R/S 标记法(绝对构型)

R/S 标记法是根据手性碳原子上的四个原子或基团在空间的真实排列顺序标记手性分子的构型,因此用这种方法标记的构型是真实的构型。R/S 标记法的原则如下:

(1) 将手性碳原子上的四个原子或基团(a、b、c、d)按照"顺序规则"的优先顺序排列,较优的原子或基团排在前面,假定 a>b>c>d。

(2) 将排在最后的原子或基团 d 放在离观察者眼睛最远的位置,再从优先基团 a 开始,沿着 a→b→c 的顺序排列,若是顺时针方向,则称为 R 构型(R 是拉丁文 rectus 的第一个字母,表示"右"的意思);若是逆时针方向,则称为 S 构型(S 是拉丁文 sinister 的第一个字母,表示"左"的意思)。

例如,乳酸分子中手性碳原子上四个基团的先后顺序为:—OH>—COOH>—CH$_3$>—H。将排在最后的—H 放在离眼睛最远的位置,其余的三个基团则在离眼睛最近的平面上,观察—OH、—COOH、—CH$_3$ 的排列走向,顺时针排列的称为(R)-乳酸,逆时针排列的称为(S)-乳酸。

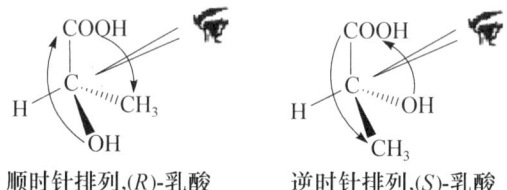

顺时针排列,(R)-乳酸　　　逆时针排列,(S)-乳酸

按此规则,也可用 R/S 标记法命名 D-(＋)-甘油醛。在 D-(＋)-甘油醛分子中,与手性碳原子相连的四个原子或基团的排列顺序为—OH>—CHO>—CH$_2$OH>—H。

D-(+)-甘油醛　　　(R)-(+)-甘油醛

因此,D-(＋)-甘油醛是 R 型。同理,L-(－)-甘油醛是 S 型。

R/S 标记法也可直接用于费歇尔投影式,关键问题是应熟悉投影式中的空间关系,必须牢记投影式中横键和竖键所连的基团分别在纸平面的前方与后方。根据投影规则和 R/S 标记法的规定,引出下列直接用于费歇尔投影式构型判断的简单方法:如果最小的基团 d 连在投影式的竖键上,其他三个基团 a→b→c 按顺时针方向排列,其构型为"R";若其按逆时针方向排列,其构型为"S"。例如

$$\begin{array}{c} \text{OH} \\ \text{HOCH}_2 \!-\!\!\!-\!\!\!-\!\!\!- \text{CHO} \\ \text{H} \end{array} \qquad \begin{array}{c} \text{H} \\ \text{CH}_3 \!-\!\!\!-\!\!\!-\!\!\!- \text{C}_2\text{H}_5 \\ \text{OH} \end{array}$$

(R)-甘油醛　　　　　(S)-2-丁醇

如果最小的基团 d 连在投影式的横键上,情况则恰好相反,若其他三个基团 a→b→c 按顺时针方向排列,其构型为"S";若按逆时针方向排列,其构型为"R"。例如

$$\underset{\text{(S)-甘油醛}}{\overset{\text{CHO}}{\underset{\text{CH}_2\text{OH}}{\text{HO}\!-\!\!\!\!-\!\!\!\!-\!\text{H}}}} \qquad \underset{\text{(R)-乳酸}}{\overset{\text{COOH}}{\underset{\text{CH}_3}{\text{H}\!-\!\!\!\!-\!\!\!\!-\!\text{OH}}}}$$

需要特别注意的是，D/L 和 R/S 是两种不同的构型标记方法，它们之间也没有必然的联系。此外，R/S 构型与其旋光方向（+ 或 −）也没有必然的联系。例如，经常用作对映异构的两个例子——甘油醛和乳酸，它们有以下的构型和旋光方向：

$$\underset{(R)\text{-}(+)\text{-甘油醛}}{\overset{\text{CHO}}{\underset{\text{CH}_2\text{OH}}{\text{H}\!-\!\!\!-\!\text{OH}}}} \quad \underset{(S)\text{-}(-)\text{-甘油醛}}{\overset{\text{CHO}}{\underset{\text{CH}_2\text{OH}}{\text{HO}\!-\!\!\!-\!\text{H}}}} \quad \underset{(R)\text{-}(-)\text{-乳酸}}{\overset{\text{COOH}}{\underset{\text{CH}_3}{\text{H}\!-\!\!\!-\!\text{OH}}}} \quad \underset{(S)\text{-}(+)\text{-乳酸}}{\overset{\text{COOH}}{\underset{\text{CH}_3}{\text{HO}\!-\!\!\!-\!\text{H}}}}$$

这就说明 R 构型不一定是右旋，S 构型也不一定是左旋。但有一点是可以肯定的，对于一对对映异构体来说，一个异构体是右旋的，另一个必然是左旋的；若用 D/L 法标记构型，一个异构体的构型是 D 型，另一个必然是 L 型；若用 R/S 法标记构型，一个异构体的构型是 R 型，另一个必然是 S 型。

思考题 5-4

用 R/S 法标记下列化合物的构型。

(1) 三个结构式

(2) 四个结构式

5.2.2 含两个手性碳原子化合物的旋光异构

含有两个手性碳原子的化合物存在手性碳原子可能相同或不同两种情况，分别讨论如下。

1. 含两个不同手性碳原子化合物的旋光异构

例如，丁醛糖（2,3,4-三羟基丁醛）有 C_2 和 C_3 两个不同的手性碳原子，其结构式为

$$\underset{\text{OH}}{\text{CH}_2}\!-\!\underset{\text{OH}}{\overset{*}{\text{CH}}}\!-\!\underset{\text{OH}}{\overset{*}{\text{CH}}}\!-\!\text{CHO}$$

其有四个旋光异构体，组成两对对映异构体。

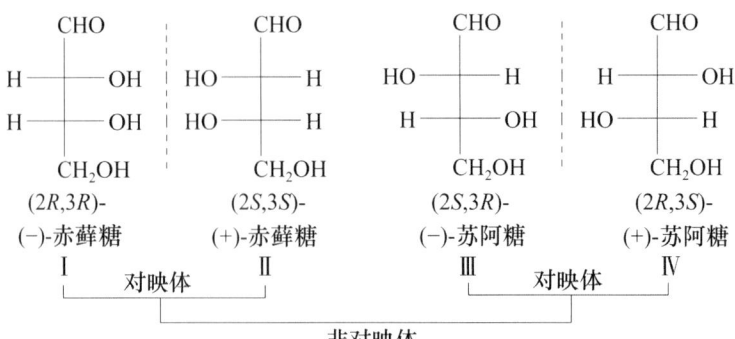

在上面四个异构体中，Ⅰ和Ⅱ、Ⅲ和Ⅳ互为对映体，等量的Ⅰ和Ⅱ或Ⅲ和Ⅳ均可组成外消旋体。而Ⅰ和Ⅲ、Ⅰ和Ⅳ、Ⅱ和Ⅲ以及Ⅱ和Ⅳ之间不是实物与镜像的关系，是非对映的，所以称为非对映异构体(diastereoisomer)，简称非对映体。对于含两个及以上手性碳原子的化合物，必须逐个标记手性碳原子的构型，如(2S,3R)-(－)-苏阿糖。由于丁醛糖是含两个不相同手性碳原子最简单的化合物，因此常把具有 R-Cab-Cac-R′ 或 R-Cab-A-Cac-R′ 结构的化合物与赤藓糖和苏阿糖相比，若其投影式与赤藓糖构型相似，即两个相同原子或基团(a,a)在同侧的，称为"赤式"或"赤型"；若在异侧的，其投影式与苏阿糖构型相似，称为"苏式"或"苏型"。例如

$$
\begin{array}{cc}
\text{CH}_3 & \text{CH}_3 \\
\text{H}\!-\!\!-\!\!-\!\text{Cl} & \text{Cl}\!-\!\!-\!\!-\!\text{H} \\
\text{H}\!-\!\!-\!\!-\!\text{OH} & \text{H}\!-\!\!-\!\!-\!\text{OH} \\
\text{CH}_3 & \text{CH}_3 \\
\text{赤型} & \text{苏型}
\end{array}
$$

由上例看出旋光异构体的数目随手性碳原子的数目增多而增加。含一个手性碳原子的化合物(如乳酸)，有两个旋光异构体(一对对映体)；含两个不相同手性碳原子的化合物(如丁醛糖)，有四个旋光异构体(两对对映体)。当分子中含有 n 个不相同的手性碳原子时，就可以有 2^n 个旋光异构体，它们可以组成 2^{n-1} 个外消旋体。

思考题 5-5

写出氯代苹果酸所有旋光异构体的费歇尔投影式，并指出哪些旋光异构体互为对映体，哪些是非对映体，哪些是苏式，哪些是赤式。

$$\text{HOOC}\!-\!\text{CH}\!-\!\text{CH}\!-\!\text{COOH}$$
$$\quad\quad\quad\;\;|\quad\;\;|$$
$$\quad\quad\quad\text{OH}\;\;\text{Cl}$$
氯代苹果酸

2. 含两个相同手性碳原子化合物的旋光异构

在这类化合物中，两个手性碳原子所连的四个基团是完全相同的。例如，在酒石酸的分子中：

$$\text{HOOC}\!-\!\overset{*}{\text{CH}}\!-\!\overset{*}{\text{CH}}\!-\!\text{COOH}$$
$$\quad\quad\quad\;\;|\quad\;\;\;|$$
$$\quad\quad\quad\text{OH}\;\;\text{OH}$$

两个手性碳原子上均连有—H、—OH、—COOH 和—CHOHCOOH，可能有下面四种构型：

(2*S*,3*S*)-(+)-酒石酸　Ⅰ　　(2*R*,3*R*)-(−)-酒石酸　Ⅱ　　(2*R*,3*S*)-　Ⅲ　　(2*S*,3*R*)-　Ⅳ　　*meso*-酒石酸

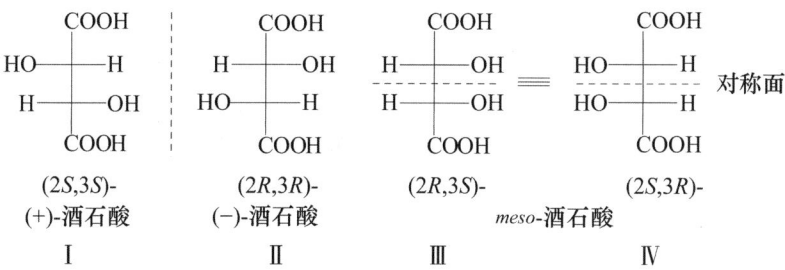

Ⅰ和Ⅱ是对映体，它们等量混合可以组成外消旋体。Ⅲ和Ⅳ似乎也是对映体，但如果把Ⅲ在纸平面上旋转 180°后即得到Ⅳ，因此是同一个化合物。这是由于Ⅲ或Ⅳ分子中存在一个对称因素(对称面)，两个相同手性碳原子的构型是相反的，因此旋光能力相互抵消，分子不具有旋光性。像这种虽然含有手性碳原子，但由于分子中存在对称因素，分子并无手性的化合物称为内消旋体(mesoisomer)，常用 *meso* 或 *m* 表示。因此，酒石酸仅有三种旋光异构体，即右旋体、左旋体和内消旋体。内消旋体酒石酸和左旋或右旋体之间不呈镜像关系，属于非对映体。对于含 n 个相同手性碳原子的化合物，旋光异构体的数目小于 2^n 个。

内消旋体和外消旋体虽然都不具有旋光性，但它们有着本质的区别，内消旋体是单一纯净物，只含有一种组分，无法拆分；而外消旋体是混合物，可以用特殊的方法拆分成左旋体和右旋体。

由此可见，手性碳原子是分子产生手性的因素之一，含有一个手性碳原子的化合物分子必定是手性分子，含有多个手性碳原子的化合物分子不一定是手性分子，这种化合物分子可能有手性，也可能没有手性(如内消旋体)。

思考题 5-6

画出下列化合物所有可能的旋光异构体的构型式，并用 *R*/*S* 法标明所有手性碳原子的构型，指出哪些互为对映体，哪个是内消旋体。

(1) 2,3-二溴丁烷　　　　(2) 3,4-二甲基-3,4-二氯己烷

---

3. 环状化合物的旋光异构

环状化合物的立体异构现象比链状化合物复杂，往往顺反异构和对映异构现象同时存在。

1) 环丙烷衍生物

例如，1,2-环丙烷二甲酸根据两个羧基在环平面的同侧和异侧有顺、反两种异构体，其中顺式异构体因有一对称面，分子无手性，是内消旋体，其熔点为 139 ℃；而反式异构体既无对称面，又无对称中心，是手性分子，具有一对对映异构体，其熔点为 175 ℃。因此，1,2-环丙烷二甲酸共有三个立体异构体，即顺式、反式左旋和反式右旋。顺式异构体与两个反式异构体之间不是镜像关系，属于非对映体。

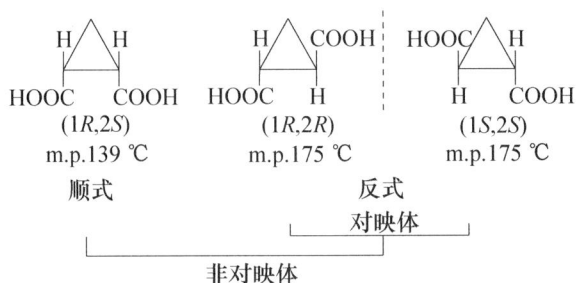

对于手性环状化合物，仅用顺/反标记不能清楚地反映其构型，可根据手性碳原子上各价键在空间的伸展方向，用 R/S 法标记每个手性碳的构型，如(1S,2S)-1,2-环丙烷二甲酸。

如果环丙烷上含有两个不相同的手性碳原子，不仅存在顺、反两种构型，且两种构型的分子都不具有对称因素，均是手性分子，因此具有顺式左旋、顺式右旋、反式左旋和反式右旋共 4 个立体异构体，即两对对映异构体。例如，1-氯-2-溴环丙烷存在以下两对对映异构体：

2) 环己烷衍生物

例如，1,2-二甲基环己烷有三个立体异构体，既有顺反异构体，也有旋光异构体。其中，Ⅰ 是非手性分子(有对称面)，无旋光性，是内消旋体；Ⅱ 和 Ⅲ 的关系是对映异构体，均有旋光性；等量的 Ⅱ 和 Ⅲ 的混合物组成外消旋体。Ⅰ 与 Ⅱ、Ⅲ 的关系是顺反异构，它们不是镜像关系，故也是非对映异构体。

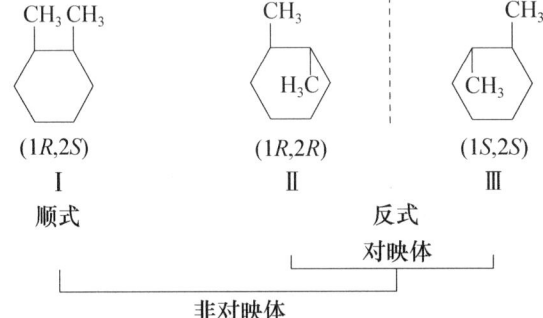

显然，顺-1,2-二取代环己烷衍生物中，当两个取代基相同时，分子中有一对称面，无旋光性；当两个取代基不同时，分子中无对称因素，有旋光性，存在一对对映体。反-1,2-二取代环己烷衍生物，无论两个取代基是否相同，它们都不能与其镜像重合，有光学活性。

1,4-二取代环己烷衍生物，由于分子中存在对称面，因此不具有对映异构，只有顺反异构，如 1,4-二甲基环己烷。

对于取代环己烷的其他衍生物，也可根据分子中是否存在对称因素，判断其是否具有光学活性,同时注意逐个标记手性碳原子的构型。

还应特别指出的是,碳环化合物往往以稳定的构象存在,如环己烷主要以椅式构象存在,而构象的转变非常迅速,并不引起化学键的断裂,故不会改变构型。因此,在研究环己烷等碳环化合物的对映异构时,可以不考虑构象所引起的手性问题,而采用平面构型式,其结果与考虑构象时是一致的。

思考题 5-7

分别画出 1,2,4-三甲基环戊烷的立体异构体,并指出其有无旋光性。

5.2.3 不含手性碳原子化合物的旋光异构

在有机化合物中,大部分旋光物质都含有一个或多个手性碳原子,有些含手性碳原子的化合物并无旋光性,如内消旋化合物。同样,不含手性碳原子的化合物也不一定就没有旋光性,也就是说分子中是否有手性碳原子并不是分子具有手性的充分必要条件。判断一个化合物是否具有手性,关键是看分子能否与其镜像重合。下面的例子将说明手性分子并不一定含有手性碳原子。

1. 丙二烯型化合物

在丙二烯型分子中,累积双键两端碳原子与分别连接的原子或基团处在相互垂直的两个平面内;如果两端碳原子均连接两个不同的原子或基团,则分子中无对称因素,有旋光性,这样的化合物就存在一对对映体。例如,2,3-戊二烯分子有以下对映体:

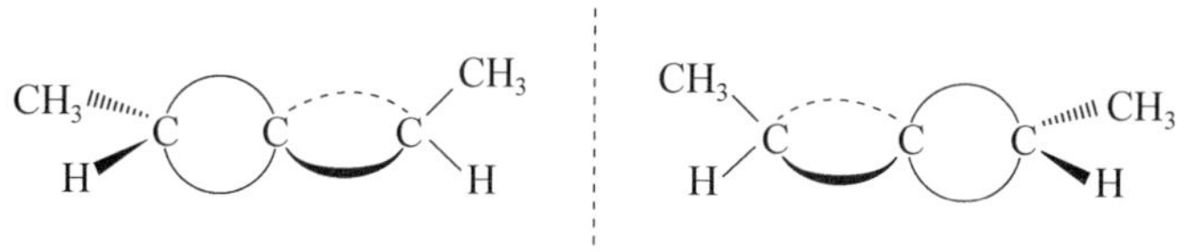

如果任意一端或两端的碳原子上连有相同的取代基,则该化合物具有对称面,分子无旋光性。例如

2. 联苯型化合物

联苯分子中两个苯环通过一个单键相连,两个苯环可以围绕单键旋转。如果在苯环的邻位(2,2'位和6,6'位)引入体积较大的取代基(—NO_2、—COOH、—Br 等),则两个苯环绕单键的旋转就要受到阻碍,以至于两个苯环不能处在同一平面上,而必须保持一定的角度。此时,若每个苯环的邻位都连有不同基团,则分子中不存在对称面和对称中心等对称因素,是手性分子,存在不能重合的一对对映体。例如,6,6'-二硝基联苯-2,2'-二甲酸有以下对映体:

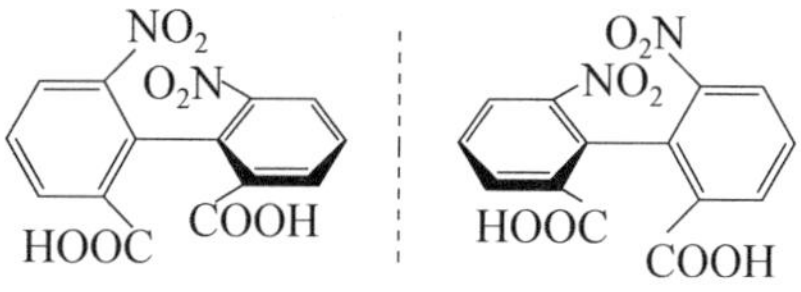

思考题 5-8

指出下列化合物有无旋光性。

(1) 结构式：Cl、Br 连接在一个碳上，C=C=C，另一碳连接 CH₃ 和 H

(2) 联苯结构：两个苯环上分别有 Br、Br、HOOC、COOH 取代基

5.2.4 旋光异构体性质的比较

旋光异构体之间因分子的空间结构不同，理化性质和生理作用均具有不同程度的差异。例如，前面已经叙述过，除旋光方向相反外，在非手性环境中，对映体的其他物理性质、化学性质都相同，如熔点、沸点、溶解度相同，与非手性试剂反应的速率也相同等。但在手性环境中，对映体的性质是不相同的。例如，它们在手性环境中的溶解度不相同；它们与手性试剂反应的速率不相同；在手性催化剂的作用下，它们的化学行为也不相同。

非对映体之间，不但旋光性能不同，其他物理性质也不相同。在化学性质方面，它们虽然能发生类似的反应，但反应速率各异。

外消旋体和相应的左旋体或右旋体相比，除旋光性能不同外，其他物理性质也有差异，如酒石酸(表 5-1)，但化学性质基本相同。

表 5-1 酒石酸的物理常数

酒石酸	$[\alpha]_D^{20}$(20%水溶液)	熔点/℃	密度(20 ℃)/(g·mL^{-1})	溶解度/(g·100mL^{-1})	pK_{a_1}	pK_{a_2}
左旋体	$-12°$	170	1.760	139.0	2.93	4.23
右旋体	$+12°$	170	1.760	139.0	2.93	4.23
外消旋体	无旋光性	206	1.687	20.6	2.96	4.24
内消旋体	无旋光性	140	1.666	125.0	3.11	4.80

旋光异构体之间最显著的差别是它们在生物体内的作用不同，这是由于生物体内的酶可以识别底物的手性，并且往往只结合、催化某一种旋光活性的底物发生反应，而不识别、结合和催化其对映体或非对映体。例如，人体所需的氨基酸都是 L 型的，人体所需的糖都是 D 型的，它们的对映体 D 型氨基酸和 L 型糖对人体毫无营养价值。自然界存在的氨基酸和糖类大多是人类所需的构型，否则我们将无法生存。又如，氯霉素的四种旋光异构体中只有 D-(−)-苏式氯霉素有抗菌作用；谷氨酸只有 L-(−)-谷氨酸单钠盐可以增强食物的鲜味。因此，制备纯的光学异构体具有十分重要的意义。

5.2.5 外消旋体的拆分

许多旋光物质是从自然界生物体中获得的。若在实验室中要用非旋光物质合成旋光物质[除了用不对称合成(asymmetric synthesis)以外]，得到的多是外消旋体。要获得纯的旋光异构体，需要经过拆分(resolution)。由于对映体的一般物理性质和化学性质都相同(除对旋光性试剂作用外)，因此它们的混合物很难用一般的方法来拆分。下面简单介绍几种拆分的方法。

1. 机械拆分法

最早直接拆分外消旋体的方法是巴斯德(L. Pasteur)在1848年根据晶形的不同,在显微镜下慢慢地用镊子将酒石酸钠铵盐的一对对映体分离开来。这种分离方法即机械拆分法,因其过于麻烦,而且不能用于液态的和晶形不分明的化合物,所以应用极少。

2. 微生物拆分法

1858年,巴斯德发现在外消旋酒石酸铵中加入青霉素进行发酵,右旋酒石酸铵会慢慢被消耗,最后剩下左旋酒石酸铵。这种利用微生物分解对映体之一而制得另一纯光学活体的方法称为微生物拆分法或酶析解法。这种方法在生物化学中十分重要,但这种方法也有缺点:第一,至少要损失一半原料;第二,加入的培养微生物或酶的原料使以后的纯化困难。所以此方法应用也不广泛。

3. 优势结晶法

在外消旋体的饱和溶液中加入一种光学异构体(左旋体或右旋体)的晶种,与晶种相同的异构体优先结晶析出。例如,向某(±)-A的饱和溶液中加入(+)-A晶种,则(+)-A优先结晶析出一部分,过滤析出的(+)-A;再向滤液中加入(±)-A和(−)-A晶种,析出部分(−)-A,过滤,循环处理就可分批得到两种纯的光学异构体。应用此法关键是要选用合适的溶剂,且要严格控制溶剂的用量、外消旋体的投入量和体系的温度。此法的优点是工艺简单、成本低,但其适用范围有限。我国用此法成功拆分制备了(−)-氯霉素。

4. 化学拆分法

化学拆分法应用最广。化学拆分法的原理是通过外消旋体与一个纯的有旋光性的拆分剂[(+)或(−)]作用,生成非对映异构体,然后利用非对映异构体物理性质(特别是沸点和溶解度)的不同,将两个非对映异构体分开(通过分馏或分步结晶),分开后的非对映体最后经化学处理除去拆分剂,恢复到纯粹的左旋体和右旋体。化学方法用得最成功的是(±)-酸和(±)-碱的拆分,其过程如下:

$$(\pm)\text{-酸} + (-)\text{-碱} \longrightarrow \begin{cases} (+)\text{-酸}\cdot(-)\text{-碱盐} \\ (-)\text{-酸}\cdot(-)\text{-碱盐} \end{cases} \xrightarrow{\text{分离}} \begin{array}{l} \text{纯的}(+)\text{-酸}\cdot(-)\text{-碱盐} \\ \text{纯的}(-)\text{-酸}\cdot(-)\text{-碱盐} \end{array}$$

(外消旋体)(拆分剂)　　(非对映体混合物)

$$\text{纯的}(+)\text{-酸}\cdot(-)\text{-碱盐} \xrightarrow{HCl} \text{纯的}(+)\text{-酸} + (-)\text{-碱}\cdot HCl \longrightarrow \text{纯的}(+)\text{-酸}$$

$$\text{纯的}(-)\text{-酸}\cdot(-)\text{-碱盐} \xrightarrow{HCl} \text{纯的}(-)\text{-酸} + (-)\text{-碱}\cdot HCl \longrightarrow \text{纯的}(-)\text{-酸}$$

常用于拆分外消旋体的碱有马钱子碱、奎宁、番木鳖碱等;用于拆分外消旋体的酸有酒石酸、苹果酸等,先使它们变成盐,然后利用两个非对映异构体的物理性质不同将它们分开。对于既非酸又非碱的外消旋体,可设法在分子中引入酸性或碱性基团,然后按拆分酸或碱的方法拆分。

5. 色谱分离法

随着科学技术的发展,用色谱分离法进行拆分更为简便。色谱分离法的原理是选择光活性的物质(如淀粉、蔗糖、乳酸等)作为柱色谱的吸附剂,当外消旋体经过色谱柱时,对映体与吸附剂作用后会转变为非对映体,因此可利用它们被吸附剂吸附和洗脱速率的不同而达到分离的目的。

5.2.6 动态立体化学简介

立体结构影响分子的化学性质,按照特定立体途径进行的化学过程称为动态立体化学。化学键的断裂、生成、试剂进攻的方向和离去基团的去向都涉及立体化学问题。研究化学反应中的动态立体化学有助于对反应机理的研究与理解,也有助于了解许多具有手性中心的天然化合物在生物细胞中合成与分解的原理。下面以 C=C 键上的亲电加成反应为例,对动态立体化学进行初步探讨。

以顺-2-丁烯与溴的加成为例,实验结果得到的是外消旋体 2,3-二溴丁烷,这说明顺-2-丁烯与溴的加成是反式加成。

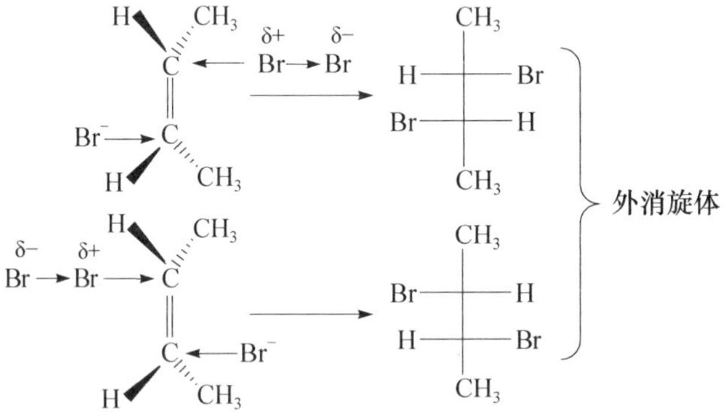

现在认为,顺-2-丁烯与溴的加成反应是先生成环状溴鎓阳离子中间体,然后溴负离子从远离溴阳离子的一端接近碳原子。由于形成环状结构的溴鎓阳离子中间体,阻碍了 C_2—C_3 键的自由旋转,Br^- 只能从溴鎓阳离子的背面进攻,因此是反式加成,同时 Br^- 进攻 C_2 和 C_3 的概率相等,故产物是外消旋体。

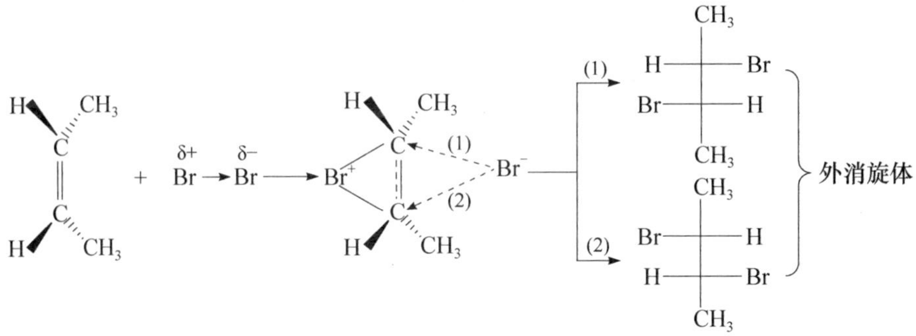

反-2-丁烯与溴加成得到内消旋体。

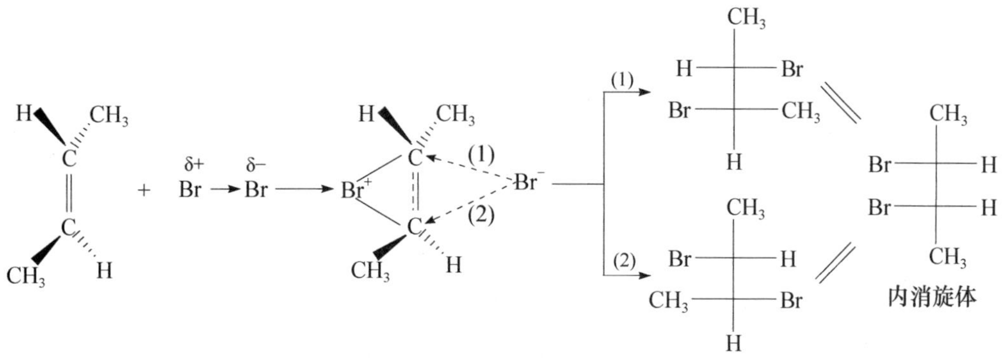

综上可知，溴与 2-丁烯的加成是一个亲电的、分步的、反式的过程。

习　题

1. 区别下列各组概念并举例说明。
   (1) 旋光度和比旋光度　　　　　(2) 手性和手性碳原子
   (3) 对映体和非对映体　　　　　(4) 内消旋体和外消旋体
   (5) 构造异构和立体异构　　　　(6) 构型和构象

2. 下列说法是否正确？为什么？
   (1) 分子的不对称性是分子具有光学活性的根本原因。
   (2) 含手性碳原子是化合物具有旋光性的充分必要条件。
   (3) 含一个手性碳原子的化合物一定具有光学活性。
   (4) 对映体的化学性质和物理性质都相同。
   (5) 非对映体的化学性质和物理性质都不相同。

3. 写出下列化合物的费歇尔投影式，并对每个手性碳原子的构型以 R 或 S 标记。

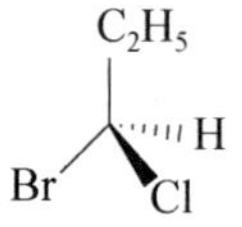

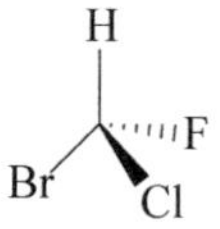

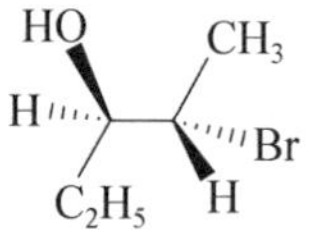

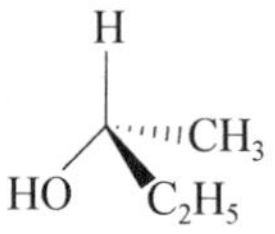

4. 用 R/S 标记法标记下列化合物的构型并命名。

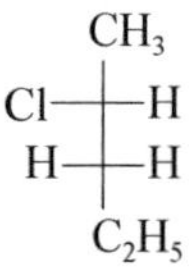

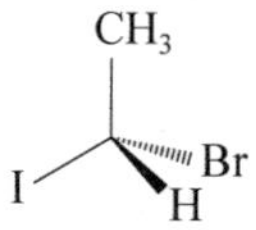

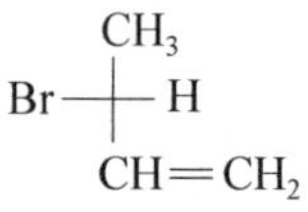

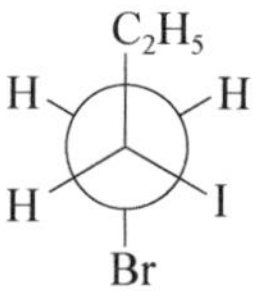

5. 判断下列化合物中哪些具有旋光性。

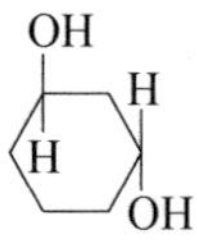

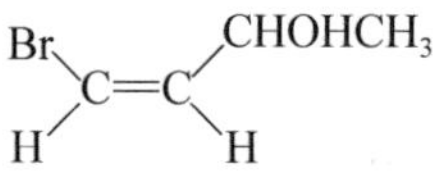

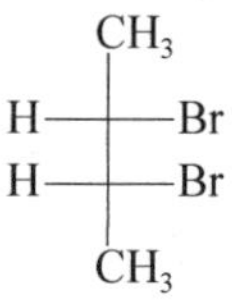

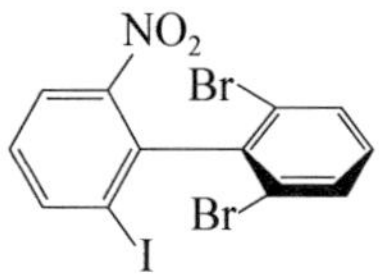

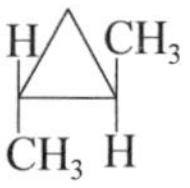

6. 下列化合物中，哪个有旋光异构？标出手性碳，写出所有可能旋光异构体的投影式，用 R/S 标记法命名，并

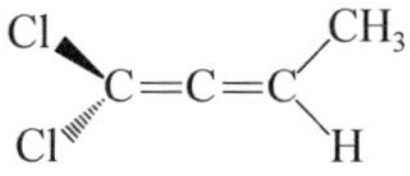

注明内消旋体或外消旋体。
(1) 2-溴-1-丁醇
(2) α,β-二溴丁二酸
(3) α,β-二溴丁酸
(4) 2-甲基-2-丁烯酸

7. 写出下列旋光异构体的费歇尔投影式。
(1) (R)-2-氯戊烷
(2) (S)-2-甲基-3-羟基丙酸
(3) (1S,3R)-1-乙基-3-溴环戊烷
(4) (2R,3S)-2-氯-3-碘丁烷

8. 某信息素 7.0 mg 溶于 1 mL 氯仿，25 ℃在 2 cm 长的旋光管中测得旋光度为 +0.087°，该化合物的比旋光度应为多少？

9. 麻黄素的结构为 $\text{C}_6\text{H}_5\text{-CH(OH)-CH(NHCH}_3\text{)-CH}_3$，写出它所有光学活性异构体的费歇尔投影式。

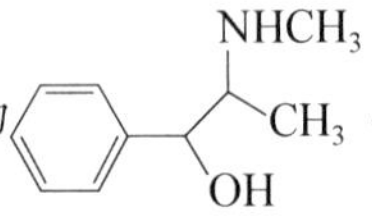

10. 分子式为 C_6H_{12} 的开链烃 A 有旋光性，经催化氢化生成无旋光性的 B，分子式为 C_6H_{14}。写出 A、B 的结构式。

11. 某化合物 A (C_6H_{12})，能使溴水褪色，无旋光性，用 H_3PO_4 催化加一分子水后得到一种旋光性的醇 B ($C_6H_{14}O$)，若将 A 用稀 $KMnO_4$ 氧化得内消旋的二元醇 C ($C_6H_{14}O_2$)。试推测 A、B、C 的结构。

12. 指出下列各对化合物之间的关系（属于哪种异构体，或是相同分子）。

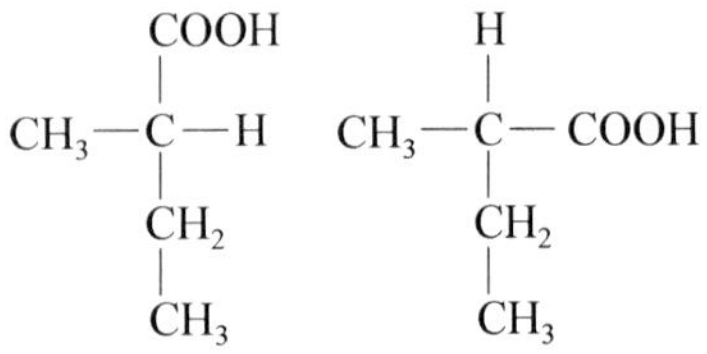

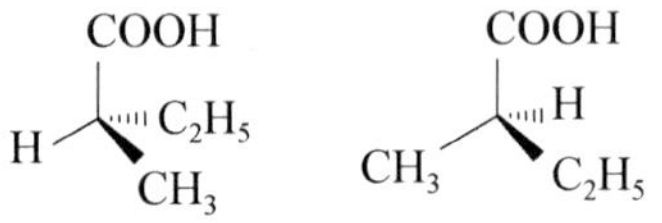

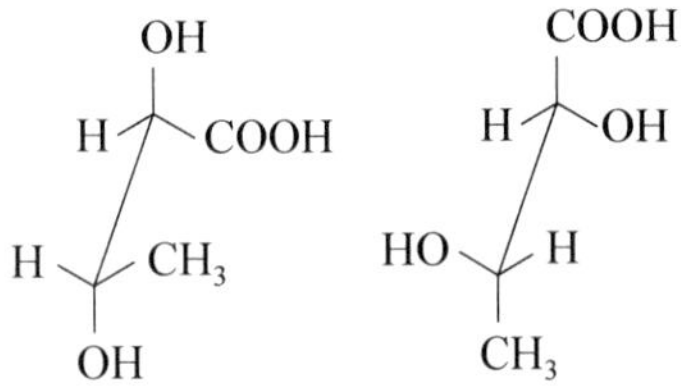

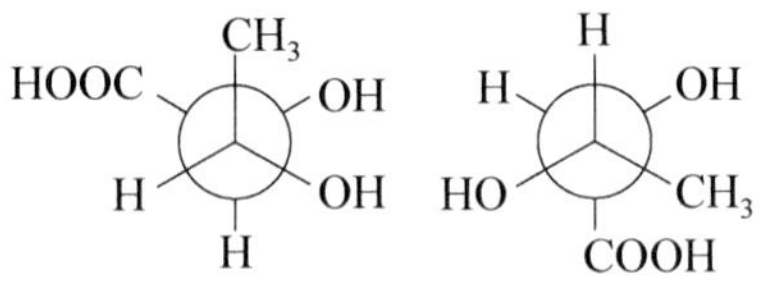

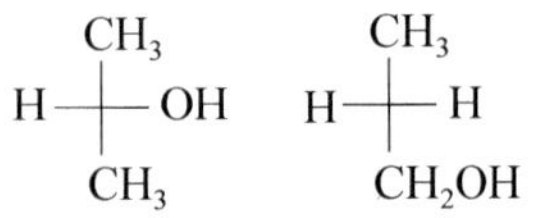

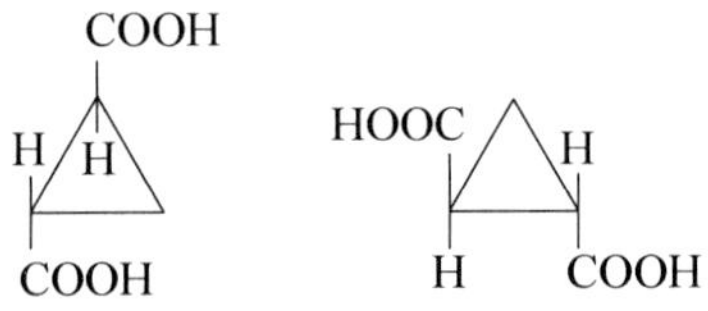

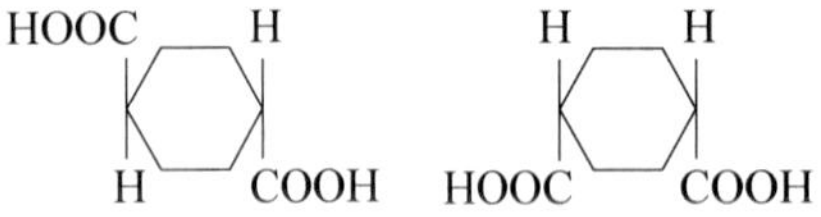

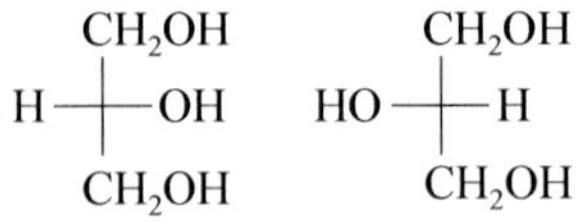

第6章 卤 代 烃

烃分子中一个或多个氢原子被卤素原子取代后生成的化合物总称为卤代烃(halohydrocarbon),一般用 RX 或 ArX(X=F、Cl、Br、I)表示,卤素原子是卤代烃的官能团。卤代烃的化学性质较活泼,能发生多种化学反应转变成其他化合物,因而在有机合成中起着桥梁的作用。卤代烃也常作为有机溶剂、制冷剂、阻燃剂、防腐剂、麻醉剂等。因此,卤代烃是一类重要的有机化合物。卤代烃在自然界中存在极少,主要是人工合成的。由于氟代烃的制法、性质和用途与其他三种卤代烃有显著不同,故通常单独讨论。

6.1 卤代烃的分类和命名

6.1.1 卤代烃的分类

卤代烃可以按下列四种方法分类:

(1) 根据卤代烃分子中所含卤原子的不同,可分为氟代烃、氯代烃、溴代烃和碘代烃。例如

$$CH_3CH_2F \qquad CCl_4 \qquad BrCH_2CH_2Br \qquad CHI_3$$
氟代烃　　　氯代烃　　　溴代烃　　　碘代烃

(2) 根据卤代烃分子中烃基结构的不同,可分为饱和卤代烃、不饱和卤代烃和卤代芳烃。例如

$$(CH_3)_2CHCH_2Cl \qquad CH_2=CH-CH_2-Br \qquad \text{C}_6\text{H}_5\text{Cl}$$
饱和卤代烃　　　不饱和卤代烃　　　卤代芳烃

(3) 根据与卤原子直接相连的碳原子类型的不同,卤代烃又可分为伯卤代烃(1°或一级卤代烃)、仲卤代烃(2°或二级卤代烃)和叔卤代烃(3°或三级卤代烃)。例如

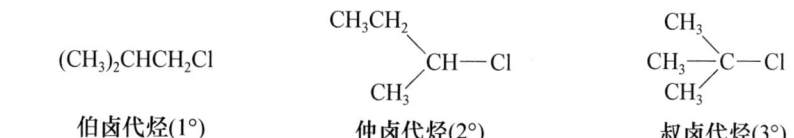

伯卤代烃(1°)　　　仲卤代烃(2°)　　　叔卤代烃(3°)

(4) 根据卤代烃分子中所含卤原子的数目,又可分为一元卤代烃、二元卤代烃和多元卤代烃,如 CH_3CH_2Br、$BrCH_2CH_2Br$、CHI_3 和 CCl_4 等。

6.1.2 卤代烃的命名

结构比较简单的卤代烃可用普通命名法命名,以烃为母体,卤素为取代基,称为"卤代某烃",或者按照与卤原子相连的烃基名称命名,称为"某烃基卤"。卤代芳烃则一般以卤素为取代基,芳环为母体命名。例如

氯甲烷(甲基氯)　　氯代异丙烷(异丙基氯)　　氯代环己烷(环己基氯)　　氯乙烯(乙烯基氯)

$CH_3CH=CHBr$ $CH_2=CH-CH_2-Br$ 苯-Br   苯-CH_2Cl

丙烯基溴   烯丙基溴   溴苯   氯化苄(苄基氯)

较复杂的卤代烃用系统命名法命名,其基本要点是以相应的烃为母体,把卤素作为取代基,命名法则与烃类的命名法则相似。例如,对于饱和卤代烃,①一般以含有卤原子所连碳在内的最长碳链为主链,卤原子和其他取代基同等看待;②碳原子编号一般从离取代基较近的一端开始,按最低序列原则进行编号;③取代基的先后顺序按顺序规则,较优的原子或基团后列出。卤代环烷烃一般以脂环烃为母体,卤原子及支链均看作是它的取代基。例如

$CH_3CH_2CH_2CHCH_3$ $CH_3-CH-CH_2-\underset{\underset{CH_3}{|}}{\overset{\overset{Cl}{|}}{C}}-CH-CH_3$ 环己烷-CH_3,Cl
       |
       CH_2Cl Br   Cl

2-乙基-1-氯戊烷   2-甲基-3,3-二氯-5-溴己烷   1-甲基-4-氯环己烷

对于不饱和卤代烃,将含有卤素和不饱和键的最长碳链作为主链,但编号时要使不饱和键位次最小;对于卤代芳烃,选用芳香烃为母体,卤原子为取代基命名。例如

$CH_3C=CHCHCH_3$ $CH\equiv CCH_2CHCH_3$
     | | | |
   CH_3 Cl CH_3 Br

2,5-二甲基-4-氯-2-己烯   4-溴-1-戊炔

4-异丙基-2-溴甲苯   4-甲基-3-溴环己烯

思考题 6-1

用系统命名法命名下列化合物。

(1) $CH_3-\underset{\underset{CH_3}{|}}{CH}-\underset{\underset{Cl}{|}}{CH}-\underset{\underset{Br}{|}}{CH}-C(CH_3)_3$

(2) $\underset{\underset{CH_2CH_3}{|}}{\overset{\overset{CH_3}{|}}{C}}(Cl)(Br)$

(3) 环己基-CH_2CH_2Cl

(4) 苯-$CH=CHCH_2CH_2Br$

(5) $Cl-\bigcirc-CH_2Cl$

(6) 环戊烷上带 Cl, CH_3, H 取代基

6.2 卤代烃的物理性质

表 6-1 列出了部分卤代烃的主要物理常数。

表 6-1 部分卤代烃的物理常数

卤代烃	RCl		RBr		RI	
	沸点/℃	相对密度(20 ℃)	沸点/℃	相对密度(20 ℃)	沸点/℃	相对密度(20 ℃)
CH_3X	−24.2	0.916	3.6	1.676	42.4	2.279
CH_3CH_2X	12.3	0.898	38.4	1.440	72.3	1.933

续表

卤代烃	RCl		RBr		RI	
	沸点/℃	相对密度(20 ℃)	沸点/℃	相对密度(20 ℃)	沸点/℃	相对密度(20 ℃)
$CH_3CH_2CH_2X$	46.6	0.890	71.0	1.335	102.5	1.747
$CH_3CH_2CH_2CH_2X$	78.4	0.884	101.6	1.276	130.5	1.617
$(CH_3)_2CHX$	35.7	0.862	59.4	1.223	89.5	1.705
$(CH_3)_2CHCH_2X$	68.9	0.875	91.5	1.310	120.4	1.605
$CH_3CH_2CH(X)CH_3$	68.3	0.873	91.2	1.258	120	1.595
$(CH_3)_3CX$	52	0.842	73.2	1.222	100(分解)	1.545
⌬—X	143	1.000	166.2	1.336	180(分解)	1.624
$CH_2=CHX$	−14	0.911	16	1.493	56	2.037
$CH_2=CHCH_2X$	45	0.938	71	1.398	103	1.83
⌬—X	132	1.106	156	1.495	188.5	1.832
⌬—CH_2X	179	1.102	198	1.438	218	1.734
CH_2X_2	40	1.336	99	2.49	180(分解)	3.33
CHX_3	61	1.489	151	2.890	210(分解)	4.01
CX_4	77	1.595	189.5	3.42	升华	4.32
XCH_2CH_2X	83.5	1.256	131	2.180	200(分解)	2.13

常温常压下，氯甲烷、氯乙烷、溴甲烷、氯乙烯和溴乙烯是气体，其余常见的一元卤代烃均为液体，十五个碳原子以上的卤代烃是固体。纯净的卤代烃通常是无色的，但溴代烃和碘代烃长期放置会因分解产生游离碘和溴而有颜色，尤其是碘代烃。

卤代烃的沸点均高于相应的烷烃，这是因为卤原子取代烃分子中的氢后，相对分子质量和分子极性都增大，从而导致分子间作用力增大。卤代烃的沸点随碳原子数的增加而升高。在卤素相同的各同分异构体中，直链异构体沸点最高，支链越多，沸点越低。在烃基相同的卤代烃中，从氟代烃到碘代烃沸点依次升高。

卤代烃虽有一定的极性，但由于它们不能和水形成氢键，因此卤代烃都不溶于水，而溶于烃、醇、醚等多种有机溶剂，某些卤代烃本身就是良好的有机溶剂，如二氯甲烷、氯仿和四氯化碳等。

由于卤原子比较重，因此卤代烃的相对密度均大于相应的烃。一氯代烷烃和一氟代烷烃的相对密度小于1，溴代烃、碘代烃及多卤代烃的相对密度都大于1。

卤代烃分子中，随着卤原子数目的增多，可燃性降低，如 CCl_4 曾用作灭火剂，但它在高温时遇水分解产生剧毒的光气，故现已不用。卤代烃有毒性，经皮肤吸收后会损害神经中枢或作用于内脏器官而引起中毒，因此要尽可能防止吸入卤代烃蒸气。卤代烃在铜丝上燃烧时会产生绿色火焰，可作为鉴定卤代烃的简易方法（氟代烃例外）。

6.3　卤代烃的化学性质

卤代烃分子中，由于卤素原子的电负性较大，C—X 键是极性共价键，在一定条件下能发生多种化学反应，转变为其他有机化合物，故卤代烃及其衍生物是一类重要的活性化合物。

6.3.1 取代反应

卤原子电负性比碳原子大，卤原子吸引电子使成键电子云偏向卤原子，$\overset{\delta+}{C} \rightarrow \overset{\delta-}{X}$。因此，与卤原子相连的碳原子是缺电子中心，容易受到带有负电荷或未共用电子对的亲核试剂（nucleophile，常用 Nu^- 或 $Nu:$ 表示）进攻，卤原子则带着 C—X 键中的一对键合电子以 X^- 形式离去，称为离去基团（leaving group，常用 L 表示）。C—X 键断裂并发生亲核取代反应（nucleophilic substitution reaction），常用 S_N 表示，可表示如下：

$$-\overset{|}{\underset{|}{C}}-\overset{\delta-}{X} + \underset{\text{亲核试剂}}{Nu^-} \longrightarrow -\overset{|}{\underset{|}{C}}-Nu + \underset{\text{离去基团}}{X^-}$$

卤代烃能与许多试剂反应，常见的亲核试剂有：OH^-，RO^-，CN^-，NH_3，$^-ONO_2$ 等。

$$R-X + \begin{cases} NaOH \xrightarrow{\text{水溶液}} R-OH + NaX & \text{（水解）} \\ NaOR' \longrightarrow R-O-R' + NaX & \text{（醇解）} \\ NaCN \xrightarrow{\text{醇溶液}} R-CN + NaX & \text{（氰解）} \\ NH_3 \longrightarrow R-NH_2 + HX & \text{（氨解）} \\ AgNO_3 \xrightarrow{\text{醇溶液}} \underset{\text{硝酸酯}}{R-ONO_2} + AgX \downarrow \end{cases}$$

卤代烃水解是制备结构较复杂的醇的一种方法。一般情况下，都是由醇制卤代烃，但在合成结构较复杂的醇时，分子中引入一个羟基比引入卤原子困难，所以在合成中往往先导入卤原子。例如

$$CH_2=C(CH_3)_2 \xrightarrow[ROOR']{NBS} CH_2=\underset{\underset{CH_3}{|}}{C}CH_2Br \xrightarrow[Ag_2O]{H_2O} CH_2=\underset{\underset{CH_3}{|}}{C}CH_2OH$$

卤代烃与氰化钠（或氰化钾）的醇溶液反应生成腈，分子中增加了一个碳原子，这是有机合成中增长碳链的方法之一。腈在酸性条件下可进一步水解生成羧酸。

$$RCN \xrightarrow{H_2O/H^+} \underset{\text{羧酸}}{RCOOH} + NH_4^+$$

卤代烃与硝酸银的乙醇溶液反应，卤原子被取代并生成卤化银沉淀。该反应现象明显，可用于卤代烃的鉴别。当烃基结构相同而卤素不同时，其反应活性顺序为 RI＞RBr＞RCl，且生成的卤化银沉淀颜色不同；当卤原子相同而烃基结构不同时，其反应活性也不同，烯丙基型卤代烃、苄基型卤代烃及叔卤代烃在室温下立即与硝酸银醇溶液反应生成卤化银沉淀，伯、仲卤代烷加热才能与硝酸银醇溶液反应生成卤化银沉淀，乙烯型及芳基型卤代烃即使加热也不与硝酸银醇溶液反应。因此，可通过反应生成卤化银沉淀的快慢和颜色的不同鉴别不同结构的卤代烃。

6.3.2 消除反应

在卤代烃分子中，由于卤原子吸电子诱导效应的影响，不仅 α-碳原子带有部分正电荷，β-

碳原子也受到一定的影响而带有更少量的正电荷,因此 β-C—H 键上的电子云偏向碳原子,使得 β-氢原子比较活泼。因此,卤代烷在氢氧化钠(钾)的醇溶液中加热,可以从分子中脱去一分子卤化氢而生成烯烃。这种从分子中脱去一个简单分子(如 H_2O、HX、NH_3 等)同时形成不饱和双键的反应称为消除反应(elimination reaction),用 E 表示。反应中卤代烷分子中的卤原子和 β-氢原子同时消去,生成烯烃,所以此反应称为 β-消除反应。β-消除反应是制备烯烃的重要方法之一。

$$R-\overset{\beta}{C}H-\overset{\alpha}{C}H_2 + NaOH \xrightarrow[\triangle]{C_2H_5OH} R-CH=CH_2 + NaX + H_2O$$
$$\quad\;\; |\;\;\;\; |$$
$$\quad\;\; H\;\; X$$

与伯卤代烃不同,仲卤代烃和叔卤代烃中可能有多种不同的 β-氢原子供消除,但主要消除含氢较少的 β-碳原子上的氢原子,或者生成双键碳原子上连有较多取代基的烯烃。该经验规律是 1875 年俄国化学家札依采夫(Saytzeff)在大量实验的基础上提出的卤代烃消除反应的取向规律,因此又称札依采夫规则。例如

$$CH_3CH_2\underset{|}{C}HCH_3 \xrightarrow[\triangle]{KOH/C_2H_5OH} CH_3CH=CHCH_3 + CH_3CH_2CH=CH_2$$
$$\quad\;\; Br \qquad\qquad\qquad\qquad\;\; 2\text{-丁烯}(81\%) \qquad 1\text{-丁烯}(19\%)$$

不同种类的卤代烃在相同条件下发生消除反应的活泼性不同,叔卤代烃最容易脱去卤化氢,仲卤代烃次之,伯卤代烃最难。

卤代烯烃或 β-碳原子上连有苯环的卤代烃进行消除反应时,总是倾向于生成稳定的共轭烯烃。例如

$$\text{C}_6\text{H}_5-CH_2\underset{\underset{Cl}{|}}{C}HCH_2CH_3 \xrightarrow[\triangle]{KOH/C_2H_5OH} \text{C}_6\text{H}_5-CH=CHCH_2CH_3$$

6.3.3 与金属的反应

卤代烃的另一个重要性质是能与某些活泼金属(如 Na、Mg、Al、Li 等)发生反应,生成金属原子与碳原子直接相连的一类化合物,称为金属有机化合物(organometallic compound),其中最重要的是有机镁化合物(organomagnesium compound)。法国科学家格利雅(V. Grignard)于 1901 年首次发现,卤代烃和金属镁在无水乙醚(也称干醚)中可生成烃基卤化镁,并在有机合成中得到广泛应用。此试剂又称格利雅试剂,简称格氏试剂,格利雅也因此获得 1912 年诺贝尔化学奖。

$$RX + Mg \xrightarrow{\text{无水乙醚}} RMgX$$

由于格氏试剂中的 C—Mg 键是一个极性很强的共价键,其碳原子带部分负电荷,金属镁带部分正电荷,因此其性质极为活泼,能与许多含有活泼氢的化合物(如水、醇、酸、胺等)、含极性双键的化合物(如醛、酮、酯、二氧化碳等)和环氧化合物等反应,生成烃、醇或羧酸类化合物,格氏试剂在有机合成上用途极广。

$$\overset{\delta-}{R}-\overset{\delta+}{MgX} + H-OH \longrightarrow RH + Mg(OH)X$$

$$RMgX + CO_2 \xrightarrow{\text{无水乙醚}} R\overset{O}{\underset{\|}{C}}-OMgX \xrightarrow{H_2O} R\overset{O}{\underset{\|}{C}}-OH$$

在制备和使用格氏试剂时都必须用无水溶剂和绝对干燥的容器,操作要采取隔绝空气和二氧化碳的措施,最好在氮气保护下进行。苯基卤化镁和乙烯基卤化镁的制备需要在四氢呋喃中进行。

$$C_6H_5-Cl + Mg \xrightarrow{\text{四氢呋喃}} C_6H_5-MgCl$$

思考题 6-2

1. 写出异丁基溴分别与下列试剂反应的主要产物。
(1) KOH/H_2O (2) $CH_3CH_2ONa/乙醇$ (3) ①$NaCN$;②H_2O/H^+
(4) $AgNO_3/乙醇$ (5) NH_3

2. 写出下列化合物进行消除反应的主要产物。

(1) $CH_3CHBrCH_2CH_2CHBrCH_3$ (2) $CH_3-CH_2-\underset{CH(CH_3)_2}{\underset{|}{\overset{CH_3}{\overset{|}{C}}}}-Br$

(3) 1-甲基-2-溴环己烷 (4) $C_6H_5-CH=CH-CH_2-\underset{Cl}{\underset{|}{C}H}-CH(CH_3)_2$

3. 利用格氏试剂由 $CH_3CH_2CH_2Cl$ 制备 $(CH_3)_2CHCOOH$。

6.3.4 卤代烃的两种反应机理

1. 亲核取代反应机理

卤代烃的亲核取代反应是一类重要反应。化学动力学的研究及许多实验表明,卤代烃的亲核取代反应是按两种机理进行的,即单分子亲核取代反应(S_N1 反应)和双分子亲核取代反应(S_N2 反应)。亲核取代反应机理可以用一卤代烷的水解为例来说明。

1) 单分子亲核取代反应

实验发现,叔丁基溴在碱性溶液中的水解反应,其反应速率仅与反应物叔丁基溴的浓度有关,而与碱的浓度无关,在动力学上属于一级反应。

$$(CH_3)_3C-Br + OH^- \longrightarrow (CH_3)_3C-OH + Br^-$$
$$v=k[(CH_3)_3CBr]$$

这表明只有叔丁基溴参与了反应速率的控制步骤。研究表明,叔丁基溴的水解反应是分两步进行的,第一步是 C—Br 键先异裂生成碳正离子中间体;第二步是碳正离子与亲核试剂 OH^- 结合生成水解产物。

第一步 $CH_3-\underset{CH_3}{\underset{|}{\overset{CH_3}{\overset{|}{C}}}}-Br \underset{}{\overset{慢}{\rightleftharpoons}} CH_3-\underset{CH_3}{\underset{|}{\overset{CH_3}{\overset{|}{C^+}}}} + Br^-$

第二步 $CH_3-\underset{CH_3}{\underset{|}{\overset{CH_3}{\overset{|}{C^+}}}} + OH^- \overset{快}{\rightleftharpoons} CH_3-\underset{CH_3}{\underset{|}{\overset{CH_3}{\overset{|}{C}}}}-OH$

第一步中 C—Br 键解离成离子需要较高的能量,故这一步是慢反应;第二步中叔丁基正离子的活性很高,与 OH^- 的结合只需要很少的能量,这一步是快步骤,因此第一步是决定整个反应速率的步骤。由于这一步骤只有反应物卤代烷参加,而与亲核试剂(OH^-)无关,所以按此机理进行的反应称为单分子亲核取代反应,用符号 S_N1 表示。

S_N1 反应中,决定反应速率的步骤是卤代烃的 C—X 键断裂形成碳正离子,碳正离子越稳定,也就越容易生成。碳正离子的稳定性顺序为:叔碳正离子>仲碳正离子>伯碳正离子>甲基碳正离子。因此,卤代烷发生 S_N1 反应的速率(活性)为:叔卤代烷>仲卤代烷>伯卤代烷>卤甲烷。

由于 S_N1 反应第一步生成的碳正离子具有平面构型(带正电荷的碳原子为 sp^2 杂化),因此第二步中亲核试剂从平面两侧进攻的概率相等。若 α-碳原子为手性碳原子,则生成的取代产物为一对等量的对映体。这种化学反应过程称为外消旋化,这是 S_N1 反应的立体化学特征。

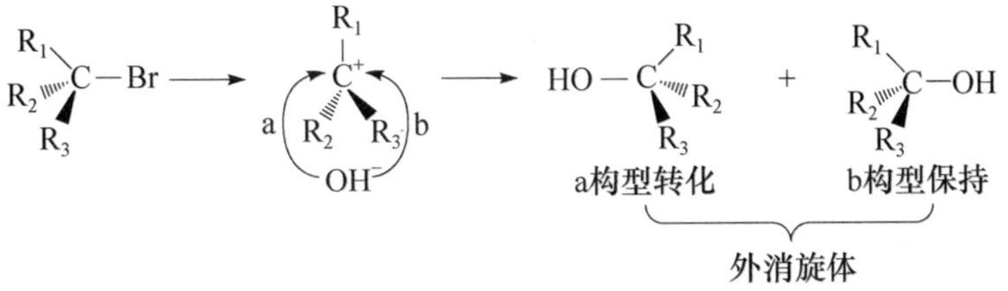

S_N1 反应的另一个特点是因其经过碳正离子中间体,故反应中常伴有重排反应发生。例如

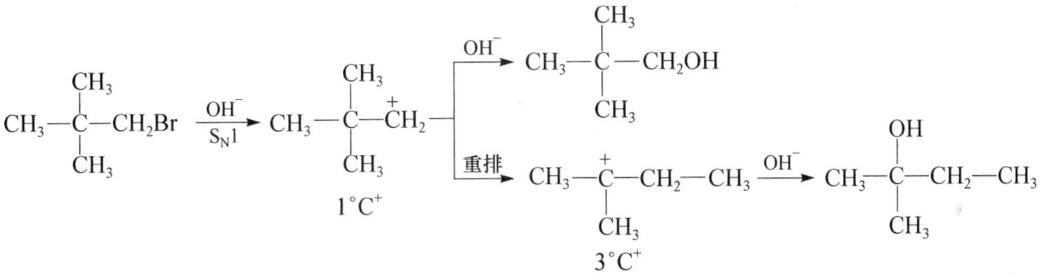

2) 双分子亲核取代反应

实验发现,溴甲烷在碱性溶液中的水解反应,其反应速率与反应物溴甲烷和碱的浓度成正比,在动力学上属于二级反应。

$$CH_3Br + OH^- \longrightarrow CH_3OH + Br^-$$
$$v=k[CH_3Br][OH^-]$$

这表明溴甲烷和 OH^- 都参与了反应速率的控制步骤。研究表明,溴甲烷的水解反应只有一步,此反应过程中,在离去基团溴原子离开中心碳原子的同时,亲核试剂 OH^- 也与中心碳原子发生部分键合,即 C—Br 键的断裂和 C—O 键的形成是同时进行的,反应无中间体生成,经过一个不稳定的"过渡态"。

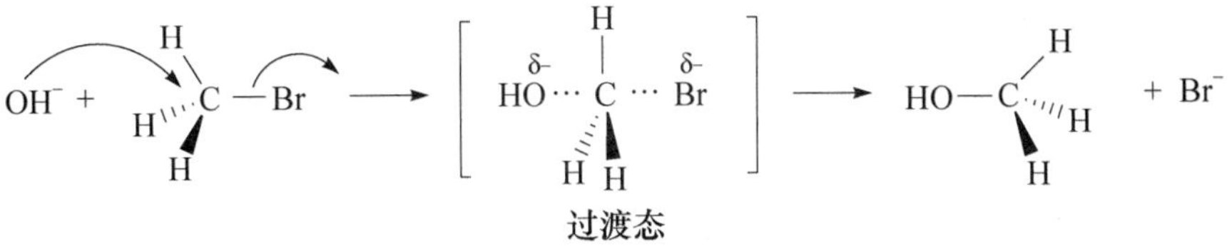

由于反应速率由反应物卤代烷和亲核试剂(OH^-)两个分子的浓度决定,所以按此机理进行的反应称为双分子亲核取代反应,用符号 S_N2 表示。

S_N2 反应中,中心碳原子上连接的烷基越多,碳原子的电子云密度越大,亲核试剂进攻的空间位阻也越大,会导致反应活性越低,故卤代烷发生 S_N2 反应的速率(活性)为:卤甲烷>伯卤代烷>仲卤代烷>叔卤代烷。

在形成过渡态时,通常认为亲核试剂 OH^- 是从离去基团溴原子的背面沿着 C—Br 键的轴线进攻中心碳原子的。因为 OH^- 带负电荷,从背面进攻可以避开电子云密度较大的溴原子,并且受溴原子的空间效应影响也较小。当 OH^- 向中心碳原子靠近到一定程度时,逐渐形成一个很微弱的 C—O 键(以虚线表示),同时 C—Br 键逐渐伸长变弱,但还没有完全断裂(也以虚线表示)。此时,甲基上的三个氢原子向着卤原子的方向逐渐偏转到与碳原子在同一平面上,中心碳原子也同时由 sp^3 杂化转变为 sp^2 杂化,羟基、卤原子分别与中心碳原子另一个 p 轨道的两头相互结合,使三者处在垂直于这个平面的一条直线上,形成过渡态。随着反应继续进行,羟基进一步接近中心碳原子,最终形成一个稳定的 C—O 键,而 C—Br 键完全断裂,生成 Br^-,中心碳原子又恢复为 sp^3 杂化态。甲基上的三个氢原子也完全偏转到原来卤原子所在的一方,即所得到产物的构型与原来卤代烷的构型相反,整个取代过程就像雨伞被大风由里向外吹翻转了一样,这种构型转化称为瓦尔登(Walden)翻转,这是 S_N2 反应的立体化学特征。

例如,(S)-(-)-2-溴辛烷水解发生 S_N2 反应得到构型翻转的(R)-(+)-2-辛醇。

$$OH^- + \underset{\substack{(S)-(-)-2-溴辛烷 \\ [\alpha]=-34.6°}}{\overset{C_6H_{13}}{\underset{CH_3}{H\cdots C-Br}}} \xrightarrow{S_N2} \underset{\substack{(R)-(+)-2-辛醇 \\ [\alpha]=+9.9°}}{\overset{C_6H_{13}}{\underset{CH_3}{HO-C\cdots H}}} + Br^-$$

卤代烷的亲核取代反应既可按 S_N1 也可按 S_N2 机理进行,两种机理是同时存在和相互竞争的,但究竟按何种机理进行,则受卤代烷的结构、亲核试剂的浓度、溶剂的极性及离去基团等诸多因素的影响。从上述对两种机理的讨论可以看出,卤代烃的结构对反应按何种机理进行有很大影响,综合电子效应和空间位阻的结果,叔卤代烷主要按 S_N1 机理进行,伯卤代烷主要按 S_N2 机理进行,而仲卤代烷既可以按 S_N1 也可以按 S_N2 机理进行。

思考题 6-3

1. 卤代烷与 NaOH 在水溶液中反应,下列哪些是 S_N1 机理?哪些是 S_N2 机理?
   (1) 产物发生瓦尔登翻转　　　　　　　(2) 增加 NaOH 的浓度反应速率加快
   (3) 叔卤代烷的反应速率大于仲卤代烷　(4) 有重排反应
   (5) 反应只有一步　　　　　　　　　　(6) 反应速率与亲核试剂的浓度有直接关系

2. 比较下列化合物进行 S_N1 反应的反应速率。
   2-甲基-2-溴丁烷　　　2-溴戊烷　　　1-溴戊烷

3. 分别写出下列反应按 S_N1 机理及 S_N2 机理进行的产物(用构型表示)。

   (1) $\underset{(R)-2-溴丁烷}{\overset{H}{\underset{CH_3}{C_2H_5-C-Br}}} \xrightarrow[H_2O]{NaOH}$

   (2) 顺-1-甲基-3-溴环己烷 $\xrightarrow[H_2O]{NaOH}$

4. 比较下列化合物进行 S_N2 反应的反应速率。

   CH_3Br　　CH_3CH_2Br　　$CH_3CH_2CH_2Br$　　$CH_3\underset{CH_3}{CH}CH_2Br$　　$CH_3\underset{CH_3}{\overset{CH_3}{C}}CH_2Br$

2. 消除反应机理

消除反应与亲核取代反应相似，也表现出两种不同的动力学过程，即存在两种反应机理：单分子消除(E1)反应机理和双分子消除(E2)反应机理。

1) 单分子消除反应机理

E1 反应也是分两步进行的，第一步是 C—Br 键先异裂生成碳正离子中间体，第二步是亲核试剂 OH^- 进攻 β-氢原子发生消除反应生成烯烃。例如

$$第一步 \quad CH_3-\underset{\underset{CH_3}{|}}{\overset{\overset{CH_3}{|}}{C}}-Br \xrightleftharpoons{慢} CH_3-\underset{\underset{CH_3}{|}}{\overset{\overset{CH_3}{|}}{C^+}} + Br^-$$

$$第二步 \quad CH_3-\underset{\underset{CH_2-H}{|}}{\overset{\overset{CH_3}{|}}{C^+}} \quad OH^- \xrightleftharpoons{快} CH_3-\overset{\overset{CH_3}{|}}{C}=CH_2 + H_2O$$

上述反应第一步是慢反应，是决定整个反应速率的步骤，即反应速率只取决于卤代烷的浓度，因此这种反应机理称为单分子消除反应机理。

由于 E1 和 S_N1 反应机理相似，也涉及碳正离子中间体的生成，因此 E1 反应的活性顺序也和 S_N1 反应的活性顺序相同：叔卤代烷＞仲卤代烷＞伯卤代烷，并且 E1 反应机理中也常发生重排反应。例如

$$CH_3-\underset{\underset{CH_3}{|}}{\overset{\overset{CH_3}{|}}{C}}-CH_2Br \xrightarrow{NaOH}{醇} CH_3-\underset{\underset{CH_3}{|}}{\overset{\overset{CH_3}{|}}{C}}-\overset{+}{C}H_2 \xrightarrow{重排} CH_3-\overset{+}{\underset{\underset{CH_3}{|}}{C}}-CH_2-CH_3 \xrightarrow[-H^+]{NaOH,醇} CH_3-\underset{\underset{CH_3}{|}}{\overset{}{C}}=CH-CH_3$$

$$1°C^+ \qquad\qquad 3°C^+$$

E1 和 S_N1 是一对竞争性反应，两种反应常互相伴随发生。

2) 双分子消除反应机理

E2 反应和 S_N2 反应有相似的机理，反应也是一步完成的，两者都需要经历一个过渡态，新键的形成和旧键的断裂同时进行。与 S_N2 反应不同的是，E2 反应是亲核试剂 OH^- 进攻 β-氢原子发生消除反应生成烯烃。例如

$$\underset{}{OH^-} \overset{H}{\underset{}{|}} \quad CH_3-\underset{\beta}{CH}-\underset{\underset{Br}{|}}{CH_2} \longrightarrow \left[CH_3-\underset{\underset{Br^{\delta-}}{|}}{\overset{\overset{HO\cdots H}{\delta-}}{CH\cdots CH_2}} \right] \longrightarrow CH_3CH=CH_2 + H_2O + Br^-$$

过渡态

由于反应速率取决于卤代烷和碱两者的浓度，因此这种反应机理称为双分子消除反应机理。

E2 反应中，亲核试剂 OH^- 进攻 β-氢原子而不是 α-碳原子，因此不存在 S_N2 反应中的空间障碍，反而烷基支链越多，β-氢原子个数越多，越有利于 OH^- 的进攻，并且生成的烯烃也越稳定。因此，E2 反应的活性顺序为：叔卤代烷＞仲卤代烷＞伯卤代烷。

亲核试剂进攻 β-氢原子后，C—H 键和 α-碳原子上的 C—Br 键逐渐断裂，在 α，β-碳之间形成双键。实验证明，在 E2 反应中主要采取的是反式共平面的消除方式形成双键，这是因为当 β-氢和离去基团处在反式共平面的位置(β-氢和离去基团处于对位交叉式构象)时，两者相距

最远,从而避免了进攻的亲核试剂与离去基团的干扰;同时又有利于 p 轨道尽可能最大限度地从侧面重叠,从而有助于双键的形成。例如,1,2-二苯基-1-溴丙烷的两种异构体在氢氧化钠的醇溶液中发生 E2 反应,分别得到不同构型的烯烃产物。

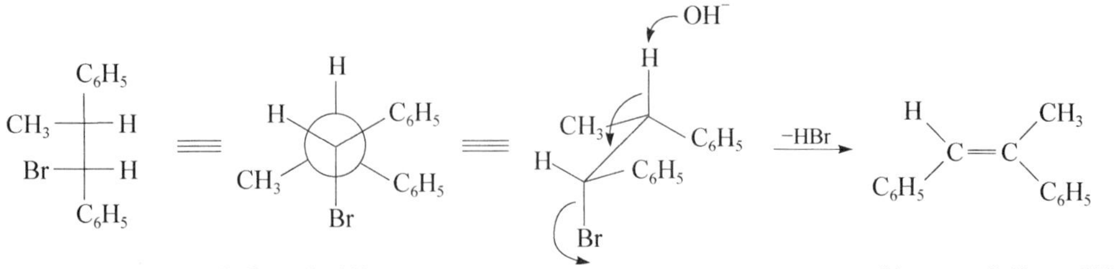

(1R,2R)-1,2-二苯基-1-溴丙烷 → 顺-1,2-二苯基-1-丙烯

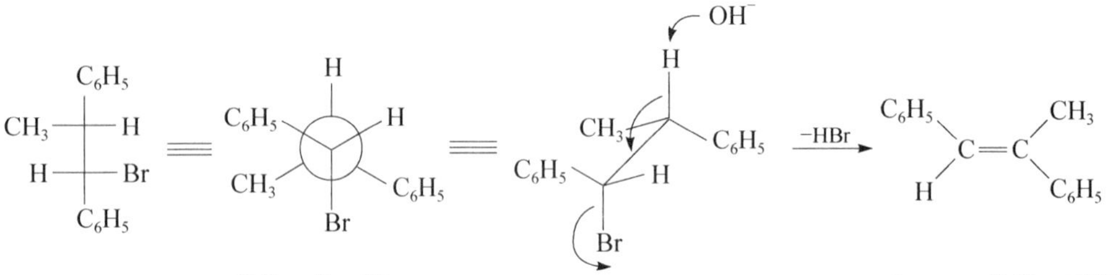

(1S,2R)-1,2-二苯基-1-溴丙烷 → 反-1,2-二苯基-1-丙烯

在有两种 β-氢的情况下,根据札依采夫规则,生成的主要产物为稳定性好的烯烃,消除方式仍为反式共平面消除。反式共平面消除为 E2 反应的立体化学特征,但一般情况下,E1 反应在立体化学上是没有立体选择性的。

E2 和 S_N2 是一对竞争性反应,两种反应常互相伴随发生。

思考题 6-4

1. 比较下列化合物在浓 NaOH 的醇溶液中分别按 E1 机理和 E2 机理进行消除反应的反应活性。

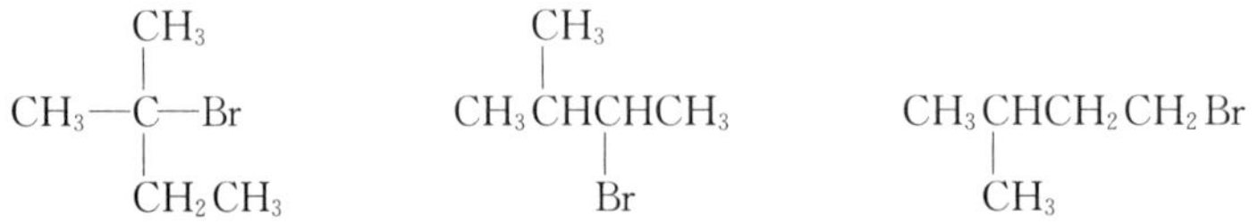

$$CH_3-\underset{\underset{CH_2CH_3}{|}}{\overset{\overset{CH_3}{|}}{C}}-Br \qquad CH_3\underset{\underset{Br}{|}}{\overset{\overset{CH_3}{|}}{CH}}CHCH_3 \qquad CH_3CHCH_2CH_2Br \quad (CH_3)$$

2. (3R,4S)-3-甲基-4-溴己烷和(3S,4S)-3-甲基-4-溴己烷在浓 NaOH 的醇溶液中进行 E2 反应时,按反式共平面的消除方式各生成什么产物(提示:利用构象式考虑)?

3. 亲核取代反应和消除反应的关系

亲核取代反应和消除反应都是由同一碱性亲核试剂的进攻引起的,进攻 α-碳原子就引起亲核取代,进攻 β-氢原子就引起消除。因此,取代和消除是同时存在的竞争性反应。究竟以何者为主,取决于烃基的结构、亲核试剂的碱性强弱、溶剂的极性和反应温度等诸多因素,掌握反应规律,控制反应条件,可使某一反应为主。

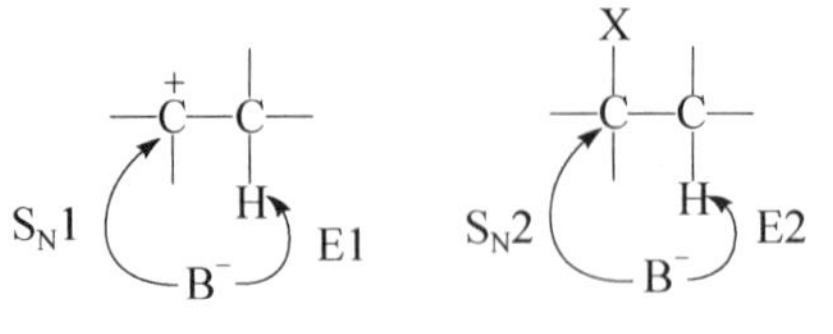

(B^- 为碱性亲核试剂)

(1) 卤代烃的结构。对不同卤代烷而言,其取代和消除的倾向为

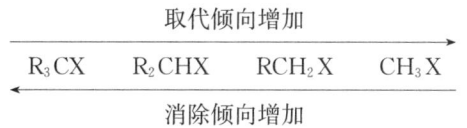

这主要是受烃基空间因素的影响。卤代烷 α-碳原子上支链越多,亲核试剂进攻 α-碳原子的空间位阻越大,不利于取代反应;而进攻 β-氢原子的概率却越大,有利于消除反应。

(2) 亲核试剂的性质。因为在消除反应中,亲核试剂将 β-氢原子以质子的形式除去,需要较强的碱,故亲核试剂碱性越强,浓度越高,对消除反应越有利,反之则对取代反应有利。

(3) 溶剂的性质。增加溶剂的极性,有利于取代反应,而不利于消除反应。因此,取代反应常用 NaOH(或 KOH)的水溶液,而消除反应常用 NaOH(或 KOH)的醇溶液。

(4) 反应温度的影响。虽然升高温度对取代和消除反应都有利,但消除反应中 C—H 键断裂的活化能较高,因此升高温度通常更有利于消除反应。

思考题 6-5

1. 预测在双分子反应条件下,下列各组化合物中哪个会产生较多的消除产物。
   (1) 溴乙烷和 1-溴丙烷
   (2) 1-溴丙烷和 2-溴丙烷
   (3) 正丁基溴和异丁基溴
   (4) 异丁基溴和叔丁基溴
2. 叔丁基溴在乙醇溶液中进行消除反应,加入乙醇钠后消除产物是增加还是减少?
3. 2-溴丙烷和碱在乙醇和水的混合溶液中反应,若增加水的含量,消除产物会增加还是取代产物会增加?

6.3.5 不饱和卤代烃结构与化学活性的关系

与卤代烷的结构相比,不饱和卤代烃和卤代芳烃虽然也是由卤原子和烃基两部分组成的,但后者的烃基中含有碳碳双键官能团或闭合共轭体系的芳环。根据卤原子与双键或芳环的相对位置不同,不饱和卤代烃和卤代芳烃有三种类型的结构特征。

(1) 乙烯型和芳基型卤代烃。这类卤代烃的结构特点是卤原子与不饱和碳原子直接相连。例如

$$CH_2=CHCl \qquad CH_3CH_2CH=CHCl \qquad \text{C}_6\text{H}_5\text{—Cl}$$

(2) 烯丙基型和苄基型卤代烃。这类卤代烃的结构特点是卤原子与不饱和碳原子之间相隔一个饱和碳原子。例如

$$CH_2=CHCH_2Cl \qquad \text{C}_6\text{H}_5\text{—Br} \qquad \text{C}_6\text{H}_5\text{—CH}_2\text{Cl} \qquad \text{C}_6\text{H}_5\text{—CH(Cl)CH}_3$$

(3) 隔离型不饱和卤代烃和卤代芳烃。这类卤代烃的结构特点是卤原子与不饱和碳原子之间相隔两个或两个以上饱和碳原子。例如

$$CH_2=CHCH_2CH_2Cl \qquad \text{C}_6\text{H}_5\text{—Cl} \qquad \text{C}_6\text{H}_5\text{—CH}_2\text{CH}_2\text{Br} \qquad \text{C}_6\text{H}_5\text{—CH}_2\text{—(CH}_2)_n\text{—X}$$
$$(n \geqslant 1)$$

上述三类不饱和卤代烃和卤代芳烃的化学活泼性差异很大。例如,将它们分别与 $AgNO_3$ 的醇溶液反应,烯丙基型和苄基型卤代烃在室温下立即生成卤化银沉淀,隔离型不饱和卤代烃和卤代芳烃一般要在加热条件下才能生成沉淀,而乙烯型和芳基型卤代烃即使在加热条件下

也不反应,反应的活性顺序为

$$\begin{matrix}烯丙基型卤代烃\\ 苄基型卤代烃\end{matrix} > \begin{matrix}隔离型不饱和卤代烃\\ 隔离型卤代芳烃\end{matrix} > \begin{matrix}乙烯型卤代烃\\ 芳基型卤代烃\end{matrix}$$

实验证明,与其他试剂反应时,活性顺序也是如此。在不饱和卤代烃和卤代芳烃中,由于卤原子与双键或芳环的相对位置不同,它们之间的相互影响不同,表现出化学性质的差异,尤其是卤原子的活性差别较大。

1. 乙烯型和芳基型卤代烃

乙烯型和芳基型卤代烃在结构上相似,均是卤原子与 sp^2 杂化碳原子相连,且卤原子的未共用电子对所在的 p 轨道与碳碳双键或芳环的 π 轨道构成 p-π 共轭体系。如下所示:

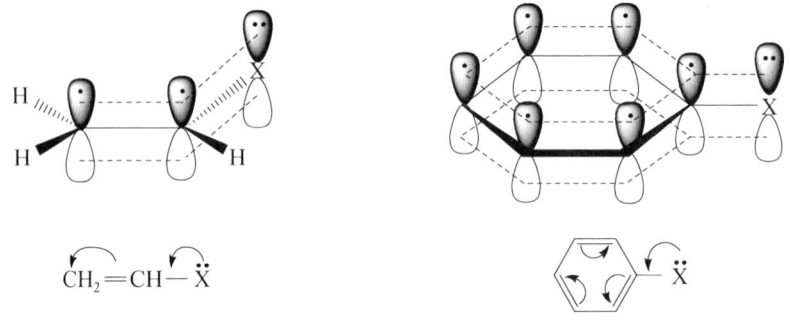

由于 p-π 共轭效应,电子云分布趋于平均化,卤原子上的 p 电子向双键移动,卤原子的电子云密度降低,从而 C—X 键的极性减小;并且随着 C—X 键间电子云密度增大,键长缩短,键稳定性增加,C—X 键难以断裂。因此,乙烯型和芳基型卤代烃中卤原子的反应活性很低,通常不与 NaOH、C_2H_5ONa、NaCN 等亲核试剂发生取代反应,与硝酸银的醇溶液共热也不产生卤化银沉淀。例如,氯苯只有在高温、高压和催化剂存在下才发生水解反应。

$$\text{C}_6\text{H}_5\text{—Cl} + \text{NaOH} \xrightarrow{300\ ℃,\ 1.52\ \text{MPa}} \text{C}_6\text{H}_5\text{—ONa} + \text{NaCl} + \text{H}_2\text{O}$$

p-π 共轭效应也表现在乙烯型卤代烃的双键和 HX 加成的方向上。例如,氯乙烯和 HCl 加成的主要产物是偕二卤化物,说明主导反应方向的是 p-π 共轭效应,而并非是氯原子的诱导效应。

$$\overset{\delta-}{CH_2}=\overset{\delta+}{CH}—\ddot{Cl} + HCl \longrightarrow CH_3—\underset{\underset{Cl}{|}}{CH}—Cl$$

2. 烯丙基型和苄基型卤代烃

烯丙基型和苄基型卤代烃的特点是,卤素和双键碳原子之间隔一个饱和碳原子,一般认为,烯丙基型和苄基型卤代烃无论对 S_N1 或 S_N2 机理来说,卤原子的活性都较强,容易发生取代反应。

对 S_N1 机理来说,卤原子解离后形成的烯丙基正离子和苄基正离子可以形成 p-π 共轭体系,使正电荷得到分散,碳正离子中间体趋于稳定。因此,烯丙基型和苄基型卤代烃比较容易解离形成碳正离子,从而有利于 S_N1 反应的发生。

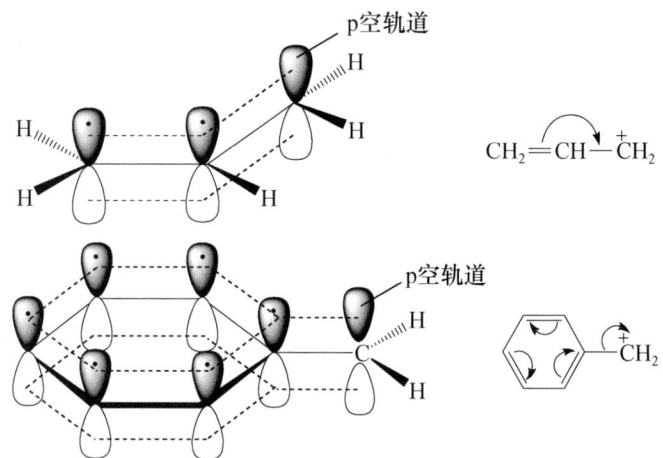

对 S_N2 机理来说,由于 α-碳相邻 π 键的存在,可以和过渡态电子云交盖,使过渡态能量降低,从而也有利于 S_N2 反应的进行。

$$\left[\begin{array}{c} Nu \\ CH_2=CH-CH_2 \\ X \end{array} \right] \qquad \left[\begin{array}{c} Nu \\ C_6H_5-CH_2 \\ X \end{array} \right]$$

3. 隔离型不饱和卤代烃和卤代芳烃

这类卤代烃的特点是卤原子和双键相隔两个或两个以上饱和碳原子,彼此间相互影响很小,卤原子的活性与卤代烷相似。这类卤代烃也可分为 1°RX、2°RX、3°RX,进行 S_N1 反应时,由于碳正离子的稳定性,反应活性为 3°RX>2°RX>1°RX;进行 S_N2 反应时,由于烃基的空间位阻效应,反应活性为 1°RX>2°RX>3°RX。

隔离型不饱和卤代烃和卤代芳烃与金属镁的反应也与卤代烷相似。

综合上述,不饱和卤代烃在进行取代反应时的活性顺序为

S_N1: 烯丙基型卤代烃/苄基型卤代烃 > 隔离型不饱和卤代烃/隔离型卤代芳烃 > 乙烯型卤代烃/芳基型卤代烃

(3°RX>2°RX>1°RX)

S_N2: 烯丙基型卤代烃/苄基型卤代烃 > 隔离型不饱和卤代烃/隔离型卤代芳烃 > 乙烯型卤代烃/芳基型卤代烃

(1°RX>2°RX>3°RX)

思考题 6-6

1. 比较下列化合物进行取代反应的活性顺序。

$CH_2=CHCH_2Br$ $CH_3CH=CHBr$ $CH_2=CHCHCH_3$ $CH_2=CHCH_2CH_2Br$
$\qquad\qquad\qquad\qquad\qquad\qquad\qquad\qquad\qquad\;\; |$
$\qquad\qquad\qquad\qquad\qquad\qquad\qquad\qquad\; Br$

2. 用化学方法鉴别下列化合物。

$CH_3-C_6H_4-Cl$ $C_6H_5-CHCl-CH_3$ $C_6H_5-CHCH_2Cl$
$\qquad\qquad\qquad\qquad\qquad\qquad\qquad\qquad\qquad\; |$
$\qquad\qquad\qquad\qquad\qquad\qquad\qquad\qquad\; CH_3$

6.3.6 重要的卤代烃类化合物

1. 溴甲烷

溴甲烷(CH_3Br)为无色气体,沸点为 3.5 ℃,微溶于水,易溶于乙醇、乙醚、氯仿、苯、四氯化碳等有机溶剂,不易燃烧。它可作为驱虫用的熏蒸剂,自 20 世纪 40 年代以来一直被各国广泛使用,但它对人、畜有强烈的神经毒性,使用时需谨慎,并且其破坏大气臭氧层的作用很大,因此其应用也受到限制。

2. 氯乙烷

氯乙烷(CH_3CH_2Cl)是一种局部麻醉剂。常温下,氯乙烷为气体,沸点为 12.2 ℃,常装在加压容器中保存,使用时将它喷在皮肤上,迅速气化而引起骤冷,使皮肤局部麻醉,被广泛应用于运动场所。工业上可以由乙烯和氯化氢加成得到氯乙烷。

3. 三氯甲烷

三氯甲烷($CHCl_3$)俗称氯仿,是一种无色而有香甜味的液体,沸点为 61.2℃,不能燃烧,不溶于水,是常用的有机溶剂,能溶解油脂、树脂、生物碱、橡胶、有机玻璃等多种有机物。氯仿具有麻醉作用,曾用作外科手术的麻醉剂,但因其毒副作用较大,现已被淘汰。在光的作用下,氯仿会被空气中的氧气分解成剧毒的光气,因此氯仿一般避光保存于棕色试剂瓶中,并加入 1‰ 乙醇以增加其稳定性,使可能生成的光气转化为无毒的碳酸二乙酯。

$$CHCl_3 \xrightarrow[O_2]{h\nu} HOOCCl_3 \xrightarrow{-HOCl} Cl-\underset{\underset{光气}{\|}}{\overset{O}{C}}-Cl \xrightarrow[-2HCl]{C_2H_5OH} C_2H_5O-\overset{\overset{O}{\|}}{C}-OC_2H_5$$

4. 四氯化碳

四氯化碳(CCl_4)为无色液体,沸点为 76.8℃,不溶于水,是常用的有机溶剂,能溶解脂肪、树脂、油漆、橡胶等多种有机物,因此四氯化碳曾广泛用作干洗剂和去油剂,但它的毒性对肝脏有严重的破坏作用,应拒绝使用。四氯化碳不能燃烧,遇热易挥发,它的蒸气比空气重,使火焰与空气隔绝而熄灭,故可作为常用的灭火剂,且对扑灭油类的燃烧更为适宜。但由于其高温下遇水会生成剧毒的光气,使用时要注意通风。

$$CCl_4 + H_2O \xrightarrow{高温} Cl-\overset{\overset{O}{\|}}{C}-Cl + 2HCl$$

四氯化碳与金属钠在较高温度时能发生猛烈爆炸,因此金属钠着火时不能用它来灭火。

5. 氟利昂

氟利昂(Freon)是一类含氟及氯的烷烃,如 CF_2Cl_2、$CFCl_3$、$CF_2ClCFCl_2$ 等,其中 CF_2Cl_2 是 20 世纪 20 年代合成的,无毒、不燃烧、无腐蚀性,沸点为 -29.8 ℃,是广泛使用的制冷剂。但因其化学性质稳定,在大气中的平均寿命达数百年,并对大气臭氧层有较大破坏作用(科学家估计一个氯原子可以破坏数万个臭氧分子),国际上现已禁止使用,而是采用无氟制冷剂代替氟利昂。氟利昂的商品名常用代号 F_{xxx} 表示,F 表示它是一个氟代烃,右下角的个位数字表示氟原子数,十位数字表示氢原子数加一,百位数字表示碳原子数减一(如果是零可省略)。因此,CF_2Cl_2 商品名为 F_{012} 或 F_{12},$CFCl_3$ 商品名为 F_{011} 或 F_{11},$CF_2ClCFCl_2$ 商品名为 F_{113}。

6. 四氟乙烯

四氟乙烯(C_2F_4)在常温下为无色液体,沸点为 $-76.3\ ℃$,不溶于水,易溶于有机溶剂,在过氧化物引发下,加压可聚合成聚四氟乙烯。

$$n CF_2=CF_2 \xrightarrow[\text{加压}]{\text{聚合}} \text{—}[CF_2\text{—}CF_2]_n\text{—}$$

聚四氟乙烯商品名称为"特氟隆"(Teflon),具有突出的化学稳定性,与浓酸、浓碱和王水等都不发生作用,可在 $-269\sim+250\ ℃$ 温度范围内使用,且机械强度高,常用作工程塑料,在塑料中号称"塑料王"。

7. 二噁英

二噁英(dioxin)是一组无色无味、毒性较大的脂溶性有机氯化物,包含三类结构和理化性质都很相似的众多同类物或异构体,分别是多氯二苯二噁英(PCDD)、多氯二苯并呋喃(PCDF)和多氯联苯(PCB)。目前,已知与二噁英有关的化合物有 400 多种,但其中只有近 30 种被认为具有相当的毒性。二噁英的毒性因氯原子的取代位置不同而有差异,以 2,3,7,8-四氯二苯并二噁英(TCDD)及 1,2,3,7,8-五氯二苯并二噁英(PeCDD)的毒性最大。

2,3,7,8-四氯二苯并二噁英(TCDD)

二噁英之所以引起关注是因其具有非常大的潜在毒性,是氰化物的 130 倍、砒霜的 900 倍。实验证明它们可以损害多种器官和系统,是人类一级致癌物。二噁英性质稳定,在环境中很难自然降解消除,常以微小的颗粒存在于大气、土壤和水中。因其本身化学性质稳定并易于被脂肪组织吸收,二噁英一旦进入人体则会长期积蓄在体内。在环境中,由于二噁英类化合物具有脂溶性,因此容易进行生物累积,聚积在食物链中。

习 题

1. 用系统命名法命名下列化合物。

(1) $CH_3CH_2CHCH_2CH_2CHCH_3$ (with CH_2Cl and CH_3 substituents)

(2) alkene with CH_3, CH_2CH_3, H, CH_2Br substituents

(3) $CH_3C{\equiv}CCH_2CH_2CH_2Cl$

(4) CH_3—⟨benzene⟩—CH_2Cl

(5) cyclohexene with Br and $C(CH_3)_3$

(6) cyclohexane with Br, CH_3, CH_3, Cl

(7) CH_3CH—$CHCH_3$ with phenyl and Br

(8) CH_3, $CH(CH_3)_2$, Cl, Br on chiral carbon

2. 写出下列化合物的结构式。
   (1) 异丙基溴 (2) 3-溴环戊烯 (3) (E)-3-甲基-4-溴-2-戊烯 (4) 4-甲基-5-氯-2-戊炔
   (5) α-苯基碘乙烷 (6) 顺-1-氯-2-溴环己烷 (7) 1,2-二氟-1,2-二氯乙烷 (8) (2S,3S)-2-氯-3-溴丁烷

3. 完成下列反应式。

   (1) $CH_3-CH=C(CH_3)_2 \xrightarrow{HBr} (\quad)$
   - $\xrightarrow[H_2O]{NaOH} (\quad)$
   - $\xrightarrow{NaOC_2H_5} (\quad)$
   - $\xrightarrow{NH_3} (\quad)$
   - $\xrightarrow{NaCN} (\quad) \xrightarrow{H_3O^+} (\quad)$
   - $\xrightarrow[无水乙醚]{Mg} (\quad)$

   (2) $(CH_3)_2CHCHCH_2CH_3 \atop \quad\quad\quad\quad | \atop \quad\quad\quad\quad Cl$ $\xrightarrow[\triangle]{KOH/C_2H_5OH} (\quad) \xrightarrow{HCl} (\quad) \xrightarrow{NaOH/H_2O} (\quad)$

   (3) $CH_3CH=CH_2 \xrightarrow{HBr} (\quad) \xrightarrow{Mg} (\quad) \xrightarrow{CO_2} (\quad) \xrightarrow{H_2O} (\quad)$

   (4) $ClCH=CHCH_2Cl \xrightarrow[C_2H_5OH]{NaCN} (\quad) \xrightarrow{H_3O^+} (\quad)$

   (5) [1-甲基环己烯] $\xrightarrow{Br_2} (\quad) \xrightarrow[\triangle]{NaOH/C_2H_5OH} (\quad)$

   (6) $CH_3CH_2-\text{C}_6\text{H}_4-NO_2 \xrightarrow{Br_2/Fe} (\quad) \xrightarrow[光]{Cl_2} (\quad) \xrightarrow[\triangle]{KOH/C_2H_5OH} (\quad) \xrightarrow[ROOR]{HBr} (\quad)$

   (7) [1,2-二甲基-3-氯环己烷] $\xrightarrow[\triangle]{NaOH/C_2H_5OH} (\quad) \xrightarrow{HBr} (\quad) \xrightarrow[\triangle]{NaOH/C_2H_5OH} (\quad) \xrightarrow[H^+]{KMnO_4} (\quad)$

4. 比较下列化合物进行 S_N1 反应的活性。

   (1) $C_6H_5-CH_2Br$, $C_6H_5-CHCH_3 \atop \quad\quad | \atop \quad\quad Br$, $C_6H_5-CH_2CH_2Br$, C_6H_5-Br

   (2) $CH_3CH=CHCH_2Br$, $CH_3CH_2CHCH_3 \atop \quad\quad\quad | \atop \quad\quad\quad Br$, $CH_3-\underset{\underset{CH_3}{|}}{\overset{\overset{CH_3}{|}}{C}}-Br$, $CH_3CH_2CH_2CH_2Br$, $CH_3CH_2CH=CHBr$

5. 比较下列化合物进行 S_N2 反应的活性。

   (1) $CH_3CH_2CH_2CH_2Br$, $CH_3CH_2CHCH_2Br \atop \quad\quad\quad | \atop \quad\quad\quad CH_3$, $CH_3-\underset{\underset{CH_3}{|}}{\overset{\overset{CH_3}{|}}{C}}-CH_2Br$

   (2) [环戊基]$-\underset{\underset{Br}{|}}{\overset{\overset{CH_3}{|}}{C}}CHCH_3$, [环戊基]$-CH_2Br$, [环戊基]$-\underset{\underset{Br}{|}}{C}HCH_2CH_3$

6. 用简单的化学方法鉴别下列各组化合物。
   (1) 1-溴-1-戊烯、3-溴-1-戊烯、4-溴-1-戊烯

(2) 苄氯、对氯甲苯、1-苯基-2-氯乙烷

(3) CH₃CHCH₃ 、 CH₃CHCH₃ 、 CH₃CHCH₃
    | | |
    Br   Cl   I

7. 合成下列化合物（无机试剂任选）。

(1) 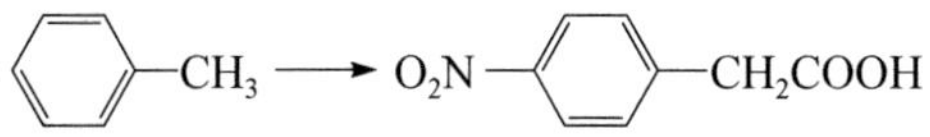 C₆H₅—CH₃ ⟶ O₂N—C₆H₄—CH₂COOH

(2) CH₃CH₂CH=CH₂ ⟶ CH₃CH=CHCH₃

(3) 2-甲基-3-溴丁烷 ⟶ 2-甲基丁烷

(4) CH₃CHCH₂Br ⟶ CH₃C(CH₃)₂—COOH
    |
    CH₃

8. 某卤代烃 A(C_3H_7Br)与 KOH 乙醇溶液作用生成 B(C_3H_6)，B 氧化后得到具有两个碳原子的羧酸 C 和二氧化碳、水，B 与溴化氢作用正好得到 A 的同分异构体 D。试推测 A～D 的结构。

9. 某卤代烃分子式为 $C_6H_{13}I$，用 KOH 乙醇溶液处理后将所得到的产物臭氧化，臭氧化产物还原水解生成 $(CH_3)_2CHCHO$ 和 CH_3CHO。试推测该卤代烃的结构。

第7章 醇、酚、醚

醇、酚、醚都是烃的含氧衍生物，它们可以看作是水分子中的氢原子被烃基取代的产物。其中，一个氢原子被脂肪烃基取代的是醇（R—OH），被芳香烃基取代的是酚（Ar—OH），两个氢原子都被烃基取代的是醚（R_1—O—R_2，R—O—Ar，Ar—O—Ar）。

7.1 醇

醇也可以看作是烃分子中的氢原子被羟基（—OH）取代的产物，羟基是醇的官能团。

7.1.1 醇的分类和命名

1. 分类

根据烃基种类的不同，醇可以分为脂肪醇、脂环醇和芳香醇；根据烃基的饱和程度不同，醇可以分为饱和醇、不饱和醇。例如

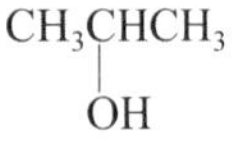

CH_3CHCH_3
 |
 OH

脂肪醇 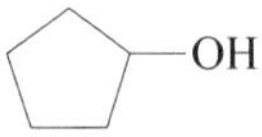　　脂环醇 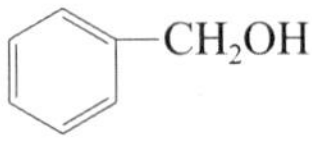　　芳香醇

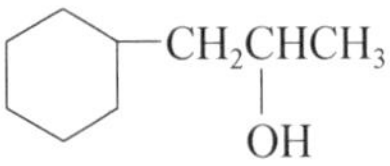

饱和醇 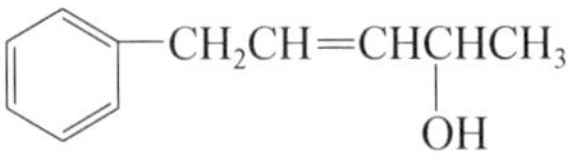　　不饱和醇

根据羟基的个数不同，醇可以分为一元醇、二元醇和多元醇。例如

$CH_3CH_2CH_2OH$

一元醇　　二元醇 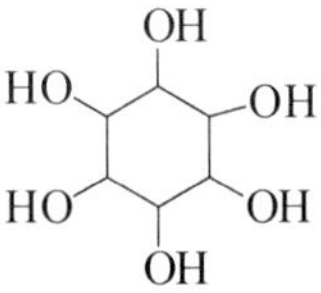　　多元醇

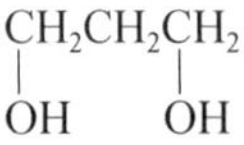

根据直接与羟基所连的碳原子的类型不同，醇可以分为伯醇、仲醇和叔醇。

R—CH_2—OH　　R_1—CH—OH　　R_2—C—OH
       | |
       R_2 R_3

伯醇(一级醇1°)　　仲醇(二级醇2°) 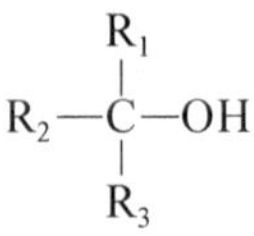　　叔醇(三级醇3°)

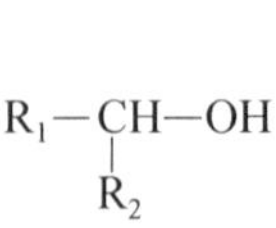

2. 命名

结构简单的醇用普通命名法命名，即在"醇"字前加上烃基的名称，"基"字一般可以省去。例如

$CH_3CH_2CH_2CH_2OH$　　$CH_3CHCH_2CH_3$
            |
           OH

正丁(基)醇　　仲丁(基)醇 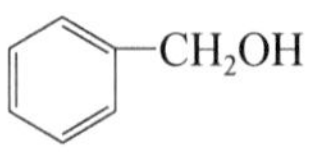　　苄(基)醇

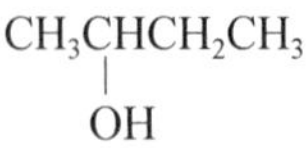

结构复杂的醇用系统命名法命名。首先选择连有羟基的最长碳链作为主链,从靠近羟基的一端给主链碳原子编号,依据主链碳原子的个数称为"某醇",羟基的位次标在"某醇"前面。不饱和醇应选择同时含有羟基和不饱和键在内的最长碳链作为主链,并从靠近羟基的一端开始编号。例如

$$\underset{\underset{OH}{|}}{\underset{|}{CH_3CHCHCH_3}}\overset{CH_3}{|} \qquad \underset{\underset{Cl}{|}}{C_6H_5CH_2CHCHCH_2CH_3}\overset{OH}{|} \qquad \underset{\underset{CH_3}{|}}{CH_2=CHCHCHCH_3}\overset{OH}{|}$$

3-甲基-2-丁醇   1-苯基-2-氯-3-戊醇   3-甲基-4-戊烯-2-醇

有些醇根据其来源和性质特点,也可以使用俗名。例如

$$CH_3OH \qquad \underset{OH\;OH}{CH_2CH_2} \qquad \underset{OH\;OH\;OH}{CH_2CHCH_2} \qquad C_6H_5CH=CHCH_2OH$$

甲醇   乙二醇   丙三醇   3-苯基-2-丙烯-1-醇
(木精)   (甘醇)   (甘油)   (肉桂醇)

思考题 7-1

1. 命名下列化合物。

(1) $\underset{\underset{CH_3\;\;Br}{|\quad|}}{CH_3CHCHCHCH_3}\overset{OH}{|}$ (2) $\underset{\underset{OH\;\;\;\;\;OH}{|\quad\quad\;\;|}}{CH_3CHCH=CHCH_3}$ (3)

2. 写出下列化合物的结构式。

(1) 3-乙基-2-戊醇   (2) (Z)-3,4-二甲基-2-己烯-1-醇   (3) 对甲基苄醇

7.1.2 醇的物理性质

直链饱和一元醇中,$C_1 \sim C_3$ 的醇是具有辛辣气味的流动液体,$C_4 \sim C_{11}$ 的醇为油状液体,有令人不愉快气味,C_{12} 以上的醇为无臭无味的蜡状固体。

醇的沸点与其结构有关。一般低级直链饱和一元醇每增加一个系差(CH_2),沸点升高 18~20 ℃,碳原子数相同的醇,支链越多,沸点越低。常见醇的物理常数见表 7-1。

表 7-1 常见醇的物理常数

名称	熔点/℃	沸点/℃	相对密度(d_4^{20})	折光率(n_D^{20})	溶解度/[g·(100 g 水)$^{-1}$]
甲醇	-97	64.7	0.792	1.3288	∞
乙醇	-115	78.4	0.789	1.3611	∞
正丙醇	-126	97.2	0.804	1.385	∞
异丙醇	-88.5	82.3	0.786	1.3776	∞
正丁醇	-90	117.8	0.81	1.3993	7.9
异丁醇	-108	107.9	0.802	1.3959	10
仲丁醇	-114	99.5	0.808	1.3978	12.5
叔丁醇	26	82.5	0.789	1.3878	∞
正戊醇	-78.5	138	0.817	2.4	1.4101

续表

名称	熔点/℃	沸点/℃	相对密度(d_4^{20})	折光率(n_D^{20})	溶解度/[g·(100 g 水)$^{-1}$]
正己醇	−52	155.8	0.82	1.4162	0.59
环己醇	24	161.5	0.962	1.465	3.6
烯丙醇	−129	97	0.855	1.4135	∞
乙二醇	−16	197	1.113	1.43	∞
丙三醇	18	290	1.261	1.4746	∞
苯甲醇	−15	205	1.046	1.5396	4

醇在液体状态可以通过羟基形成分子间氢键,且羟基越多,分子间氢键也越多,其沸点就越高。因此,低级醇的沸点比与它相对分子质量相近的烷烃高很多。

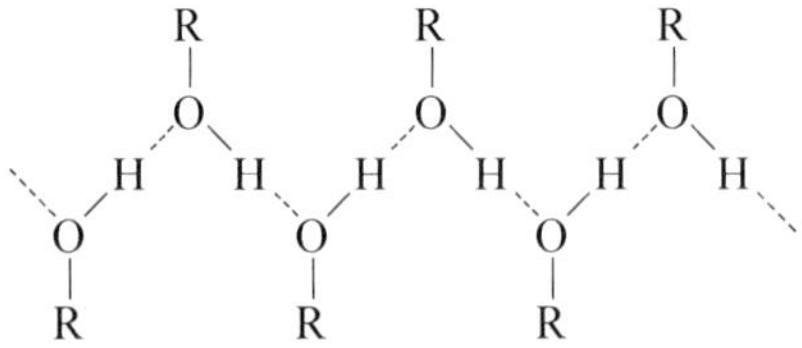

烃基对分子间氢键的形成有阻碍作用,烃基越多,体积越大,阻碍作用越强。因此,直链饱和一元醇的沸点随碳原子数的增加与相应烷烃的沸点越来越接近。

醇分子中的羟基与水分子间也可以形成氢键,同样这种氢键的形成也受到烃基的阻碍作用。低级的醇(三个碳以下)能与水混溶,随着烃基的增大,溶解度降低。高级的醇与烷烃相似,不溶于水,而易溶于有机溶剂。

低级醇能与一些无机盐类(如 $MgCl_2$、$CaCl_2$、$CuSO_4$ 等)形成结晶状的分子化合物,称为结晶醇(crystal alcohol),如 $MgCl_2 \cdot 6CH_3OH$、$CaCl_2 \cdot 4CH_3OH$、$CaCl_2 \cdot 4C_2H_5OH$ 等。这些结晶醇不溶于有机溶剂而溶于水,可以利用这一性质去除有机物中混有的少量杂质醇,但醇中混有的少量水则不能使用无水 $CaCl_2$ 去除。

7.1.3 醇的化学性质

醇的化学性质主要由其官能团羟基决定,其中的 C—O 键、H—O 键都是强极性键,是醇最易发生反应的两个部位。同时,由羟基产生的诱导效应也增强了 α-H 和 β-H 的活性,使其容易发生或参与某些反应。

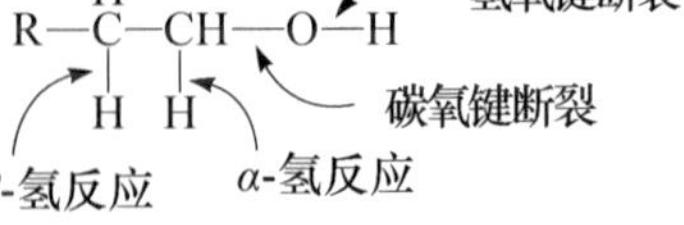

1. 与活泼金属的反应

由于氧原子的电负性大,氢氧键极性较强,因此醇中羟基氢具有一定的酸性,能与活泼金属(如 Na、K、Mg、Al 等)发生反应,放出氢气。

$$R-OH \xrightarrow{Na} R-ONa + H_2\uparrow$$

烃基具有供电子效应,使氧原子周围电子云密度增加,O—H 键上的氢原子受到的束缚力增大,反应活性降低。因此,醇与金属钠的反应比水与金属钠的反应缓和得多,说明醇的酸性比水的酸性弱。随着醇分子中 α-碳原子上烃基的增多,其酸性也降低,酸性顺序为

$$H_2O > CH_3OH > RCH_2OH > R_2CHOH > R_3COH$$

醇的酸性比水弱,其共轭碱 RO^- 的碱性比 OH^- 的碱性强。醇钠遇水立即水解。

$$RCH_2ONa \xrightarrow{H_2O} RCH_2OH + NaOH$$

醇与镁、铝反应需要加热并要有适当的催化剂。实验室中常用醇镁去除乙醇中的少量水以制备绝对乙醇。

2. 羟基被卤素原子取代(C—O 键的断裂)

1) 与氢卤酸的反应

醇与氢卤酸反应生成卤代烃和水。

$$R-OH + HX \longrightarrow R-X + H_2O$$

反应中羟基被卤素取代,是制备卤代烃的重要方法。该反应属于亲核取代反应,酸的性质和醇的结构都影响反应的活性。氢卤酸的反应活性顺序是 $HI > HBr > HCl$;醇的反应活性顺序是烯丙基型(或苄基型)醇>叔醇>仲醇>伯醇。例如,伯醇与浓氢碘酸反应只需加热,与浓氢溴酸反应需要硫酸催化并加热,与浓盐酸反应需要有 $ZnCl_2$ 作催化剂并加热。

$$CH_3CH_2CH_2OH \xrightarrow[\triangle]{\text{浓HI}} CH_3CH_2CH_2I$$

$$CH_3CH_2CH_2OH \xrightarrow[\triangle]{\text{浓HBr+H}_2\text{SO}_4} CH_3CH_2CH_2Br$$

$$CH_3CH_2CH_2OH \xrightarrow[\triangle]{\text{浓HCl+ZnCl}_2} CH_3CH_2CH_2Cl$$

实验室中用浓盐酸和无水氯化锌配制成卢卡斯(Lucas)试剂,低级一元醇能溶于卢卡斯试剂,而相应的卤代烃不溶。因此,可以从反应出现浑浊的时间来鉴别不同级别的醇。

$$RCH_2OH \xrightarrow{\text{卢卡斯试剂}} RCH_2Cl \text{ (加热后出现浑浊)}$$

$$R_2CHOH \xrightarrow{\text{卢卡斯试剂}} R_2CHCl \text{ (室温下静置几分钟出现浑浊)}$$

$$R_3COH \xrightarrow{\text{卢卡斯试剂}} R_3CCl \text{ (室温下很快出现浑浊)}$$

醇与氢卤酸的反应是酸催化下的亲核取代反应。醇中的氧原子与氢离子结合生成质子化醇,C—O 键的极性增加而更加活泼。通常认为烯丙醇(或苄醇)、叔醇、仲醇按 S_N1 机理进行,而伯醇较难形成碳正离子,一般按 S_N2 机理进行。

$$\underset{\underset{R_3}{|}}{\overset{\overset{R_1}{|}}{R_2-C-OH}} \xrightarrow{H^+} \underset{\underset{R_3}{|}}{\overset{\overset{R_1}{|}}{R_2-C-\overset{+}{O}H_2}} \xrightarrow[-H_2O,慢]{S_N1} \underset{\underset{R_3}{|}}{\overset{\overset{R_1}{|}}{R_2-\overset{+}{C}}} \xrightarrow[快]{X^-} \underset{\underset{R_3}{|}}{\overset{\overset{R_1}{|}}{R_2-C-X}}$$

$$RCH_2-OH \xrightarrow{H^+} RCH_2-\overset{+}{O}H_2 \xrightarrow[X^-,慢]{S_N2} \left[\overset{\delta-}{X}\cdots\underset{\underset{HH}{|}}{\overset{\overset{R}{|}}{C}}\cdots\overset{\delta+}{O}H_2\right] \xrightarrow{快} RCH_2-X + H_2O$$

S_N1 机理中生成碳正离子中间体,因此会有重排产物生成,特别是当 β-碳上连有支链时,

更易重排。例如

$$CH_3-\underset{H}{\underset{|}{C}}(CH_3)-\underset{OH}{\underset{|}{C}}(H)-CH_3 \xrightarrow{HBr} CH_3-\underset{Br}{\underset{|}{C}}(CH_3)-\underset{H}{\underset{|}{C}}(H)-CH_3 + CH_3-\underset{H}{\underset{|}{C}}(CH_3)-\underset{Br}{\underset{|}{C}}(H)-CH_3$$

64%　　　　　　　36%

2) 与卤化磷的反应

醇与 PX_3 反应可以生成相应的卤代烃。此反应不易发生重排，产率较高，是制备溴代烃和碘代烃常用的方法。

$$ROH + PX_3 \longrightarrow RX + H_3PO_3$$

氯代烃常用 PCl_5 与醇反应来制备。

$$ROH + PCl_5 \longrightarrow RCl + POCl_3 + HCl$$

3) 与亚硫酰氯的反应

醇与亚硫酰氯 $SOCl_2$（也称氯化亚砜）反应可直接生成氯代烃。这是制备氯代烃最常用的方法。

$$ROH + SOCl_2 \xrightarrow{\triangle} RCl + SO_2\uparrow + HCl\uparrow$$

该反应速率快，条件温和，产率高，没有重排，不生成其他副产物。两种产物 SO_2 和 HCl 是气体，在反应中很容易离开反应体系，促使反应完成，产物的收集和纯化也更加容易。

3. 脱水反应

醇有两种脱水方式：分子内脱水生成烯烃，分子间脱水生成醚。

1) 分子内脱水

醇可以直接加热（400～800 ℃）脱水生成烯烃，也可以在脱水剂（浓 H_2SO_4、Al_2O_3）存在时在较低温度下脱水。这是制备烯烃常用的方法。

$$-\underset{H}{\overset{\beta}{\underset{|}{C}}}-\underset{OH}{\overset{\alpha}{\underset{|}{C}}}- \xrightarrow[\triangle]{浓H_2SO_4} -C=C- + H_2O$$

醇的结构不同，分子内脱水的难易程度也不同。例如

$$CH_3CH_2\underset{OH}{\underset{|}{C}}(CH_3)-CH_3 \xrightarrow[87\ ℃]{46\%\ H_2SO_4} CH_3CH=C(CH_3)_2 + H_2O$$

$$CH_3CH_2CH_2\underset{OH}{\underset{|}{C}}(H)CH_3 \xrightarrow[140\ ℃]{60\%\ H_2SO_4} CH_3CH_2CH=CHCH_3 + H_2O$$

$$CH_3CH_2OH \xrightarrow[170\ ℃]{95\%\ H_2SO_4} CH_2=CH_2 + H_2O$$

脱水活性顺序为叔醇＞仲醇＞伯醇，这是由其反应机理决定的。醇在强酸作用下的分子内脱水是按 E1 机理进行的，脱水反应的活性取决于碳正离子中间体生成的难易。

$$CH_3CH_2OH + H_2SO_4 \rightleftharpoons CH_3CH_2O^+H_2 + HSO_4^-$$

$$CH_3CH_2O^+H_2 \rightleftharpoons CH_3CH_2^+ + H_2O$$

$$CH_3CH_2^+ + HSO_4^- \rightleftharpoons CH_2=CH_2 + H_2SO_4$$

醇的脱水与卤代烃的脱卤化氢一样，遵循札依采夫规则，即消除含氢较少的 β-碳原子上的氢。而不饱和醇（或芳香醇）脱水时，首先要考虑是否能生成更稳定的共轭体系的烯烃。

$$\text{PhCH}_2\text{CH(OH)CH(CH}_3\text{)CH}_3 \xrightarrow[\triangle]{\text{浓}H_2SO_4} \text{PhCH=CHCH(CH}_3\text{)CH}_3$$

由于 E1 机理经过碳正离子中间体，因此有些醇脱水时可能发生重排。例如

$$(CH_3)_3C-CH(OH)-CH_3 \xrightarrow[\triangle]{\text{浓}H_2SO_4} CH_3-C(CH_3)=C(CH_3)-CH_3 \;(70\%) + (CH_3)_2CH-C(CH_3)=CH_2 \;(30\%)$$

2) 分子间脱水

醇在酸催化下可发生分子间脱水生成醚。乙醇在 140 ℃时用浓 H_2SO_4 催化加热生成乙醚，其机理可以看作是 α-碳的亲核取代反应。

$$CH_3CH_2OH \xrightarrow[\triangle]{\text{浓}H_2SO_4} CH_3CH_2OCH_2CH_3 + H_2O$$

$$CH_3CH_2OH \xrightarrow{H_2SO_4} CH_3CH_2-\overset{+}{O}H_2 \xrightarrow[S_N2]{HOCH_2CH_3}$$

$$CH_3CH_2-\overset{H}{\underset{+}{O}}-CH_2CH_3 \xrightarrow{-H^+} CH_3CH_2OCH_2CH_3$$

醇脱水生成烯烃和醚的反应是消除反应和亲核取代反应的竞争，一般低温时有利于分子间的亲核取代反应生成醚，高温时有利于分子内的消除反应生成烯烃。叔醇消除倾向大，脱水只会生成烯烃而不会生成醚。

思考题 7-2

写出下列醇发生分子内消除反应的主产物。

$$CH_3CH(OH)CH(CH_3)CH_3 \qquad CH_3CH(CH_3)CH(OH)CH(OH)CH_3 \qquad \text{(2-甲基环己醇)} \qquad CH_3CH(OH)CH(CH_3)CH_2Ph$$

---

4. 成酯反应

醇可以与有机酸及其衍生物反应生成酯，其反应机理将在第 9 章中介绍。

$$R_1-OH + R_2-COOH \xrightleftharpoons[\triangle]{H_2SO_4} R_2COOR_1 + H_2O$$

醇也可以与含氧的无机酸反应生成无机酸酯。例如

$$CH_3OH + H_2SO_4 \longrightarrow CH_3OSO_3H + H_2O$$
硫酸氢甲酯
(酸性酯)

$$2CH_3OSO_3H \xrightarrow{\text{减压蒸馏}} CH_3OSO_2OCH_3 + H_2SO_4$$
硫酸二甲酯
(中性酯)

$$\begin{array}{c} CH_2-OH \\ | \\ CH-OH \\ | \\ CH_2-OH \end{array} \xrightarrow{3HNO_3} \begin{array}{c} CH_2-ONO_2 \\ | \\ CH-ONO_2 \\ | \\ CH_2-ONO_2 \end{array} + 3H_2O$$
硝酸甘油

硫酸二甲酯是中性酯，不溶于水，有剧毒，对呼吸器官和皮肤有强烈的刺激作用，在有机合成中用作向其他分子中引入甲基的甲基化试剂。多数硝酸酯受热后会猛烈分解而爆炸，硝酸甘油就是一种烈性炸药。

5. 氧化反应

醇分子中羟基的诱导作用使得 α-H（α-碳上的氢）活性增加，很容易被氧化。

1）氧化剂氧化

酸性高锰酸钾或重铬酸钾是常用氧化剂，可以将醇氧化。伯醇首先氧化成醛，醛不稳定，再继续被氧化成酸；仲醇被氧化成酮；叔醇没有 α-H，一般情况下不被氧化。例如

$$CH_3CH_2CH_2OH \xrightarrow[\text{或}KMnO_4/H^+]{K_2Cr_2O_7/H^+} CH_3CH_2CHO \xrightarrow[\text{或}KMnO_4/H^+]{K_2Cr_2O_7/H^+} CH_3CH_2COOH$$

$$\begin{array}{c} OH \\ | \\ CH_3CHCH_3 \end{array} \xrightarrow[\text{或}KMnO_4/H^+]{K_2Cr_2O_7/H^+} \begin{array}{c} O \\ \| \\ CH_3-C-CH_3 \end{array}$$

沙瑞特(Sarrett)试剂（CrO_3 和吡啶的配合物）可以将伯醇或仲醇氧化成相应的醛或酮，同时双键不受影响。例如

$$HOCH_2CH=CHCH_2OH \xrightarrow[\text{吡啶}]{CrO_3} OHCCH_2CH=CHCHO$$

2）脱氢氧化

伯醇、仲醇的蒸气在高温下通过活性铜催化可以脱氢生成醛和酮，反应是可逆的。

$$R-CH_2OH \xrightleftharpoons{Cu,325\ ℃} R-CHO + H_2$$

$$\begin{array}{c} R_1-CH-OH \\ | \\ R_2 \end{array} \xrightleftharpoons{Cu,325\ ℃} \begin{array}{c} O \\ \| \\ R_1-C-R_2 \end{array} + H_2$$

反应中通入空气可使氢被氧化成水，反应完全。工业上用此法由甲醇、乙醇制备甲醛、乙醛。

$$CH_3CH_2OH + O_2 \xrightarrow[550\ ℃]{\text{活性}Ag\text{或}Cu} CH_3CHO$$

7.1.4 重要的醇类化合物

1. 甲醇

甲醇(methanol)是结构最为简单的饱和一元醇，又称木醇或木精，最早由木材干馏得到。它是无色、有乙醇气味、易挥发、易燃的液体，能与水、乙醇、乙醚、苯、酮、卤代烃和许多其他有

机溶剂混溶,但是不与石油醚混溶,遇热、明火或氧化剂易燃烧。

甲醇有毒,误饮 5~10 mL 能使双目失明,饮用 30 mL 会导致死亡。

甲醇除由木材干馏作为副产物回收外,还可由 CO 和 H_2 在 250 ℃ 和 5~10 MPa 下,用铜、锌、铬的氧化物催化直接合成。

$$CO + H_2 \xrightarrow[5\sim10\text{ MPa, }250\text{ ℃}]{\text{ZnO-Cr}_2\text{O}_3\text{-CuO}} CH_3OH$$

甲醇用途广泛,是基础的有机化工原料和优质燃料,主要应用于精细化工、塑料等领域,用来制造甲醛、乙酸、氯甲烷、甲胺、硫酸二甲酯等多种有机产品,也是农药、医药的重要原料之一。

2. 乙醇

乙醇(ethanol)俗称酒精,在常温、常压下是一种易燃、易挥发的无色透明液体,它的水溶液具有特殊的、令人愉快的香味,并略带刺激性。

乙醇是一种很好的溶剂,既能溶解许多无机物,又能溶解许多有机物,因此常用乙醇溶解植物色素或其中的药用成分,也常用乙醇作为反应的溶剂,使参加反应的有机物和无机物均能溶解,增大接触面积,提高反应速率。例如,在油脂的皂化反应中,加入乙醇既能溶解 NaOH,又能溶解油脂,使它们在均相(同一溶剂的溶液)中充分接触,加快反应速率,提高反应限度。

乙醇广泛用于医用消毒。一般 95% 的乙醇用于器械消毒;70%~75% 的乙醇用于杀菌;更低浓度的乙醇用于降低体温,促进局部血液循环等。

乙醇还可以食用,如酒。在乙醇的代谢过程中,乙醇脱氢酶(alcohol dehydrogenase, ADH)起着至关重要的作用,它主要分布在肝脏,在胃肠道及其他组织中也有少量分布。乙醇通过血液流到肝脏后,首先被 ADH 氧化为乙醛,而乙醛脱氢酶(aldehyde dehydrogenase)能把乙醛中的两个氢原子脱掉,分解为二氧化碳和水。有些人喝酒后面部潮红,是因为这些人体内有高效的乙醇脱氢酶,能迅速将血液中的乙醇转化成乙醛,而乙醛具有使毛细血管扩张的功能。乙醇代谢的速率主要取决于体内酶的含量,其具有较大的个体差异,并与遗传有关。人体内若是具备这两种酶,就能较快地分解乙醇,中枢神经就较少受到乙醇的作用。人体中都含有乙醇脱氢酶,大部分人体内这种酶含量基本相等。但缺少乙醛脱氢酶的人比较多,乙醛脱氢酶的缺少使乙醇不能被完全分解为水和二氧化碳,而是以乙醛的形式继续留在体内。

工业上一般用发酵法或乙烯直接水化法制取乙醇。

3. 乙二醇

乙二醇(ethylene glycol, EG)又称甘醇、1,2-亚乙基二醇,是最简单的二元醇。乙二醇是无色无臭、有甜味的液体,对动物有毒性,人类致死剂量约为 $1.6 \text{ g} \cdot \text{kg}^{-1}$。

乙二醇能与水、丙酮互溶,但在醚类中溶解度较小,可用作溶剂、防冻剂以及合成涤纶的原料。乙二醇的聚合物聚乙二醇(PEG)是一种相转移催化剂,也用于细胞融合;其硝酸酯是一种炸药。

乙二醇的工业化生产采用环氧乙烷直接水合法。

$$\underset{\underset{O}{\diagdown\diagup}}{H_2C\text{—}CH_2} + H_2O \xrightarrow[2.23\text{ MPa}]{190\sim200\text{ ℃}} \underset{\underset{OH}{|}\underset{OH}{|}}{CH_2\text{—}CH_2}$$

4. 丙三醇

丙三醇又称甘油，是一种无色、无臭、味甘的黏稠液体，熔点为 18 ℃，沸点为 290 ℃（分解）。可混溶于乙醇、水，不溶于氯仿、醚、二硫化碳、苯、油类。甘油具有强吸水性，被用作吸湿剂。

由于羟基的强诱导效应，甘油中的羟基酸性明显，可以与新制的 $Cu(OH)_2$ 反应生成深蓝色溶液。

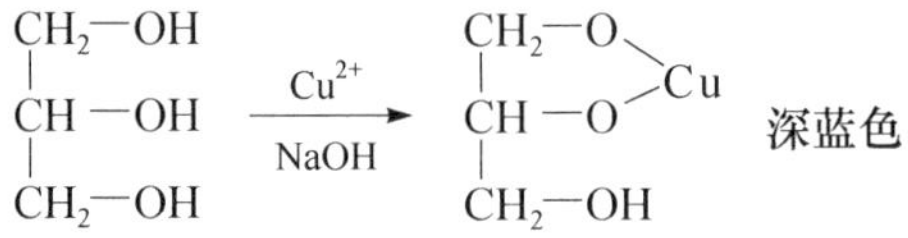

$$\begin{array}{c} CH_2-OH \\ CH-OH \\ CH_2-OH \end{array} \xrightarrow[NaOH]{Cu^{2+}} \begin{array}{c} CH_2-O \\ CH-O \\ CH_2-OH \end{array} Cu \quad 深蓝色$$

甘油可以作为肥皂工业的副产品得到，现代工业则用石油裂解的丙烯来合成。

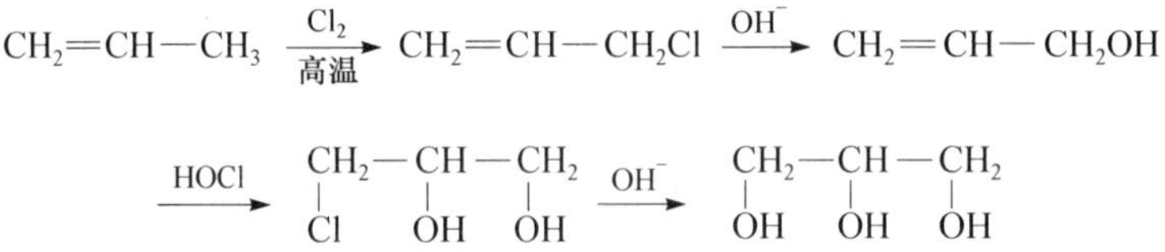

$$CH_2=CH-CH_3 \xrightarrow[高温]{Cl_2} CH_2=CH-CH_2Cl \xrightarrow{OH^-} CH_2=CH-CH_2OH$$

$$\xrightarrow{HOCl} \begin{array}{ccc} CH_2-CH-CH_2 \\ | \quad | \quad | \\ Cl \quad OH \quad OH \end{array} \xrightarrow{OH^-} \begin{array}{ccc} CH_2-CH-CH_2 \\ | \quad | \quad | \\ OH \quad OH \quad OH \end{array}$$

甘油广泛用于纺织、医药、化妆品工业及日常生活。硝酸甘油（三硝酸甘油酯）用于军工炸药和弹药的生产，也可在医疗上用于治疗心绞痛和心肌梗死。

5. 苯甲醇

苯甲醇（phenylmethanol）又称苄醇，是无色有香味的液体，可溶于乙醇、乙醚等有机溶剂，在空气中可缓慢氧化为苯甲醛。在自然界中多数以酯的形式存在于香精油中，如茉莉花油、风信子油和秘鲁香脂中都含有此成分，广泛用于香料工业，早期也用作医用局部麻醉剂。

7.2 酚

7.2.1 酚的分类和命名

羟基直接与芳香环相连的化合物统称为酚，通式为 ArOH。依据芳香环的不同，酚可以分为苯酚（phenol）、萘酚（naphthol）等；依据芳环上所连羟基的个数，酚可以分为一元酚、二元酚以及多元酚。例如

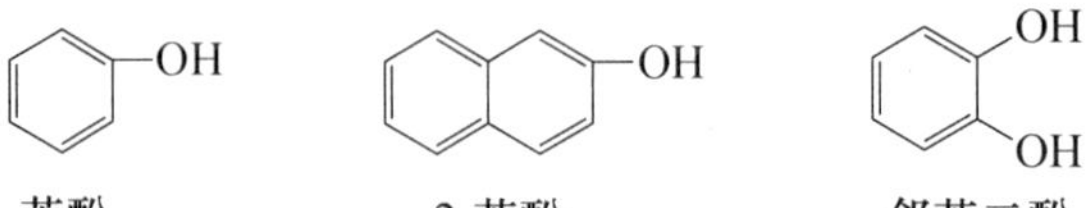

苯酚　　　　2-萘酚　　　　邻苯二酚

酚的命名是在"酚"字的前面加上芳香基的名称，以此作为母体，将其他取代基的位次和名称写在母体名称的前面。例如

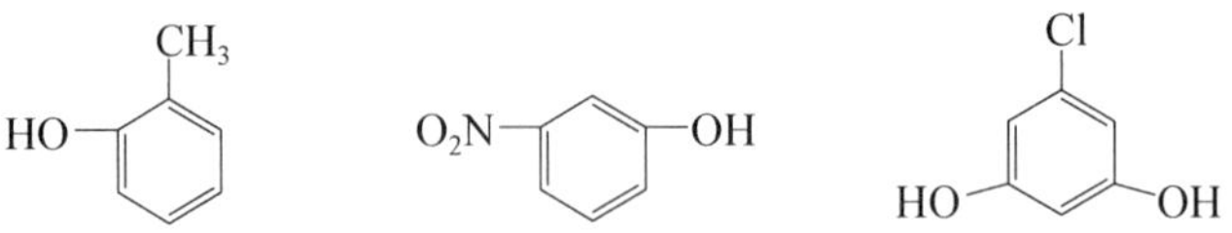

2-甲基苯酚　　　　3-硝基苯酚　　　　5-氯-1,3-苯二酚

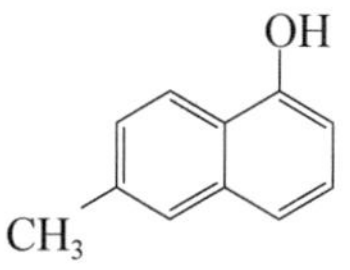

6-甲基-1-萘酚 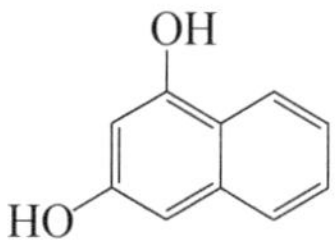　　　1,3-萘二酚 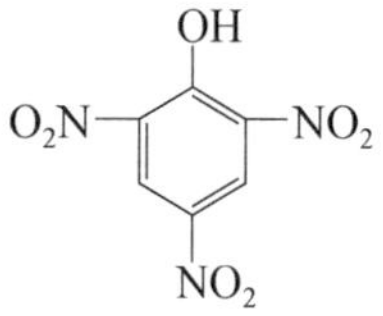　　　2,4,6-三硝基苯酚(苦味酸)

当芳香环上有比羟基更优先的官能团时,以优先的官能团作为母体,羟基作为取代基。例如

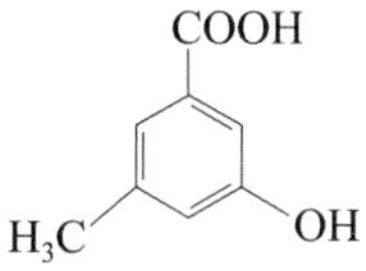

3-甲基-5-羟基苯甲酸 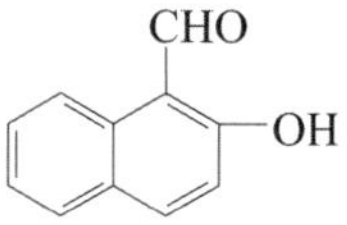　　　2-羟基-1-萘甲醛

思考题 7-3

命名下列化合物。

(1) 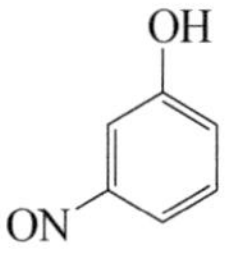 　(2) 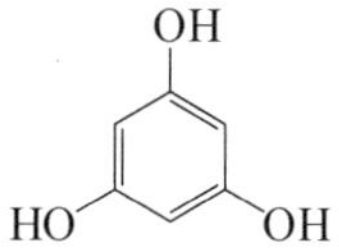 　(3)

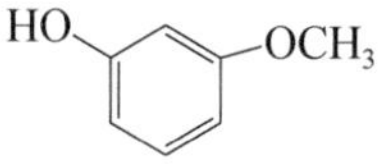

(4) 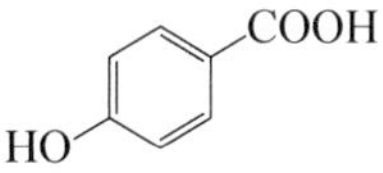 　(5) 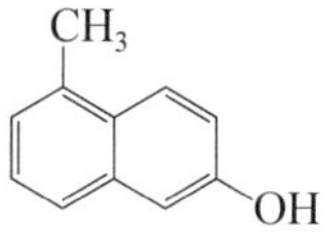 　(6)

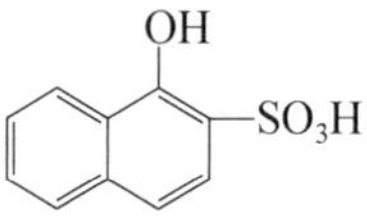

7.2.2　酚的物理性质

常温下除极少数酚是高沸点液体外,大多数酚都是以无色晶体的形式存在,在空气中容易被氧化而呈现粉红色,长时间放置则会变成深棕色。由于酚的分子中含有羟基,可以形成分子间氢键,因此酚的沸点比相对分子质量相近的芳烃或卤代芳烃高。

酚中的羟基也可以与水分子间形成氢键,因此酚在水中也有一定的溶解度,而且随着羟基个数的增多或温度的升高,溶解度增大。酚易溶于乙醇、乙醚、苯、卤代烃等有机溶剂。

表 7-2 给出部分酚的物理常数。

表 7-2　部分酚的物理常数

名称	熔点/℃	沸点/℃	溶解度/[g·(100 g 水)$^{-1}$]	pK_a(25 ℃)
苯酚	41	182	9.3	10.0
邻甲苯酚	31	191	2.5	10.29
间甲苯酚	12	202	2.6	10.09
对甲苯酚	35	202	2.3	10.26
邻氯苯酚	9	173	2.8	8.48
间氯苯酚	33	214	2.6	9.02
对氯苯酚	43	217	2.6	9.38
邻硝基苯酚	45	214	0.2	7.22
间硝基苯酚	96	194/9300 Pa	1.4	8.39

续表

名称	熔点/℃	沸点/℃	溶解度/[g·(100 g 水)$^{-1}$]	pK_a(25 ℃)
对硝基苯酚	114	279/分解	1.7	7.15
2,4-二硝基苯酚	113	—	0.6	4.09
2,4,6-三硝基苯酚	122	—	1.4	0.25

当酚羟基的邻位有硝基、羟基等基团时,由于可以形成分子内氢键,因此其沸点都比相应的间位、对位取代产物的沸点低。

7.2.3 酚的化学性质

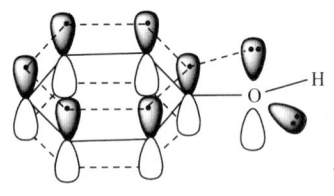

图 7-1 苯酚的结构示意图

酚羟基中的氧以 sp^2 杂化与苯环相连,未杂化 p 轨道中的一对电子与苯环的大 π 键之间形成 p-π 共轭体系。在这个共轭体系中,氧原子上的电子云向苯环上转移,使得苯环上电子云密度增大,而氧原子上电子云密度减小,氢氧键更易断开,而碳氧键不易断裂,表现出酚与醇在化学性质上具有较大的差异。苯酚的结构如图 7-1 所示。

1. 酚的酸性

苯酚可以与氢氧化钠作用形成苯酚钠而溶于水中,说明苯酚具有酸性。醇与氢氧化钠很难起作用,表明苯酚的酸性比醇强。绝大多数醇的 pK_a 值为 18 左右,而酚的 pK_a 值小于 11 (表 7-2)。

在苯酚钠的水溶液中通入 CO_2,可以使苯酚重新游离出来而出现浑浊,说明苯酚的酸性比碳酸弱。

$$\text{C}_6\text{H}_5\text{OH} + \text{NaOH} \longrightarrow \text{C}_6\text{H}_5\text{ONa} \xrightarrow[\text{H}_2\text{O}]{\text{CO}_2} \text{C}_6\text{H}_5\text{OH} + \text{NaHCO}_3$$

苯环上连有吸电子基团(如—NO_2、—F 等)时其酸性增强,且吸电子基团越多影响越大。例如,2,4,6-三硝基苯酚的 pK_a 值为 0.25,酸性与三氟乙酸的酸性相当,为强酸,俗称苦味酸。相反,当苯环上连有供电子取代基(如—CH_3、—NH_2 等)时,它们会使苯环上的电子云密度增大,从而使得酚羟基不易解离释放出质子,因此酸性比苯酚的酸性弱。

思考题 7-4

比较下列化合物的酸性大小,并说明理由。

苯酚、3-氯苯酚、3-硝基苯酚、3-甲基苯酚、3,5-二硝基苯酚

含酚的废水随意排放将会给环境造成严重的污染,对生物产生极为有害的影响。工业上处理含酚废水采用"磺化煤"(由发烟硫酸与褐煤作用形成的一种含磺基的阳离子交换树脂)进行吸附处理,然后用碱液洗涤树脂。这样被吸附的酚变为钠盐而溶于水,再用酸处理酚钠溶液

回收酚。

2. 与 FeCl₃ 的显色反应

大多数酚类化合物可以与三氯化铁溶液作用生成有颜色的配合物。例如，苯酚与三氯化铁作用生成蓝紫色配合物。

$$6C_6H_5OH + FeCl_3 \longrightarrow [Fe(OC_6H_5)_6]^{3-} + 6H^+ + 3Cl^-$$
蓝紫色

酚中的羟基直接连在苯环上，相当于一种烯醇式结构。具有烯醇式结构的化合物都可以与三氯化铁作用生成蓝色到紫色的配合物，这种特殊的显色反应可用来检验酚和烯醇型化合物。

思考题 7-5
用简单的化学方法区别下列各组化合物。
(1) 环己醇和苯酚　(2) 对甲苯酚和苯甲醇　(3) 对乙苯酚、α-苯乙醇和对氯乙苯

3. 氧化反应

酚非常容易被氧化剂氧化，生成有颜色的醌式结构，随着氧化剂和氧化条件的不同，产物也有所不同。

苯酚在乙酸中被氧化铬氧化生成对苯醌。

$$\text{C}_6\text{H}_5\text{—OH} \xrightarrow[\text{CH}_3\text{COOH}, \text{H}_2\text{O}]{\text{CrO}_3} \text{O=C}_6\text{H}_4\text{=O}$$

多元酚更容易被氧化。邻苯二酚可以被新生成的氧化银氧化成邻苯醌。

$$\text{邻-C}_6\text{H}_4(\text{OH})_2 \xrightarrow[\text{乙醚}]{\text{Ag}_2\text{O}} \text{邻-C}_6\text{H}_4\text{O}_2$$

对苯二酚在硫酸中用重铬酸钠即可氧化成对苯醌。

$$\text{HO—C}_6\text{H}_4\text{—OH} \xrightarrow[30\ ^\circ\text{C}]{\text{Na}_2\text{Cr}_2\text{O}_7, \text{H}_2\text{SO}_4} \text{O=C}_6\text{H}_4\text{=O}$$

对苯二酚还能使溴化银还原成单质银，用作照相底片感光后的显影剂。

$$\text{HO—C}_6\text{H}_4\text{—OH} + 2\text{AgBr} \longrightarrow \text{O=C}_6\text{H}_4\text{=O} + 2\text{Ag} + 2\text{HBr}$$

4. 酚醚和酚酯的生成

酚与醇不同，通常很难发生分子间的脱水反应生成醚。酚醚一般是在碱性条件下生成酚盐后再与卤代烃或硫酸酯作用得到。例如

$$\text{C}_6\text{H}_5\text{—OH} + \text{CH}_3\text{I} \xrightarrow[-\text{NaI}]{\text{NaOH}} \text{C}_6\text{H}_5\text{—OCH}_3$$
茴香醚

$$\text{2-C}_{10}\text{H}_7\text{—OH} + (\text{CH}_3\text{O})_2\text{SO}_2 \xrightarrow[\text{H}_2\text{O}]{\text{NaOH}} \text{2-C}_{10}\text{H}_7\text{—OCH}_3 + \text{CH}_3\text{OSO}_3\text{H}$$

$$\underset{\text{}}{\begin{array}{c}\text{OH}\\ \text{Cl}\\ \text{Cl}\end{array}} + \text{ClCH}_2\text{COOH} \xrightarrow{\text{NaOH}} \underset{\text{}}{\begin{array}{c}\text{OCH}_2\text{COONa}\\ \text{Cl}\\ \text{Cl}\end{array}} \xrightarrow{\text{H}^+} \underset{\text{2,4-二氯苯氧乙酸}}{\begin{array}{c}\text{OCH}_2\text{COOH}\\ \text{Cl}\\ \text{Cl}\end{array}}$$

2,4-二氯苯氧乙酸又称 2,4-D,是一种植物生长调节剂,也是一种常用的除草剂。

酚很难与羧酸直接反应生成酯,一般要在碱性条件下与酰卤或酸酐反应才能生成。例如

$$\text{C}_6\text{H}_5\text{OH} + \text{C}_6\text{H}_5\text{COCl} \xrightarrow{\text{NaOH}} \text{C}_6\text{H}_5\text{COOC}_6\text{H}_5$$
苯甲酰氯　　　　苯甲酸苯酯

$$n\text{HO}\text{-}C_6H_4\text{-}C(CH_3)_2\text{-}C_6H_4\text{-}\text{OH} + n\text{Cl}\text{-}\underset{\text{O}}{\text{C}}\text{-Cl} \xrightarrow{\text{NaOH}} \underset{\text{聚碳酸酯}}{[\text{-O-}C_6H_4\text{-}C(CH_3)_2\text{-}C_6H_4\text{-O-}\underset{\text{O}}{\text{C}}\text{-}]_n}$$

聚碳酸酯是一种性能优良的工程塑料。

5. 芳环上的取代反应

羟基使苯环的邻、对位活化,易发生亲电取代反应,尤其当以酚盐负离子的形式存在时,这种活化作用更明显。

1) 卤化

苯酚和氯不需要催化剂即可顺利进行反应,生成 2,4,6-三氯苯酚,并可进一步反应生成五氯苯酚。

$$\underset{\text{}}{\begin{array}{c}\text{OH}\end{array}} \xrightarrow[\text{pH}=10]{\text{Cl}_2,\text{H}_2\text{O}} \underset{\text{}}{\begin{array}{c}\text{OH}\\ \text{Cl} \quad \text{Cl}\\ \text{Cl}\end{array}} \xrightarrow[\text{FeCl}_3]{\text{Cl}_2} \underset{\text{}}{\begin{array}{c}\text{OH}\\ \text{Cl} \quad \text{Cl}\\ \text{Cl} \quad \text{Cl}\\ \text{Cl}\end{array}}$$

常温下,溴与苯酚的水溶液反应生成 2,4,6-三溴苯酚白色沉淀,该反应迅速,现象明显,且是定量进行,可用于定性和定量检验水中含有的微量苯酚($\leqslant 10^{-6}$ g·L^{-1})。

$$\underset{\text{}}{\begin{array}{c}\text{OH}\end{array}} + \text{Br}_2 \xrightarrow{\text{H}_2\text{O}} \underset{\text{}}{\begin{array}{c}\text{OH}\\ \text{Br} \quad \text{Br}\\ \text{Br}\end{array}} \downarrow (\text{白}) + 3\text{HBr}$$

2) 硝化

用浓硝酸很容易引起酚的氧化。由于羟基的致活作用,苯酚在室温下可直接用稀硝酸硝化得到邻硝基苯酚和对硝基苯酚。前者形成分子内氢键使得其沸点和溶解度较低,可以随水蒸气蒸出,而后者形成分子间氢键,不易被蒸出。

$$\text{PhOH} \xrightarrow[\text{室温}]{20\% \text{HNO}_3} \text{邻-O}_2\text{N-C}_6\text{H}_4\text{-OH} + \text{对-O}_2\text{N-C}_6\text{H}_4\text{-OH}$$

(30%~40%)　　(15%)

多元硝基苯酚的制备一般用间接的方法以避免苯酚的氧化。例如，苦味酸(2,4,6-三硝基苯酚)的制备就是先将苯酚磺化，再用硝基置换磺酸基得到。

$$\text{PhOH} \xrightarrow[100\ ℃]{\text{H}_2\text{SO}_4} \text{2,4-(HO}_3\text{S)}_2\text{C}_6\text{H}_3\text{OH} \xrightarrow{\text{HNO}_3, \Delta} \text{2,4,6-(O}_2\text{N)}_3\text{C}_6\text{H}_2\text{OH}$$

3) 磺化

苯酚磺化产物受反应温度的影响较大。一般在室温时(15~25 ℃)，生成的邻位和对位异构体的比例相当，随着磺化温度的升高，相对更稳定的对位异构体的比例增大。邻羟基苯磺酸和对羟基苯磺酸继续磺化都可以得到 4-羟基-1,3-苯二磺酸。

$$\text{PhOH} \xrightarrow{98\% \text{H}_2\text{SO}_4} \text{邻-HO}_3\text{S-C}_6\text{H}_4\text{-OH} + \text{对-HO}_3\text{S-C}_6\text{H}_4\text{-OH}$$

25 ℃　　49%　　51%
100 ℃　10%　　90%

7.2.4 重要的酚类化合物

1. 苯酚

苯酚(phenol)俗称石炭酸，纯品为无色针状晶体，熔点为 41 ℃，在空气中可以被氧化呈红色至褐色。苯酚易溶于乙醚、乙醇等极性有机溶剂，难溶于水，但温度升高到 65 ℃ 以上时，可与水以任意比互溶。苯酚可用作消毒剂和防腐剂，能使蛋白质变性，对皮肤有腐蚀性，一旦触及皮肤应立即用乙醇擦洗。

苯酚在工业上大量用作酚醛树脂和其他高分子材料的合成原料，也可被催化氢化还原后用作制备尼龙-66 的原料。苯酚可以从煤焦油中分离得到，工业上一般用异丙苯氧化法或氯苯水解法制备。

2. 甲酚

甲酚(methylphenol)是甲苯酚的邻、间、对三种异构体的统称。这三种异构体都存在于煤焦油中，沸点接近，溶解性相似，很难分离，一般使用的都是三种异构体的混合物，统称为甲酚。

甲酚的消毒能力比苯酚强，医药上常用的消毒剂"来苏儿"(lysol)就是含 47%~53% 的三种甲酚的肥皂水溶液，也称"煤酚皂"，是常用的杀菌消毒液。由于甲酚的毒性比苯酚大，家庭使用时一般可稀释到 3%~5%。甲酚可用作木材的防腐剂，也是农药、炸药和染料等工业的原料。

3. 对苯二酚

苯二酚（benzenediol）也有邻、间、对三种异构体，都有还原性，可以还原银氨溶液，与 $FeCl_3$ 溶液作用显色。对苯二酚的还原性更强，常用作显影剂，也用作抗氧剂和阻聚剂（自由基链反应的抑制剂）。例如，在苯甲醛中加入千分之一的对苯二酚，就可以有效地抑制其被氧气氧化为过氧酸；在储藏苯乙烯时，加入对苯二酚也可有效防止其发生聚合反应。

4. 环氧树脂

苯酚与甲醛缩合生成酚醛树脂，同样苯酚也可以与丙酮发生缩合，生成的产物称为双酚A。

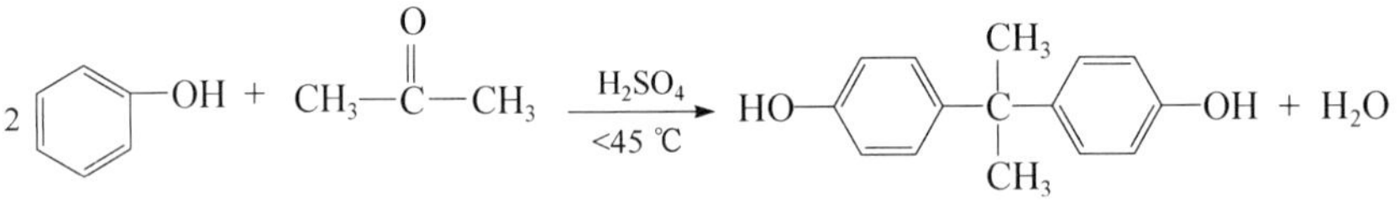

$$2\ C_6H_5OH + CH_3COCH_3 \xrightarrow[<45\ ℃]{H_2SO_4} HO\text{-}C_6H_4\text{-}C(CH_3)_2\text{-}C_6H_4\text{-}OH + H_2O$$

双酚A与环氧氯丙烷反应即可得到不同聚合度的产物——环氧树脂（epoxide resin）。

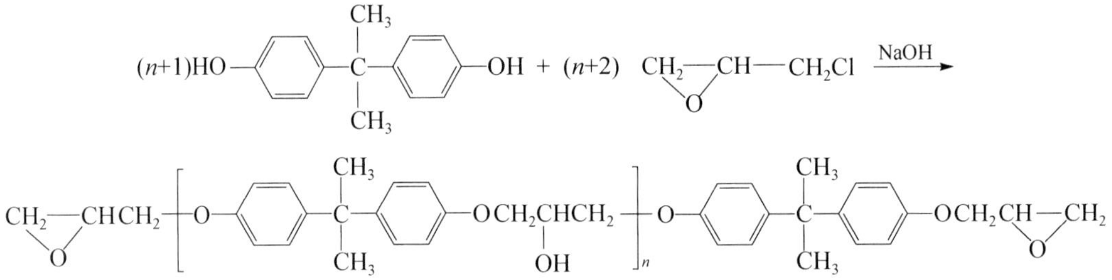

$$(n+1)HO\text{-}C_6H_4\text{-}C(CH_3)_2\text{-}C_6H_4\text{-}OH + (n+2)\ CH_2\text{-}CH\text{-}CH_2Cl \xrightarrow{NaOH}$$

这种环氧树脂是线性结构，与固化剂多元胺（如乙二胺）或多元酸酐（如均苯四甲酸二酐等）作用，生成具有交联结构的高分子树脂。这种树脂具有极强的黏结力，俗称"万能胶"，可以牢固地黏合多种材料。同时，它还具有良好的热稳定性，吸湿性小，即使在潮湿的环境中也可保持黏结面具有较高的机械强度和绝缘性。用环氧树脂浸渍玻璃纤维制得的玻璃钢，质量轻、强度大，用途广泛。

5. 维生素E

维生素E又称生育酚（tocopherol）、产妊酚，是与动物的生育功能有关的酚，广泛存在于植物油、果蔬中，1938年人工合成成功。维生素E有 $α$、$β$、$γ$ 三种结构，其中 $α$-生育酚活性最高，其结构式为

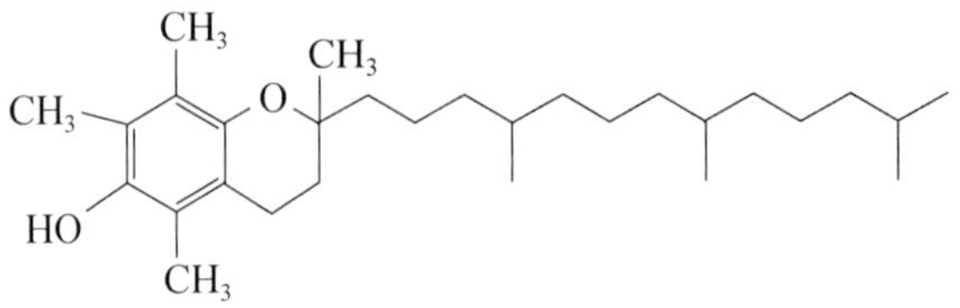

维生素E为黄色油状物，熔点为 $2.5\sim3.5\ ℃$，不溶于水，易溶于乙醇、乙醚等有机溶剂。在无氧的情况下，对热和酸稳定，能被空气中的氧气氧化。

维生素E对生殖功能和肌代谢都有影响，能清除人体的自由基，具有抗衰老的作用。临

床上用于肌营养不良、习惯性或先兆性流产、不孕症和肝昏迷等；油脂和食品工业中用作抗氧化剂。

7.3 醚

醚(ether)可以看作是水分子中的两个氢都被烃基取代的产物，醚类化合物都含有醚键(C—O—C 键)。

7.3.1 醚的分类和命名

根据醚键上的两个烃基是否相同可以给醚进行简单的分类。两个烃基相同的称为对称醚，也称为简单醚(simple ether)；两个烃基不相同的称为不对称醚，也称为混合醚(mixed ether)。两个烃基中有一个或两个芳香环的称为芳香醚，没有芳香环的称为脂肪醚。脂环烃中环上碳原子被氧取代的称为环醚[也称为环氧化合物(epoxide)]。环上含有多个氧的大环醚称为冠醚(crown ether)。例如

$CH_3—O—CH_3$　　$CH_3—O—CH_2CH_3$

简单醚　　　　　　混合醚　　　　　　芳香醚 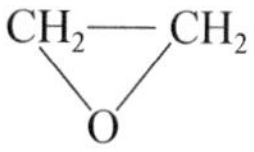　　　　　　环醚 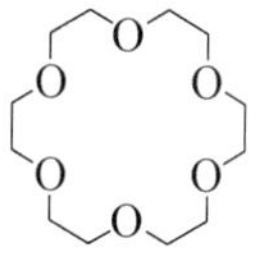　　　　　　冠醚

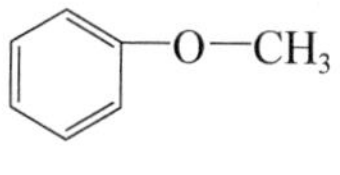

结构简单的醚用普通命名法命名。命名时，先写出两个烃基的名称，后面加上"醚"字，"基"可以省掉。例如

$CH_3—O—CH_3$　　　$CH_3CH_2—O—CH_2CH_3$

二甲基醚(甲醚)　　　二乙基醚(乙醚)　　　　二苯醚

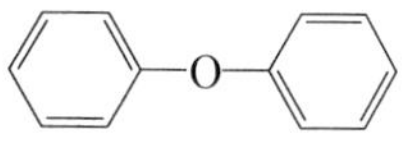

混合醚的命名先写较小的基团，再写较大的基团，后面加上"醚"字。芳香醚的命名把芳环写在前面。例如

$CH_3—O—CH_2CH_3$　　$CH_3CH_2—O—CH(CH_3)_2$　　$CH_3—O—CH=CH_2$

甲基乙基醚(甲乙醚)　　　　乙基异丙基醚　　　　　　　甲基乙烯基醚

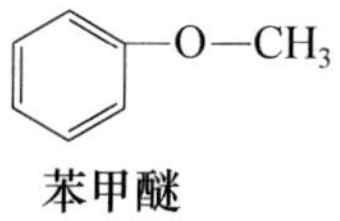

苯甲醚 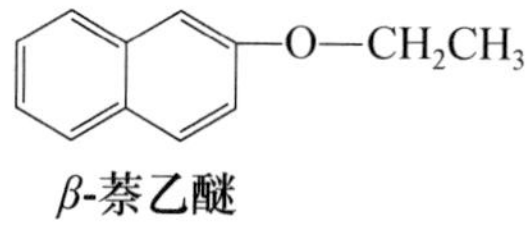　　　　　　　β-萘乙醚

醚中的烃基比较复杂或者分子中含有其他更优先的官能团时，则采用系统命名法。将较大的复杂的烃基作为母体，将较小的烃基和氧原子一起作为取代基(烃氧基 RO—)。例如

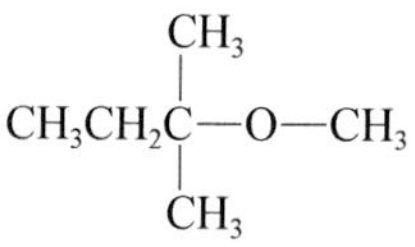

$CH_3CH_2\underset{\underset{CH_3}{|}}{\overset{\overset{CH_3}{|}}{C}}—O—CH_3$　　$CH_3OCH_2CH_2OCH_3$　　$HO—\text{〇}—OCH_3$

2-甲基-2-甲氧基丁烷　　　1,3-二甲氧基丙烷　　　4-甲氧基苯酚

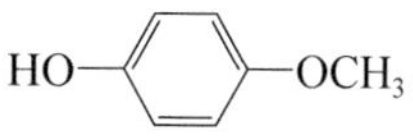

环醚一般命名为环氧化合物，以"环氧"为词头，同时标明环氧在碳链上的位次，写在母体

烃的前面;或者按杂环化合物命名。例如

$\underset{\text{环氧乙烷}}{\underset{\diagdown O \diagup}{CH_2-CH_2}}$ $\underset{\text{1,2-环氧丙烷}}{\underset{\diagdown O \diagup}{CH_2-CH-CH_3}}$ 四氢呋喃   1,4-二氧六环

思考题 7-6

命名下列化合物。

(1) $CH_3OCH_2\overset{OH}{\underset{|}{CH}}CH_2CH_3$

(2) ⬡—O—CH_2CH_3

(3) ⬠—O—CH_3

(4) Br—⬡—O—CH_3

(5) $CH_3-\overset{}{\underset{\diagdown O \diagup}{CH}}-CH_2-\overset{}{CH}-CH_3$

(6) $CH_3CH=CH-\overset{OCH_3}{\underset{|}{CH}}-CH_3$

7.3.2 醚的物理性质

除甲醚、甲乙醚是气体外,大多数醚都是易挥发、易燃的无色液体。醚分子中氧原子上没有活泼氢相连,不能形成氢键,因此醚的沸点比相同碳原子数醇的沸点低得多,而与相对分子质量相近的烃的沸点接近。例如,乙醚的沸点为 34.6 ℃,丁醇的沸点为 117 ℃,而戊烷的沸点为 36.1 ℃。常见醚的物理常数见表 7-3。

表 7-3 常见醚的物理常数

名称	熔点/℃	沸点/℃	相对密度(d_4^{20})
甲醚	−140	−24.9	0.661
乙醚	−116	34.5	0.713
正丙醚	−122	91	0.736
正丁醚	−95	142	0.773
二乙烯基醚	—	28.4	0.773
苯甲醚	−37.5	155	0.996
二苯醚	28	259	1.075
β-萘甲醚	72	274	—
环氧乙烷	−111	10.7	0.869
四氢呋喃	−108.5	67	0.888

醚中的氧可以与水分子形成氢键,因此低级醚在水中有一定的溶解度,但随着烃基的增大,溶解度降低。乙醚微溶于水,100 g 水中可溶解 8 g 左右乙醚,这与正丁醇在 100 g 水中可溶解 7.9 g 相近。而四氢呋喃和 1,4-二氧六环却可以与水以任意比例互溶。这主要是因为它们的结构不同,与水分子间形成氢键的难易程度不同。

7.3.3 醚的化学性质

醚的化学性质比较稳定,不与一般的氧化剂、还原剂反应,在碱性介质中尤为稳定,因此醚经常用作有机溶剂。常温下醚同金属钠也不发生反应,因而可用金属钠干燥醚。但醚分子中

的氧原子上有孤对电子,可以与酸作用,形成𬭩盐。另外,醚键在一定条件下也可发生断裂。

1. 𬭩盐的形成

醚中的氧原子作为电子对给予体与强酸(如浓硫酸、盐酸等)作用,可以生成𬭩盐(oxonium salt)而溶解于酸中。

$$R-O-R' + H_2SO_4 \rightleftharpoons R-\overset{+}{\underset{H}{O}}-R' + HSO_4^-$$

$$R-O-R' + HCl \rightleftharpoons R-\overset{+}{\underset{H}{O}}-R' + Cl^-$$

因此,可利用这个反应鉴别醚与烷烃或醚与卤代烷。𬭩盐用水稀释或加热以后分解为原来的醚和酸,因此可用冷的浓硫酸洗涤除去混合物中少量的醚类杂质。

2. 醚键的断裂

醚与浓强酸(如氢碘酸)共热,醚键中碳氧键会断裂。常用氢碘酸断裂醚键生成碘代烷和醇,若氢碘酸过量,则生成的醇能进一步转变为卤代烷。

$$R-O-R' \xrightarrow[\Delta]{HI} RI + R'OH \xrightarrow{HI} R'I + H_2O$$

混合醚反应时,一般是小的烃基断裂生成卤代烃,大的基团或芳基生成醇或酚。例如

$$CH_3OCH_2CH_3 + HI \xrightarrow{\Delta} CH_3I + CH_3CH_2OH$$

$$\text{C}_6\text{H}_5-OCH_3 + HI \xrightarrow{\Delta} CH_3I + \text{C}_6\text{H}_5-OH$$

氢溴酸、盐酸不如氢碘酸活泼,发生上述反应时需要较大的浓度和较高的反应温度。

思考题 7-7

完成下列反应式。

(1) $CH_3CH_2OCH_2CH_2CH_3 + HBr \longrightarrow$

(2) $CH_3CH_2OCH_2CH=CH_2 + HI \longrightarrow$

(3) $\text{C}_6\text{H}_5-OCH_2-\text{C}_6\text{H}_5 + HI \longrightarrow$

(4) 2-甲基四氢呋喃 + HI $\longrightarrow$

---

3. 过氧化物的形成

饱和的醚对一般的氧化剂是稳定的,但若将醚长期置于空气中,也会发生缓慢的氧化生成醚的过氧化物(peroxide)。例如

$$CH_3CH_2-O-CH_2CH_3 \xrightarrow{O_2} CH_3\underset{OOH}{\overset{}{CH}}-O-CH_2CH_3$$

氢过氧化乙醚

醚的过氧化物不易挥发,受热后迅速分解引起爆炸。为防止醚的氧化,一般应避光密封保存于棕色瓶中,或者在其中加入抗氧化剂防止过氧化物的生成。蒸馏醚之前应先检查是否有

过氧化物的存在,可使用淀粉-碘化钾试纸,如有过氧化物,试纸变蓝。也可使用硫酸亚铁-硫氰化钾混合溶液来检验,如有过氧化物,则溶液显血红色。过氧化物的去除方法是向其中加入 5% $FeSO_4$ 水溶液,使过氧化物还原分解。

7.3.4 环醚

1. 环氧乙烷

环氧乙烷(ethylene oxide)为无色有毒的气体,沸点为 11 ℃,可与水混溶,能与空气形成爆炸混合物,爆炸范围 3%~8%,它本身也可用作杀虫剂。

环氧乙烷是最小的环氧化合物,它的三元环结构使得分子内存在较强的环张力,极易发生开环加成反应,而且反应条件温和,速度快。环氧乙烷是极重要的化工原料,由它出发可以制备多种化工产品。

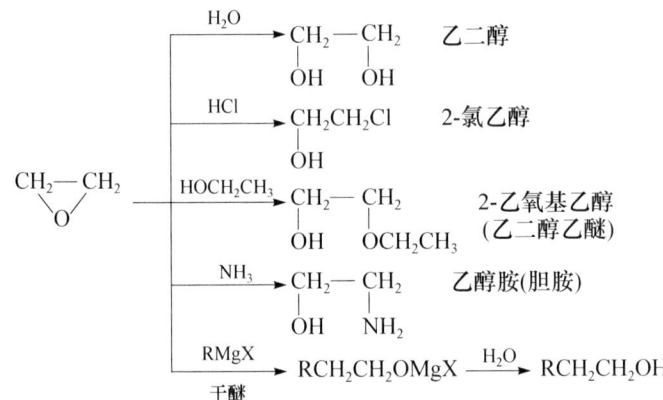

乙二醇乙醚具有醇和醚的性质,是良好的有机溶剂,广泛用于纤维素酯和油漆工业;乙醇胺可用作溶剂、乳化剂以及合成洗涤剂的原料;环氧乙烷与格氏试剂的反应是制备增加两个碳原子的伯醇的重要方法。

工业上环氧乙烷可以用乙烯在银催化下用空气氧化制取。

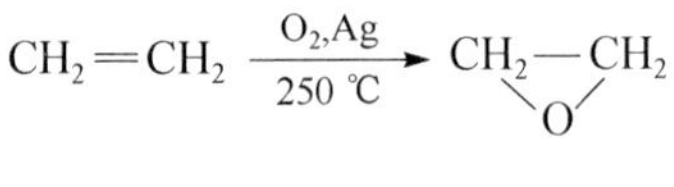

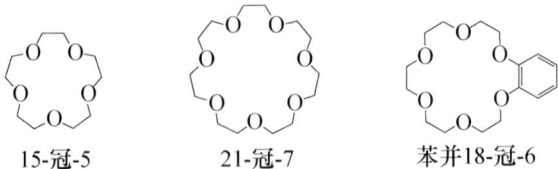

2. 冠醚

冠醚是一种大环多醚类化合物,其结构是由多个乙二醇醚结构单元形成的环,由于形状类似皇冠,所以称为冠醚。冠醚的名称记为 a-冠-b,其中 a 表示冠醚环上的原子总数(包括碳原子和氧原子),b 表示环上氧原子数。例如

15-冠-5 21-冠-7 苯并18-冠-6

冠醚最大的特点是分子中含有带孤对电子的氧原子。这些氧原子可以与金属离子结合形成配合物。冠醚环的大小不同,中间的空隙不同,就可以结合不同的金属离子,如 12-冠-4 可

以结合锂离子,15-冠-5 可以结合钠离子,而 18-冠-6 可以结合钾离子。这些配合物的熔点不同,可用于金属离子混合物的分离。

冠醚另一个极重要的应用是用作相转移催化剂(phase transfer catalysis, PTC)。当有机相和无机相反应时,由于相互间溶解度小,反应效率很低。相转移催化剂能够将水相中的离子带入含反应物的有机相中,从而大大提高反应效率。例如,在 KCN 和卤代烃的亲核取代反应中,KCN 和卤代烃分属于水相和有机相,不能混溶,二者只能在两相的界面处反应,效率很低。如果在反应体系中加入 18-冠-6,就可以与 KCN 形成配合物而将其带入有机相,使其与卤代烃在均相中反应。反应过程如下:

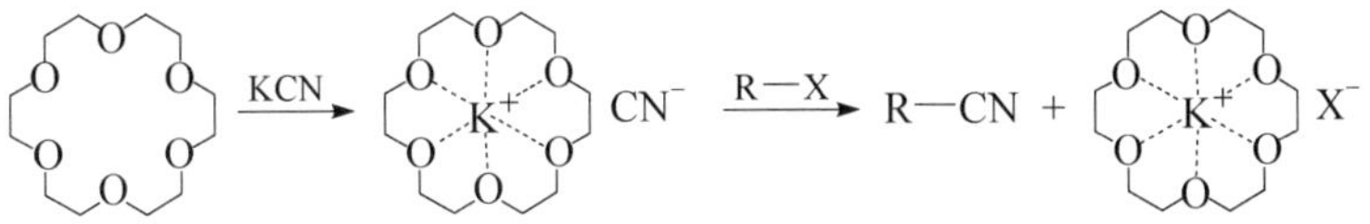

7.4 硫醇、硫酚和硫醚

氧原子和硫原子同属于元素周期表第ⅥA族,醇、酚和醚中的氧原子被硫原子替代后可以得到硫醇、硫酚和硫醚。

7.4.1 硫醇、硫酚和硫醚的命名

硫醇、硫酚的官能团是巯基(—SH),硫醚的官能团是硫醚键(C—S—C)。硫醇、硫酚和硫醚的名称与醇、酚和醚类似,只是在相应的"醇"、"酚"和"醚"字前面加上"硫"字。例如

CH$_3$SH　　　　CH$_3$CHCH$_2$CH$_3$　　　　CH$_3$—S—CH$_2$CH$_3$
　　　　　　　　　　|
　　　　　　　　　SH
甲硫醇　　　　　2-丁硫醇　　　　　　　甲乙硫醚

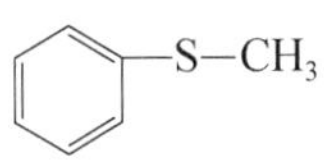

　　　　　　　　　　　　　　　　　　　　　　　OH
　　　　　　　　　　　　　　　　　　　　　　　|
—S—CH$_3$　　　CH$_3$—〈〉—SH　　　CH$_3$CHCHCHCH$_3$
　　　　　　　　　　　　　　　　　　　　|　　|
　　　　　　　　　　　　　　　　　　　SH　SH
苯甲硫醚 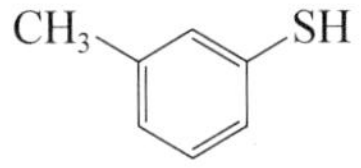　　　　3-甲基苯硫酚　　　　2,4-二巯基-3-戊醇

7.4.2 硫醇、硫酚和硫醚的物理性质

除甲硫醇在室温为气体外,其他的硫醇和硫酚为液体或固体。由于硫原子的电负性小于氧原子,硫醇、硫酚分子间无明显氢键作用,因此硫醇的沸点比相应的醇低得多。例如,乙硫醇的沸点为 37 ℃,而乙醇的沸点为 78.5 ℃。硫酚的沸点也比相应的酚低,如苯酚的沸点为 182 ℃,而硫酚的沸点为 168 ℃。

由于硫醇难与水形成氢键,因此硫醇比相应的醇在水中的溶解度低。例如,乙醇可与水任意混溶,而乙硫醇在水中的溶解度仅为 1.5 g•(100 mL)$^{-1}$(20 ℃)。

低级硫醇有毒,并有极难闻的臭味,在空气中含量极微便可察觉,因此在煤气中常混入少量低级硫醇,以便在煤气泄漏时能及时发现。低级的硫酚也有难闻的气味。

7.4.3 硫醇、硫酚和硫醚的化学性质

硫醇、硫酚和硫醚的结构与醇、酚和醚的结构相似,化学性质也相似,但也有区别的地方。

1. 硫醇和硫酚的化学性质

1) 酸性

硫醇、硫酚的酸性比相应的醇、酚的酸性强。其 pK_a 值如下：

	H_2O	H_2S	C_2H_5OH	C_2H_5SH	C_6H_5OH	C_6H_5SH
pK_a	15.7	7.0	15.9	10.6	10.0	7.8

硫醇和硫酚可溶于氢氧化钠溶液。例如

$$CH_3CH_2SH \xrightarrow{NaOH} CH_3CH_2SNa$$

硫醇能与重金属（如 Hg、Cu、Ag、Pb 等）离子生成不溶于水的硫醇盐，可应用这一反应鉴别硫醇的存在。临床上也将硫醇用作重金属中毒的解毒剂。例如，巴尔（BAL，二巯基丙醇）用作汞中毒的解毒剂。

$$\begin{array}{c} CH_2-SH \\ CH-SH \\ CH_2-OH \end{array} \xrightarrow{Hg^{2+}} \begin{array}{c} CH_2-S \\ CH-S \\ CH_2-OH \end{array}\!\!\!\!\!\!\!\!\!\!\!\!\!\!\!\!Hg \downarrow$$

2) 氧化反应

硫醇和硫酚可以被弱氧化剂（如碘、过氧化氢、次碘酸钠以及空气中的氧气）氧化生成二硫化物。

$$2RSH \xrightarrow{[O]} R-S-S-R + H_2O$$

在强氧化剂（如硝酸、酸性高锰酸钾等）作用下，硫醇或硫酚可氧化成磺酸，用于实验室中制备脂肪族磺酸。例如

$$CH_3CH_2SH \xrightarrow{KMnO_4, H^+} CH_3CH_2SO_3H$$

2. 硫醚的化学性质

硫醚在常温下可以被浓硝酸、过氧化氢、三氧化铬等氧化剂氧化成亚砜，亚砜可以被强氧化剂发烟硝酸、高锰酸钾、有机过氧酸等氧化成砜。例如

$$CH_3-S-CH_3 \xrightarrow[\text{或浓}HNO_3]{H_2O_2} CH_3-\underset{\underset{\text{二甲亚砜}}{}}{\overset{O}{\underset{\|}{S}}}-CH_3 \xrightarrow{\text{发烟}HNO_3} CH_3-\underset{\underset{\text{二甲砜}}{\overset{\|}{O}}}{\overset{\overset{O}{\|}}{S}}-CH_3$$

二甲亚砜（dimethyl sulfoxide, DMSO）为无色液体，极性很强，既能溶解有机物，又能溶解无机物，是一种优良的非质子极性溶剂。二甲亚砜能迅速透过皮肤，因此在实验室中使用二甲亚砜时必须戴手套，以免有毒的化合物随二甲亚砜进入体内。

硫醚可以发生氢解和热解反应，用于工业上的脱硫。例如

$$CH_3CH_2-S-CH_2CH_3 \begin{cases} \xrightarrow[200\sim300\ ℃]{H_2, \text{钼酸钴}} CH_3CH_3 + H_2S \\ \xrightarrow{400\ ℃} CH_2=CH_2 + H_2S \end{cases}$$

习 题

1. 命名下列化合物。

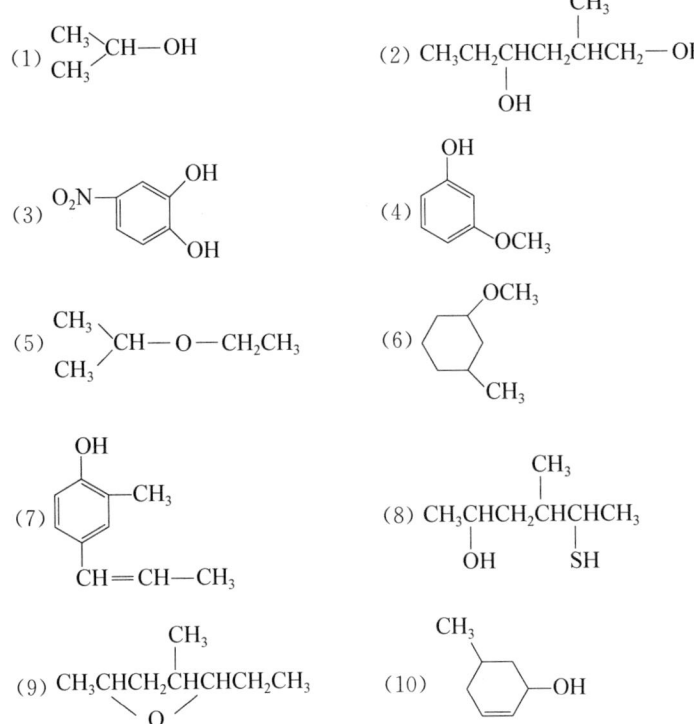

2. 写出下列化合物的结构式。
   (1) 4-甲氧基-1-戊烯-3-醇　　(2) 反-1,2-环戊二醇　　(3) (Z)-2-丁烯-1-醇
   (4) 4-硝基-1-萘酚　　(5) 苄基烯丙基醚　　(6) 苯并12-冠-4

3. 写出分子式为 $C_4H_{10}O$ 的所有醇的异构体,按系统命名法命名,并指出伯、仲、叔醇。哪些醇最容易脱水?哪些醇容易与钠作用?哪些醇最容易与卢卡斯试剂作用?

4. 不查表,将下列各组化合物按沸点降低的顺序排列,并说明理由。
   (1) A. $(CH_2OH)_2$　B. $(CH_2OCH_3)_2$　C. $HOCH_2CH_2OCH_3$
   (2) A. 3-己醇　B. 正己烷　C. 2-甲基-2-戊醇　D. 正辛醇　E. 正己醇
   (3) A. $CH_3CH_2CH_2Cl$　B. $(C_2H_5)_2O$　C. n-C_4H_9OH　D. $CH_3CH(CH_3)CH_2OH$　E. $CH_3CH_2CH(OH)CH_3$

5. 比较下列化合物与卢卡斯试剂反应的活性顺序。

6. 完成下列反应式。

(3) $CH_3CH_2-\underset{\underset{CH_3}{|}}{\overset{\overset{CH_3}{|}}{C}}-OCH_3 + 2HI \longrightarrow ($) + ( )

(4) $\underset{}{C_6H_4CH_3} \xrightarrow[\text{光}]{Cl_2} ($) $\xrightarrow[\text{水}]{NaOH} ($) $\xrightarrow[H_2SO_4]{CH_3COOH} ($)

(5) $CH_3\underset{\underset{CH_3}{|}}{\overset{\overset{OH}{|}}{CH}}CHCH_2CH_3 \xrightarrow[\triangle]{\text{浓 } H_2SO_4} ($) $\xrightarrow[H^+]{KMnO_4} ($) + ( )

(6) $CH_3-C_6H_4-OH \xrightarrow{Br_2} ($)

7. 用简单的化学方法区别下列各组化合物。
   (1) 苯乙烯、苯乙醚、苯酚、1-苯基乙醇
   (2) 1-丁醇、丁醚、苯酚
   (3) 对乙苯酚、α-苯乙醇、对氯乙苯
   (4) 正戊醇、3-甲基-2-丁醇、2-甲基-2-丁醇

8. 用给定原料完成下列转化。
   (1) $C_6H_5-CH_3 \longrightarrow C_6H_5-CH_2-OH$

   (2) $CH_3\underset{\underset{OH}{|}}{\overset{\overset{CH_3}{|}}{CH}}CHCH_3 \longrightarrow \underset{\underset{OH}{|}}{\overset{\overset{CH_3}{|}}{C}}(CH_3)CH_2CH_3$

   (3) $CH_3CH_2OH \longrightarrow CH_3CH_2CH_2CH_2OH$
   (4) $CH_3CH_2CH_2OH \longrightarrow CH_3CH_2CH_2COOH$

9. 如何将下列化合物中的少量杂质除去?
   (1) 苯中混有少量甲苯
   (2) 苯中混有少量苯酚
   (3) 环己醇中含有少量苯酚
   (4) 环己烷中含有少量乙醚
   (5) 乙醚中含有少量乙醇

10. 某含氧化合物 A,分子式为 C_7H_8O,且有两个同分异构体 B 和 C。实验结果如下:
    (1) A、B 溶于浓 H_2SO_4 而不溶于 NaOH 溶液,C 不溶于 H_2SO_4 但能溶于 NaOH,当 C 全部溶解后加酸酸化,又重新析出。
    (2) A 与酸性 $KMnO_4$ 溶液作用生成苯甲酸,B 无作用,而 C 极易被氧化。
    (3) C 与 $FeCl_3$ 作用显蓝色,A、B 与 $FeCl_3$ 作用均不显色。
    试推出 A、B、C 的结构式。

第 8 章 醛、酮、醌

醛、酮、醌都是分子结构中含有羰基的化合物。羰基上至少连有一个氢原子的化合物称为醛；羰基与两个烃基相连的化合物称为酮；而醌是一类含有特殊结构的不饱和环二酮。

$$\underset{\text{羰基}}{\diagdown C=O} \quad \underset{\text{醛}}{R-\overset{O}{\overset{\|}{C}}-H} \quad \underset{\text{酮}}{R-\overset{O}{\overset{\|}{C}}-R'} \quad \underset{\text{醌}}{O=\bigcirc=O}$$

8.1 醛 和 酮

8.1.1 醛、酮的分类和命名

1. 分类

醛、酮可根据羰基所连的烃基类型不同，分为脂肪族醛、酮，脂环族醛、酮和芳香族醛、酮；又可根据烃基是否饱和，分为饱和醛、酮和不饱和醛、酮；还可以根据分子中羰基的数目，分为一元、二元和多元醛、酮。

2. 命名

醛、酮的系统命名是选择羰基碳原子在内的最长碳链为主链，根据主链碳原子数称为"某醛"或"某酮"。主链碳原子从靠近羰基的一端开始编号，醛基总是位于链端，不用标明它的位次；而酮的羰基不在链端，则需标明其所在位次。主链碳原子的位次也可以用希腊字母表示，与羰基相邻的碳为 α-碳，其余依次为 β、γ、δ 等。例如

$$\underset{\text{3-甲基戊醛}(\beta\text{-甲基戊醛})}{\underset{\underset{C_2H_5}{|}}{CH_3CHCH_2CHO}} \quad \underset{\text{3-甲基-2-丁烯醛}}{\underset{\underset{CH_3}{|}}{CH_3-C=CHCHO}} \quad \underset{\text{乙二醛}}{\overset{CHO}{\underset{CHO}{|}}}$$

$$\underset{\text{4-甲基-2-戊酮}}{CH_3-\overset{O}{\overset{\|}{C}}-CH_2CH(CH_3)_2} \quad \underset{\text{3-甲基-2,5-己二酮}}{CH_3-\overset{O}{\overset{\|}{C}}-\underset{\underset{CH_3}{|}}{CH}CH_2-\overset{O}{\overset{\|}{C}}-CH_3} \quad \underset{\text{1,4-环己二酮}}{O=\bigcirc=O}$$

$$\underset{\text{2,4-二甲基-3-戊酮}}{(CH_3)_2CH-\overset{O}{\overset{\|}{C}}-CH(CH_3)_2} \quad \underset{\text{3-甲基-4-己烯-2-酮}}{CH_3CH=CH\underset{\underset{CH_3}{|}}{CH}-\overset{O}{\overset{\|}{C}}-CH_3}$$

芳香族醛、酮命名时，常以脂链作为主链，芳环作为取代基。例如

$$\underset{\text{1-苯基-1-丙酮}}{\text{C}_6\text{H}_5\text{-CO-CH}_2\text{CH}_3} \qquad \underset{\text{3-苯基-2-丁烯醛}}{\text{C}_6\text{H}_5\text{-C(CH}_3\text{)=CHCHO}}$$

思考题 8-1

写出下列化合物的结构式。

(1) 3-甲基-2-戊酮　(2) 丁二醛　(3) 2,2-二甲基环戊酮　(4) 1-苯基-2-丙酮　(5) 对乙酰基苯甲醛

8.1.2　醛、酮的物理性质

在常温常压下,除甲醛是气体外,十二个碳原子以下的脂肪族醛、酮为液体,高级脂肪族醛、酮及芳香酮多为固体。

醛、酮分子间不能形成氢键,但是由于羰基具有较强的极性,因此醛、酮的沸点比相对分子质量相近的烃和醚高,比相应的醇低。例如

化合物	戊烷	乙醚	丁醛	丁酮	丁醇
相对分子质量	72	74	72	72	74
沸点/℃	36.1	34.6	75.7	79.6	117.8

醛、酮的羰基能与水形成氢键,故低级醛、酮可溶于水,如甲醛、乙醛、丙酮等可与水混溶,其水溶性随着相对分子质量增大而迅速减小,而易溶于有机溶剂。常见醛、酮的物理常数见表 8-1。

表 8-1　常见醛、酮的物理常数

名称	熔点/℃	沸点/℃	相对密度(d_4^{20})
甲醛	-92	-21	0.815
乙醛	-121	20.8	0.7834(d_4^{18})
丙醛	-81	48.8	0.8058
丁醛	-99	75.7	0.8170
丙烯醛	-87.7	53	0.8410
苯甲醛	-26	178.6	1.0415(d_4^0)
丙酮	-95.4	56.2	0.7899
丁酮	-86.4	79.6	0.8054
2-戊酮	-77.8	102	0.8089
3-戊酮	-39.8	101.7	0.8138
苯乙酮	20.5	202	1.0281
二苯酮	48.1	305.9	1.0976
环己酮	-16.4	155.6	0.9478

8.1.3　醛、酮的化学性质

羰基是醛、酮的官能团,羰基碳原子以三个 sp^2 杂化轨道分别与一个氧原子及两个碳原子或氢原子形成三个 σ 键。这三个 σ 键的对称轴位于同一平面上,键角接近 120°。碳原子上的未杂化 p 轨道与氧原子上的一个 p 轨道平行重叠形成 π 键。因此,羰基的碳氧双键也是由一

个 σ 键和一个 π 键组成(图 8-1)。

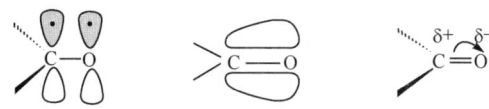

图 8-1 羰基的结构

与烯烃不同的是,氧原子的电负性比碳原子大,因此 π 电子云不对称地分布在碳和氧之间。氧原子上的电子云密度较高,带有部分负电荷;碳原子上的电子云密度较低,带有部分正电荷。由于带正电荷的碳比带负电荷的氧更加不稳定,因此羰基碳原子具有更大的反应活性,容易受到亲核试剂的进攻,发生亲核加成反应。其反应机理可用以下通式表示:

$$Nu^- + \overset{}{\underset{}{C}}=O \xrightleftharpoons{慢} \overset{Nu}{\underset{}{C}}-O^- \xrightleftharpoons{H^+ 快} \overset{Nu}{\underset{}{C}}-OH$$

反应时,亲核试剂首先加在羰基碳原子上,形成氧负离子中间体;然后氧负离子中间体与质子结合形成产物。

不同的羰基化合物进行亲核加成反应的活性不同,影响反应活性的主要因素是电子效应和空间效应。羰基碳上的电子云密度越低、所连基团的体积越小,活性越大。综合两种影响因素,不同结构的醛和酮进行亲核加成反应时,大致可按下列顺序由易到难排列:

$$HCHO > RCHO > ArCHO > CH_3COCH_3 > CH_3COR > RCOR > ArCOAr$$

一般情况下,脂肪醛比芳香醛易于进行亲核加成;脂肪酮比芳香酮易于进行亲核加成。但也有例外,如

$$C_6H_5-\underset{\underset{O}{\|}}{C}-CH_3 > (CH_3)_3C-\underset{\underset{O}{\|}}{C}-C(CH_3)_3$$

1. 羰基上的亲核加成反应

1) 与氢氰酸的加成

一般情况下,醛、脂肪族甲基酮和脂环酮均可与氢氰酸作用生成 α-羟基腈(或称 α-氰醇)。

$$\underset{(CH_3)H}{\overset{R}{>}}C=O + HCN \rightleftharpoons R-\underset{\underset{H(CH_3)}{|}}{\overset{\overset{OH}{|}}{C}}-CN$$

实验表明,碱对该反应有显著的影响。例如,丙酮与氢氰酸反应,无碱存在时,3~4 h 只有一半原料发生反应;若加入一滴氢氧化钾溶液,反应在 2 min 内即可完成;如果加入大量的酸,放置数天反应也不发生。一般认为,碱催化下氢氰酸与羰基化合物的加成反应机理如下:

$$HCN \xrightleftharpoons{OH^-} H^+ + CN^-$$

$$\underset{R'}{\overset{R}{>}}C=O + CN^- \xrightleftharpoons{慢} R-\underset{\underset{R'}{|}}{\overset{\overset{O^-}{|}}{C}}-CN \xrightleftharpoons{H^+ 快} R-\underset{\underset{R'}{|}}{\overset{\overset{OH}{|}}{C}}-CN$$

产物比原来的醛、酮增加了一个碳原子,在有机合成中是增长碳链的方法之一。α-羟基腈是一类较活泼的化合物,可以进一步转变为其他化合物,因此在有机合成中很有用处。例如

$$CH_3CHO + HCN \xrightarrow{OH^-} CH_3-\underset{OH}{\underset{|}{CH}}-CN \xrightarrow{H_3O^+} CH_3-\underset{OH}{\underset{|}{CH}}-COOH$$

α-羟基丙腈　　　　α-羟基丙酸(乳酸)

思考题 8-2

1. 将下列化合物按发生亲核加成反应的活性顺序由大到小排列。
   (1) 二苯酮　(2) 氯乙醛　(3) 丙酮　(4) 乙醛　(5) 苯甲醛　(6) 环戊酮
2. 完成下列转变。

$$\underset{}{\bigcirc}=O \longrightarrow \underset{}{\bigcirc}\underset{COOH}{\overset{OH}{|}}$$

---

2) 与亚硫酸氢钠的加成

醛、脂肪族甲基酮及八个碳以下的环酮与过量的饱和亚硫酸氢钠溶液反应,生成α-羟基磺酸钠白色晶体。

$$\underset{(CH_3)H}{\overset{R}{|}}C=O + \underset{HO}{\overset{O}{\underset{\|}{S}}}ONa \rightleftharpoons \underset{(CH_3)H}{\overset{R}{|}}\underset{SO_3H}{\overset{ONa}{|}}C \rightleftharpoons \underset{(CH_3)H}{\overset{R}{|}}\underset{SO_3Na}{\overset{OH}{|}}C$$

亚硫酸氢钠　　　　　　　　　　　α-羟基磺酸钠

反应中,亲核原子是亚硫酸氢钠分子中的硫原子,而不是带有负电荷的氧原子。α-羟基磺酸钠易溶于水,但不溶于饱和亚硫酸氢钠溶液而析出沉淀,因而此反应可用于鉴别醛、脂肪族甲基酮和八个碳以下的环酮。由于该反应是可逆的,稀酸或稀碱可使亚硫酸氢钠分解而除去,因此也可利用此反应分离或提纯醛、脂肪族甲基酮和八个碳以下的环酮。

$$\underset{(CH_3)H}{\overset{R}{|}}\underset{SO_3Na}{\overset{OH}{|}}C \rightleftharpoons \underset{(CH_3)H}{\overset{R}{|}}C=O + NaHSO_3 \begin{cases} \xrightarrow{Na_2CO_3} NaHCO_3 + Na_2SO_3 \\ \xrightarrow{HCl} NaCl + SO_2 + H_2O \end{cases}$$

3) 与醇的加成

在干燥氯化氢或浓硫酸的催化下,醛能与醇发生加成反应生成半缩醛。通常情况下半缩醛不稳定,在催化剂存在下可与另一分子醇缩合生成稳定的缩醛。

$$R-\underset{}{\overset{O}{\|}}C-H + H-OR' \underset{}{\overset{无水HCl}{\rightleftharpoons}} R-\underset{OR'}{\overset{OH}{|}}C-H \underset{}{\overset{无水HCl,R'OH}{\rightleftharpoons}} R-\underset{OR'}{\overset{OR'}{|}}C-H + H_2O$$

半缩醛　　　　缩醛

缩醛可看成同碳二醚,性质与醚相似。它在碱、氧化剂和还原剂存在下都比较稳定;在稀酸的存在下可水解为原来的醛和醇。因此,在有机合成中常利用此性质来保护醛基。例如,以 $HOCH_2-\bigcirc-CHO$ 为原料制备 $HOOC-\bigcirc-CHO$,可按下列步骤进行:

$$\text{HOCH}_2\text{-C}_6\text{H}_4\text{-CHO} \xrightarrow{\text{无水HCl, HOCH}_2\text{CH}_2\text{OH}} \text{HOCH}_2\text{-C}_6\text{H}_4\text{-CH(OCH}_2\text{CH}_2\text{O)}$$

$$\xrightarrow{\text{KMnO}_4/\text{OH}^-} {}^-\text{OOC-C}_6\text{H}_4\text{-CH(OCH}_2\text{CH}_2\text{O)} \xrightarrow{\text{H}_2\text{O/H}^+} \text{HOOC-C}_6\text{H}_4\text{-CHO}$$

醇与酮的反应比较困难,若使酮在酸催化下与乙二醇作用,并设法移去反应生成的水,可得到环状缩酮。例如

$$\text{环己酮} + \begin{matrix}\text{CH}_2\text{OH}\\|\\\text{CH}_2\text{OH}\end{matrix} \xrightarrow[80\%\sim85\%]{\text{对甲基苯磺酸}, \triangle} \text{环己酮缩乙二醇}$$

用生成缩酮的方法也可以在有机合成中保护酮羰基。

4）与水的加成

通常情况下,醛、酮与水加成形成不稳定的水合物,这些化合物中的两个羟基连在同一个碳原子上,称为偕二醇。

$$\begin{matrix}\text{R}\\\text{H}\end{matrix}\text{C=O} + \text{H}_2\text{O} \rightleftharpoons \begin{matrix}\text{R}\quad\text{OH}\\\text{H}\quad\text{OH}\end{matrix}\text{C}$$

反应是可逆的,在大多数情况下平衡远远偏向左边。甲醛的羰基活性较大,在水中主要以水合物的形式存在,但不能从水溶液中分离出来。

$$\begin{matrix}\text{H}\\\text{H}\end{matrix}\text{C=O} + \text{H}_2\text{O} \rightleftharpoons \begin{matrix}\text{H}\quad\text{OH}\\\text{H}\quad\text{OH}\end{matrix}\text{C}$$

水合甲醛(>99%)

某些羰基上连有强吸电子基团的化合物,如三氯乙醛能与水形成稳定的水合物结晶,并且可以从水中分离出来。

$$\text{Cl}_3\text{C-CHO} + \text{H}_2\text{O} \longrightarrow \begin{matrix}\text{Cl}_3\text{C}\quad\text{OH}\\\text{H}\quad\text{OH}\end{matrix}\text{C}$$

水合三氯乙醛

同样,茚三酮的水合物也是稳定的。

茚三酮 + H_2O ⟶ 水合茚三酮

水合三氯乙醛常用作催眠剂和镇静剂;水合茚三酮在氨基酸的纸层析和薄层层析中用作显色剂。

5）与格氏试剂的加成

格氏试剂具有较强的亲核性,它与醛、酮的反应是制备各种醇类的重要方法之一。

$$\overset{\delta+}{\text{C}}=\overset{\delta-}{\text{O}} + \overset{\delta-}{\text{R}}-\overset{\delta+}{\text{Mg}}-\text{X} \xrightarrow{\text{干醚}} \begin{matrix}\text{OMgX}\\|\\\text{C}\\|\\\text{R}\end{matrix} \xrightarrow{\text{H}_2\text{O}} \begin{matrix}\text{OH}\\|\\\text{C}\\|\\\text{R}\end{matrix} + \text{Mg(OH)X}$$

格氏试剂中的碳镁键是高度极化的,碳原子带有部分负电荷,镁原子带有部分正电荷。带有部分负电荷的碳原子具有较强的亲核性,在反应过程中带着一对键合电子转移到羰基碳原子上。格氏试剂与甲醛反应,产物经水解得到增加一个碳原子的伯醇;与其他醛反应生成仲醇;与酮反应则得到叔醇。各反应表示如下:

$$\underset{H}{\overset{H}{>}}C=O + RMgX \xrightarrow{\text{干醚}} \underset{R}{\overset{H}{>}}\underset{}{\overset{H}{\underset{|}{C}}}\underset{}{\overset{OMgX}{}} \xrightarrow{H_2O} RCH_2OH + Mg(OH)X$$

$$\underset{R'}{\overset{H}{>}}C=O + RMgX \xrightarrow{\text{干醚}} \underset{R}{\overset{H}{>}}\underset{R'}{\overset{OMgX}{\underset{|}{C}}} \xrightarrow{H_2O} R-\underset{R'}{\overset{}{\underset{|}{C}HOH}} + Mg(OH)X$$

$$\underset{R'}{\overset{R''}{>}}C=O + RMgX \xrightarrow{\text{干醚}} \underset{R}{\overset{R''}{>}}\underset{R'}{\overset{OMgX}{\underset{|}{C}}} \xrightarrow{H_2O} R-\underset{R'}{\overset{R''}{\underset{|}{C}}}-OH + Mg(OH)X$$

思考题 8-3

完成下列反应式。

(1) 环戊酮 + 2C$_2$H$_5$OH $\xrightarrow{\text{干HCl}}$

(2) C$_6$H$_5$—MgBr + CH$_3$CHO $\xrightarrow[\text{2)H}_2\text{O}]{\text{1)干醚}}$

---

6) 与氨的衍生物加成

某些氨的衍生物能与醛、酮发生亲核加成反应,产物不稳定,很快脱水生成含有碳氮双键的缩合产物。这些缩合产物具有良好的结晶或特殊的颜色,常用于鉴定羰基的存在。因此,这些氨的衍生物也称为羰基试剂,常见的羰基试剂有

| NH$_2$—OH | NH$_2$—NH$_2$ | C$_6$H$_5$NH—NH$_2$ | 2,4-(O$_2$N)$_2$C$_6$H$_3$NH—NH$_2$ | H$_2$N—CO—NHNH$_2$ |

| 羟胺 | 肼 | 苯肼 | 2,4-二硝基苯肼 | 氨基脲 |

羰基试剂的亲核性较弱,一般需要在酸的催化(pH=4~5)下进行,其反应通式如下:

$$>C=O + H_2N-Y \longrightarrow \left[>\underset{|}{\overset{OH}{C}}-\underset{|}{\overset{H}{N}}-Y\right] \xrightarrow{-H_2O} >C=N-Y$$

—Y: —OH、—NH$_2$、—NH—C$_6$H$_5$、—NH—C$_6$H$_3$(NO$_2$)$_2$、—NH—CO—NH$_2$

例如

$$\underset{CH_3}{\overset{CH_3}{>}}C=O + H_2N-OH \longrightarrow \underset{CH_3}{\overset{CH_3}{>}}C=N-OH + H_2O$$

丙酮肟

$$CH_3CHO + H_2N-NH-C_6H_3(NO_2)_2 \longrightarrow CH_3CH=NNH-C_6H_3(NO_2)_2$$

乙醛-2,4-二硝基苯腙(黄色结晶)

$$\text{C}_6\text{H}_5\text{-CHO} + \text{H}_2\text{N-NH-}\overset{\text{O}}{\overset{\|}{\text{C}}}\text{-NH}_2 \longrightarrow \text{C}_6\text{H}_5\text{-CH=N-NH-}\overset{\text{O}}{\overset{\|}{\text{C}}}\text{-NH}_2$$
苯甲醛缩氨基脲

羰基试剂与醛、酮反应得到的加成缩合产物都是很好的结晶,具有固定的熔点,产率高,易于提纯,在稀酸的作用下能够水解为原来的醛和酮,因此可利用此反应分离和提纯醛、酮。

2. α-氢的反应

醛、酮分子中与羰基直接相连碳上的氢原子称为 α-氢原子。α-氢原子受到羰基的吸电子效应影响而具有弱酸性。例如,乙醛的 α-氢原子 pK_a 值约为 17,丙酮的 α-氢原子 pK_a 值约为 20,而乙烷的 pK_a 值为 42。这是因为醛、酮的 α-氢解离后形成的碳负离子的负电荷通过共轭效应可以分散到羰基上,所以这样的碳负离子比较稳定。

$$-\overset{|}{\underset{|}{\text{C}}}-\overset{|}{\underset{|}{\text{C}}}=\text{O} \xrightleftharpoons[-\text{H}_2\text{O}]{\text{OH}^-} -\overset{|}{\underset{|}{\text{C}}}^{-}-\overset{|}{\underset{|}{\text{C}}}=\text{O} \quad \text{或} \quad -\overset{|}{\underset{|}{\text{C}}}=\overset{|}{\underset{|}{\text{C}}}-\text{O}^-$$

碳负离子是活性中间体,具有良好的亲核性能,可与另一分子醛、酮发生羟醛缩合反应;也可以与卤素作用,发生卤化反应。

1) 卤化和卤仿反应

醛、酮的 α-氢在碱或酸的催化下,容易被卤素取代,生成 α-卤代醛、酮。例如

$$\text{C}_6\text{H}_5\text{-}\overset{\text{O}}{\overset{\|}{\text{C}}}\text{-CH}_3 \xrightarrow[\text{乙醚},0\,°\text{C},88\%\sim96\%]{\text{Br}_2,\text{催化量AlCl}_3} \text{C}_6\text{H}_5\text{-}\overset{\text{O}}{\overset{\|}{\text{C}}}\text{-CH}_2\text{Br}$$
α-溴苯乙酮

用碱催化时,卤化反应的速率很大。当 α-碳上有三个氢原子时,反应一般不易控制生成一卤代或二卤代物。由于醛、酮的一个 α-氢原子被取代后,卤原子的吸电子效应使得它所连的 α-碳上的氢原子在碱的作用下更容易离去,因此第二、第三个 α-氢原子就更容易被取代生成 α,α,α-三卤代醛、酮。例如

$$\text{CH}_3\text{-}\overset{\text{O}}{\overset{\|}{\text{C}}}\text{-CH}_3 \xrightarrow[\text{慢}]{\text{Br}_2,\text{OH}^-} \text{CH}_3\text{-}\overset{\text{O}}{\overset{\|}{\text{C}}}\text{-CH}_2\text{Br} \xrightarrow[\text{快}]{\text{Br}_2,\text{OH}^-}$$

$$\text{CH}_3\text{-}\overset{\text{O}}{\overset{\|}{\text{C}}}\text{-CHBr}_2 \xrightarrow[\text{快}]{\text{Br}_2,\text{OH}^-} \text{CH}_3\text{-}\overset{\text{O}}{\overset{\|}{\text{C}}}\text{-CBr}_3$$

在碱性溶液中 α,α,α-三卤代醛、酮不稳定,很快分解成卤仿和羧酸盐。

$$\text{CH}_3\text{-}\overset{\text{O}}{\overset{\|}{\text{C}}}\text{-CBr}_3 \xrightleftharpoons{\text{OH}^-} \text{CH}_3\text{-}\overset{\text{O}^-}{\underset{\text{OH}}{\overset{|}{\text{C}}}}\text{-CBr}_3 \longrightarrow \text{CH}_3\text{-}\overset{\text{O}}{\overset{\|}{\text{C}}}\text{-OH} + :\text{CBr}_3^-$$

$$\longrightarrow \text{CH}_3\text{-}\overset{\text{O}}{\overset{\|}{\text{C}}}\text{-O}^- + \text{CHBr}_3$$

此反应称为卤仿反应。若使用次碘酸钠（碘的氢氧化钠溶液）作试剂，产生具有特殊气味的黄色碘仿结晶，则称为碘仿反应。例如

$$CH_3-\overset{O}{\underset{}{C}}-H \xrightarrow{I_2, OH^-} HCOO^- + CHI_3$$

碘仿反应可用于鉴定具有 $CH_3-\overset{O}{\underset{}{C}}-$ 结构的醛、酮以及具有 $CH_3-\overset{OH}{\underset{}{CH}}-$ 结构的醇。这是因为次碘酸钠本身是氧化剂，它能将 $CH_3-\overset{OH}{\underset{}{CH}}-$ 结构的醇氧化成 $CH_3-\overset{O}{\underset{}{C}}-$ 结构的醛或酮。例如

$$CH_3CH_2OH \xrightarrow{I_2}{OH^-} CH_3-\overset{O}{\underset{}{C}}-H \xrightarrow{I_2}{OH^-} H-\overset{O}{\underset{}{C}}-O^- + CHI_3$$

在有机合成中，卤仿反应还可以用于制备比原料少一个碳原子的羧酸。例如

$$(CH_3)_3C-\overset{O}{\underset{}{C}}-CH_3 \xrightarrow[\triangle]{NaOH, Cl_2} (CH_3)_3CCOONa + CHCl_3$$

2）羟醛缩合反应

在稀碱或稀酸的催化下，具有 α-氢的醛发生分子间加成，生成 β-羟基醛的反应称为羟醛缩合反应（或醇醛缩合反应）。例如

$$CH_3-\overset{O}{\underset{}{C}}-H + CH_3-\overset{O}{\underset{}{C}}-H \xrightarrow[5\ ℃]{10\% \ NaOH} CH_3\overset{OH}{\underset{}{CH}}CH_2CHO$$

β-羟基丁醛

碱催化条件下，羟醛缩合反应机理以乙醛为例，表示如下：

$$CH_3CHO + OH^- \rightleftharpoons {}^-CH_2CHO + H_2O$$

$$CH_3-\overset{O}{\underset{H}{C}} + {}^-CH_2CHO \rightleftharpoons CH_3-\overset{O^-}{\underset{H}{C}}-CH_2CHO \underset{}{\overset{H_2O}{\rightleftharpoons}} CH_3-\overset{OH}{\underset{H}{C}}-CH_2CHO$$

产物 β-羟基醛稍微受热即发生分子内脱水生成 α,β-不饱和醛。

$$CH_3\overset{OH}{\underset{}{CH}}CH_2CHO \xrightarrow{\triangle} CH_3CH=CHCHO + H_2O$$

2-丁烯醛

不含 α-氢的醛，分子间不能发生羟醛缩合反应，但在稀碱催化下可与含 α-氢的醛发生不同分子间的交叉羟醛缩合反应。例如

$$\text{C}_6\text{H}_5-CHO + CH_3CHO \xrightarrow[\triangle]{稀OH^-} \text{C}_6\text{H}_5-CH=CHCHO + H_2O$$

含有 α-氢的酮也能发生羟醛缩合反应，但平衡常数较小，通常情况下产率很低。

羟醛缩合反应是增长碳链的重要方法之一。通过该反应可以合成比原料增加一倍碳原子的醛、醇等有机化合物。

思考题 8-4

1. 下列化合物中，哪些能发生碘仿反应？
(1) CH_3CH_2CHO　　(2) $CH_3CH(OH)CH_2CH_3$　　(3) ICH_2CHO　　(4) $C_6H_5COCH_3$
(5) $(CH_3)_3COH$　　(6) $C_6H_5CH_2CH_2OH$　　(7) $CH_3COCH_2COCH_3$　　(8) $C_6H_5CH(OH)CH_3$

2. 下列化合物中，哪些能发生自身的羟醛缩合反应？
(1) C_6H_5CHO　　(2) $CH_3CH_2CH(CH_3)CHO$　　(3) $(CH_3)_3CCHO$　　(4) $C_6H_5CH_2CH_2CHO$

3. 氧化还原反应

醛和酮都可以被强氧化剂如高锰酸钾、硝酸等氧化。在此条件下，醛被氧化成碳原子数相同的羧酸；酮则发生酮基和 α-碳原子间的碳碳键断裂，生成多种较低级羧酸的混合物，因此一般情况下没有制备意义。

1) 与弱氧化剂的反应

醛不同于酮，羰基碳上连有氢原子，因而醛非常容易氧化，较弱的氧化剂就可使醛氧化成同碳原子数的羧酸。弱氧化剂不能使酮氧化，因此可用氧化的方法区别醛和酮。常用的弱氧化剂有托伦(Tollens)试剂和费林(Fehling)试剂。

托伦试剂是硝酸银的氨水溶液，它与醛的反应可表示如下：

$$RCHO + 2Ag(NH_3)_2^+ + 2OH^- \xrightarrow{\triangle} RCOO^-NH_4^+ + 2Ag\downarrow + H_2O + 3NH_3$$

反应时，醛被氧化成羧酸，Ag^+ 则被还原为 Ag，形成银镜附在试管内壁上，因此该反应又称为银镜反应。

费林试剂由 A 和 B 两种溶液组成。A 为硫酸铜溶液，B 为氢氧化钠和酒石酸钾钠溶液。平时分别储存，使用时等量混合。二价铜离子作为氧化剂，与醛反应时被还原为氧化亚铜砖红色沉淀。

$$RCHO + Cu^{2+} \xrightarrow[\triangle]{OH^-} RCOO^- + Cu_2O\downarrow + H_2O$$

费林试剂能把脂肪醛氧化成相应的羧酸，但不能氧化芳香醛。

托伦试剂和费林试剂对酮基、羟基和碳碳双键等没有氧化作用，利用这一性质在一些特定的有机合成中选择性地氧化醛基。例如

$$CH_3CH=CHCHO \xrightarrow{Ag^+ 或 Cu^{2+}} CH_3CH=CHCOOH$$

思考题 8-5

1. 用简单的化学方法鉴别下列化合物。
甲醛、乙醛、苯甲醛、丙醛、丙酮、乙醇、丙醇

2. 完成下列转化。
$CH_3CHO \longrightarrow CH_3CH=CHCOOH$

2) 还原反应

醛、酮的羰基能够被还原成醇羟基或亚甲基。还原剂不同，羰基化合物的结构不同，所得的产物也不同。

(1) 催化氢化。在催化剂存在下,醛、酮可以发生催化加氢反应,分别生成伯醇、仲醇。常用的催化剂有 Ni、Pt、Pd 等。

$$R-\underset{\underset{O}{\|}}{C}-H(R') + H_2 \xrightarrow{Ni} R-\underset{\underset{OH}{|}}{CH}-H(R')$$

若分子中含有碳碳不饱和键,也可同时催化加氢还原为饱和醇。例如

(2) 用金属氢化物还原。金属氢化物如硼氢化钠($NaBH_4$)、氢化铝锂($LiAlH_4$)是还原羰基的常用试剂。硼氢化钠在碱性的水或醇溶液中是一种缓和的还原剂,不能还原碳碳双键等不饱和官能团,具有较强的选择性。例如

Ph—CH=CHCHO $\xrightarrow[C_2H_5OH]{NaBH_4}$ Ph—CH=CHCH$_2$OH

肉桂醛　　　　　　　　　　肉桂醇

氢化铝锂的还原性能比硼氢化钠强,不仅能将醛、酮还原为相应的醇,而且还能还原羧酸、酯、酰胺、腈等化合物,但也不能还原碳碳不饱和键。

(3) 克莱门森(Clemmensen)还原。醛、酮与锌汞齐、浓盐酸共热,可直接把羰基还原成亚甲基。它是一种将羰基还原为亚甲基的较好方法,在有机合成中常用于合成直链烷基苯。例如

$$PhCOCH_2CH_3 \xrightarrow[\text{回流},88\%]{Zn\text{-}Hg,\text{浓}HCl} PhCH_2CH_2CH_3$$

(4) 沃尔夫(Wolff)-基希纳(Kishner)-黄鸣龙还原。醛、酮与纯肼作用生成腙,再和强碱一起在高压釜中加热放出氮气,而羰基被还原成亚甲基。此方法称为沃尔夫-基希纳还原法。

$$\underset{(R')H}{\overset{R}{\diagdown}}C=O \xrightarrow{NH_2NH_2} \underset{(R')H}{\overset{R}{\diagdown}}C=N-NH_2 \xrightarrow[180\ ℃,\text{加压}]{NaOC_2H_5} \underset{(R')H}{\overset{R}{\diagdown}}CH_2 + N_2$$

我国化学家黄鸣龙对此反应做了改进,将醛或酮、氢氧化钠、肼的水溶液和高沸点的水溶性溶剂(如二甘醇、三甘醇)一起加热回流,得到高产率的还原产物。反应在常压下进行,3～4 h 完成。例如

Ph—CO—CH$_2$CH$_3$ $\xrightarrow[(HOCH_2CH_2)_2O,\triangle,82\%]{NH_2NH_2,NaOH}$ Ph—CH$_2$CH$_2$CH$_3$

此法适用于对酸敏感的化合物;对碱敏感的化合物则可采用克莱门森还原法。

3) 歧化反应

不含 α-氢的醛在浓碱的作用下发生自身氧化还原反应,即一分子醛氧化成酸,另一分子醛还原成醇。此反应称为歧化反应或康尼查罗(Cannizzaro)反应。例如

Ph—CHO + Ph—CHO $\xrightarrow{\text{浓}NaOH}$ Ph—CH$_2$OH + Ph—COONa

两种不同的无 α-氢的醛在浓碱条件下也能发生交叉的歧化反应,但产物往往比较复杂。若两种醛之一为甲醛时,则主要是甲醛被氧化。例如

$$\text{C}_6\text{H}_5-\text{CHO} + \text{HCHO} \xrightarrow{\text{浓NaOH}} \text{C}_6\text{H}_5-\text{CH}_2\text{OH} + \text{HCOONa}$$

某些无 α-氢的二醛还可发生分子内的歧化反应。例如

$$\begin{array}{c}\text{CHO}\\|\\\text{CHO}\end{array} \xrightarrow{\text{浓 NaOH}} \begin{array}{c}\text{COONa}\\|\\\text{CH}_2\text{OH}\end{array}$$

思考题 8-6

完成下列反应式。

$$\text{C}_6\text{H}_6 + (\text{CH}_3\text{CH}_2\text{CH}_2\text{CO})_2\text{O} \xrightarrow{\text{无水AlCl}_3} (\quad) \xrightarrow[(\text{HOCH}_2\text{CH}_2)_2\text{O},\triangle]{\text{NH}_2\text{NH}_2,\text{NaOH}} (\quad)$$

8.1.4 重要的醛、酮类化合物

1. 甲醛

甲醛是无色有刺激性气味的气体,易溶于水。含 40% 甲醛、8%～10% 甲醇的水溶液商品名为福尔马林(Formalin)。它可使蛋白质变性,常用作消毒剂和生物标本的防腐剂。

甲醛的化学性质比较活泼,易被氧化,且极易聚合。在常温下,甲醛气体就可自动聚合成三聚甲醛。

$$3\text{HCHO} \longrightarrow \text{三聚甲醛}$$

三聚甲醛为白色固体,熔点为 62 ℃,在中性或碱性溶液中比较稳定,类似于缩醛。在酸性介质中加热,容易解聚为甲醛。

甲醛的水溶液也可以发生聚合,浓的甲醛水溶液长期放置会析出多聚甲醛。

$$n\text{HCHO} \xrightarrow{\text{H}_2\text{O}} \text{HO}(\text{CH}_2\text{O})_n\text{H} \quad n=8\sim100$$

多聚甲醛

多聚甲醛为白色固体,加酸催化或直接加热能解聚为甲醛,因此甲醛常以这种多聚体的形式储存和运输。多聚甲醛也是气体甲醛的主要来源,常用作仓库的熏蒸剂和消毒杀菌剂。

甲醛与氨作用可生成六亚甲基四胺,俗称乌洛托品(urotropine)。

$$6\text{HCHO} + 4\text{NH}_3 \longrightarrow \text{(六亚甲基四胺)} + 6\text{H}_2\text{O}$$

六亚甲基四胺可用作橡胶硫化促进剂、纺织品的防腐剂,在医药上用作抗流感、抗风湿和泌尿系统消毒剂。

甲醛在工业上有广泛的用途,大量的甲醛用于制造酚醛树脂、脲醛树脂、合成纤维和季戊四醇等。

2. 乙醛

乙醛是无色有刺激性气味的液体，沸点为 21 ℃，可溶于水、乙醇及乙醚中。易氧化、聚合，在少量硫酸存在时，室温下就能聚合成三聚乙醛或四聚乙醛。

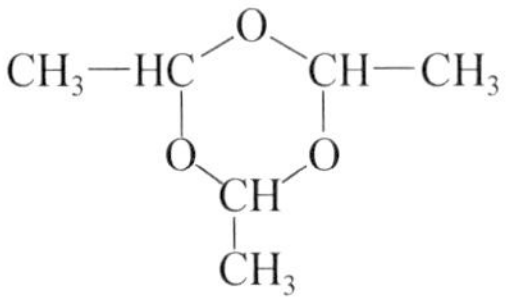

三聚乙醛 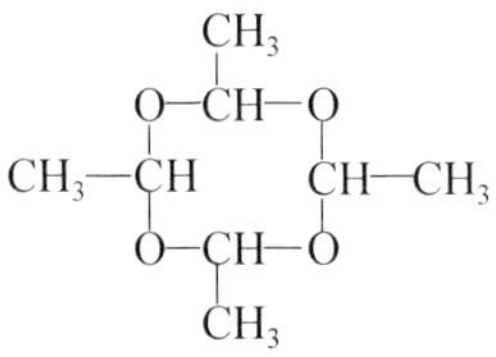　　　　　四聚乙醛

三聚乙醛是有香味的液体，沸点为 124 ℃，不溶于水。其结构和性质与缩醛相似，不具有醛的性质。在稀酸存在下加热可解聚为乙醛。

乙醛是有机合成的重要原料，可用于合成乙酸、乙酸酐、三氯乙酸和季戊四醇等。

3. 丙酮

丙酮是无色易挥发的液体，沸点为 56 ℃，可与水、乙醇、乙醚、氯仿等混溶，是一种良好的有机溶剂，广泛用于油墨、涂料、人造纤维和无烟火药中。它又是重要的有机化工原料，可用于合成有机玻璃、环氧树脂、农药、抗生素、食品防腐剂等。

4. 苯甲醛

苯甲醛是具有苦杏仁气味的无色液体，俗称苦杏仁油，沸点为 179 ℃。微溶于水，易溶于乙醇、乙醚、苯、氯仿等有机溶剂。

在自然界中，苯甲醛常与葡萄糖、氢氰酸等结合而存在于杏、桃、李等果实的种仁内，尤以苦杏仁中含量较高。

苯甲醛是重要的化工原料，可用于制备肉桂醛、肉桂酸等，也可用作合成香料、染料和药物的原料。

5. 三氯乙醛

三氯乙醛为无色油状液体，沸点为 97.8 ℃。由于三氯甲基的强吸电子效应，羰基的活性增高，很容易与水形成稳定的水合三氯乙醛。水合三氯乙醛的商品名为水合氯醛，其熔点为 51.7 ℃，沸点为 96.3 ℃，有刺激性气味，易溶于水和有机溶剂，可用作催眠和兽用麻醉剂。工业上使用三氯乙醛制备药物、农药等。

8.2　醌

8.2.1 醌的结构和命名

醌是一类含有共轭环己二烯二酮结构单元的化合物，分子中已不具有芳环构造，因而不具有芳香性。醌一般视为芳烃的衍生物，根据结构不同可将其分为苯醌、萘醌、蒽醌和菲醌等。例如

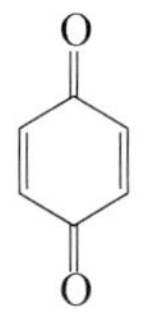

对苯醌(1,4-苯醌) 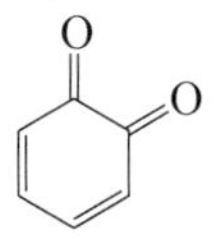　　邻苯醌(1,2-苯醌) 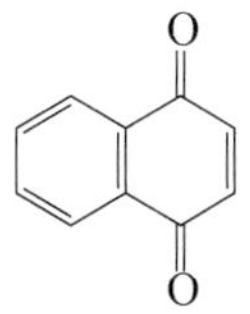　　1,4-萘醌 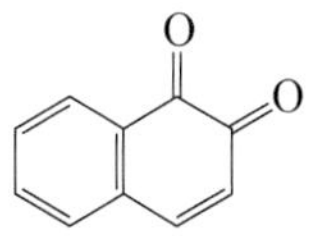　　1,2-萘醌

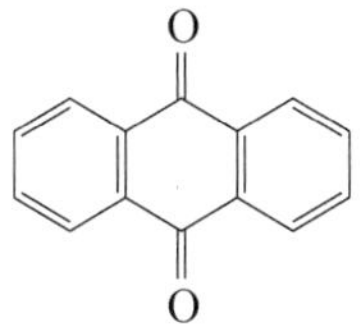

9,10-蒽醌 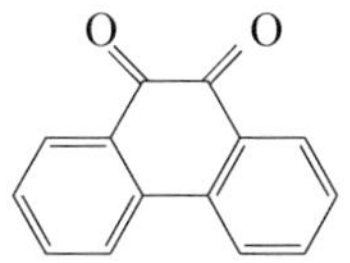　　9,10-菲醌 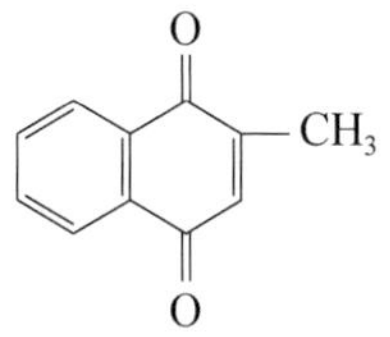　　2-甲基-1,4-萘醌

8.2.2 醌的性质

醌类化合物一般都具有颜色，对位醌多呈黄色，邻位醌呈红色。它具有烯烃和羰基化合物的典型性质，可以进行多种形式的加成反应。

1. 羰基的加成

醌能与羰基试剂、格氏试剂等发生亲核加成反应。例如，对苯醌与羟胺作用得到对苯醌单肟和对苯醌双肟。

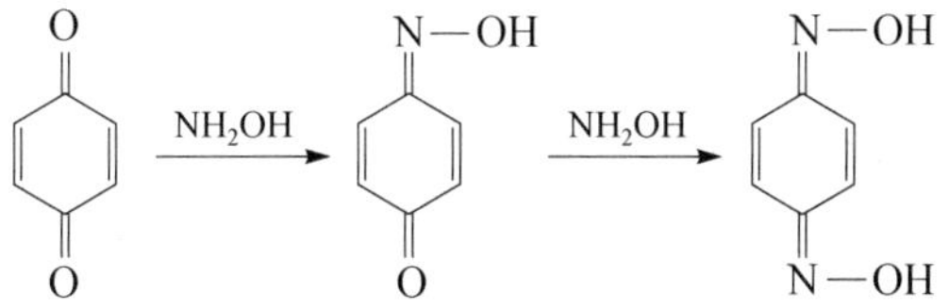

$$\text{对苯醌} \xrightarrow{NH_2OH} \text{对苯醌单肟} \xrightarrow{NH_2OH} \text{对苯醌双肟}$$

2. 碳碳双键的加成

醌分子中的碳碳双键可以与卤素等亲电试剂发生加成反应。例如，对苯醌与溴加成生成二溴和四溴化物。

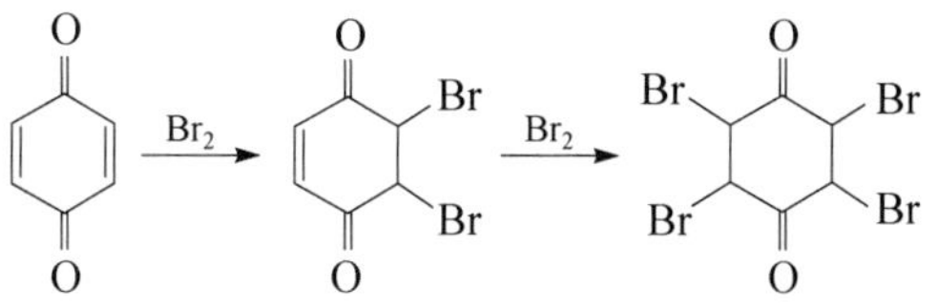

$$\text{对苯醌} \xrightarrow{Br_2} \text{二溴化物} \xrightarrow{Br_2} \text{四溴化物}$$

3. 1,4-加成反应

醌分子具有 α,β-不饱和羰基化合物的结构，其碳碳双键与碳氧双键共轭，它与氢卤酸、亚硫酸氢钠等许多试剂发生 1,4-加成反应。例如

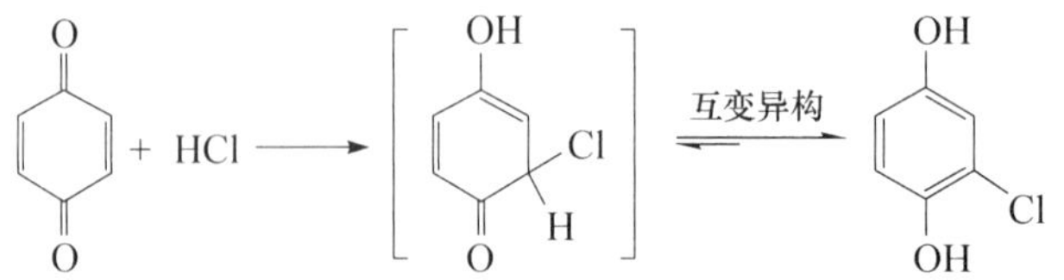

$$\text{对苯醌} + HCl \longrightarrow \left[\text{氯代中间体}\right] \xrightleftharpoons{\text{互变异构}} \text{2-氯对苯二酚}$$

4. 还原反应

酚容易氧化成醌，醌也容易还原得到二元酚。例如，对苯二酚与对苯醌之间可以通过氧化还原反应相互转变。

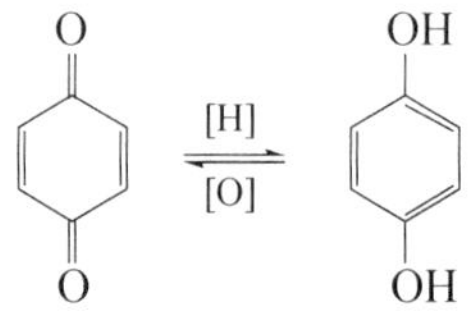

$$\text{对苯醌} \xrightleftharpoons[\text{[O]}]{\text{[H]}} \text{对苯二酚}$$

利用对苯醌与对苯二酚之间的氧化还原反应性质，可以设计成氢醌电极，用来测定氢离子浓度。酚与醌的氧化还原体系在植物呼吸过程中起着极为重要的作用，在这个氧化还原体系中，有多元酚参与。例如，山芋、苹果、马铃薯切开后，很快就变成黑褐色，都是因为多元酚发生氧化反应的结果。

8.2.3 重要的醌类化合物

1. 四氯对苯醌

四氯对苯醌是黄色结晶，在农业上用作种子的消毒和杀菌剂。

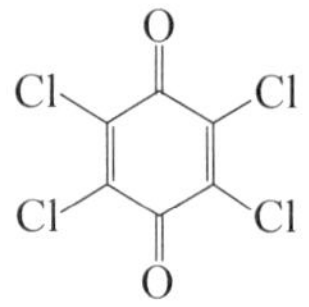

2. 维生素 K

维生素 K_1 和 K_2 都是萘醌的衍生物，广泛存在于自然界；维生素 K_3 是人工合成的。维生素 K_1 和 K_2 存在于猪肝、蛋黄和绿色蔬菜中，人和动物肠内的细菌能合成维生素 K。维生素 K 能促进血液凝固，可用作止血剂。

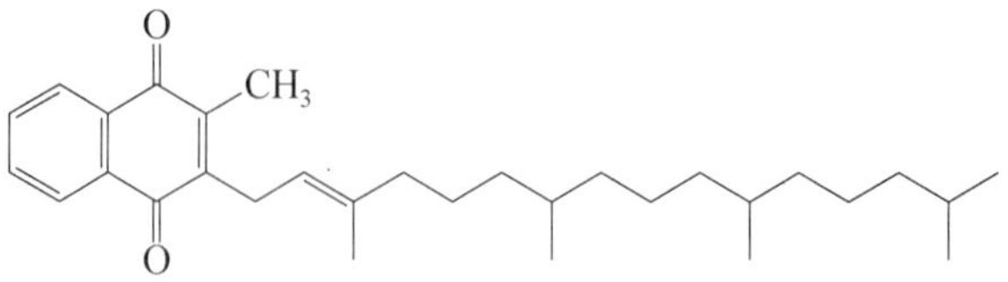

维生素 K_1

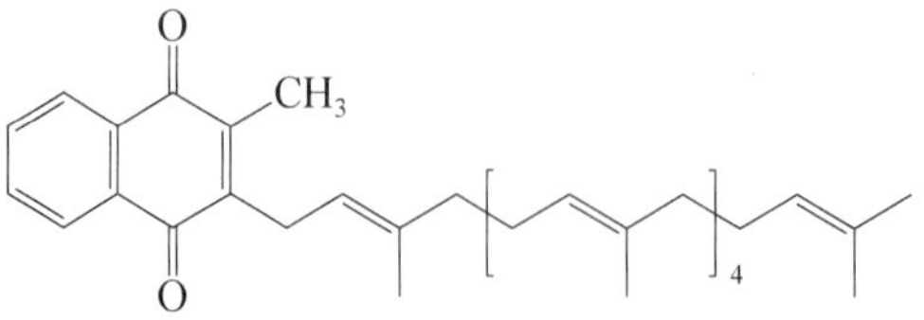

维生素 K_2

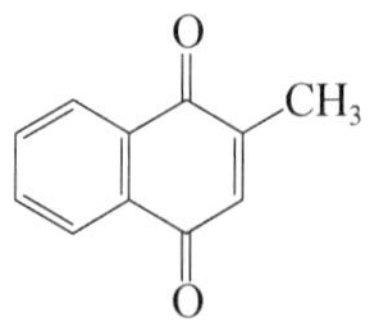

维生素 K_3

3. 黑色素

黑色素是存在于皮肤中的一种色素。在生物体内,苯丙氨酸在苯丙氨酸羟化酶的作用下,首先被氧化为酪氨酸,酪氨酸在酶的作用下进一步氧化生成二羟基苯丙氨酸(多巴)后,再经一系列变化成黑色素。身体内如果缺乏黑色素,就会导致皮肤变白(头发、皮肤、眼球中缺少色素)的现象。

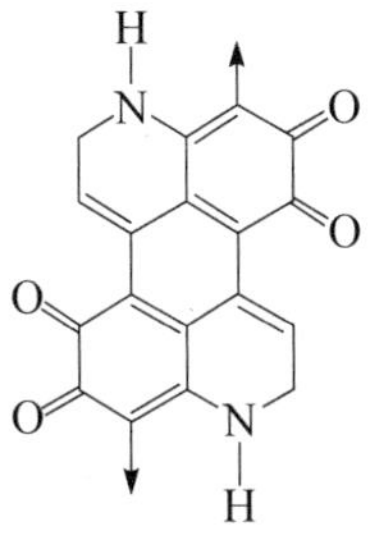

黑色素(箭头所在的位置可与其他有机物结合)

4. 大黄素

大黄素为蒽醌的衍生物,呈黄色,是中药大黄的主要有效成分,广泛存在于真菌、地衣、昆虫及花生中。

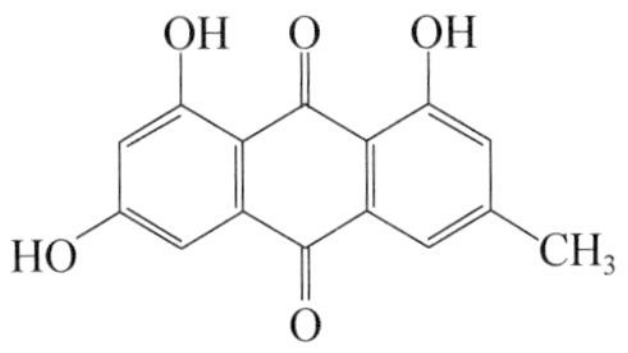

大黄素

习 题

1. 命名下列化合物。

(1) 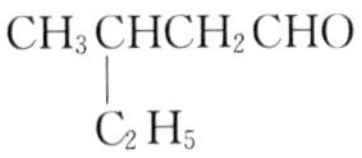 CH_3CHCH_2CHO
       $|$
       C_2H_5

(2) $(CH_3)_2CHCOCH_2CH_3$

(3) $(CH_3)_2CHCH_2CH=CHCHO$

(4) 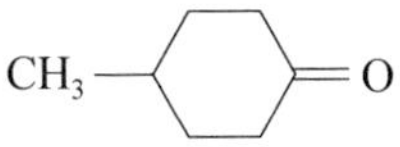 4-甲基环己酮

(5) 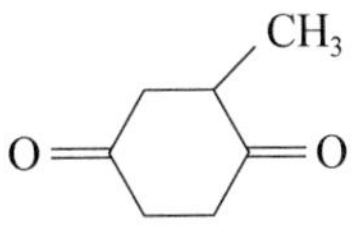 2-甲基-1,4-环己二酮

(6) $CH_3COCH=CHCOCH_3$

(7) 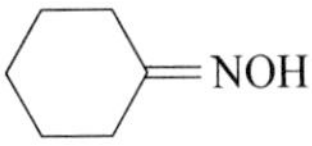 环己酮肟 (=NOH)

(8) 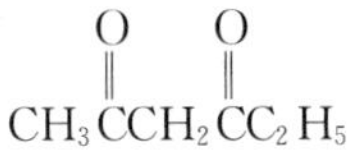 $CH_3\overset{O}{\underset{\|}{C}}CH_2\overset{O}{\underset{\|}{C}}CH_2CH_3$

(9) 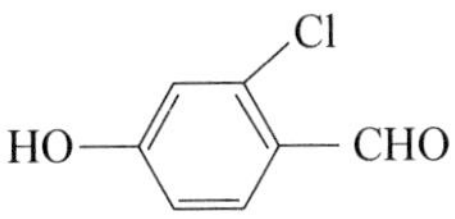 2-氯-4-羟基苯甲醛

(10) 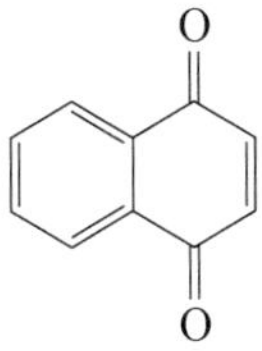 1,4-萘醌

2. 写出丙醛与下列试剂反应时生成的产物构造式。
   (1) $NaBH_4$/乙醇　　(2) C_2H_5MgBr；然后加水　　(3) $LiAlH_4$；然后水解　　(4) $NaHSO_3$
   (5) OH^-，H_2O　　(6) OH^-，H_2O；然后加热　　(7) $HOCH_2CH_2OH$，干 HCl　　(8) $Ag(NH_3)_2OH$

3. 下列化合物中,哪些可以发生碘仿反应?
   (1) 乙醛　　(2) 丙醛　　(3) 2-戊醇　　(4) 3-戊醇
   (5) 苯乙酮　　(6) 1-苯基乙醇　　(7) 3-己酮　　(8) 3,3-二甲基-2-丁酮

4. 完成下列反应式。

   (1) $CH_2=CHCH_2-\underset{\underset{O}{\|}}{C}-CH_3 + HCN \longrightarrow (\quad)$

   (2) $C_6H_5-\underset{\underset{O}{\|}}{C}-CH_3 + H_2NNH-\text{(2-NO}_2\text{,4-NO}_2\text{-C}_6\text{H}_3) \longrightarrow (\quad)$

   (3) $CH_3\underset{\underset{OH}{|}}{CH}CH_2CH_3 \xrightarrow{(\quad)} CH_3-\underset{\underset{O}{\|}}{C}-CH_2CH_3 \xrightarrow{NaHSO_3} (\quad)$

   (4) $C_6H_5-\underset{\underset{O}{\|}}{C}-CH_3 + Cl_2 \xrightarrow{OH^-} (\quad) + (\quad)$

   (5) $(CH_3)_3CCHO \xrightarrow{浓 NaOH} (\quad) + (\quad)$

   (6) $C_6H_5-CH=CHCHO \xrightarrow[OH^-]{Ag(NH_3)_2^+} (\quad)$

   (7) $C_6H_5-CH=CHCHO \xrightarrow{KMnO_4/H^+} (\quad)$

5. 用简明的化学方法鉴别下列各组化合物。
   (1) 甲醛、乙醛、丙酮
   (2) 戊醛、2-戊酮、3-戊酮、2-戊醇
   (3) 苯甲醛、苯乙酮、对羟基苯甲醛
   (4) 环己烯、环己酮、环己醇

6. 按照发生亲核加成反应的活性由大到小排列下列化合物。

   (1) $(CH_3)_3C-\underset{\underset{O}{\|}}{C}-C(CH_3)_3$　　(2) CH_3CHO　　(3) CH_3COCH_3

   (4) $C_6H_5-\underset{\underset{O}{\|}}{C}-CH_3$　　(5) Cl_3CCHO　　(6) $HCHO$

7. 完成下列转化。
   (1) $CH_2=CH_2 \longrightarrow CH_3CH_2CH_2CH_2OH$
   (2) $CH_3CH=CH_2 \longrightarrow CH_3CH_2CH_2CH_2OH$
   (3) $CH_3CH_2CHO \longrightarrow CH_3CH_2\underset{\underset{OH}{|}}{CH}COOH$
   (4) $CH_3\underset{\underset{O}{\|}}{C}CH_2CH_2CHO \longrightarrow CH_3CH_2CH_2CH_2CHO$
   (5) $CH_2=\underset{\text{(cyclohexylidene)}}{}-COOH \longrightarrow \text{(cyclohexyl)}-COOH$

8. 某化合物分子式为 $C_6H_{12}O$，能与羟胺作用生成肟，但不发生银镜反应，在铂的催化下加氢，则得到一种醇，此醇经过脱水、臭氧化、水解等反应后，得到两种液体，其中之一能发生银镜反应，但不发生碘仿反应，另一种能发生碘仿反应，但不能使费林试剂还原。写出该化合物的构造式。
9. 某化合物 $A(C_8H_{14}O)$，可以很快使溴水褪色，也可以与苯肼反应。A 氧化后生成一分子丙酮及另一化合物 B，B 具有酸性，与 NaClO(或 Cl_2+NaOH)反应，生成氯仿及一分子丁二酸。试推测 A 可能的结构式。
10. 化合物 A 的分子式为 $C_5H_{12}O$，有旋光性，当用碱性 $KMnO_4$ 剧烈氧化时生成没有旋光性的化合物 B($C_5H_{10}O$)。化合物 B 与正丙基溴化镁作用后水解生成旋光性化合物 C。写出 A、B、C 的构造式。
11. 某化合物 $A(C_7H_{12})$ 催化氢化得 $B(C_7H_{14})$。A 经臭氧化还原水解生成 $C(C_7H_{12}O_2)$。C 用托伦试剂氧化得到 D。D 在 NaOH-I_2 作用下得 $E(C_6H_{10}O_4)$。D 经克莱门森还原生成 3-甲基己酸。试推测 A~E 可能的结构式。

第 9 章 羧酸、羧酸衍生物和取代酸

9.1 羧 酸

分子中含有羧基的化合物称为羧酸。羧基中的羟基被其他原子或基团取代后的化合物称为羧酸衍生物,常见的有酯、酰胺、酸酐及酰卤等。羧酸分子中烃基上的氢被其他原子或基团取代的产物称为取代酸,如氨基酸等。羧酸及其衍生物广泛存在于自然界,是生物体的重要代谢产物,也是重要的有机合成原料。

9.1.1 羧酸的分类和命名

羧酸的分类与醛、酮类羰基化合物相似,根据羧基所连烃基不同,可分为脂肪、脂环及芳香羧酸,在脂肪族羧酸中又有饱和与不饱和之分。另外,根据分子中羧基的数目,可分为一元、二元和多元羧酸。

羧酸的命名分为习惯命名法和系统命名法。许多羧酸是从自然界得到的,因此有很多羧酸根据其来源命名。例如,甲酸(HCOOH)因为最初由蒸馏蚂蚁得到,所以又俗称蚁酸;乙酸(CH_3COOH)是传统食醋中主要的酸性物质,又常称为醋酸。

羧酸的系统命名法与醛类似,脂肪族羧酸是在分子中选择含有羧基的最长碳链作为主链,如有不饱和键存在,则选择含有羧基和不饱和键在内的最长碳链作为主链,从羧基碳原子开始编号,用阿拉伯数字标明取代基的位次。二元酸是取分子中含有两个羧基的最长碳链为主链,称为某二酸。对于脂环酸和芳香酸,则将脂环或芳环视为取代基来命名。例如

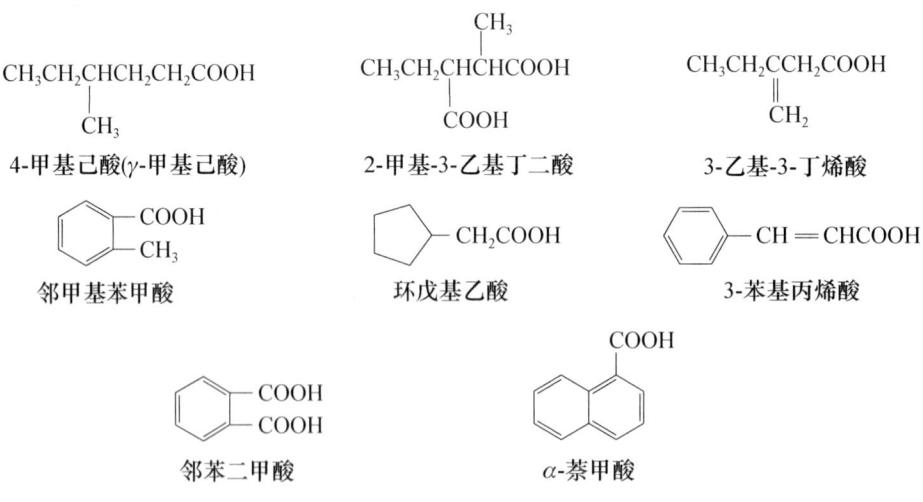

思考题 9-1

命名下列化合物。

(1) ⬠—CH₂CH₂COOH (2) 邻-COOH, CH₃ 苯 (3) HOOC—CH=CH—COOH (4) $CH_3CH(NH_2)CH_2COOH$

9.1.2 羧酸的物理性质

通常情况下，饱和一元羧酸中含 1~3 个碳原子的低相对分子质量羧酸是带有强烈刺激性酸味的液体，含 4~9 个碳原子的羧酸是具有腐败气味的油状液体，含 10 个以上碳原子的羧酸以蜡状固体存在，挥发性小、无特殊气味。大多数脂肪族二元羧酸及芳香族羧酸为固态。

羧酸中的羧基具有良好的亲水性，可与水分子之间形成氢键，因此小分子羧酸有较好的水溶性。饱和一元羧酸中，含 1~4 个碳原子的羧酸可以与水混溶，随着疏水性烃基在分子中所占比例增加，羧酸在水中的溶解度迅速降低，含 10 个以上碳原子的高级脂肪族羧酸基本上不溶于水而溶于有机溶剂。芳香族羧酸绝大多数难溶于水。

在熔点曲线图上，羧酸的熔点随相对分子质量的增加呈锯齿形升高，含偶数碳原子的羧酸由于其晶体结构比较紧密，往往比其相邻奇数碳原子的羧酸熔点略高。常见羧酸的物理常数见表 9-1。

表 9-1 常见羧酸的物理常数

名称	结构式	熔点/℃	沸点/℃	pK_a
甲酸(蚁酸)	HCOOH	8.4	100.5	3.77
乙酸(醋酸)	CH_3COOH	16.6	118	4.76
丙酸(初油酸)	CH_3CH_2COOH	−22	141	4.88
丁酸(酪酸)	$CH_3(CH_2)_2COOH$	−4.7	162.5	4.82
戊酸(缬草酸)	$CH_3(CH_2)_3COOH$	−34.5	187	4.81
己酸(羊油酸)	$CH_3(CH_2)_4COOH$	1.5	205	4.85
十二酸(月桂酸)	$CH_3(CH_2)_{10}COOH$	43.6		
十四酸(肉豆蔻酸)	$CH_3(CH_2)_{12}COOH$	58		
十六酸(软脂酸)	$CH_3(CH_2)_{14}COOH$	62.9	390	
十八酸(硬脂酸)	$CH_3(CH_2)_{16}COOH$	69.9	660(分解)	
乙二酸(草酸)	HOOC—COOH	187	>100 升华	1.46
丙二酸(缩苹果酸)	$HOOC—CH_2—COOH$	135		2.80
丁二酸(琥珀酸)	$HOOC—(CH_2)_2—COOH$	185	235(脱水)	4.17
戊二酸(胶酸)	$HOOC—(CH_2)_3—COOH$	97.5	200/20 mmHg	4.33
己二酸(肥酸)	$HOOC—(CH_2)_4—COOH$	153	141	4.43
丙烯酸(败脂酸)	$CH_2=CH—COOH$	13	130(脱水)	1.9
顺丁烯二酸(失水苹果酸)	HOOC\C=C/COOH (H, H)	130	165/1.7 mmHg	3.0
反丁烯二酸(延胡索酸)	HOOC\C=C/H (H, COOH)	287	249	4.18
苯甲酸(安息香酸)	C_6H_5COOH	122.7		
α-萘乙酸	萘-CH_2COOH	131		

羧酸分子间能形成一对氢键,使小分子羧酸之间互相缔合,但它们不是形成长链式的缔合物,而是形成二缔合体。

$$\text{R—C}\begin{smallmatrix}\overset{\delta-}{O}\cdots\overset{\delta+}{H}-O\\ \\ O-H\cdots O\\ \overset{\delta+}{}\quad\overset{\delta-}{}\end{smallmatrix}\text{C—R}$$

这种结构已由红外光谱以及相对分子质量的测定得到证实。缔合使羧酸的沸点比相对分子质量相近的醇的沸点高。例如,相对分子质量同为 46 的甲酸的沸点(100.5 ℃)比乙醇(78.4 ℃)高;相对分子质量都是 60 的乙酸的沸点(118 ℃)比丙醇(97.2 ℃)高。羧酸在水溶液中没有自身的缔合现象,这可能是由于羧酸与水分子之间能够形成更加稳定的氢键。

9.1.3 羧酸的化学性质

羧酸分子中均含有羧基官能团,表面上羧基可看作由羰基及羟基组成,但是羧基中羟基氧上的未共用电子对可与羰基的 π 键电子之间形成 p-π 共轭,使羧酸表现出其特有的性质。在化学反应中,通常羧酸的分子中可能发生键断裂的部位如下:

$$\text{R—}\underset{H}{\overset{H}{\text{C}}}\text{—}\overset{O}{\underset{|}{\text{C}}}\text{—O—H}$$

- 羧基的还原反应
- 解离呈酸性
- 羟基被取代,生成羧酸衍生物
- 脱羧反应
- α-H 的取代反应

1. 羧酸的酸性

羧酸分子中羧基官能团上的羟基与羰基直接相连,一方面,羰基的 -I 效应使 O—H 键的极性增强;另一方面,羟基氧的 p 轨道上的孤对电子与羰基的 π 键之间又存在 p-π 共轭,增加了羧基负离子的稳定性,O—H 键上的氢更易于解离出氢离子,使羧酸显示出酸性。以甲酸为例,X 射线衍射证实:甲酸分子中 C=O 键键长为 0.125 nm,比正常羰基化合物中的键长(0.123 nm)长;而 C—O 键的键长为 0.132 nm,比正常 C—O 键的键长(0.143 nm)短,C=O 键与 C—O 键的键长趋于平均化。X 射线衍射还证实甲酸根离子(HCOO⁻)中碳与两个氧原子间的间距完全相等,键长都是 0.127 nm,没有单、双键的区别。这些事实证明了羧基中 p-π 共轭效应的存在。图 9-1 为甲酸根离子的共轭体系结构。

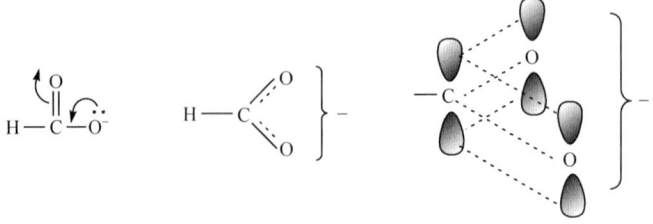

图 9-1 甲酸根离子的共轭体系结构

羧酸大多属于弱酸,以一元羧酸为例,它在水溶液中存在下列电离平衡:

$$RCOOH + H_2O \rightleftharpoons RCOO^- + H_3O^+$$

羧酸酸性的强弱与分子的整个结构有关,影响酸性强弱的因素也比较复杂。从羧酸结构的电子效应分析,如果分子中存在增加羧基中羟基氧原子上电子云密度的因素,则减弱了O—H键的极性,氢以离子形式解离相对较难,使羧酸的酸性减弱;反之,则使羧酸的酸性增强。例如,下列羧酸当有供电子基团直接与羧基相连时,酸性减弱;反之,当与羧基相连的是吸电子基团时,则酸性增强。

	$ClCH_2COOH$	$HCOOH$	CH_3COOH	CH_3CH_2COOH
pK_a	2.85	3.77	4.76	4.88

饱和一元羧酸中,除甲酸外都是弱酸,它们的 pK_a 值一般为 4.7~5。

羧基是比双键或苯环具有更强的吸电子作用的基团,因此二元羧酸的酸性显著地比一元羧酸强,特别是由两个羧基直接相连的乙二酸的酸性甚至比无机酸磷酸的酸性还强,但随着两个羧基的距离增大,酸性也逐渐减弱。

	COOH-COOH	H_3PO_4	HOOC-CH$_2$-COOH	HOOC-CH$_2$-CH$_2$-COOH
pK_a	1.46	1.59	2.08	4.17

羧酸的酸性比碳酸(pK_a=6.37)和苯酚(pK_a=9.89)强。羧酸能与碱、碳酸钠、碳酸氢钠等反应,生成羧酸盐。

$$RCOOH + Na_2CO_3 \longrightarrow RCOONa + H_2O + CO_2\uparrow$$

$$RCOOH + NaHCO_3 \longrightarrow RCOONa + H_2O + CO_2\uparrow$$

羧酸的钾、钠、铵盐都溶于水,它们同强酸作用又游离出羧酸。

$$RCOONa + HCl \longrightarrow RCOOH + NaCl$$

利用羧酸的这种性质,可以将羧酸与其他不溶于水的有机物分离。例如,将碳酸氢钠水溶液与苯甲酸和苯酚的混合物一起振荡,苯甲酸转化为苯甲酸钠而进入水层;分去有机层,再将水层酸化,就可得到苯甲酸。

2. 羧酸衍生物的生成

1) 酰卤的生成

与醇相似,当羧酸与 PX_3 或 PX_5 作用时,羧基中的羟基可被卤素取代生成酰卤类化合物。

$$RCOOH + PX_3 \xrightarrow{\triangle} \underset{\text{酰卤}}{RCOX} + \underset{\text{亚磷酸}}{P(OH)_3}$$

$$RCOOH + PX_5 \xrightarrow{\triangle} \underset{\text{酰卤}}{RCOX} + \underset{\text{三卤氧磷}}{POX_3} + HX$$

一般情况下,羧酸不与 HX 作用,羧基中的羟基不被 HX 的卤素取代。

羧酸与亚硫酰氯($SOCl_2$)作用,也可制得酰氯。

$$RCOOH + SOCl_2 \xrightarrow{\triangle} RCOCl + SO_2\uparrow + HCl\uparrow$$

亚硫酰氯与羧酸反应是制备酰氯的最佳方法,反应产物除酰氯外其他成分均为气体,有利于产物分离,并且酰氯产率较高。

2) 酸酐的生成

除甲酸外,其他羧酸分子羧基中的羟基之间脱水可形成酸酐,反应常用 P_2O_5 作为脱水剂。例如

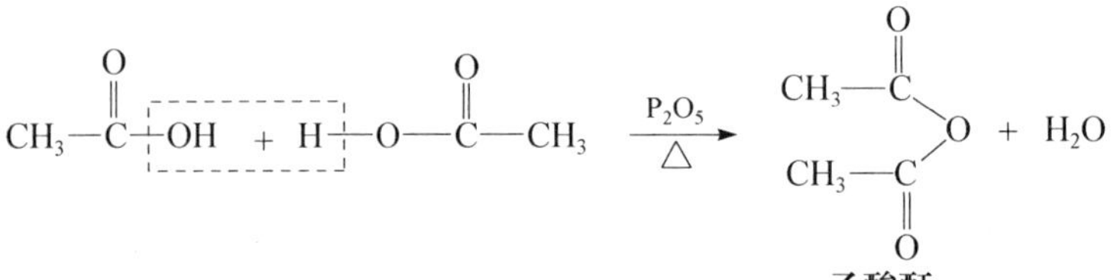

$$CH_3-C(=O)-[OH + H]-O-C(=O)-CH_3 \xrightarrow[\Delta]{P_2O_5} CH_3-C(=O)-O-C(=O)-CH_3 + H_2O$$

乙酸酐

丁二酸、戊二酸、邻苯二甲酸等只要加热,即发生分子内羧基间脱水而生成五元环或六元环的酸酐,这种分子内两个羧基脱水而形成的酸酐称为内酐。例如

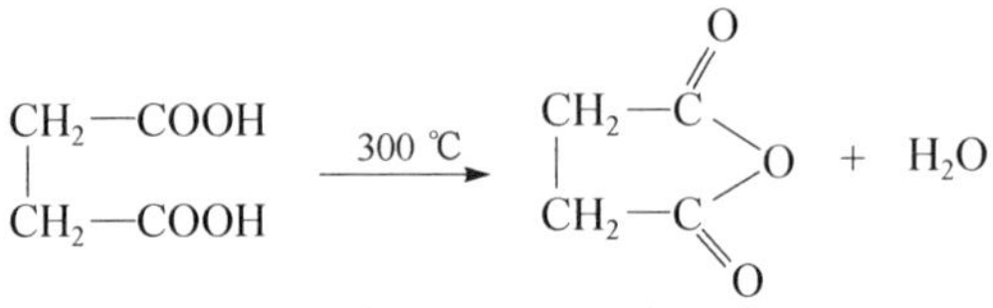

$$\begin{array}{c} CH_2-COOH \\ | \\ CH_2-COOH \end{array} \xrightarrow{300\ ℃} \begin{array}{c} CH_2-C(=O) \\ | \quad\quad\quad\ \ \ O \\ CH_2-C(=O) \end{array} + H_2O$$

丁二酸酐(内酐)

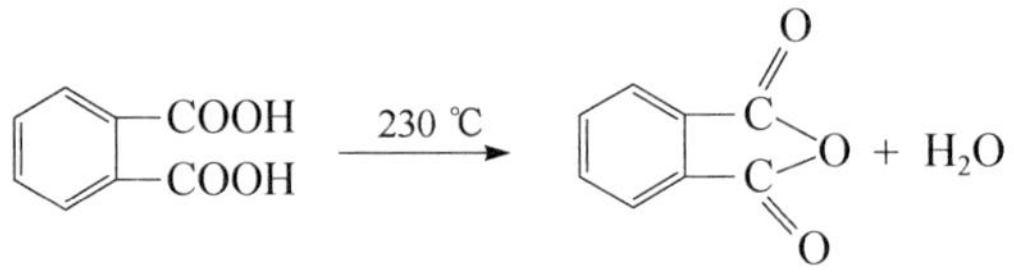

邻苯二甲酸 $\xrightarrow{230\ ℃}$ 邻苯二甲酸酐(内酐) + H_2O

3) 酯的生成

在强酸如浓硫酸或干燥氯化氢等催化下,羧酸与醇作用生成酯的反应称为酯化反应。

$$RCOOH + R'OH \xrightleftharpoons[\Delta]{H^+} RCOOR' + H_2O$$

酯化反应是可逆的,为提高酯的产率,可增加某一反应物的用量,或者不断从反应体系除去生成物,使平衡向有利于生成酯的方向移动。

在采用含有同位素 ^{18}O 的乙醇和乙酸进行酯化反应时,发现 ^{18}O 存在于合成的乙酸乙酯分子中,说明此反应中羧酸分子发生了酰氧键断裂,酯是由羧酸分子中的羟基和醇羟基上的氢脱水形成的。通过羧酸酯化反应机理的进一步研究发现,羧酸与伯醇、仲醇的酯化反应是羧酸酰氧键断裂与醇作用成酯,酸的作用是增加羰基碳的正电性,整个过程是加成-消除反应机理:

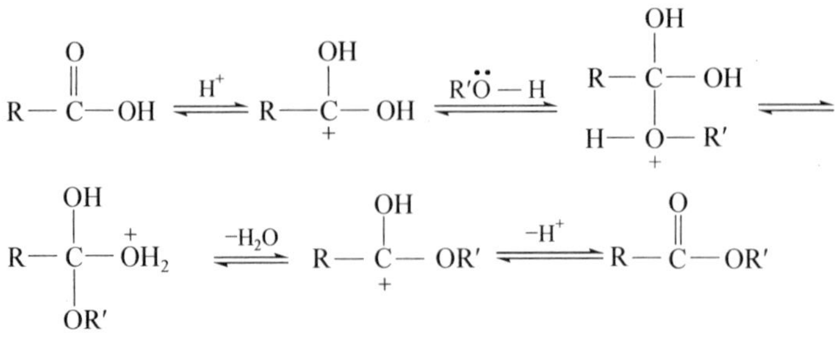

$$R-C(=O)-OH \xrightleftharpoons{H^+} R-C(OH)_2^+ \xrightleftharpoons{R'\ddot{O}-H} R-C(OH)_2-\overset{+}{O}H-R' \rightleftharpoons$$

$$R-C(OH)(OR')-\overset{+}{O}H_2 \xrightleftharpoons{-H_2O} R-\overset{+}{C}(OH)(OR') \xrightleftharpoons{-H^+} R-C(=O)-OR'$$

少数空间位阻大的羧酸与醇的酯化,以及羧酸与叔醇的酯化机理与上述机理不同,是以醇的烷氧键断裂方式脱水生成酯。

4) 酰胺的生成

羧酸与氨或胺作用得到羧酸的铵盐,然后铵盐在高温下分解失水得到酰胺。

$$RCOOH + NH_3 \longrightarrow RCOONH_4 \xrightarrow{\triangle} RCONH_2 + H_2O$$

酰胺继续加热失水转化为腈,腈在酸性条件下水解又可得到羧酸。

伯胺和仲胺与氨相似,也可与羧酸作用生成被取代的酰胺。

$$RCOOH + R'NH_2 \xrightarrow{\triangle} RCONHR' + H_2O$$

$$RCOOH + R'_2NH \xrightarrow{\triangle} RCONR'_2 + H_2O$$

3. 还原反应

由于羰基中的 p-π 共轭作用,羧酸没有羰基化合物的典型反应,很多作用于羰基的试剂如 HCN、NH_2OH 和 $C_6H_5NHNH_2$ 均不与羧酸发生加成反应。羧酸在一般情况下很难用催化氢化法还原,只有在高温(300~400 ℃)、高压(200~300 MPa)下用锌、铜等催化时,才能被氢还原为醇。

$$RCOOH + 2H_2 \xrightarrow[300\ MPa]{Cu,400\ ℃} RCH_2OH + H_2O$$

氢化铝锂($LiAlH_4$)是一种还原能力很强的试剂,用它还原羧酸产量较高,而且对 C=C 键不起作用,因此不饱和酸可用 $LiAlH_4$ 还原为不饱和醇。

$$RCOOH \xrightarrow[\text{无水乙醚}]{LiAlH_4} \xrightarrow{H_2O} RCH_2OH + H_2O$$

$$CH_2=CHCH_2COOH \xrightarrow[\text{无水乙醚}]{LiAlH_4} \xrightarrow{H_2O} CH_2=CHCH_2OH$$

4. 羧酸分子中 α-H 的卤代

羧基是吸电子基团,由于诱导效应及超共轭效应的影响,羧酸分子中的 α-H 比较活泼,在催化剂碘、红磷存在时,α-H 可被氯、溴取代,继续反应可得二卤乙酸及三卤乙酸。例如

$$CH_3COOH \xrightarrow[\text{P或I}_2]{Cl_2} ClCH_2COOH \xrightarrow[\text{P或I}_2]{Cl_2} Cl_2CHCOOH \xrightarrow[\text{P或I}_2]{Cl_2} Cl_3CCOOH$$

卤代酸是合成农药、药物等的重要原料,如 2,2-二氯丙酸是一种除草剂,又称茅草枯。

5. 脱羧反应

在一定条件下,羧酸脱去羧基放出 CO_2 的反应称为脱羧反应。除甲酸和较低级的二元羧酸外,一般脂肪酸中的羧基都比较稳定,难以发生脱羧反应。例如,一元羧酸的钠盐与碱石灰($NaOH/CaO$)在加强热时共熔方可脱去羧基,生成少一个碳原子的烃。

$$RCOONa + NaOH(CaO) \xrightarrow{\triangle} RH + Na_2CO_3$$

二元酸中的乙二酸和丙二酸较易脱羧,直接加热即可脱羧形成一元酸。

$$HOOCCOOH \xrightarrow{\triangle} HCOOH + CO_2\uparrow$$

$$HOOCCH_2COOH \xrightarrow{\triangle} CH_3COOH + CO_2\uparrow$$

己二酸、庚二酸在氢氧化钡存在下加热,分子失水脱羧生成环酮。

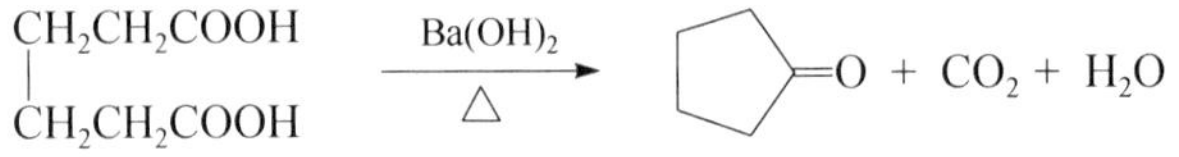

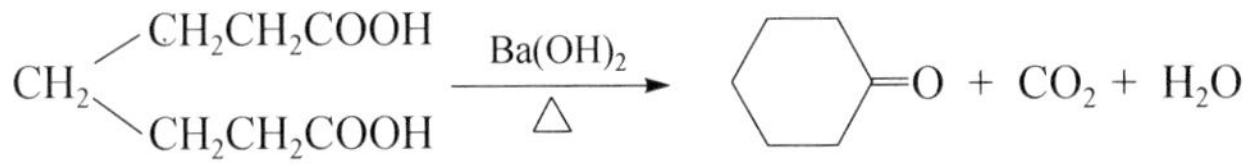

$$\begin{array}{c}CH_2CH_2COOH\\|\\CH_2CH_2COOH\end{array} \xrightarrow[\triangle]{Ba(OH)_2} \bigcirc\!\!=\!O + CO_2 + H_2O$$

$$CH_2\!\!\begin{array}{c}CH_2CH_2COOH\\ \\CH_2CH_2COOH\end{array} \xrightarrow[\triangle]{Ba(OH)_2} \bigcirc\!\!=\!O + CO_2 + H_2O$$

思考题 9-2

试比较下列化合物酸性的大小顺序。

(1) $CH_3CH(F)COOH$ $CH_3CH(Cl)COOH$ $CH_3CH(Br)COOH$ $CH_2(Br)CH_2COOH$

(2) 间硝基苯甲酸   间甲基苯甲酸   苯甲酸

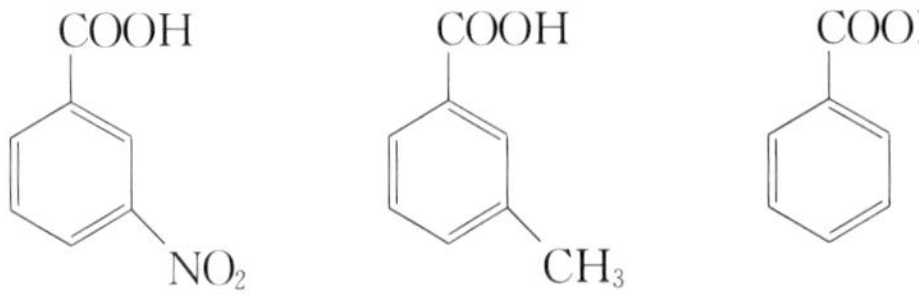

9.1.4 重要的羧酸类化合物

1. 甲酸

甲酸是羧酸中最简单的酸,俗名蚁酸,存在于蚁类、蜂类和毛虫的分泌液中,也广泛存在于植物中。

甲酸是无色具有刺激性气味的液体,沸点为 100.5 ℃,熔点为 8.4 ℃,易溶于水,是饱和一元酸中最强的酸。它的腐蚀性极强,使用时应注意避免与皮肤接触。

甲酸的结构比较特殊,分子中的羰基与一个氢原子相连,因此它不但具有羧基的结构,也具有醛基的结构。

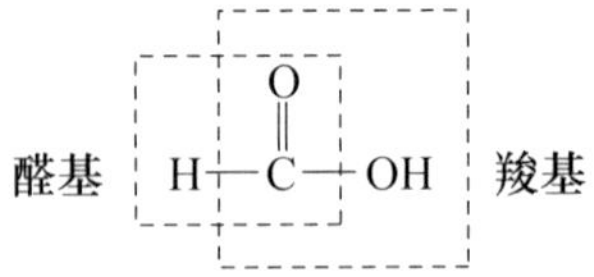

$$\text{醛基}\;\boxed{H-\overset{\overset{\displaystyle O}{\|}}{C}}-\boxed{OH}\;\text{羧基}$$

这种结构的特殊性反映在化学性质上,甲酸不仅具有羧酸的性质,而且还有醛的某些性质。一般羧酸不能被氧化剂氧化,但甲酸具有还原性,能使 $KMnO_4$ 溶液褪色,并能被托伦试剂等弱氧化剂氧化,发生银镜反应。

$$HCOOH \xrightarrow{\text{托伦试剂}} H_2O + CO_2 + Ag\downarrow$$

甲酸与浓硫酸等脱水剂共热时,分解生成 CO 和 H_2O,这是实验室制备纯 CO 的方法。

$$HCOOH \xrightarrow{\text{浓 } H_2SO_4} CO + H_2O$$

甲酸在工业上用作制备染料及合成酯的原料,在印染工业上作媒染剂及防腐剂,在橡胶工业上作凝聚剂,也可用作消毒剂和防腐剂。

2. 乙酸

乙酸俗名醋酸，是食醋的有效成分。乙酸是最早由自然界得到的有机物之一，广泛分布在自然界。纯的乙酸是无色有刺激性的液体，沸点为 118 ℃，熔点为 16.6 ℃，室温低于熔点温度时易凝结成冰状固体，因此经常把无水的纯乙酸称为冰醋酸。乙酸易溶于水及其他有机溶剂中，它本身也是一种常用的酸性溶剂。

乙酸过去都由粮食发酵或木材干馏制取，现在主要采用合成方法制备。由乙醇、乙烯或乙炔作原料，在催化剂存在下用空气中的氧或通入氧气进行氧化得到乙酸。

$$CaC_2 \xrightarrow{H_2O} CH\equiv CH \xrightarrow[Hg^{2+}, H_2SO_4]{H_2O} CH_3CHO \xrightarrow[Mn(Ac)_2, 65\sim 70\ ℃]{O_2, 2\sim 3\ MPa} CH_3COOH$$

乙酸是重要的基本化工原料，可以合成很多重要的有机物，在制革、纺织、印染等工业中广泛应用，此外乙酸及其低级酯是常用的有机溶剂。

3. 乙二酸

乙二酸俗名草酸，它以盐的形式广泛存在于许多草本植物和藻类中。乙二酸是无色固体，熔点为 187 ℃，可溶于水和乙醇，但不溶于乙醚。乙二酸一般含有两分子结晶水（HOOC—COOH·2H₂O），它的熔点为 101.5 ℃，加热控制在 105 ℃左右烘烤，可以脱水得到无水草酸；加热到 150 ℃以上时即分解，生成甲酸和 CO_2。

$$HOOC-COOH \xrightarrow{\triangle} HCOOH + CO_2$$

乙二酸和甲酸相似，具有还原性，易被氧化生成 CO_2 和 H_2O，因此在定量分析中作为基准物质标定 $KMnO_4$ 的浓度。

$$5\ HOOC-COOH + 2KMnO_4 + 3H_2SO_4 \Longrightarrow K_2SO_4 + 2MnSO_4 + 10CO_2 + 8H_2O$$

乙二酸可以与许多金属生成可溶性的配合物。例如

$$Fe^{3+} + 3\ ^-OOC-COO^- \Longrightarrow \left[Fe(C_2O_4)_3\right]^{3-}$$

因此，乙二酸可用来除去铁锈或蓝墨水污迹，也可大量用于提取稀有元素。

4. 苯甲酸

苯甲酸俗名安息香酸，是白色有光泽的鳞片状或针状结晶，熔点为 122.7 ℃，微溶于水，易溶于沸水、乙醇、氯仿和乙醚中，易升华，能随水蒸气一起蒸出。它的钠盐可作为食物和某些药物制剂的防腐剂。

5. 丁烯二酸

丁烯二酸有两种顺反异构体：

$$\begin{array}{cc} \text{HOOC}\diagdown\quad\diagup\text{COOH} & \text{HOOC}\diagdown\quad\diagup\text{H} \\ \text{C}=\text{C} & \text{C}=\text{C} \\ \text{H}\diagup\quad\diagdown\text{H} & \text{H}\diagup\quad\diagdown\text{COOH} \end{array}$$

顺丁烯二酸　　　　　　**反丁烯二酸**

顺丁烯二酸又称失水苹果酸或马来酸,为无色结晶,熔点为139～140 ℃,受热后易失水形成顺丁烯二酸酐。

$$\underset{H}{\overset{H}{>}}C=C\underset{COOH}{\overset{COOH}{<}} \xrightarrow{\triangle} \begin{array}{c} CH-C \\ \| \quad \| \\ CH-C \end{array} \begin{array}{c} O \\ \| \\ O \\ \| \\ O \end{array} + H_2O$$

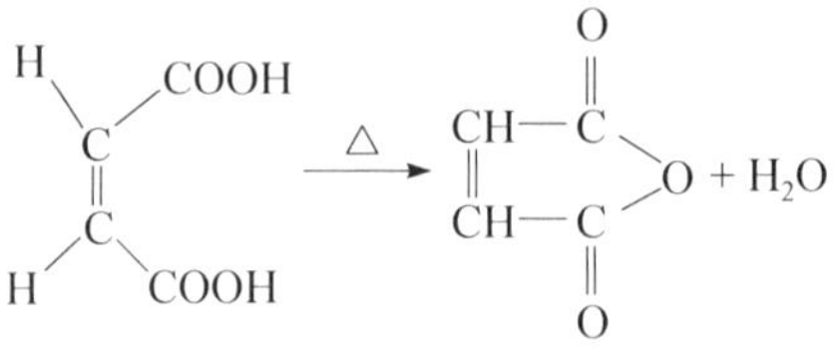

反丁烯二酸又称延胡索酸或富马酸,为无色结晶,熔点为300 ℃,难溶于水,加热到300 ℃以上失水形成顺丁烯二酸酐。反丁烯二酸广泛存在于动植物体内,是动植物体内代谢的一种中间产物。

9.2 羧酸衍生物

9.2.1 羧酸衍生物的命名

羧酸衍生物通常包括酰卤、酸酐、酯及酰胺等,羧酸衍生物的命名常根据它们相应的羧酸来命名。

1. 酰卤的命名

酰卤的命名可将酰基的名称放在前面,卤素的名称放在后面合起来命名。羧酸分子中除去羧基中的羟基,所余的部分称为该酸的酰基。例如

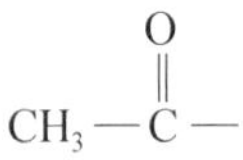

$CH_3-\overset{O}{\underset{\|}{C}}-$ 乙酰基 $CH_3-\overset{O}{\underset{\|}{C}}-Cl$ 乙酰氯

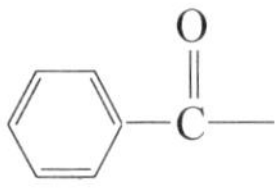

$C_6H_5-\overset{O}{\underset{\|}{C}}-$ 苯甲酰基 $C_6H_5-\overset{O}{\underset{\|}{C}}-Br$ 苯甲酰溴

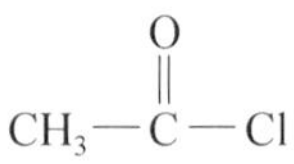

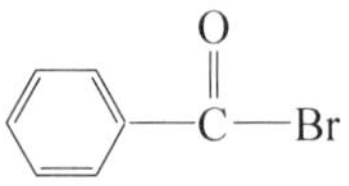

2. 酸酐的命名

酸酐可以看作是两分子一元羧酸或一分子二元羧酸脱去一分子水后的生成物。由两分子相同的一元羧酸脱水所形成的酸酐称为单酐。它们的命名可在原来羧酸名称之后加一"酐"字,"酸"字也可以省略。例如

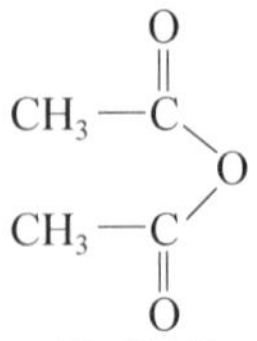

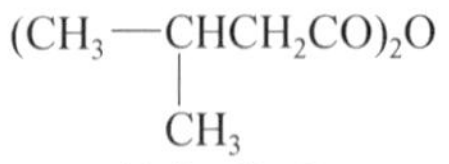

$\begin{array}{c} CH_3-\overset{O}{\underset{\|}{C}} \\ \qquad \quad \searrow O \\ CH_3-\underset{\|}{\overset{}{C}} \\ \qquad \quad O \end{array}$ $(CH_3-\underset{\underset{CH_3}{|}}{CH}CH_2CO)_2O$ $(C_6H_5CO)_2O$

乙(酸)酐   异戊(酸)酐   苯甲(酸)酐或苯酐

由两分子不同的一元羧酸脱水生成的酸酐称为混酐,命名时将简单的或低级的羧酸名称放在前面,复杂的或高级的羧酸名称放在后面。例如

$$\underset{\text{乙丙(酸)酐}}{\underset{CH_3CH_2-C}{\overset{CH_3-C}{\underset{\parallel}{\overset{\parallel}{}}}}\!\!O\!\!\underset{O}{\overset{O}{}}} \qquad \underset{\text{苯甲丁酐}}{CH_3CH_2CH_2-C(=O)-O-C(=O)-C_6H_5}$$

一分子的二元羧酸或二元以上的多元羧酸脱水后可生成环状酸酐(也称内酐)。命名时可在二元酸的名称后加一"酐"字。例如

$$\underset{\text{顺丁烯二(酸)酐}}{\begin{matrix}CH-CO\\ \parallel\quad\;\;\;\;\;\;\;\;O\\ CH-CO\end{matrix}} \qquad \underset{\text{琥珀酐或丁二(酸)酐}}{\begin{matrix}CH_2-CO\\ \quad\;\;\;\;\;\;\;\;O\\ CH_2-CO\end{matrix}} \qquad \underset{\text{邻苯二甲(酸)酐}}{\text{邻苯二甲酸酐}}$$

3. 酯的命名

酯按照构成它的羧酸和醇(或酚)来命名,即把酸的名称放在前面,醇烃基的名称放在后面,再加一"酯"字。例如

$$\underset{\text{甲酸乙酯}}{HCOOC_2H_5} \qquad \underset{\alpha\text{-甲基丙烯酸甲酯}}{CH_2=C(CH_3)-COOCH_3}$$

$$\underset{\text{二乙酸乙二酯}}{\begin{matrix}CH_2OCOCH_3\\ CH_2OCOCH_3\end{matrix}} \qquad \underset{\text{乙二酸二乙酯}}{\begin{matrix}COOC_2H_5\\ COOC_2H_5\end{matrix}} \qquad \underset{\text{邻苯二甲酸二甲酯}}{\text{邻苯二甲酸二甲酯}}$$

4. 酰胺的命名

酰胺根据分子中酰基和氨(或胺)来命名。氨分子中的两个氢原子被酰基取代的产物称为酰亚胺;含有酰基键的环状结构的酰胺称为内酰胺,命名时常用 γ、δ、… 表示氨基和羰基的相对位置;若氮上有取代基,在取代基的名称前冠以"N-",表示取代基连在氮原子上。例如

$$\underset{\text{乙酰胺}}{CH_3-\underset{\parallel}{\overset{O}{C}}-NH_2} \qquad \underset{N\text{-甲基丙酰胺}}{CH_3CH_2-\underset{\parallel}{\overset{O}{C}}-NHCH_3}$$

$$\underset{N,N\text{-二甲基-3-甲基丁酰胺}}{(CH_3)_2CHCH_2-\underset{\parallel}{\overset{O}{C}}-N(CH_3)_2} \qquad \underset{\delta\text{-戊内酰胺}}{\delta\text{-戊内酰胺}}$$

思考题 9-3

试写出下列化合物的结构式。

(1) 乙酸异丙酯　　(2) N-甲基甲酰胺　　(3) N-甲基苯乙酰胺

9.2.2 羧酸衍生物的物理性质

低级的酰氯和酸酐是有刺鼻气味的液体。低级酯具有水果的香味,十四碳酸以下的甲酯、乙酯都是液体。

酰氯和酸酐不溶于水,低级的酰氯和酸酐遇水分解为水溶性化合物。羧酸衍生物大多可以溶于有机溶剂,有些本身就可以作为溶剂使用。例如,乙酸乙酯是很好的溶剂,大量用于油漆、塑料等工业。常见羧酸衍生物的物理常数见表9-2。

表 9-2 常见羧酸衍生物的物理常数

名称	沸点/℃	熔点/℃	名称	沸点/℃	熔点/℃
乙酰氯	52	−112	甲酸甲酯	32	−100
丙酰氯	80	−94	甲酸乙酯	54	−80
丁酰氯	102	−89	乙酸甲酯	57	−98
苯甲酰氯	197	−1	乙酸乙酯	77	−83
乙酸酐	139.6	−73	乙酸丙酯	102	−93
丙酸酐	168	−45	乙酸异戊酯	142	−78
丁酸酐	198	−75	丙酸乙酯	99	−74
乙丙酐	154		丁酸乙酯	120	−93
丁二酸酐	261	119.6	异戊酸异戊酯	194	
丁烯二酸酐	202	53	苯甲酸乙酯	213	−34
苯甲酸酐	260	42	苯甲酸苄酯	324	

9.2.3 羧酸衍生物的化学性质

羧酸衍生物的结构中都含有酰基,因此它们的性质有相似的一面,如能发生水解、氨解、醇解等反应。但由于酰基所连的基团不同,反应活性有很大差异。

1. 水解反应

羧酸衍生物都可与水作用形成相应的羧酸。

酰氯水解反应最强烈,露置在空气中会吸收空气中的水汽而水解。酸酐也很容易水解,若在热水中水解则更快。

酯和酰胺的水解需要酸或碱作催化剂,并且还需加热。酯在酸催化下的水解反应是可逆的,这是由于水解生成的羧酸和醇相互作用又脱水成酯,反应最终达到平衡;而碱催化下酯的水解,产生的酸与碱生成盐而从平衡体系中移去,可使反应进行到底。

$$\left.\begin{array}{r}\text{RCOCl}\\ \text{RCOOCOR'}\\ \text{RCOOR'}\end{array}\right\} + H_2O \longrightarrow \text{RCOOH} + \left\{\begin{array}{l}\text{HCl}\\ \text{R'COOH}\\ \text{R'OH}\end{array}\right.$$

$$\text{RCOOR'} + H_2O \xrightarrow{\text{NaOH}} \text{RCOONa} + \text{R'OH}$$

$$\text{RCONH}_2 + H_2O \xrightarrow{\text{NaOH}} \text{RCOONa} + \text{NH}_3$$

2. 醇解反应

酰氯和酸酐容易进行醇解。酯的醇解也称酯交换，该反应是在酸或醇钠的催化下进行的。在合成中常利用酯交换反应以甲酯或乙酯制备高级醇的酯。

$$\left.\begin{array}{r} RCOCl \\ RCOOCOR \\ RCOOR' \end{array}\right\} + R''OH \longrightarrow RCOOR'' + \left\{\begin{array}{l} HCl \\ RCOOH \\ R'OH \end{array}\right.$$

3. 氨解反应

酰氯、酸酐和酯容易与氨（或 RNH_2、R_2NH）作用形成酰胺。酯的氨解不需用催化剂，氨作为亲核试剂进攻酰基碳。

$$\left.\begin{array}{r} RCOCl \\ RCOOCOR \\ RCOOR' \end{array}\right\} + NH_3 \longrightarrow RCONH_2 + \left\{\begin{array}{l} HCl \\ RCOOH \\ R'OH \end{array}\right.$$

羧酸衍生物的水解、醇解和氨解都属亲核加成-消除反应，反应机理如下：

$$R-\overset{O}{\underset{\|}{C}}-L + Nu^- \underset{}{\overset{\text{加成}}{\rightleftharpoons}} \left[R-\overset{O^-}{\underset{Nu}{\overset{|}{C}}}-L\right] \overset{\text{消除}}{\rightleftharpoons} R-\overset{O}{\underset{\|}{C}}-Nu + L^-$$

$L^- = Cl^-, RCOO^-, RO^-$ 等
$Nu^- = HO^-, RO^-, NH_3$ 等

羧酸衍生物水解、醇解和氨解的反应均发生在酰基 C—L 键上，该键断裂的反应活性顺序如下：

$$RCOCl > (RCO)_2O > RCOOR' > RCONH_2$$

由以上水解、醇解和氨解反应可以看出，羧酸衍生物之间以及它们与羧酸之间可以通过反应相互转化。

4. 酯缩合反应

酯分子中的 α-H 比较活泼，在强碱如醇钠的作用下，可以和另一分子酯脱去一分子醇而发生酯缩合反应，也称为克莱森（Claisen）酯缩合反应。

$$CH_3\overset{O}{\underset{\|}{C}}OC_2H_5 + CH_3\overset{O}{\underset{\|}{C}}OC_2H_5 \overset{C_2H_5ONa}{\rightleftharpoons} CH_3\overset{O}{\underset{\|}{C}}CH_2\overset{O}{\underset{\|}{C}}OC_2H_5 + C_2H_5OH$$

该反应与羟醛缩合类似。醇钠的负离子夺取酯的 α-H，生成碳负离子。然后，碳负离子与另一分子酯的羰基发生亲核加成，再消除乙氧基负离子，生成乙酰乙酸乙酯。其反应机理如下：

$$CH_2\overset{H}{\underset{|}{\overset{O}{\underset{\|}{C}}}}OC_2H_5 + C_2H_5O^- \rightleftharpoons {}^-CH_2\overset{O}{\underset{\|}{C}}OC_2H_5 + C_2H_5OH$$

$$CH_3\overset{O}{\underset{\|}{C}}OC_2H_5 + {}^-CH_2\overset{O}{\underset{\|}{C}}OC_2H_5 \rightleftharpoons CH_3-\overset{O^-}{\underset{OC_2H_5}{\overset{|}{C}}}-CH_2\overset{O}{\underset{\|}{C}}OC_2H_5 \rightleftharpoons CH_3\overset{O}{\underset{\|}{C}}CH_2\overset{O}{\underset{\|}{C}}OC_2H_5 + C_2H_5O^-$$

该反应在有机合成上非常重要。从化学角度看,生物体内脂肪酸的合成即为酯缩合反应。

5. 酯的还原反应

酰氯和酸酐在钯催化下很容易被还原为醛,进而被还原为伯醇。

$$RCOCl + H_2 \xrightarrow{Pd} RCHO \xrightarrow{H_2}{Pd} RCH_2OH$$

酯可被 $LiAlH_4$ 还原成两个醇的混合物。

$$RCOOR' \xrightarrow{LiAlH_4} RCH_2OH + R'OH$$

用钠加乙醇,也可将酯还原为醇。例如

$$CH_3(CH_2)_{10}COOCH_3 \xrightarrow[C_2H_5OH]{Na} CH_3(CH_2)_{10}CH_2OH + CH_3OH$$

6. 酰胺的酸碱性

在酰胺分子中,氮上未共用电子对与羰基形成 p-π 共轭体系,导致氮原子上的电子云密度降低,接受质子的能力下降,使氨基的碱性减弱,因此酰胺呈中性或接近中性,一般不能使石蕊指示剂变色;另外,氮上未共用电子对与羰基形成的 p-π 共轭体系也导致 N—H 键的极性增强,氢原子变得较为活泼易于质子化,在与强吸电子基团相连时表现出一定程度的酸性。

酰亚胺类分子中,亚胺基受两个直接相连的羰基影响,氮原子上电子云密度大大降低,失去质子的能力明显增加,从而使酰亚胺的酸性增强,显示出弱酸性,可与强碱作用生成较稳定的盐。例如

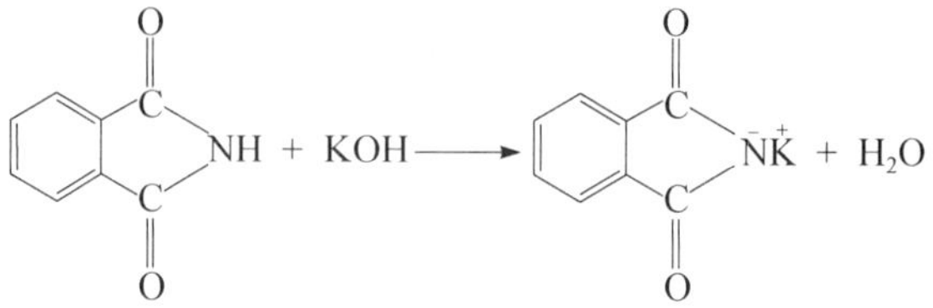

7. 酰胺的霍夫曼降级反应

含碳原子数较少的伯酰胺可与溴或氯的碱性水溶液作用,在加热时脱去羰基生成比酰胺少一个碳原子的伯胺,此反应称为霍夫曼(Hofmann)降级反应。

$$RCONH_2 \xrightarrow[Br_2]{NaOH} RNH_2$$

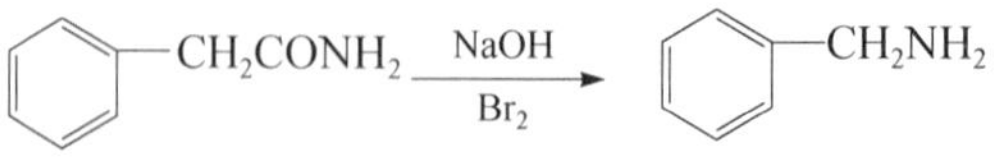

霍夫曼降级反应是制备伯胺,同时也是合成减少一个碳原子有机化合物的有效方法。

思考题 9-4

试写出下列化合物之间转变的化学反应式,无机试剂可任选。

(1) $CH_3CH_2CH_2CN \longrightarrow CH_3CH_2CH_2NH_2$

(2) 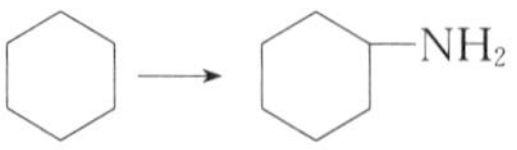 环己烷 ⟶ 环己胺

9.2.4 重要的羧酸衍生物

1. 乙酰氯和苯甲酰氯

乙酰氯为无色液体,沸点为 51 ℃,在空气中因水解而发烟。

苯甲酰氯是有刺激性气味的无色液体,沸点为 197 ℃,不溶于水。

这两种酰氯是常用的酰基化试剂,由于酰化后形成的高级酯或酰胺具有固定的熔点,因此在实验室常用它们来鉴定醇、酚、胺等化合物。

2. 邻苯二甲酸酐

邻苯二甲酸酐为白色固体,熔点为 131 ℃,不溶于水,极易升华,是合成聚酯、化纤、染料等的重要原料。邻苯二甲酸酐在无水氯化锌等脱水剂作用下,与苯酚对位上的氢缩合成酸碱指示剂酚酞。

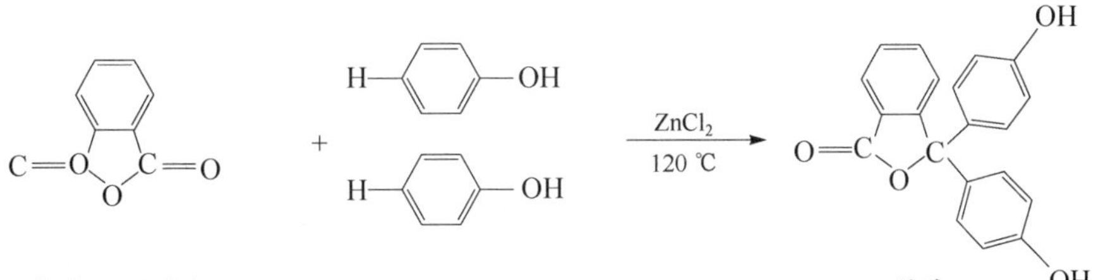

3. N,N-二甲基甲酰胺

N,N-二甲基甲酰胺(DMF)是无色透明液体,略带氨味,熔点为 -61 ℃、沸点为 153 ℃。工业生产中以甲醇、一氧化碳及氨为原料,100 ℃、15 MPa 条件下反应制备。N,N-二甲基甲酰胺的化学性质比较稳定,沸点较高,毒性较小,既是优良的有机溶剂,又是某些有机合成反应的优良催化剂,同时还是合成一些农药、药物的原料。

9.3 取 代 酸

羧酸分子中烃基上的氢原子被其他官能团取代后的生成物称为取代酸。根据取代基的种类不同,取代酸分为卤代酸、羟基酸、羰基酸、氨基酸等。本章着重讨论羟基酸和羰基酸。

9.3.1 羟基酸

1. 羟基酸的分类和命名

根据官能团的结合状况不同,羟基酸可分为醇酸和酚酸。醇酸的命名以羧酸为母体,用阿拉伯数字或希腊字母表示羟基的位置。酚酸的命名以芳香酸为母体,标明羟基在苯环上的位置。一些从自然界得到的取代酸常用俗名。

2. 羟基酸的性质

1) 酸性

由于羟基的吸电子诱导效应,醇酸的酸性比相应的羧酸强,又由于诱导效应沿着 σ 键传递时迅速减弱,因此醇酸的羟基距离羧基越远,对酸性的影响越小。

酚酸中羟基既有吸电子诱导效应,又有推电子共轭效应,且邻位酚酸还能形成分子内氢键,故酚酸的酸性有其特殊性。

2) 脱水和脱羧反应

羟基酸分子内具有羟基、羧基这两个可以互相反应的基团,因此可以发生分子间或分子内的反应。

(1) α-醇酸一般发生分子间交叉脱水,产物为交酯。

$$\begin{array}{c}\text{R} \\ \text{CH} \\ \text{OH} \\ \text{C} \\ \text{O} \\ \text{OH}\end{array} + \begin{array}{c}\text{HO} \\ \text{C} \\ \text{O} \\ \text{CH} \\ \text{HO} \\ \text{R}\end{array} \xrightarrow{\triangle} \begin{array}{c}\text{交酯}\end{array}$$

(2) β-醇酸受热发生分子内脱水,生成 α,β-不饱和酸。

$$R-\underset{\underset{OH}{|}}{CH}-CH_2-\overset{O}{\underset{\|}{C}}-OH \xrightarrow{\triangle} R-CH=CH-\overset{O}{\underset{\|}{C}}-OH$$

α,β-不饱和酸

(3) γ-醇酸和 δ-醇酸受热很快生成五元环或六元环的内酯。

$$RCHCH_2CH_2COOH \xrightarrow[\triangle]{-H_2O} \text{γ-内酯}$$
$\quad\;\;|$
$\quad OH$

γ-羟基酸　　　　　γ-内酯

$$HO(CH_2)_4COOH \xrightarrow[\triangle]{-H_2O} \text{δ-戊内酯}$$

δ-羟基戊酸　　　　δ-戊内酯

(4) 生物体代谢过程中产生的醇酸在酶的催化作用下也发生脱水反应。例如

$$\begin{array}{c}\text{HO—CHCOOH} \\ | \\ \text{H—CHCOOH}\end{array} \xrightarrow{\text{酶}} \begin{array}{c}\text{HOOC} \\ \diagdown \\ \text{H}\end{array}\!\!C\!\!=\!\!C\!\!\begin{array}{c}\text{H} \\ \diagup \\ \text{COOH}\end{array}$$

苹果酸　　　　　　延胡索酸(反丁烯二酸)

(5) 酚酸的脱羧反应。

邻位和对位酚酸受热时易发生脱羧反应。例如

$$HO-\!\!\!\!\bigcirc\!\!\!\!-COOH \xrightarrow{200\sim220\text{ ℃}} HO-\!\!\!\!\bigcirc\!\!\!\! + CO_2$$

3) α-羟基酸的氧化反应

醇酸中的羟基比醇中的羟基易被氧化,α-醇酸可被托伦试剂氧化为 α-酮酸。

$$R-\underset{\underset{OH}{|}}{CH}-COOH \xrightarrow{\text{托伦试剂}} R-\underset{\underset{O}{\|}}{C}-COOH$$

生物体代谢过程中产生的醇酸在酶的催化作用下也发生氧化反应。例如

$$\begin{array}{c}\text{COOH}\\|\\\text{H—C—OH}\\|\\\text{H—C—COOH}\\|\\\text{CH}_2\\|\\\text{COOH}\end{array} \xrightarrow{\text{酶}} \begin{array}{c}\text{COOH}\\|\\\text{C=O}\\|\\\text{H—C—COOH}\\|\\\text{CH}_2\\|\\\text{COOH}\end{array}$$

异柠檬酸　　　　草酰琥珀酸

4) α-羟基酸的分解反应。

α-醇酸与稀硫酸共热，则羧基和α-碳原子之间的键断裂，分解脱羧生成一分子甲酸和一分子醛或酮。

$$\begin{array}{c}\text{OH}\\|\\\text{R—C—COOH}\\|\\\text{H(R')}\end{array} \xrightarrow{\text{稀 H}_2\text{SO}_4} \begin{array}{c}\text{O}\\||\\\text{R—C—H(R')}\end{array} + \text{HCOOH}$$

思考题 9-5

写出下列化合物的构造式。

(1) 2-羟基-3-羧基戊二酸　　(2) 3,4-二羟基苯甲酸　　(3) 柠檬酸　　(4) α-羟基丙酸

---

3. 重要的羟基酸化合物

1) 乳酸

乳酸[$CH_3CH(OH)COOH$]又称α-羟基丙酸，因最初是从酸牛奶中发现的，所以称为乳酸。牛奶中的乳糖经细菌作用、发酵而生成乳酸，工业生产中常采用糖经乳酸杆菌作用发酵制得。

人体肌肉运动时也会产生乳酸，特别是肌肉经过剧烈运动后会产生大量的乳酸，使肌肉组织部位出现明显酸胀感。

乳酸通常为无色或微黄色糖浆状液体，熔点为 18 ℃，可溶于水、醇、醚及甘油，不溶于氯仿和油脂。工业上用乳酸作除钙剂，印染业用其作媒染剂，医药上还利用乳酸钙治疗普通缺钙引发的佝偻病。

2) 酒石酸

酒石酸[$HOOCCH(OH)CH(OH)COOH$]又称 2,3-二羟基丁二酸，在植物中分布较广，尤以葡萄中的含量最多，常以酒石酸氢钾的形式存在。当葡萄发酵酿酒时，随着乙醇浓度的增加，发酵液中所含的右旋酒石酸氢钾由于溶解度的减小而结晶析出，称为酒石，酒石与无机酸作用就生成游离的酒石酸，酒石酸的名称由此而来。

酒石酸钾钠[$KOOCCH(OH)CH(OH)COONa$]可作为泻药和配制费林溶液。酒石酸的氧锑钾盐[$KOOCCH(OH)CH(OH)COOSbO$]$_2$·H_2O 又称吐酒石，用作催吐剂，也是医治血吸虫病的一种特效药。

3) 苹果酸

α-羟基丁二酸[$HOOCCH(OH)CH_2COOH$]在未成熟的苹果中含量最多，故又称苹果酸。纯净的苹果酸为无色针状结晶，熔点为 100 ℃，易溶于水和乙醇，微溶于乙醚。苹果酸是生物体代谢的中间产物，常用于制药和食品工业。苹果酸受热能以 β-羟基酸的形式脱水生成丁烯二酸，丁烯二酸加水后又可得到苹果酸，这是工业生产中制备苹果酸的常用方法。

4) 柠檬酸

3-羟基-3-羧基戊二酸,即柠檬酸,又称枸橼酸,主要存在于柑橘类果实中,尤以柠檬中含量最多,故名柠檬酸。纯品为无色结晶,含一分子结晶水的样品熔点为 100 ℃,不含结晶水的熔点为 153 ℃。柠檬酸易溶于水和醇,有爽口的酸味,食品工业用作糖果及清凉饮料的调味剂。柠檬酸加热至 150 ℃发生分子内脱水生成顺乌头酸,产物加水可得到柠檬酸和异柠檬酸两种异构体。

$$\underset{\begin{array}{c}CH_2COOH\\|\\HO-CCOOH\\|\\CH_2COOH\end{array}}{} \underset{+H_2O}{\overset{-H_2O}{\rightleftharpoons}} \underset{\begin{array}{c}CH_2COOH\\|\\CCOOH\\||\\CHCOOH\end{array}}{} \underset{-H_2O}{\overset{+H_2O}{\rightleftharpoons}} \underset{\begin{array}{c}CH_2COOH\\|\\CHCOOH\\|\\HO-CHCOOH\end{array}}{}$$

生物体内,上述反应是在酶催化下进行的,糖、脂肪、蛋白质的代谢均要经过这一过程。

柠檬酸的盐类在医药上有多种用途。钠盐为抗凝血剂,钾盐为祛痰剂和利尿剂,锌盐为温和的泻药,铁铵盐可做补血剂。

5) 水杨酸

邻羟基苯甲酸又称水杨酸,存在于柳树皮、树叶中,因此又称为柳酸。纯品为无色针状晶体,熔点为 159 ℃,易升华,微溶于水,能溶于乙醇和乙醚,与三氯化铁溶液反应呈紫红色,加热至 200 ℃以上脱羧得到苯酚。

水杨酸有消毒防腐、解热镇痛及祛风抗湿的作用。水杨酸对胃肠道有较大的刺激作用,不能做内服药物使用,医药上常用作外用杀菌剂和防腐剂,以治疗某些皮肤病。

6) 没食子酸

3,4,5-三羟基苯甲酸又称没食子酸,存在于茶叶、栗子、柿子及五倍子等植物中。没食子(又称为五倍子)所含的没食子鞣酸水解,即可得到没食子酸及葡萄糖。没食子酸具有强还原性,能从银盐溶液中将银沉淀出来,因此可用作照相显影剂。没食子酸水溶液遇到三氯化铁产生蓝色沉淀,也是制备蓝色墨水的原料。

没食子酸加热至 200 ℃以上失去二氧化碳而生成没食子酚,即 1,2,3-苯三酚,又称焦性没食子酸。

$$\underset{\begin{array}{c}\\HO\quad OH\\OH\end{array}}{\overset{COOH}{\bigcirc}} \xrightarrow{\geqslant 200\ ℃} \underset{\begin{array}{c}\\HO\quad OH\\OH\end{array}}{\bigcirc}$$

1,2,3-苯三酚的碱性溶液能很快吸收氧气,在气体分析中用作吸氧剂。它也具有很强的还原性,同样可用作照相底片的显影剂。

9.3.2 羰基酸

1. 羰基酸的分类和命名

根据羰基在碳链中的位置不同,羰基酸可分为醛酸和酮酸。羰基酸命名时把含羧基和羰基的最长碳链作为主链,称为"某酮(或醛)酸",用阿拉伯数字或希腊字母标出羰基的位置,放在主链名称之前,也可用酰基法命名,称为"某酰某酸"。例如

$$CH_3-\overset{O}{\underset{\|}{C}}-COOH \qquad HOOC-\overset{O}{\underset{\|}{C}}-CH_2-COOH \qquad OHC-CH_2-COOH$$

丙酮酸   丁酮二酸   丙醛酸
乙酰甲酸   草酰乙酸   甲酰乙酸

思考题 9-6

写出下列化合物的构造式。
(1) 草酰琥珀酸　　(2) 乙酰乙酸　　(3) α-戊酮二酸　　(4) 乙酰乙酸乙酯

---

2. 酮酸的化学性质

1) 脱羧反应

α-酮酸与稀硫酸共热时发生脱羧反应。

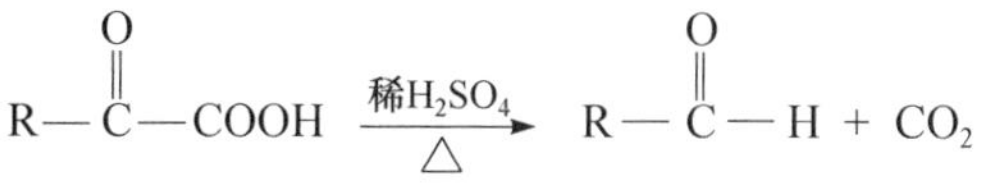

$$R-\overset{\overset{O}{\|}}{C}-COOH \xrightarrow[\triangle]{\text{稀}H_2SO_4} R-\overset{\overset{O}{\|}}{C}-H + CO_2$$

β-酮酸只在低温下稳定,在室温以上易脱羧生成酮。

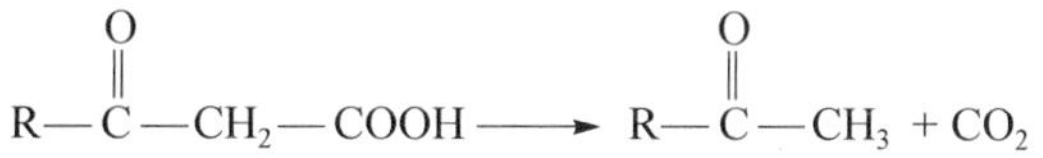

$$R-\overset{\overset{O}{\|}}{C}-CH_2-COOH \longrightarrow R-\overset{\overset{O}{\|}}{C}-CH_3 + CO_2$$

2) 氧化还原反应

醇酸能氧化成醛酸或酮酸,而醛酸或酮酸又可以还原为相应的醇酸。酮酸一般不易被氧化,但 α-酮酸具有一定的活性,可被氧化得到少一个碳原子的羧酸。

醛酸中的醛基可被弱氧化剂氧化,没有 α-H 的醛酸可在碱性条件下发生歧化反应。

3. 重要的羰基酸化合物

1) 乙醛酸

乙醛酸是最简单的醛酸,存在于未成熟的水果和动物组织中,无水的乙醛酸为黏稠状的液体,具有醛和羧酸的一般性质。

2) 丙酮酸

丙酮酸是最简单的酮酸,为无色有刺激性臭味的液体,沸点为 165 ℃,易溶于水、乙醇和乙醚。除能与羧酸、酮反应外,还具有 α-酮酸的特殊性质,如氧化、脱羧等。丙酮酸是动植物体内糖、蛋白质代谢的中间产物,可经乳酸氧化得到。

3) 乙酰乙酸

乙酰乙酸(CH_3COCH_2COOH)又称 β-丁酮酸或 3-丁酮酸。它是有机体内脂肪代谢的中间产物,糖尿病患者脂肪代谢不能正常进行,在尿液中有丙酮和乙酰乙酸存在,这在病理学上称为丙酮体,可作为糖尿病的辅助诊断。

乙酰乙酸很不稳定,稍受热即容易失去二氧化碳而转化为丙酮。乙酰乙酸形成的酯是稳定的有机物,在有机合成上有重要的应用价值。

4) 草酰乙酸

α-丁酮二酸又称草酰乙酸,能溶于水,低温下具有一定的稳定性,室温以上很容易脱羧生成丙酮酸。

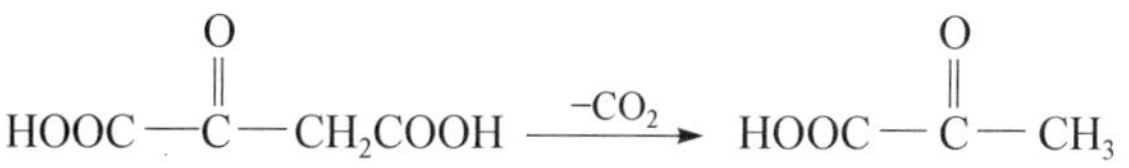

$$HOOC-\overset{\overset{O}{\|}}{C}-CH_2COOH \xrightarrow{-CO_2} HOOC-\overset{\overset{O}{\|}}{C}-CH_3$$

生物体内,草酰乙酸与丙酮酸在酶的作用下,经缩合、脱羧和氧化等反应可得柠檬酸。

4. 乙酰乙酸乙酯

乙酰乙酸乙酯又称 3-丁酮酸乙酯,是无色微溶于水的液体,沸点为 181 ℃,可采用乙酸乙酯与乙醇钠等强碱性试剂作用,通过克莱森酯缩合反应制备,工业生产上常利用乙烯酮的二聚合,再经乙醇醇解得到。乙酰乙酸乙酯在有机合成理论及应用方面均具有重要意义。

1) 互变异构现象

实验表明,乙酰乙酸乙酯除具有酮和酯的典型反应外,还能与金属钠作用放出氢气,可使溴的四氯化碳溶液褪色,加入三氯化铁溶液显紫色,表明烯醇式结构的存在。这些事实说明乙酰乙酸乙酯不是以一种结构存在,研究发现乙酰乙酸乙酯是由酮式和烯醇式的混合物形成的平衡体系。

$$CH_3-\overset{O}{\underset{}{C}}-\overset{H}{\underset{}{CH}}-\overset{O}{\underset{}{C}}-CH_3 \rightleftharpoons CH_3-\overset{O-H}{\underset{}{C}}=CH-\overset{O}{\underset{}{C}}-CH_3$$

酮式　　　　　　　　　　烯醇式

在室温下,乙酰乙酸乙酯的酮式和烯醇式彼此互变迅速,很快达到平衡,此时酮式约占 92.5%,烯醇式约占 7.5%。这种能自发互变的异构体之间存在的动态平衡现象称为互变异构现象。

一般情况下,烯醇式不稳定,易发生重排,但乙酰乙酸乙酯的烯醇式能比较稳定地存在。这是由于乙酰乙酸乙酯的酮式结构上亚甲基受到邻近两个羰基的作用,氢原子显得特别活泼,容易发生电子对的转移迅速转变为烯醇式结构,而分子中的烯醇式异构体又形成了共轭体系,并通过电子的离域降低了分子的热力学能,同时分子内形成氢键,构成了一个较稳定的六元环结构。

$$CH_3-\overset{O\cdots H}{\underset{}{C}}\cdots\overset{O}{\underset{}{C}}-OC_2H_5$$
$$\overset{}{\underset{H}{C}}$$

影响互变异构体系中烯醇式含量多少的因素有以下几个方面:

(1) 化合物的结构。分子中羰基邻位亚甲基上连有 $-\overset{O}{\underset{}{C}}-R$ 、$-\overset{O}{\underset{}{C}}-OR$ 等吸电子基团时,可以增大羰基邻位亚甲基 H 的活性。

(2) 溶剂的性质。在非极性溶剂中,烯醇式易形成分子内氢键。

(3) 烯醇式结构中,共轭体系的增大使烯醇式结构稳定性增强。

2) 乙酰乙酸乙酯的性质

(1) 分解反应。

乙酰乙酸乙酯分子中羰基与酯基之间的亚甲基碳上电子云密度较低,因此亚甲基与相邻的两个碳原子之间的键容易断裂。乙酰乙酸乙酯在稀碱或稀酸中,其上的酯基发生水解,生成的乙酰乙酸不稳定,在加热时极易失去二氧化碳生成酮,称为酮式分解。另外,乙酰乙酸乙酯在浓碱中,带有部分正电荷的羰基碳原子受到强亲核试剂 OH^- 的进攻,发生亲核加成,并引起碳碳键的断裂,最后生成两分子酸,称为酸式分解。

酮式分解：

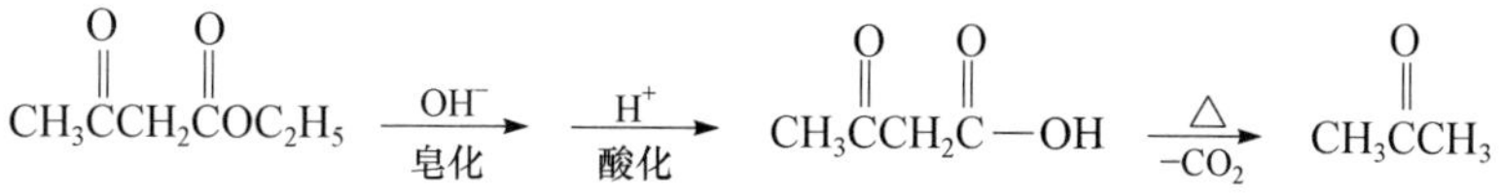

$$CH_3COCH_2COOC_2H_5 \xrightarrow[\text{皂化}]{OH^-} \xrightarrow[\text{酸化}]{H^+} CH_3COCH_2C(O)-OH \xrightarrow[-CO_2]{\Delta} CH_3COCH_3$$

酸式分解：

$$CH_3COCH_2COOC_2H_5 \xrightarrow[\Delta]{\text{浓NaOH}} 2CH_3COONa + C_2H_5OH$$

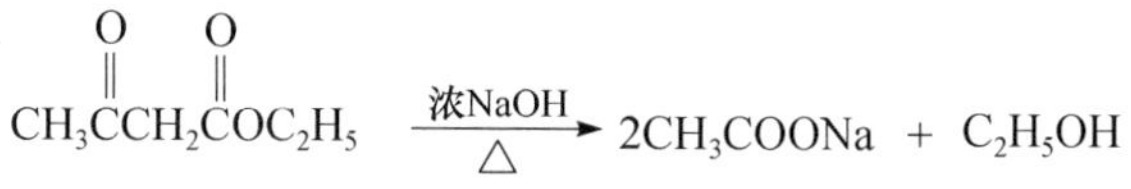

(2) 取代反应。

乙酰乙酸乙酯中活泼亚甲基上的氢可与醇钠作用，生成乙酰乙酸乙酯钠，它可与卤代烷作用生成烷基取代的乙酰乙酸乙酯，然后进行酮式或酸式分解而得到甲基酮或一元酸。一烷基化的乙酰乙酸乙酯分子上剩下的一个氢还可继续在醇钠作用下与卤代烷反应，产物还可继续进行酮式或酸式分解获得其他酮和有机羧酸。乙酰乙酸乙酯的烷基化和酮式、酸式分解的反应规律在有机合成上具有重要的应用价值。

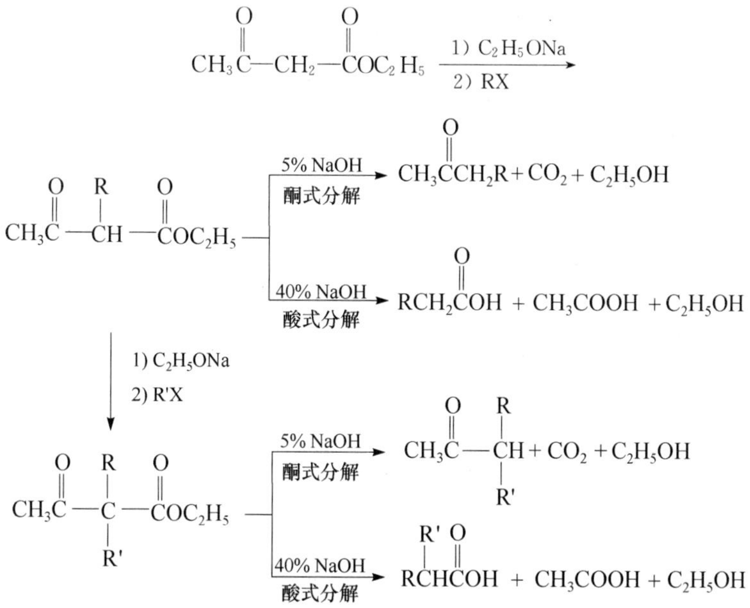

$$CH_3COCH_2COOC_2H_5 \xrightarrow[2) RX]{1) C_2H_5ONa}$$

$$CH_3COCHR COOC_2H_5 \begin{cases} \xrightarrow[\text{酮式分解}]{5\% \text{NaOH}} CH_3COCH_2R + CO_2 + C_2H_5OH \\ \xrightarrow[\text{酸式分解}]{40\% \text{NaOH}} RCH_2COOH + CH_3COOH + C_2H_5OH \end{cases}$$

$$\xrightarrow[2) R'X]{1) C_2H_5ONa}$$

$$CH_3COCRR' COOC_2H_5 \begin{cases} \xrightarrow[\text{酮式分解}]{5\% \text{NaOH}} CH_3COCHRR' + CO_2 + C_2H_5OH \\ \xrightarrow[\text{酸式分解}]{40\% \text{NaOH}} RCHR'COOH + CH_3COOH + C_2H_5OH \end{cases}$$

乙酰乙酸乙酯的酰基化常用于制备 β-二酮（酮式分解）。

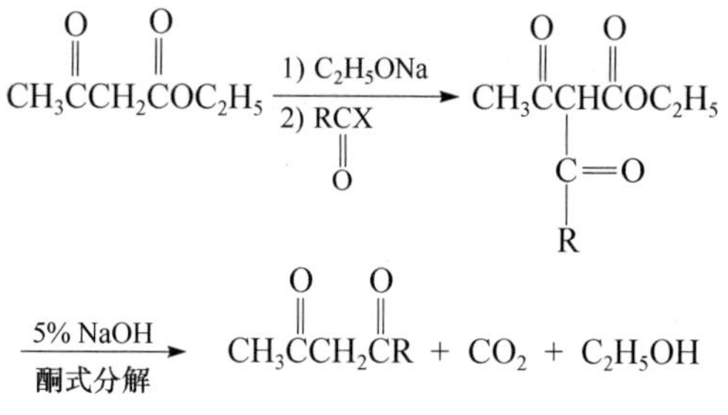

$$CH_3COCH_2COOC_2H_5 \xrightarrow[2) RCOX]{1) C_2H_5ONa} CH_3COCH(COR)COOC_2H_5$$

$$\xrightarrow[\text{酮式分解}]{5\% \text{NaOH}} CH_3COCH_2COR + CO_2 + C_2H_5OH$$

习　　题

1. 命名下列化合物或写出已知物的结构式。

(4) 对甲氧基苯甲酸　　(5) 2,4-二甲基戊酸　　(6) 乙二酸二乙酯
(7) 水杨酸　　(8) 苯甲酰胺　　(9) 邻溴苯甲酰氯

2. 完成下列反应式。

(1) C₆H₅—COCl $\xrightarrow{H_3O^+}$ (　) $\xrightarrow[2)\ H_2O]{1)\ LiAlH_4}$ (　)

(2) 环戊基—CH₂COOH $\xrightarrow[P]{Br_2}$ (　)

(3) 环戊基—COOH $\xrightarrow{SOCl_2}$ (　)

(4) C₆H₅—COOH $\xrightarrow[\Delta]{NH_3}$ (　)

3. 比较下列各组化合物的酸性强弱。
   (1) 苯甲酸、苯酚、三氯乙酸、甲酸
   (2) 正丁酸、丁二酸、乙二酸
   (3) 对甲基苯甲酸、间硝基苯甲酸、苯甲酸

4. 合成下列化合物。
   (1) 由乙炔合成乙酸乙酯
   (2) 由苯合成间溴苯甲酸

5. 某化合物 A 的分子式为 $C_5H_6O_3$，它能与乙醇作用得到两个互为异构体的化合物 B 和 C。B 和 C 分别与亚硫酰氯作用后，再加入乙醇中均得到同一化合物 D。推测 A~D 的结构。

6. 有两个酯类化合物 A 和 B，分子式均为 $C_4H_6O_2$。A 在酸性条件下水解生成甲醇和另一个化合物 C($C_3H_4O_2$)，C 可使溴的四氯化碳溶液褪色。B 在酸性条件下水解生成一分子羧酸和化合物 D；D 可发生碘仿反应，也可与托伦试剂作用。试推断 A~D 的结构。

第 10 章 含氮和含磷有机化合物

含氮有机化合物主要是指分子中含有碳氮键（C—N、C=N、C≡N）的化合物，有的还含有 N—N、N=N、N≡N、N—O、N=O 及 N—H 等键，其种类繁多，范围很广，在生命活动和化工产品生产中起着重要作用。本章将讨论胺类（amine）化合物、重氮化合物（diazo compound）、偶氮化合物（azo compound）和其他含氮有机化合物。另外，由于含磷有机化合物在生命和农业生产中的重要作用，本章对含磷有机化合物的类型和有机磷农药也作一简单介绍。

10.1 胺

氨分子中的氢原子被烃基取代后的衍生物称为胺，胺是含氮有机化合物中一类重要的化合物。

10.1.1 胺的分类和命名

1. 分类

根据氨分子中氢原子被烃基取代的多少，胺可分为伯胺、仲胺、叔胺，也称为第一、第二、第三胺或一级（$1°$）、二级（$2°$）、三级（$3°$）胺。

$$RNH_2 \qquad R_2NH \qquad R_3N$$
$$\text{伯胺} \qquad \text{仲胺} \qquad \text{叔胺}$$

胺的这种分类方式与卤代烃和醇不同。例如，异丙醇为仲醇，异丙基溴为仲卤代烃，而异丙胺却为伯胺。

$$\underset{\text{仲醇}}{CH_3-\underset{OH}{CH}-CH_3} \qquad \underset{\text{仲卤代烃}}{CH_3-\underset{Br}{CH}-CH_3} \qquad \underset{\text{伯胺}}{CH_3-\underset{NH_2}{CH}-CH_3}$$

根据烃基的不同，胺又可分为脂肪胺、芳香胺。例如

$$\underset{\text{脂肪胺}}{CH_3CH_2CH_2-NH_2} \qquad \underset{\text{芳香胺}}{C_6H_5-NH_2}$$

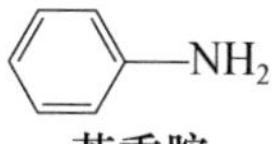

根据分子中所含氨基的数目可将胺分为一元胺、二元胺和多元胺。例如

$$\underset{\text{丙胺（一元胺）}}{CH_3CH_2CH_2NH_2} \qquad \underset{1,4\text{-丁二胺（二元胺）}}{H_2NCH_2CH_2CH_2CH_2NH_2}$$

若氮上连有四个烃基，形成季铵离子，则它与负离子组合成的化合物称为季铵盐或季铵碱。

$$\underset{\text{季铵盐}}{R_4N^+X^-} \qquad \underset{\text{季铵碱}}{R_4N^+OH^-}$$

2. 命名

简单的胺习惯按它所含的烃基命名。例如

CH_3NH_2　　苯胺　　苯甲胺(苄胺)　　对甲基苯胺

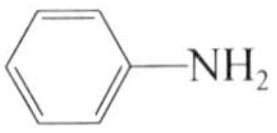

甲胺　　苯胺 　　苯甲胺(苄胺) 　　对甲基苯胺

氮原子上连有两个或三个相同的烃基时，需表示出烃基的数目。例如

CH_3NHCH_3　　$(CH_3)_3N$　　二苯胺

二甲胺　　三甲胺　　二苯胺

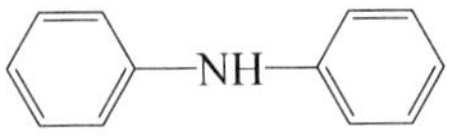

如果所连烃基不同，则把简单的烃基写在前面；氮原子上同时连有脂肪烃基和芳香烃基时，则以芳胺为母体，脂肪烃基名称写在前面，并在其前面冠以"N"。例如

$CH_3NHCH_2CH_3$　　$CH_3NCH_2CH_3$ / CH_2CH_3　　N-甲基苯胺

甲乙胺　　甲乙丙胺 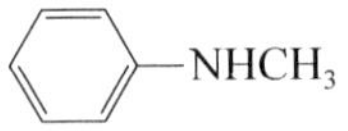　　N-甲基苯胺

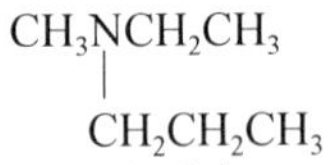

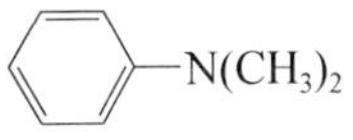

N,N-二甲基苯胺 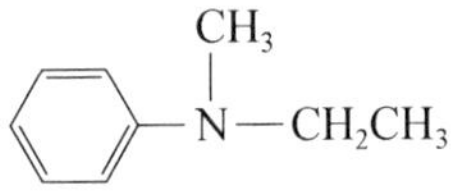　　N-甲基-N-乙基苯胺

多元胺在命名时要注明氨基的位置和数目。例如

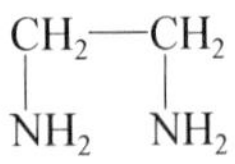

乙二胺 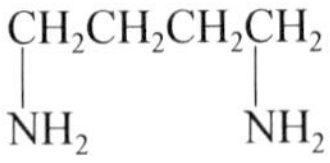　　1,4-丁二胺 　　对苯二胺

比较复杂的胺可把氨基作为取代基来命名。例如

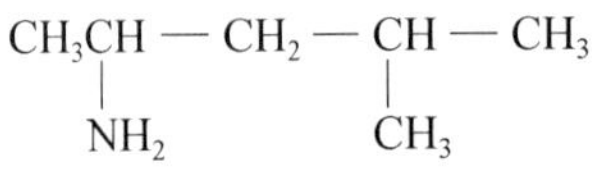

2-甲基-4-氨基戊烷 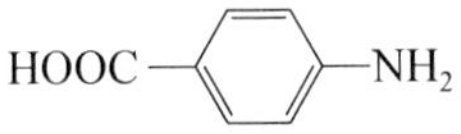　　对氨基苯甲酸 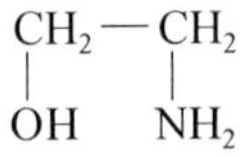　　2-氨基乙醇

季铵类化合物的命名与铵盐的命名相似，是把阴离子和取代基的名称放在"铵"字之前来命名。例如

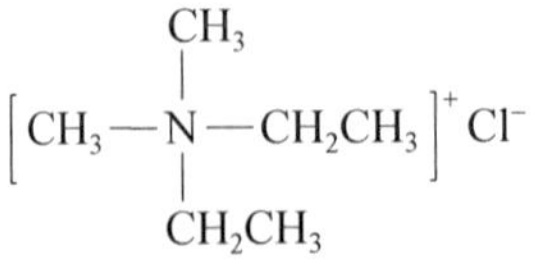

氯化二甲基二乙基铵　　氢氧化四甲铵

需要注意的是"氨""胺""铵"字的用法，在表示气体氨或其基团（如氨气、氨基、亚氨基等）时用"氨"；表示氨的烃基衍生物时用"胺"；而对于氨或胺的盐类或其氢氧化物则用"铵"。

3. 胺的结构

胺分子中氮原子为 sp^3 不等性杂化，形成四个 sp^3 杂化轨道，孤对电子处于一个 sp^3 杂化轨道上,另三个 sp³ 杂化轨道分别与氢原子或烃基形成 σ 键。根据氮上基团的不同,各键角有些差异,但脂肪胺的形状一般为棱锥形。

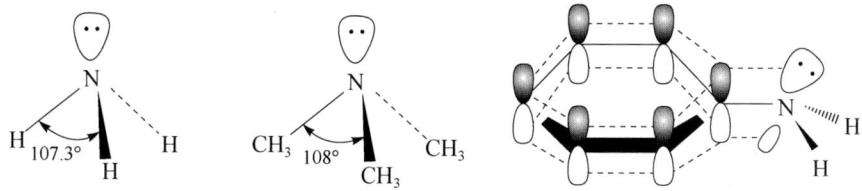

在芳香胺中,苯环倾向于与氮上的孤对电子占据的轨道形成 p-π 共轭,即它们与苯环不共平面,只发生了部分重叠,使 H—N—H 的键角加大,为 113.9°,苯环平面与 H—N—H 平面交叉的角度为 39.4°。

当氮上连有三个不同的取代基时,把孤对电子看作一个基团,则该化合物应为具有手性中心的化合物,理论上应具有对映异构体,但实际上一般不可拆分。这是由于常温下两者可以迅速转化,这种转化只需 25 kJ·mol⁻¹ 的能量,若限制这种转化就可能得到两种异构体。例如,氮上连有四个不同基团的季铵类化合物就可以得到相对稳定的对映异构体。

思考题 10-1

命名下列化合物,并指出它们属于伯胺、仲胺、叔胺还是季铵类化合物。

(1) C₆H₅—NHC₂H₅   (2) CH₃—CH₂—CH—CH₂—CH₃   (3) CH₃—C₆H₄—N(CH₃)₂
                                                        |
                                                        NH₂

(4) [(C₂H₅)₄N]⁺OH⁻   (5) [(CH₃)₂N(C₂H₅)₂]⁺I⁻

10.1.2 胺的物理性质

室温下,除甲胺、二甲胺、三甲胺和乙胺为气体外,其他胺均为液体或固体。低级胺的气味与氨相似,有的胺(如二甲胺和三甲胺)有鱼腥味,肉腐烂时的臭气主要是丁二胺和戊二胺的气味,因此它们又分别称为腐肉胺和尸胺,这是肉在腐烂过程中氨基酸的失羧而产生的。

芳香胺多为高沸点的油状液体或低熔点的固体,具有特殊气味,并有较大的毒性。例如,苯胺可以通过吸入或透过皮肤吸收而致中毒,0.25 mL 苯胺就可引起严重中毒,而 β-萘胺与联苯胺是引致恶性肿瘤的物质。

胺和氨一样是极性物质,除叔胺外,伯胺和仲胺都能形成分子间氢键。但由于氮的电负性小于氧,伯胺或仲胺分子间形成的 N—H⋯N 氢键也弱于醇分子中的 O—H⋯O 氢键,故胺的沸点比相对分子质量相近的非极性化合物高,但比醇或羧酸的沸点低。叔胺由于不能形成分子间氢键,其沸点比相对分子质量相近的伯胺和仲胺低。常见胺的物理常数见表 10-1。

表 10-1 常见胺的物理常数

名称	熔点/℃	沸点/℃	溶解度/[g·(100 g 水)$^{-1}$]
甲胺	−92.5	−6.7	易溶
二甲胺	−92.2	6.9	易溶
三甲胺	−117.1	9.9	91
乙胺	−80.6	16.6	∞
二乙胺	−50.0	55.5	易溶
三乙胺	−114.7	89.4	14
正丙胺	−83.0	48.7	∞
正丁胺	−50.0	77.8	∞
苯胺	−6.0	184.4	3.7
N-甲基苯胺	−57.0	196.3	难溶
N,N-二甲基苯胺	2.5	194.2	不溶
二苯胺	52.5	302.0	不溶
三苯胺	126.5	365.0	不溶

伯、仲和叔胺都能与水分子之间形成氢键，因此低级脂肪胺可溶于水，随着烃基在分子中的比例增大，形成氢键的能力减弱，中、高级脂肪胺及芳香胺微溶或难溶于水。胺也可溶于醚、醇、苯等有机溶剂。季铵盐具有高的熔点，易溶于水。

10.1.3 胺的化学性质

胺的化学性质主要取决于它的官能团——氨基。由于氨基氮原子上具有孤对电子，因而胺具有亲核性，能与一些亲电化合物如酸（H^+）、卤代烷、酰基化合物等发生反应。不同胺因氮原子所连烃基的种类和数目不同，性质也有差异。

1. 碱性

胺与氨相似，因其氮原子上有未共用电子对，能吸引质子形成一个铵离子，故具有碱性。

$$\ddot{N}H_3 + H-OH \rightleftharpoons NH_4^+ + OH^-$$
$$R\ddot{N}H_2 + H-OH \rightleftharpoons R\overset{+}{N}H_3 + OH^-$$

胺虽有碱性，但属于弱碱，它不能使酚酞变色，其碱性大小可用 pK_b 表示。pK_b 越小，碱性越强。一些胺的 pK_b 值见表 10-2。

表 10-2 胺的碱性

化合物	pK_b	化合物	pK_b
NH_3	4.76	$(CH_3CH_2)_3N$	3.25
CH_3NH_2	3.38	$C_6H_5NH_2$	9.40
$(CH_3)_2NH$	3.27	$(C_6H_5)_2NH$	13.80
$(CH_3)_3N$	4.21	$C_6H_5NHCH_3$	9.60
$CH_3CH_2NH_2$	3.36	$C_6H_5N(CH_3)_2$	9.62
$(CH_3CH_2)_2NH$	3.06		

胺类的碱性强弱取决于氨基氮上的未共用电子对与质子结合的能力。氨基氮上的电子云密度越高,与质子结合的能力越强,相应的碱性也越强。反之,氨基氮上的电子云密度越低,与质子结合的能力越弱,相应的碱性也越弱。

由于结构的不同,胺的碱性有以下规律:

(1) 以氨为标准,脂肪胺的碱性比氨强,芳香胺的碱性比氨弱。这是因为氨中氢原子被烷基取代后,由于烷基的供电子诱导效应,氮原子上电子云密度升高,与质子结合的能力比氨强,因此碱性增强;芳香胺中,由于氮原子上的未共用电子对与苯环的共轭效应,氮原子上的电子云密度降低,与质子结合的能力降低,因此碱性减弱。

(2) 在非水溶液或气相中,脂肪族胺的碱性大小顺序为

$$叔胺 > 仲胺 > 伯胺$$

但在水溶液中则不同。在水溶液中,往往仲胺的碱性最强,而叔胺的碱性最弱。例如

$$(CH_3)_2NH(仲胺) > CH_3NH_2(伯胺) > (CH_3)_3N(叔胺) > NH_3$$

pK_b 3.27   3.38   4.21   4.76

这是由于在非水溶液或气相中,影响氮原子上电子云密度的主要因素是诱导效应,氮原子上的烷基越多,氮原子受到烷基的供电子作用越强,氮原子上的电子云密度越高,其碱性越强,故相对碱性为叔胺>仲胺>伯胺。而在水溶液中,碱性的强弱不仅取决于氮原子上的电子云密度,也取决于它结合质子后所形成的取代铵离子的溶剂化程度。胺中氮原子上的氢越多,与水形成氢键的机会越多,溶剂化程度也越高,取代铵离子就越稳定,碱性也就越强。

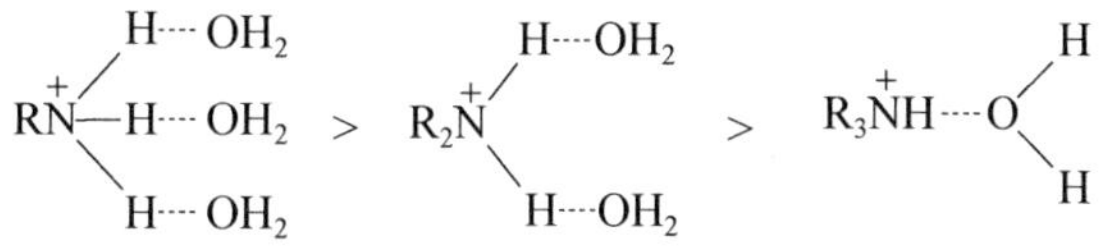

此外,空间效应也有一定的影响。

胺类化合物碱性的强弱是一个受电子效应、溶剂化效应和空间效应综合影响的结果。

(3) 芳香胺中,芳基的数目越多,氮原子上电子云密度降低的程度越大,胺的碱性就越弱。例如

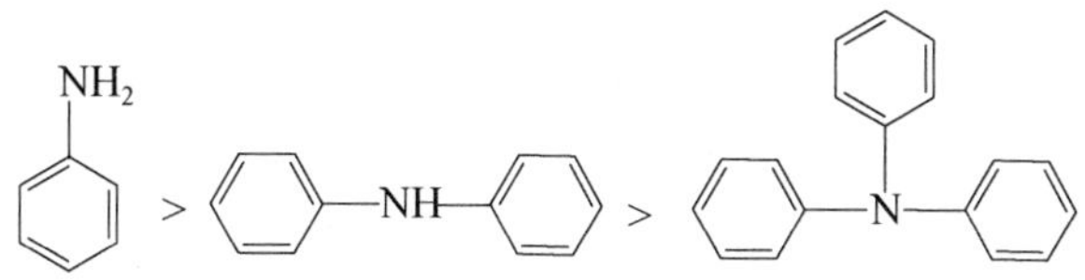

pK_b 9.40   13.80   中性

对于取代芳香胺,通常芳环上连有吸电子基团时,芳香胺的碱性减弱,连有供电子基团时,芳香胺的碱性增强。例如

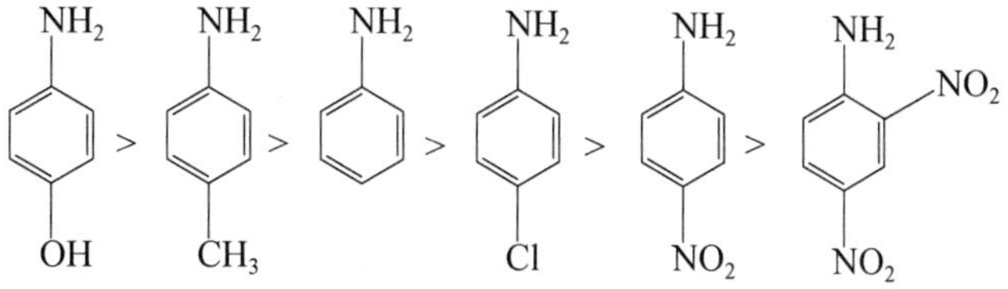

pK_b 8.50   8.90   9.40   10.02   13.00   13.82

而对于氮原子上连有脂肪烃基的芳香胺,则有

$$\underset{9.40}{\underset{\text{p}K_b}{C_6H_5NH_2}} > \underset{9.60}{C_6H_5NHCH_3} > \underset{9.62}{C_6H_5N(CH_3)_2}$$

这主要是空间效应导致的。

胺的碱性使其可以与盐酸、硫酸及乙二酸、乙酸等形成盐。铵盐是离子化合物,无味,都是结晶形固体,无机酸的铵盐在水中溶解度很大,有机酸的铵盐在水中的溶解度较小,但它们均不溶于非极性的有机溶剂。胺是弱碱,其铵盐遇强碱如 NaOH、KOH 等易分解释放出游离的胺。

$$RNH_2 + HCl \longrightarrow R\overset{+}{N}H_3Cl^- \xrightarrow{NaOH} RNH_2 + NaCl + H_2O$$

利用这一性质可以进行胺的分离、提纯及鉴定,一些植物用酸处理提取生物碱的过程就是这一反应的最好应用。很多胺的药物为便于保存和有利于体内吸收,也常将它们制成水溶性的铵盐。

2. 烷基化反应

胺作为亲核试剂与卤代烷发生反应,氮上的氢被烷基取代,这种反应称为胺的烷基化反应。

$$RNH_2 + R'X \longrightarrow \underset{R'}{\overset{R}{>}}\overset{+}{N}H_2\bar{X} \xrightarrow{NaOH} \underset{R'}{\overset{R}{>}}NH$$

生成的仲胺可继续与卤代烷反应,生成叔胺,叔胺再与卤代烷反应,则生成季铵盐。

$$\underset{R'}{\overset{R}{>}}NH + R'X \longrightarrow \underset{R'}{\overset{R}{\underset{R'}{>}}}\overset{+}{N}\bar{X} \xrightarrow{NaOH} \underset{R'}{\overset{R}{\underset{R'}{>}}}N \xrightarrow{R'X} R-\overset{+}{N}R'_3\bar{X}$$

胺和氨的烷基化往往得到伯、仲、叔胺和季铵盐的混合物。

与其他铵盐不同,季铵盐是强酸强碱盐,它不能与强碱 NaOH 作用生成相应的季铵碱,但若用 AgOH 处理,由于卤化银的生成,季铵盐可转变成相应的季铵碱。例如

$$(CH_3CH_2)_4N^+I^- + AgOH \longrightarrow (CH_3CH_2)_4N^+OH^- + AgI\downarrow$$

季铵碱是一种与苛性碱碱性相当的强碱,性质也与苛性碱相似,如有强吸湿性,能吸收空气中的二氧化碳,其浓溶液对玻璃有腐蚀性等。

3. 酰基化反应

伯胺和仲胺作为亲核试剂与酰卤、酸酐和酯反应生成酰胺,这种反应称为胺的酰基化反应。

$$RNH{+}H + Cl{+}\overset{O}{\underset{\|}{C}}-R' \longrightarrow RNH-\overset{O}{\underset{\|}{C}}-R' + HCl$$

$$R_2N{+}H + Cl{+}\overset{O}{\underset{\|}{C}}-R' \longrightarrow R_2N-\overset{O}{\underset{\|}{C}}-R' + HCl$$

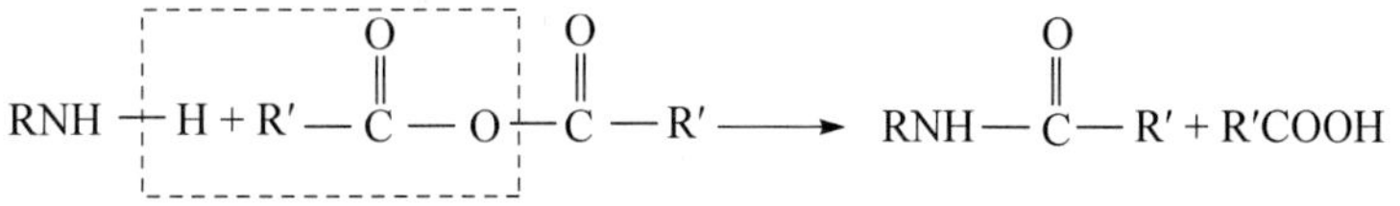

$$RNH\underset{\ }{|}H + R'-\underset{\ }{\overset{O}{C}}-O-\overset{O}{C}-R' \longrightarrow RNH-\overset{O}{C}-R' + R'COOH$$

叔胺的氮原子上没有氢原子,不能发生酰基化反应。

除甲酰胺外,其他酰胺多为结晶固体,具有一定的熔点,根据熔点的测定可以推断或鉴定伯胺、仲胺,不能酰基化的是叔胺,利用上述性质可以把叔胺从三类胺的混合物中分离出来。

酰胺在酸或碱的催化下水解生成原来的胺,故酰基化反应在合成中常用来保护氨基,防止氨基被氧化破坏。例如,合成对氨基苯甲酸及对硝基苯胺时,为了防止氨基被氧化剂氧化,要先将氨基进行酰基化,然后完成其他部分的反应,最后水解除去酰基。

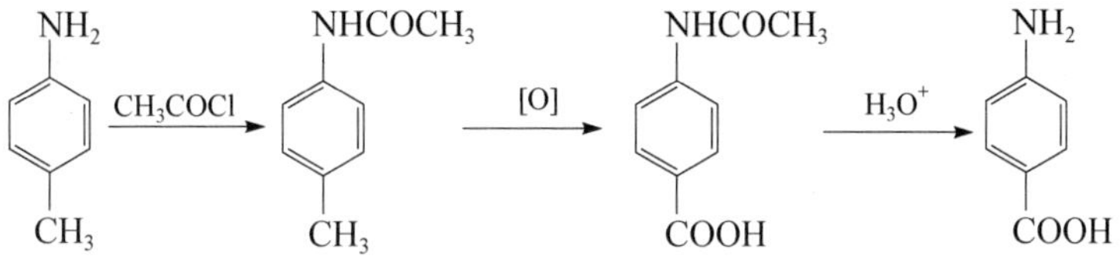

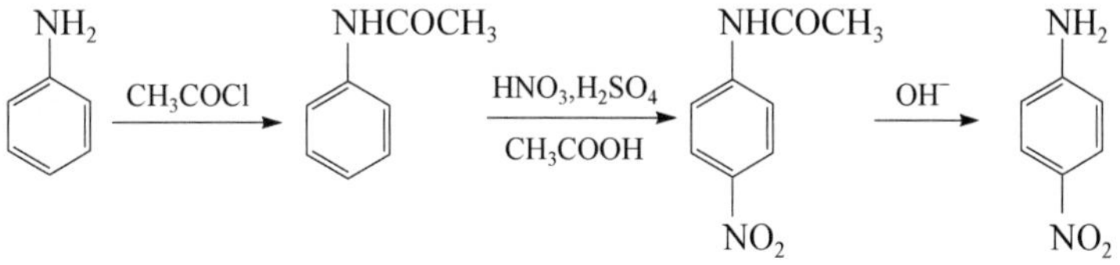

在氮原子上引入酰基,除可以保护氨基避免被氧化外,还可以降低氨基对芳环的致活能力。例如,在苯胺的水溶液中滴加溴水,则立即生成 2,4,6-三溴苯胺沉淀,此反应定量完成,可用于苯胺的定性和定量分析。

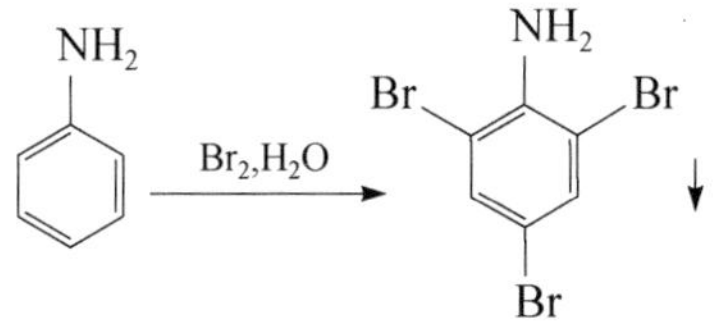

为了得到一取代物,先将氨基酰化转化成活化能力较弱的酰氨基,然后在碱性或酸性条件下将酰基水解掉。例如

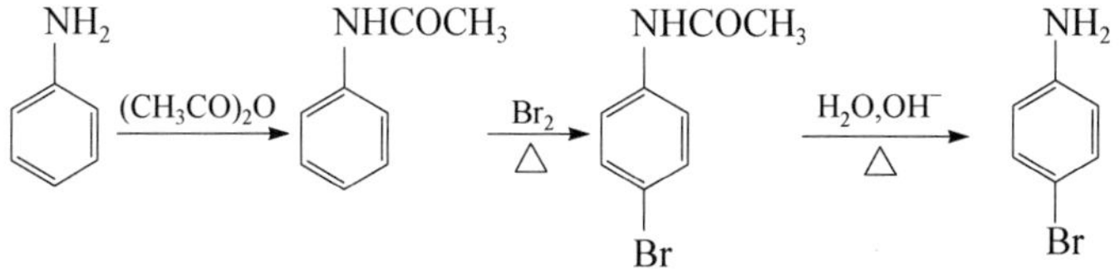

氨基的酰基化反应也应用于某些药物的制备,如解热镇痛药物扑热息痛和非那西丁就是通过这一反应合成制得的。

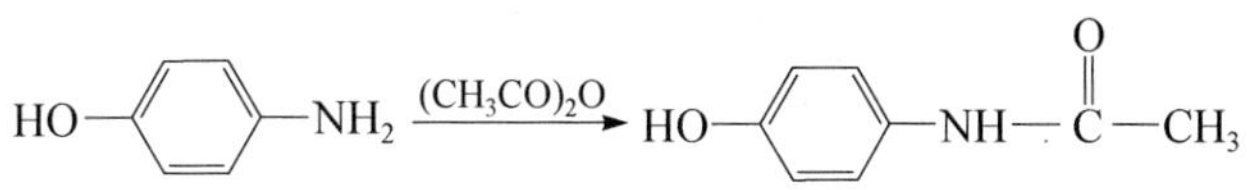

扑热息痛

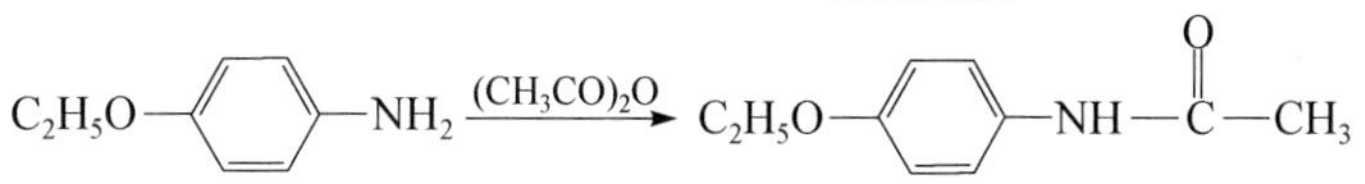

非那西丁

用苯磺酰氯或对甲苯磺酰氯在碱性(如 NaOH、KOH)溶液中与伯胺、仲胺反应,生成相应的磺酰胺,称为磺酰化反应,也称兴斯堡(Hinsberg)反应。叔胺氮原子上没有氢原子,不发生此反应。

$$\begin{cases} RNH_2 \\ R_2NH \\ R_3N \end{cases} + \text{C}_6\text{H}_5-SO_2Cl \xrightarrow{NaOH} \begin{cases} \text{C}_6\text{H}_5-SO_2NHR \xrightarrow{NaOH} [\text{C}_6\text{H}_5-SO_2NR]^- Na^+ \text{ 溶于水}\\ \text{C}_6\text{H}_5-SO_2NR_2 \text{(不溶于NaOH)} \\ \text{不反应} \end{cases}$$

苯磺酰基是较强的吸电子基团,由伯胺生成的苯磺酰胺氮上的氢受它的影响具有一定的酸性,能与 NaOH 作用生成溶于水的钠盐。由仲胺生成的苯磺酰胺,其氮原子上没有氢原子,不能与碱作用成盐,因而不能溶于碱的水溶液,呈固体析出。叔胺既不发生磺酰化反应,也不溶于碱液。利用这个性质不但可以鉴别伯、仲、叔胺,还可以达到分离的目的。

4. 与亚硝酸的反应

亚硝酸不稳定,只能在反应中由亚硝酸钠与盐酸或硫酸作用产生。

胺与亚硝酸反应的产物取决于胺的结构。

1) 伯胺

脂肪族伯胺与亚硝酸反应,生成极不稳定的脂肪族重氮盐。该重氮盐即使是在低温下也会自动分解,定量地放出氮气而生成碳正离子。放出的氮气可以用来定量测定伯胺,而分解生成的碳正离子继续发生各种反应,最后得到卤代烃、醇、烯等的混合物,产物复杂,无合成价值。

$$RNH_2 \xrightarrow{NaNO_2, HCl} RN^+ \equiv NCl^- \longrightarrow R^+ + N_2 \uparrow \longrightarrow \text{卤代烃、醇、烯等混合物}$$

芳香族伯胺与亚硝酸在低温下作用生成相应的重氮盐,此反应称为重氮化反应。例如

$$\text{C}_6\text{H}_5-NH_2 \xrightarrow[0\sim 5\ ℃]{NaNO_2, HCl} \text{C}_6\text{H}_5-N^+ \equiv NCl^-$$

芳香族重氮盐比脂肪族重氮盐稳定,在合成上有许多应用(见 10.2.1)。

2) 仲胺

无论脂肪族还是芳香族的仲胺与亚硝酸作用,均生成难溶于水的黄色油状或固体的 N-亚硝基胺。例如

$$R_2NH \xrightarrow{NaNO_2, HCl} R_2N-N=O + H_2O$$
N-亚硝基胺(黄色油状)

$$\text{C}_6\text{H}_5-NHCH_3 \xrightarrow{NaNO_2, HCl} \text{C}_6\text{H}_5-N(CH_3)-N=O + H_2O$$
N-亚硝基-N-甲苯胺(黄色)

N-亚硝基胺是致癌物质,近年来认为亚硝酸盐的致癌作用可能就是亚硝酸盐在胃酸作用下转变为亚硝酸,然后与机体内具有仲胺结构的化合物产生亚硝基胺所致。

3) 叔胺

脂肪族叔胺与亚硝酸作用生成不稳定的亚硝酸盐,此盐用碱处理又重新得到游离的叔胺。

$$R_3N + HNO_2 \longrightarrow [R_3NH]^+ NO_2^- \xrightarrow{OH^-} R_3N$$

芳香族叔胺则生成环上亚硝基取代的化合物。例如

$$\text{C}_6\text{H}_5\text{-N(CH}_3)_2 + HNO_2 \longrightarrow ON\text{-C}_6\text{H}_4\text{-N(CH}_3)_2$$

N,N-二甲基对亚硝基苯胺(绿色片状晶体)

由于伯、仲、叔胺与亚硝酸反应的现象和产物各不相同,因此可通过此反应来区别不同结构的胺。

思考题 10-2

1. 比较下列化合物的碱性强弱。
   (1) $CH_3CH_2NH_2$ 和 $FCH_2CH_2NH_2$
   (2) $CH_3\text{-C}_6H_4\text{-}NH_2$ 和 $C_6H_5\text{-}CH_2NH_2$

2. 将下列化合物按碱性强弱顺序排列。

   $CH_3\text{-C}_6H_4\text{-}NH_2$ $O_2N\text{-C}_6H_4\text{-}NH_2$ $Cl\text{-C}_6H_4\text{-}NH_2$ $C_6H_5\text{-}CH_2NH_2$ $C_6H_5\text{-}NH_2$

3. 苯胺、*N*-甲基苯胺、*N,N*-二甲基苯胺三种物质混合在一起,如何将它们分离提纯?

10.1.4 重要的胺类化合物

1. 乙二胺

乙二胺($H_2NCH_2CH_2NH_2$)为无色黏稠液体,熔点为 8.5 ℃,沸点为 117 ℃,相对密度为 0.8995(20 ℃),折光率为 1.4568,易溶于水,能与乙醇混溶,不溶于乙醚、苯,具有氨味,有毒,对眼睛、呼吸道、皮肤有刺激性。

乙二胺由二氯乙烷或乙醇胺与氨反应制得。

$$ClCH_2CH_2Cl \xrightarrow{NH_3} H_2NCH_2CH_2NH_2$$

$$H_2NCH_2CH_2OH \xrightarrow{NH_3} H_2NCH_2CH_2NH_2$$

乙二胺是制取药物、农药、黏合剂等的重要原料,如用于合成 EDTA。

$$H_2NCH_2CH_2NH_2 + 4ClCH_2COOH \xrightarrow{NaOH} \begin{array}{c} CH_2N(CH_2COOH)_2 \\ | \\ CH_2N(CH_2COOH)_2 \end{array}$$
EDTA

EDTA 可与多种金属配位,形成稳定的五元环螯合物,是化学分析中常用的配位剂。

2. 己二胺

己二胺($H_2NCH_2CH_2CH_2CH_2CH_2CH_2NH_2$)为片状结晶,熔点为 42 ℃,沸点为 204 ℃,易溶于水、乙醇和苯。

工业上己二胺用 1,3-丁二烯制备。

$$CH_2=CH-CH=CH_2 \xrightarrow{Cl_2} \underset{Cl}{CH_2-CH=CH-CH_2}\underset{Cl}{} \xrightarrow{2NaCN}$$

$$\underset{CN}{CH_2}-CH=CH-\underset{CN}{CH_2} \xrightarrow{[H]} H_2NCH_2(CH_2)_4CH_2NH_2$$

己二胺可用于合成尼龙-66、尼龙-610、二异氰酸酯,以及用作脲醛树脂、环氧树脂等的固化剂、有机交联剂等。

3. 苯胺

苯胺存在于煤焦油中。新蒸馏的苯胺是无色油状液体,熔点为 $-6\ ℃$,沸点为 $184\ ℃$,相对密度为 $1.0217(20\ ℃/4\ ℃)$,折光率为 1.5863,有毒,有特殊气味,微溶于水,易溶于有机溶剂。长期放置会因氧化而变黄、红以至棕色,有色的苯胺可通过蒸馏精制。

苯胺可由硝基苯还原得到。

$$C_6H_5-NO_2 \xrightarrow{Fe/HCl} C_6H_5-NH_2$$

苯胺遇溴水立即生成白色的 2,4,6-三溴苯胺沉淀,此反应可用于苯胺的定性和定量分析(见酰基化反应部分)。

苯胺还是制造合成染料、农药、药物等的重要原料。农用杀菌剂敌锈钠,除草剂邻酰胺、苯胺灵(IPC)和氯苯胺灵(CIPC)就是由苯胺及其衍生物合成的。

$$C_6H_5-NH_2 \xrightarrow[18\ ℃]{H_2SO_4} H_2N-C_6H_4-SO_3H \xrightarrow{Na_2CO_3} H_2N-C_6H_4-SO_3Na\ (敌锈钠)$$

$$C_6H_5-NH_2 + o\text{-}CH_3C_6H_4-COCl \longrightarrow o\text{-}CH_3C_6H_4-CONH-C_6H_5\ (邻酰胺)$$

$$C_6H_5-NH_2 + Cl-CO-OCH(CH_3)_2 \xrightarrow[0\sim10\ ℃]{NaHCO_3} C_6H_5-NHCOOCH(CH_3)_2\ (苯氨基甲酸异丙酯(IPC))$$

$$3\text{-}Cl\text{-}C_6H_4-NH_2 + Cl-CO-OCH(CH_3)_2 \xrightarrow[\text{室温}]{吡啶} 3\text{-}Cl\text{-}C_6H_4-NHCOOCH(CH_3)_2\ (3\text{-}氯苯氨基甲酸异丙酯(CIPC))$$

20 世纪 80 年代,美国宾夕法尼亚大学的化学教授麦克迪尔米德(MacDiarmid)将苯胺聚合后的产物——聚苯胺经过质子酸掺杂后,使其由绝缘体变为半导体,从而开创了导电聚合物这一全新的研究领域。聚苯胺独特的性能使其在导电材料、防腐材料、催化剂载体、超级电容器等领域都具有广泛的应用前景,吸引了许多科研人员对其进行深入研究。

4. 胆胺和胆碱

胆胺的化学名称是 β-羟乙胺或 β-氨基乙醇,为无色黏稠液体,是脑磷脂的组成部分。

胆碱的化学名称是氢氧化三甲基羟乙基铵,是卵磷脂的组成部分。最初来源于胆汁,故称胆碱。它具有调节肝中脂肪代谢和抗脂肪肝的作用。

$$HOCH_2CH_2NH_2 \qquad [HOCH_2CH_2N(CH_3)_3]^+OH^-$$

β-羟乙胺(胆胺)   氢氧化三甲基羟乙基铵(胆碱)

动物体内有一种胆碱酯酶,能催化胆碱与乙酸作用产生乙酰胆碱,也可催化其逆反应。

$$[HOCH_2CH_2N(CH_3)_3]^+OH^- + CH_3COOH \xrightleftharpoons{\text{胆碱酯酶}} [CH_3COOCH_2CH_2N(CH_3)_3]^+OH^-$$
乙酰胆碱

乙酰胆碱是生物体内神经传导物质,它在体内的正常合成与分解可保证生理代谢的正常进行。有些有机磷农药(如 1605、1059)对昆虫的毒杀作用正是由于这些农药对机体内的胆碱酯酶有强烈的抑制作用,使胆碱酯酶不能再分解乙酰胆碱,运动神经受到乙酰胆碱无休止的刺激冲动,造成神经过度兴奋直至神经错乱,导致生理代谢失常而死亡。人、畜有机磷中毒的机理和上述相似,因此在使用这些农药时必须注意人、畜的安全防护。

10.2 其他含氮有机化合物

10.2.1 重氮化合物

前已述及,芳香族伯胺与亚硝酸在低温下作用生成重氮盐的反应称为重氮化反应。例如

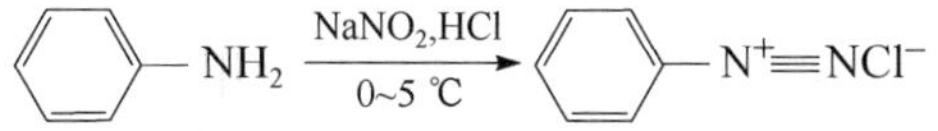

$$C_6H_5-NH_2 \xrightarrow[0\sim5\ ℃]{NaNO_2, HCl} C_6H_5-N^+\equiv NCl^-$$

重氮盐可用下列通式表示:$Ar-N_2^+\equiv NX^-$,简写为 $ArN_2^+X^-$ 或 ArN_2X(X^- 代表酸根)。

重氮盐具有盐的性质,绝大多数重氮盐易溶于水,而不溶于有机溶剂,其水溶液能导电。干燥的盐酸或硫酸重氮盐一般极不稳定,受热或震动时容易发生爆炸,而在低温的水溶液中则比较稳定。但许多重氮盐即使保持在 0 ℃ 的水中也会缓慢分解,温度升高,分解速度加快。因此,重氮盐制备后通常保持在低温的水溶液中,而且应尽快使用。

重氮盐的化学性质很活泼,能发生许多反应。

1. 取代反应

重氮盐中的重氮基可以被 —OH、—X、—CN、—H 等基团取代,同时放出氮气。

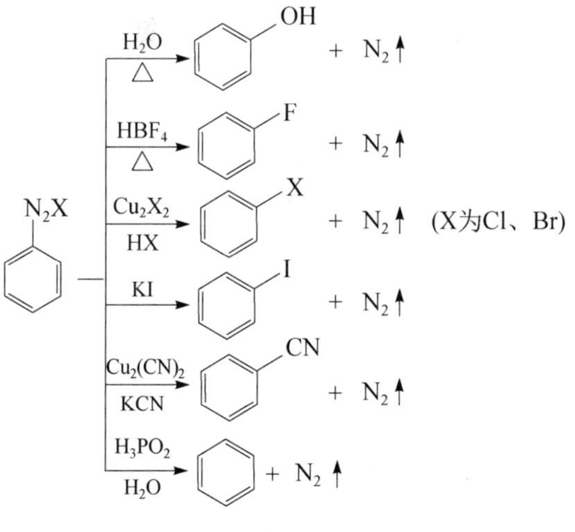

$$ArN_2X \begin{cases} \xrightarrow[\triangle]{H_2O} ArOH + N_2\uparrow \\ \xrightarrow[\triangle]{HBF_4} ArF + N_2\uparrow \\ \xrightarrow[HX]{Cu_2X_2} ArX + N_2\uparrow \quad (X 为 Cl、Br) \\ \xrightarrow{KI} ArI + N_2\uparrow \\ \xrightarrow[KCN]{Cu_2(CN)_2} ArCN + N_2\uparrow \\ \xrightarrow[H_2O]{H_3PO_2} ArH + N_2\uparrow \end{cases}$$

在有机合成上可以利用这些反应制备用其他方法不容易得到的芳香族化合物,如不宜用磺化-碱熔法制得的酚类、与定位规律矛盾的卤代苯等。例如

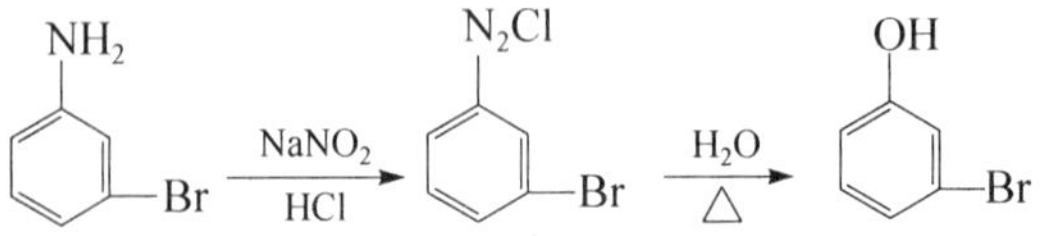

又如，间氯溴苯的合成，卤素是邻、对位定位基，不能从一卤代苯再卤化得到，但是通过重氮盐的方法可以合成得到。

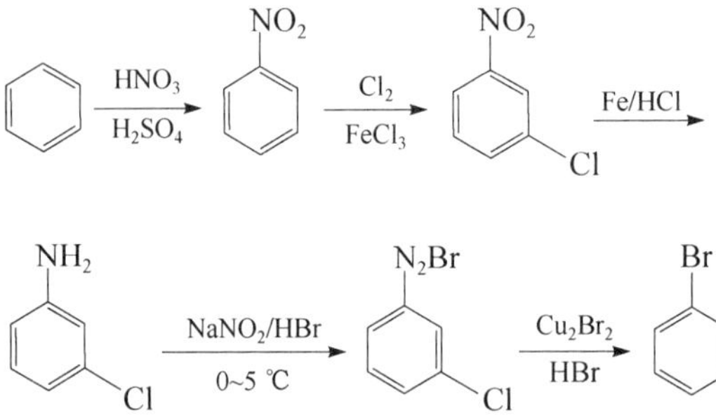

对甲基苯甲酸不能从对二甲苯氧化制备，因为两个甲基同时被氧化会得到对苯二甲酸。从甲苯开始，利用重氮盐的方法可得到产率较高的对甲基苯甲酸。

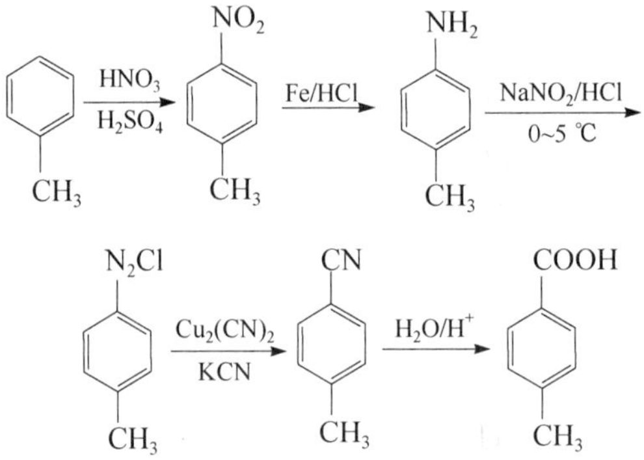

由苯制备 1,3,5-三溴苯，通过苯硝化、还原、溴化、重氮化后，重氮盐再与次磷酸反应就非常容易得到 1,3,5-三溴苯。

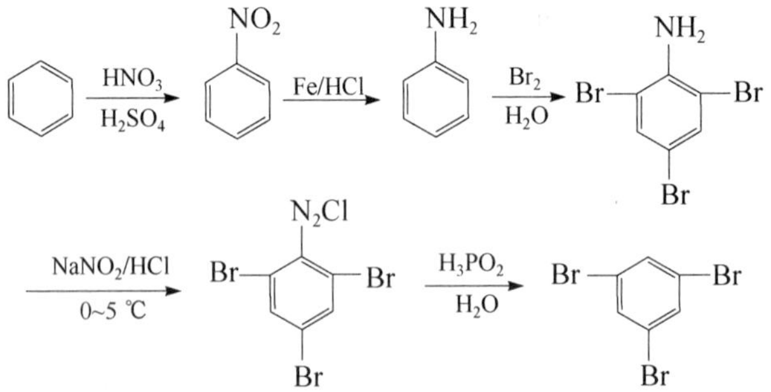

2. 偶合反应

在微碱性、中性或微酸性溶液中，重氮盐正离子作为亲电试剂与酚类、芳胺等化合物反应，生成含有偶氮基（—N=N—）的化合物，这类反应称为偶合反应。

$$\text{C}_6\text{H}_5\text{-N}_2\text{X} + \text{HO-C}_6\text{H}_4\text{-H} \xrightarrow[\text{pH}=8]{\text{弱碱}} \text{C}_6\text{H}_5\text{-N}=\text{N-C}_6\text{H}_4\text{-OH}$$

$$\text{C}_6\text{H}_5\text{-N}_2\text{X} + \text{(CH}_3)_2\text{N-C}_6\text{H}_4\text{-H} \xrightarrow[\text{pH}=4\sim6]{\text{弱酸}} \text{C}_6\text{H}_5\text{-N}=\text{N-C}_6\text{H}_4\text{-N(CH}_3)_2$$

由于重氮离子是较弱的亲电试剂，因此偶合的芳环上必须有强的供电子基团才容易进行。偶合位置一般在对位，若对位被占据，则偶合在邻位。

3. 还原反应

重氮盐可以被 Zn+HAc、Sn+HCl、SnCl$_2$+HCl 等还原剂还原成苯肼。

$$\text{C}_6\text{H}_5\text{-N}_2\text{Cl} + \text{Sn} + \text{HCl} \longrightarrow \text{C}_6\text{H}_5\text{-NH-NH}_2 \cdot \text{HCl} + \text{SnCl}_4 \xrightarrow{\text{NaOH}} \underset{\text{苯肼}}{\text{C}_6\text{H}_5\text{-NHNH}_2}$$

苯肼是结晶固体，不溶于水，有强碱性，是常用的羰基试剂，也是合成药物和染料的原料。但苯肼有毒，使用时需注意安全。

思考题 10-3

选择适当的试剂，经重氮化反应合成下列化合物。

(1) 邻氯氯苯 → 对氯苯甲腈 (Cl, Cl, CN)

(2) 甲苯 → 对甲基苯酚 (CH$_3$, OH)

(3) 甲苯 → 3,5-二溴甲苯 (Br, Br, CH$_3$)

(4) 苯 → 间苯二甲酸 (COOH, COOH)

10.2.2　偶氮化合物

偶氮化合物都是有颜色的，它们分子中都含有偶氮基（—N=N—），这类化合物之所以有颜色与这类基团有关，这类基团称为生色团。生色团都是不饱和的原子团，除偶氮基外，还有

对醌基 =⟨ ⟩= 、邻醌基 、$\text{C}=\text{C}$ 、$-\text{C}=\text{O}$ 、—NO$_2$ 等。

另外，某些酸性或碱性基团（如—OH、—NH$_2$、—NR$_2$、—SR、—X 等）可以使含有生色团的有机物的颜色加深，这类基团称为助色团。

偶氮化合物都具有颜色，因此被广泛用作染料。但作为染料的偶氮化合物必须符合染料工业的技术要求，如具有一定的牢固度、耐洗、耐晒和不易变色等，因此并不是所有的偶氮化合物都能作为染料。

有些有色物质在不同的 pH 条件下结构能发生变化，从而引起颜色变化，利用这一性质可以把它们作为酸碱指示剂。

1. 偶氮染料

偶氮染料是一系列具有大π体系的偶氮化合物,通过偶合反应可制备,这些物质吸收光的波长都可进入可见区,呈现出漂亮的颜色。偶氮染料除了含有生色团偶氮基外,还含有—SO_3^-、—NH_2、—OH 等助色团。偶氮染料数目繁多,下面仅举几个例子。

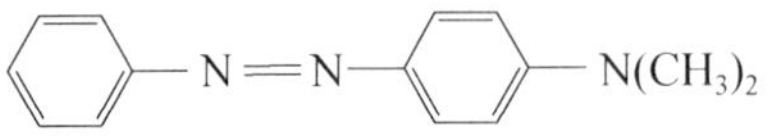

奶油黄 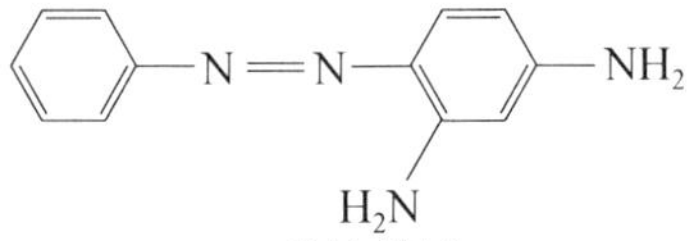　　　　　　　　　碱性菊橙

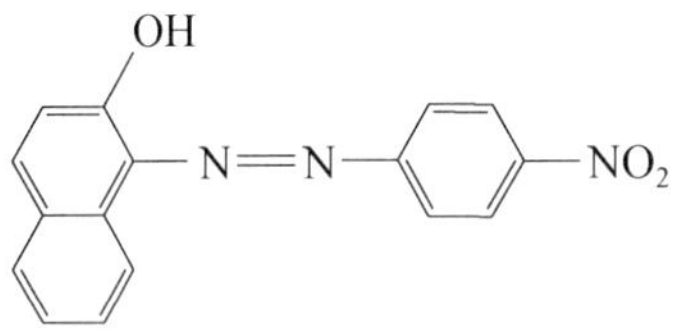

对位红(红色染料) 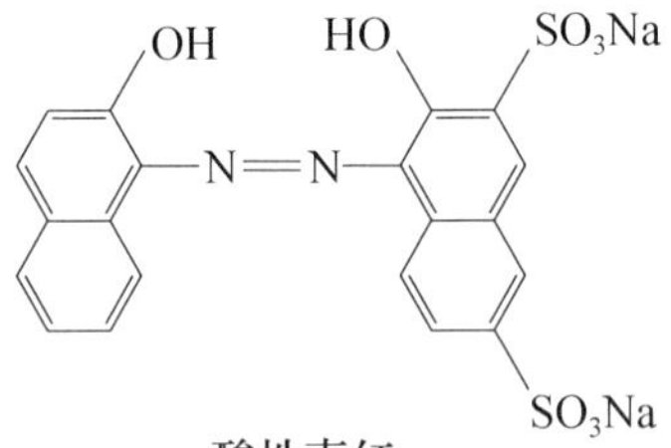　　　　酸性枣红

2. 指示剂

1) 甲基橙

甲基橙是对氨基苯磺酸的重氮盐与 N,N-二甲苯胺发生偶合反应制得的。它是一种酸碱指示剂,其变色的 pH 范围为 3.1～4.4。在 pH<3.1 的酸性溶液中显红色,在 pH=3.1～4.4 的溶液中显橙色,在 pH>4.4 的溶液中显黄色。

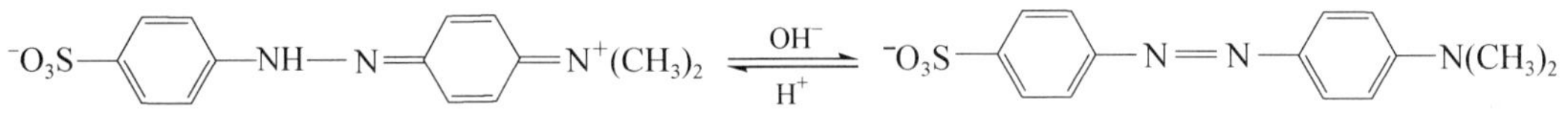

pH<3.1 红色　　　　　　　　pH>4.4 黄色

2) 刚果红

刚果红又称直接大红,是 4,4′-联苯二胺的双重氮盐与 4-氨基-1-萘磺酸发生偶合反应制得的。刚果红是一种可以直接使丝毛和棉纤维着色的红色染料,同时也是一种酸碱指示剂,变色的 pH 范围为 3.0～5.0,在 pH<3.0 的溶液中显蓝紫色,在 pH>5.0 的溶液中显红色。

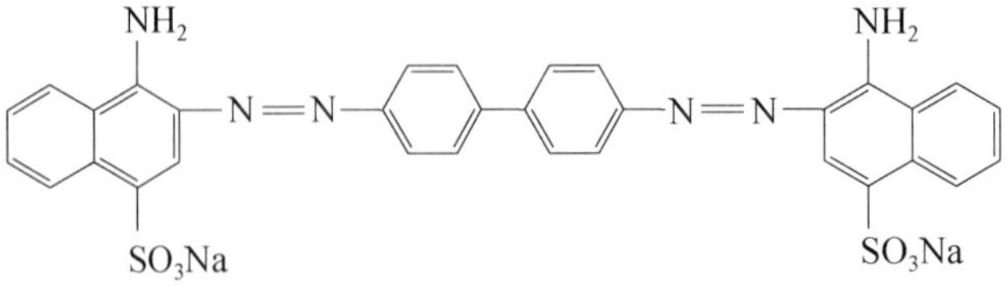

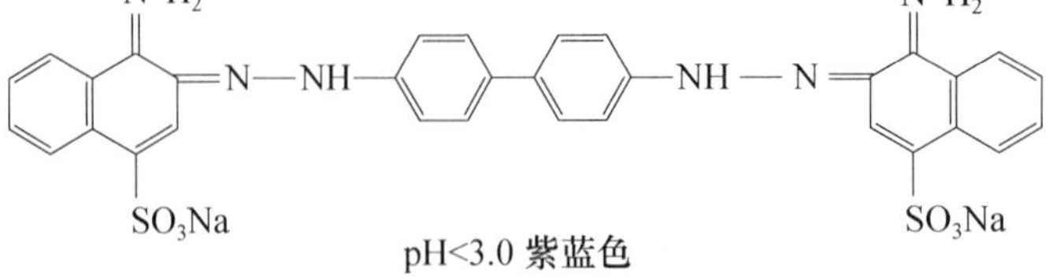

pH<3.0 紫蓝色

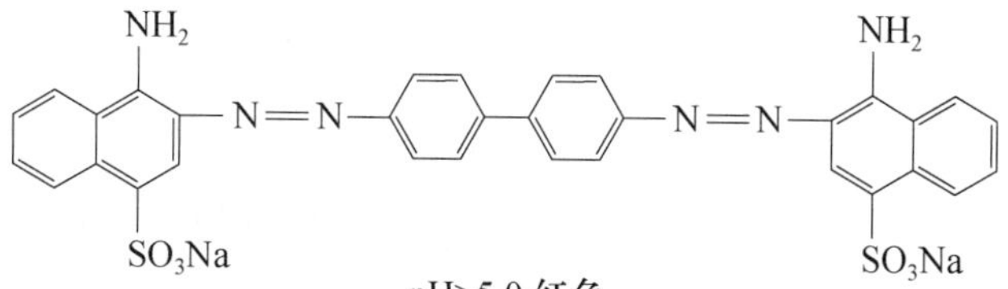

pH>5.0 红色

10.2.3 碳酸酰胺

碳酸分子中有两个羟基，如果被氨基取代，就形成碳酸的两种酰胺，即氨基甲酸和尿素。

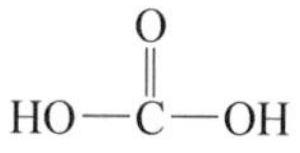

$$HO-\underset{\underset{O}{\|}}{C}-OH \qquad H_2N-\underset{\underset{O}{\|}}{C}-OH \qquad H_2N-\underset{\underset{O}{\|}}{C}-NH_2$$
　　碳酸 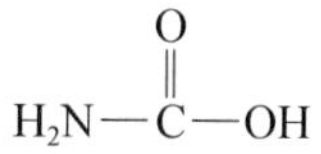　　　　氨基甲酸(碳酰胺) 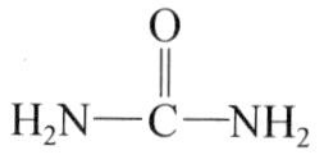　　尿素(碳酰二胺)

1. 氨基甲酸酯

氨基甲酸很不稳定，在一般情况下立即分解成 CO_2 和 NH_3。但氨基甲酸的盐和酯却是稳定的化合物，如氨基甲酸乙酯（$H_2NCOOC_2H_5$）是稳定的白色晶体，熔点为 49 ℃，可用作镇静剂。有许多氨基甲酸酯类化合物在农业上用作杀虫剂、杀菌剂和除草剂，总称为有机氮农药。该类农药一般具有药效高、毒性低、降解快、安全性较有机氯和有机磷农药高等特点，在我国的农药生产和应用中占一定比例。

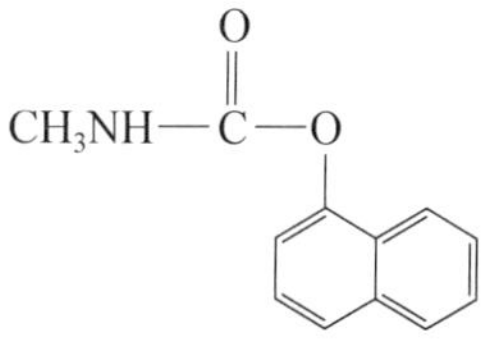

西维因
(N-甲基氨基甲酸-1-萘酯)

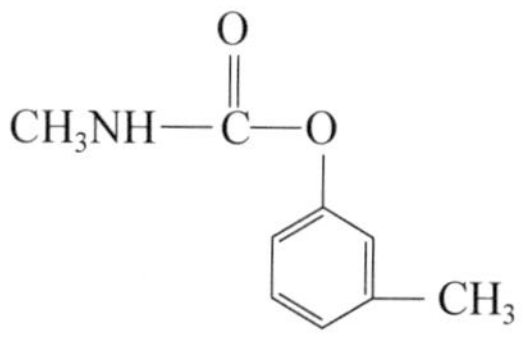

速灭威
(N-甲基氨基甲酸间甲苯酯)

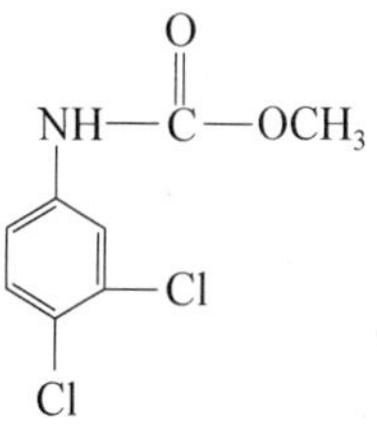

灭草灵
[N-(3,4-二氯苯基)氨基甲酸甲酯]

2. 尿素

尿素也称脲，是碳酸的二酰胺，它是哺乳动物体内蛋白质代谢的最终产物，成人每日排出的尿中约含 30 g 尿素，是农业上一种含氮量最高的化学肥料。工业上用二氧化碳和氨气大规模生产尿素。

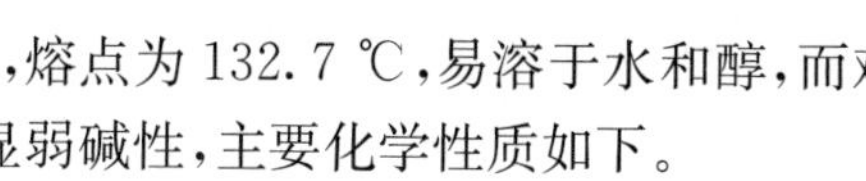

$$CO_2 + 2NH_3 \xrightarrow[\triangle]{\text{高压}} H_2N-\underset{\underset{O}{\|}}{C}-NH_2 + H_2O$$

尿素为菱形或针状结晶，熔点为 132.7 ℃，易溶于水和醇，而难溶于乙醚等有机溶剂。尿素比一般酰胺多一个氨基，显弱碱性，主要化学性质如下。

1) 水解反应

尿素在酸、碱溶液中或在酶的作用下均可发生水解反应。

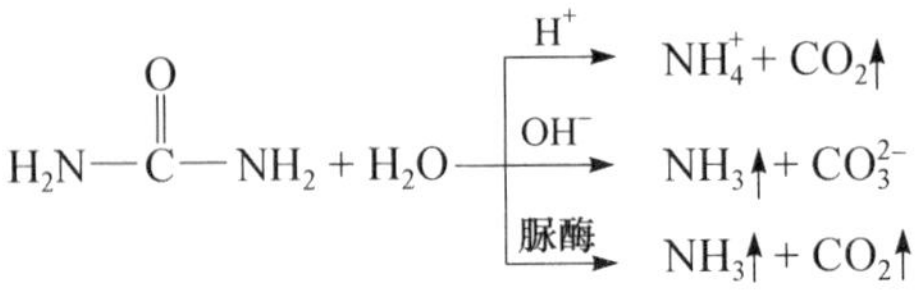

$$H_2N-\overset{\overset{O}{\|}}{C}-NH_2 + H_2O \xrightarrow[\text{脲酶}]{\begin{array}{c}H^+\\ OH^-\end{array}} \begin{array}{l} NH_4^+ + CO_2\uparrow \\ NH_3\uparrow + CO_3^{2-} \\ NH_3\uparrow + CO_2\uparrow \end{array}$$

2) 与亚硝酸反应

与伯胺一样,尿素中的氨基也能与亚硝酸反应放出氮气。反应是定量完成的,可用于测定尿素的含量。

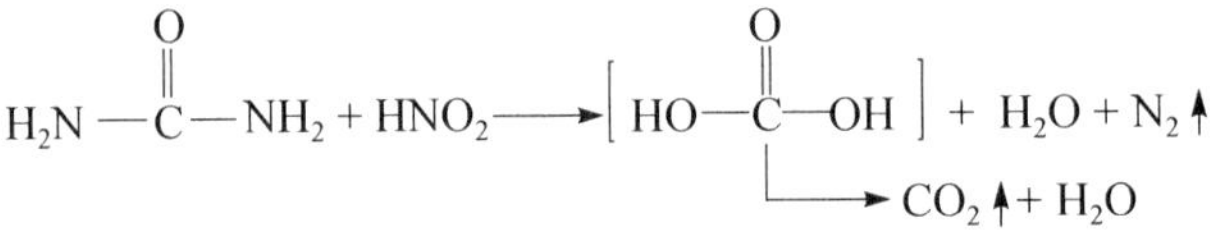

$$H_2N-\overset{\overset{O}{\|}}{C}-NH_2 + HNO_2 \longrightarrow [HO-\overset{\overset{O}{\|}}{C}-OH] + H_2O + N_2\uparrow$$
$$\longrightarrow CO_2\uparrow + H_2O$$

3) 二缩脲反应

将尿素缓慢加热,两分子尿素便脱去一分子氨,缩合生成二缩脲。

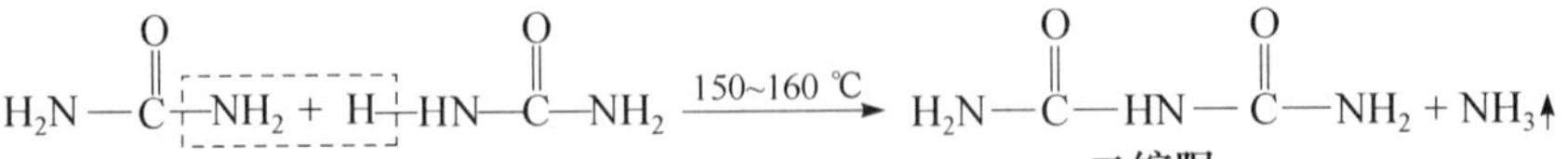

$$H_2N-\overset{\overset{O}{\|}}{C}-NH_2 + H-HN-\overset{\overset{O}{\|}}{C}-NH_2 \xrightarrow{150\sim160\ ℃} H_2N-\overset{\overset{O}{\|}}{C}-HN-\overset{\overset{O}{\|}}{C}-NH_2 + NH_3\uparrow$$

二缩脲

二缩脲在碱性溶液中与稀硫酸铜作用,产生紫色配合物,这个显色反应称为二缩脲反应。除二缩脲外,凡分子中含有两个或两个以上酰胺键的化合物(如多肽、蛋白质等)都有这种显色反应。

取代脲类化合物是一类很重要的除草剂,生产上应用较为广泛的品种有绿麦隆、异丙隆和氟草隆等。

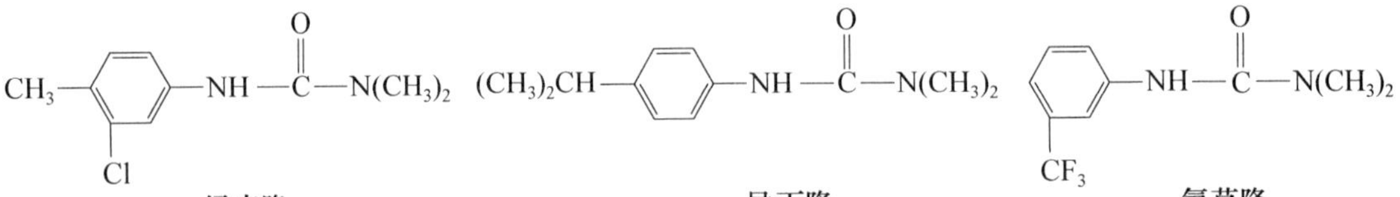

绿麦隆　　　　　　　异丙隆　　　　　　　氟草隆

10.2.4 苯磺酰胺

磺酸是硫酸分子中的一个羟基被烃基取代的产物,如果烃基为苯基时称为苯磺酸,苯磺酸的酰胺称为苯磺酰胺。

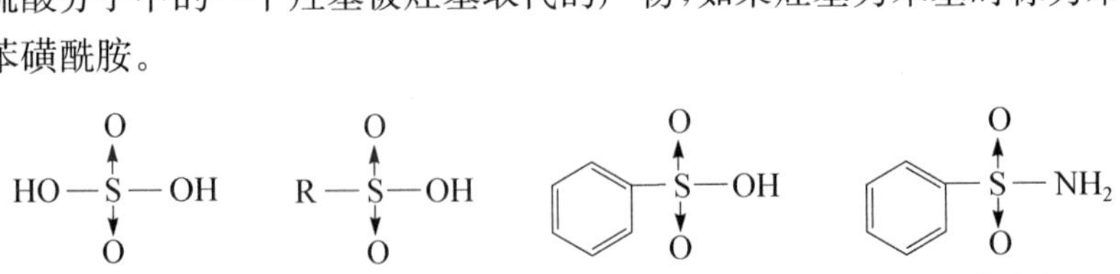

硫酸　　　　磺酸　　　　苯磺酸　　　　苯磺酰胺

在苯磺酰胺分子中,由于苯磺酰基强烈地吸引电子,N—H 键的极性大大加强,氮上的氢具有酸性,可与氢氧化钠溶液作用生成盐。

$$\text{C}_6\text{H}_5-SO_2NH_2 + NaOH \longrightarrow \text{C}_6\text{H}_5-SO_2NHNa + H_2O$$

对氨基苯磺酰胺是苯磺酰胺的重要衍生物,由于它的分子中既有酸性的磺酰基又有碱性的氨基,因此它既能与碱作用又能与酸作用,是一个两性化合物。

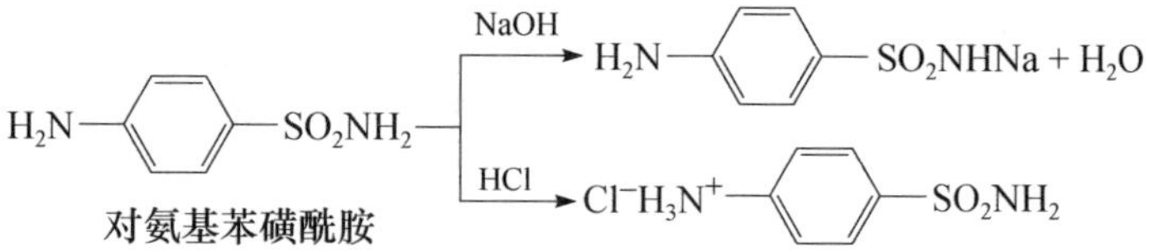

$$H_2N-C_6H_4-SO_2NH_2 \xrightarrow{NaOH} H_2N-C_6H_4-SO_2NHNa + H_2O$$
$$\xrightarrow{HCl} Cl^-H_3N^+-C_6H_4-SO_2NH_2$$

对氨基苯磺酰胺

对氨基苯磺酰胺简称磺胺(或 SN),为白色晶体,对葡萄球菌及链球菌等多种病菌有较强的杀灭抑制作用,多用于外伤清毒,俗称消炎粉。继磺胺之后,又合成出许多杀菌功能更好的内服磺胺类药物,其基本结构为

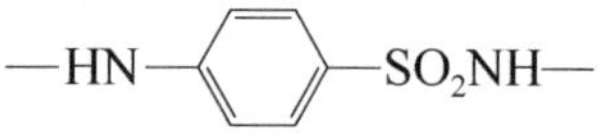

$$-HN-C_6H_4-SO_2NH-$$

目前常用的几种磺胺类药物构造式如下:

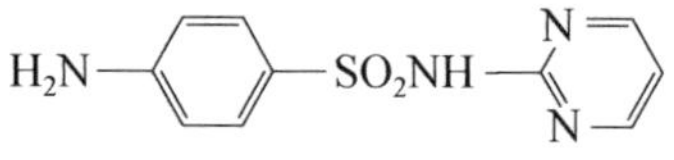

磺胺嘧啶(SD)

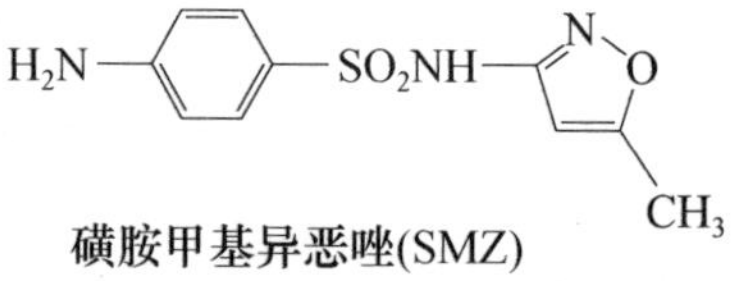

磺胺甲基异恶唑(SMZ)

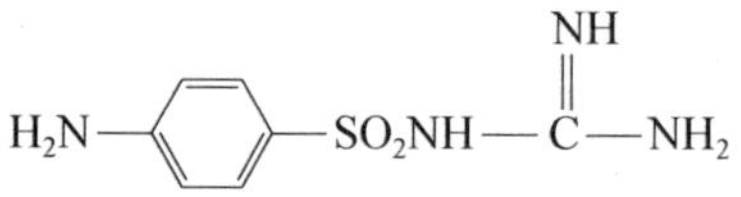

磺胺脒(SG)

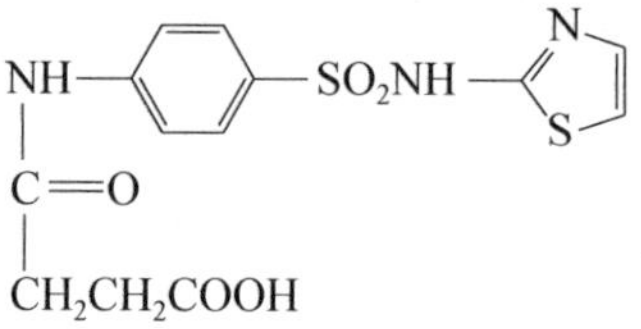

琥珀酰磺胺噻唑(SST)

10.3 含磷有机化合物

含磷有机化合物的研究开始于 20 世纪 30 年代,近年来含磷有机化合物在许多方面显示出它的重要性。在生物体中,某些磷酸衍生物作为核酸和磷脂等的重要组成成分,是维持生命和生物体遗传不可缺少的物质;在工业上,含磷有机物也有相当广泛的用途,如磷酸三苯酯可作为增塑剂,亚磷酸三苯酯可作为稳定剂,磷酸三丁酯可作为萃取剂等;在农业上,许多含磷有机化合物用作杀虫剂、杀菌剂和植物生长调节剂等,它们现在已成为一类极为重要的农药。本节简要介绍含磷有机物和有机磷农药的主要类型。

10.3.1 含磷有机化合物的分类和命名

磷和氮同属周期表第ⅤA族,它们的价电子排布相同,性质相近,因此磷也能生成与含氮化合物结构类似的化合物。

1. 分类

1) 膦

磷化氢(PH_3)简称膦,膦中的氢原子被烃基取代后,则得到与胺相应的下列四种衍生物:

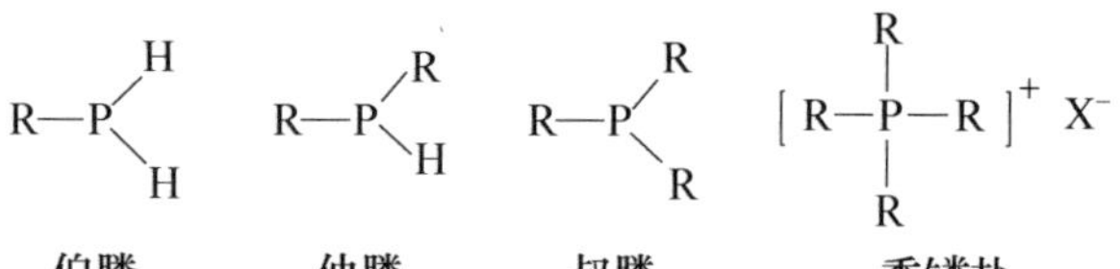

伯膦　　仲膦　　叔膦　　季鏻盐

2) 磷酸(酯)

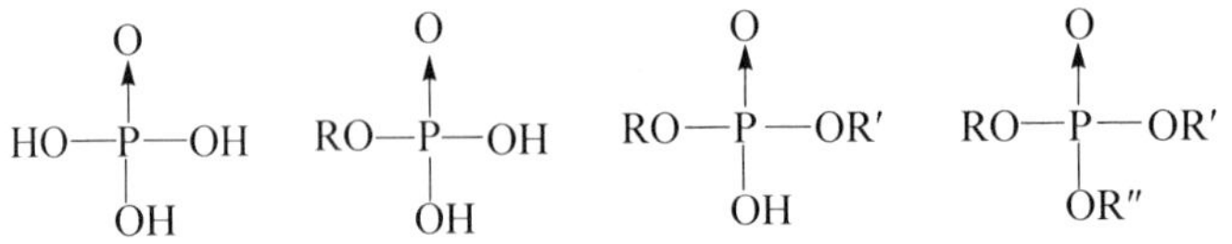

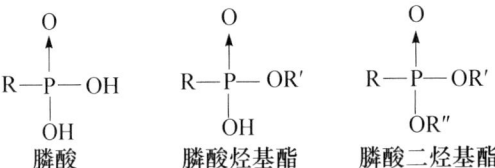

3) 膦酸(酯)

磷酸分子中的羟基被烃基取代的衍生物称为膦酸。与磷酸一样,膦酸也有其相应的酯。

$$\begin{array}{ccc} \text{O} & \text{O} & \text{O} \\ \uparrow & \uparrow & \uparrow \\ R-P-OH & R-P-OR' & R-P-OR' \\ | & | & | \\ OH & OH & OR'' \end{array}$$

膦酸　　　膦酸烃基酯　　膦酸二烃基酯

磷酸(酯)与膦酸(酯)在构造上的根本区别在于:后者含 C—P 键,而前者不含 C—P 键,磷原子只与氧原子直接相连。

4) 硫代磷酸(酯)

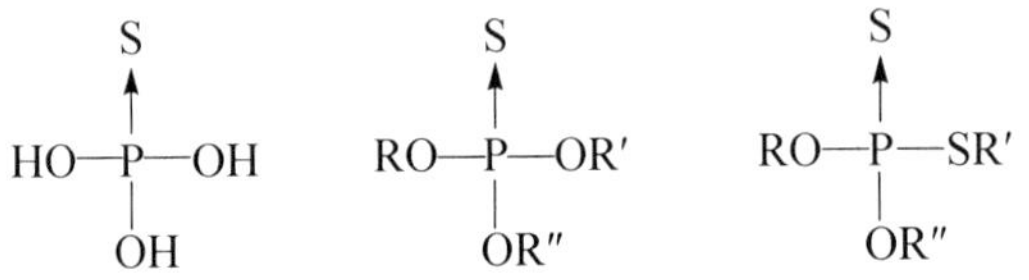

$$\begin{array}{ccc} \text{S} & \text{S} & \text{S} \\ \uparrow & \uparrow & \uparrow \\ HO-P-OH & RO-P-OR' & RO-P-SR' \\ | & | & | \\ OH & OR'' & OR'' \end{array}$$

硫代磷酸　　硫代磷酸酯　　二硫代磷酸酯

2. 命名

含磷化合物的命名比较简单,其方法如下:
(1) 膦和膦酸的命名是在相应的类名前加上烃基的名称。例如

$$CH_3PH_2 \qquad (C_6H_5)_3P \qquad C_6H_5PO(OH)_2$$

甲基膦　　　三苯(基)膦　　　苯基膦酸

(2) 磷酸酯和硫代磷酸酯类,凡含有氧酯基都用前缀 O-烃基表示。例如

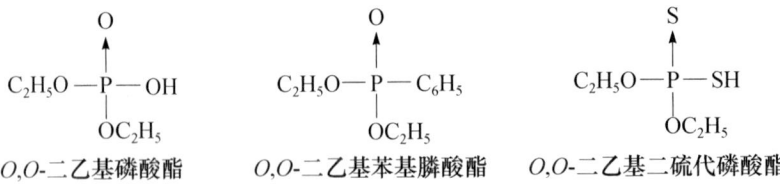

O,O-二乙基磷酸酯　　O,O-二乙基苯基膦酸酯　　O,O-二乙基二硫代磷酸酯

思考题 10-4

命名下列化合物。

(1) $(C_6H_5)_3P$ (2) $(C_6H_5O)_3PO$ (3) $(C_6H_5)_3P^+CH_3Br^-$ (4) $(C_2H_5O)_2\overset{\overset{\displaystyle S}{\uparrow}}{P}-C_6H_5$

10.3.2 常见有机磷农药

有机磷农药种类很多,其特点是杀虫力强,残留性低,易被生物代谢为无害成分(磷酸盐)。

而且许多有机磷杀虫剂有内吸性,即可被植物吸收,这样只要害虫吃进含杀虫剂的植物即可被杀死,而不一定要害虫直接与杀虫剂接触。其缺点是对哺乳动物毒性大,易造成人、畜急性中毒,使用时应注意防护。目前,世界各国在寻求高效、低毒有机磷农药方面做了大量的研究工作。

有机磷农药大多属酯类化合物,容易水解,特别是在碱性条件下能使反应进行到底,其水解产物一般无毒,药效丧失。例如

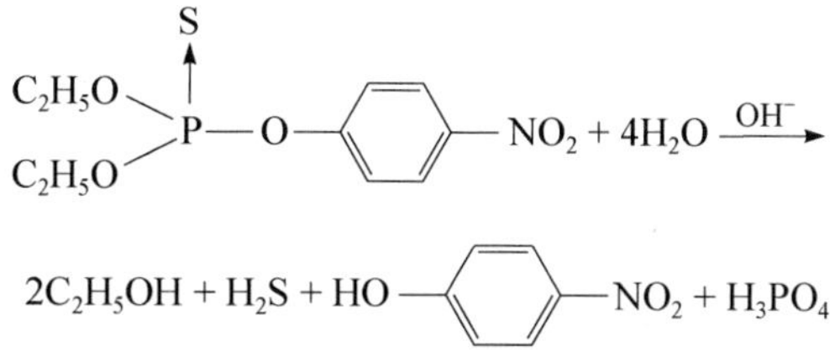

$$(C_2H_5O)_2P(S)O\text{-}C_6H_4\text{-}NO_2 + 4H_2O \xrightarrow{OH^-}$$

$$2C_2H_5OH + H_2S + HO\text{-}C_6H_4\text{-}NO_2 + H_3PO_4$$

因此,在存储及使用有机磷农药时,切忌与碱性物质接触;在喷药过程中,如皮肤沾了药液,应立即用碱液洗涤。

1. 乙烯利

乙烯利(ethephon)的化学名称是 2-氯乙基膦酸,其构造式为

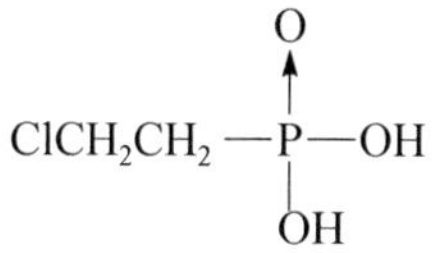

$$ClCH_2CH_2-P(O)(OH)_2$$

乙烯利纯品是无色针状晶体,熔点为 75 ℃,易溶于水及乙醇。商品乙烯利则是带棕色的溶液。

乙烯利是 20 世纪 70 年代初期投入应用的一种合成植物生长调节剂。在 pH<3 的条件下,它是比较稳定的;在 pH>4 时,则缓慢分解释放出乙烯。

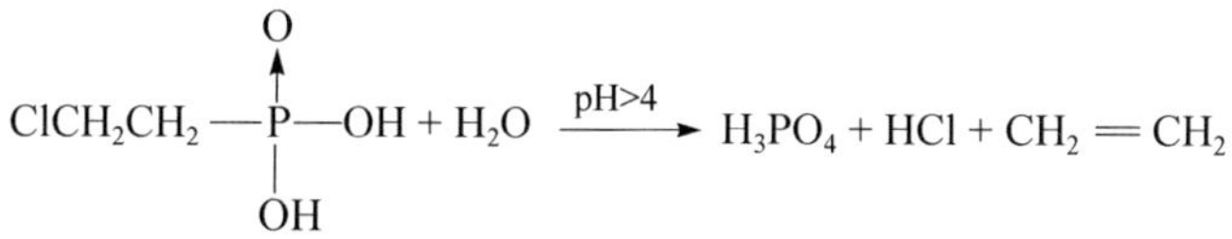

$$ClCH_2CH_2-P(O)(OH)_2 + H_2O \xrightarrow{pH>4} H_3PO_4 + HCl + CH_2=CH_2$$

乙烯利被植物吸收后,输送到茎、叶和花果等组织中。由于一般植物细胞的 pH 都在 4 以上,因此乙烯利在植物组织中会逐渐分解,放出乙烯。乙烯利在我国广泛应用于促进橡胶树的产胶、烟草的催黄、水果和蔬菜的催熟以及瓜果早期多开雌花等方面。

2. 敌百虫

敌百虫(trichlorphon)属于膦酸酯类杀虫剂,化学名称为 O,O-二甲基-(1-羟基-2,2,2-三氯乙基)膦酸酯,可以由三氯化磷、甲醇和三氯乙醛合成,其构造式为

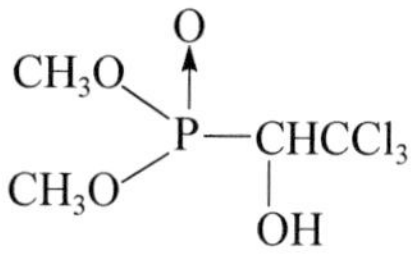

$$(CH_3O)_2P(O)-CHCl_3(OH)$$

敌百虫纯品为白色晶体,熔点为 81 ℃,易溶于水和多种有机溶剂,在中性和酸性溶液中比

较稳定，在碱性溶液中可以转化为敌敌畏，继而水解失效。

敌百虫对昆虫有胃毒和触杀作用，常用于防治鳞翅目、双翅目、鞘翅目等害虫。敌百虫对哺乳动物的毒性很低，故可用于防治家畜体内的寄生虫，同时它也是一种很好的灭蝇剂。

3. 敌敌畏

敌敌畏(dichlorovos, DDV)是磷酸酯类杀虫剂，化学名称为 O,O-二甲基-O-(2,2-二氯乙烯基)磷酸酯，其构造式为

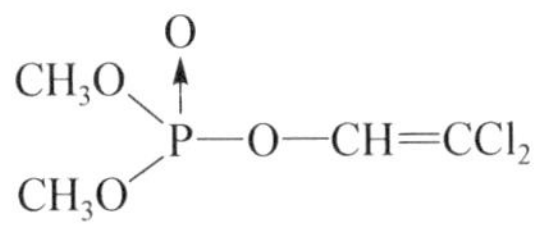

$$\begin{matrix} CH_3O & O \\ & \uparrow \\ & P-O-CH=CCl_2 \\ CH_3O & \end{matrix}$$

敌敌畏是无色油状液体，易挥发，微溶于水，具有胃毒、触杀和熏蒸作用，杀虫范围广，作用快，主要用于防治刺吸口器害虫及潜叶害虫。

工业上是将敌百虫在碱的作用下消去一分子 HCl，经过分子重排而制得敌敌畏，其反应式可表示如下：

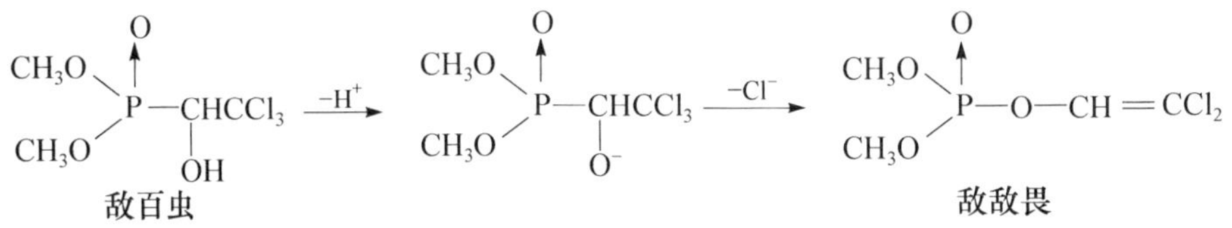

敌百虫 $\xrightarrow{-H^+}$ $\xrightarrow{-Cl^-}$ 敌敌畏

敌敌畏比敌百虫的杀虫效果好，但对人、畜的毒性也较大。在生物体内也能发生上述转变，因此认为敌百虫也是通过转变成敌敌畏而发挥其药效。对大白鼠口服致死中量 LD_{50} 为 $56\sim 80\ mg\cdot (kg\text{体重})^{-1}$。

4. 对硫磷

对硫磷(parathion)又称1605，是硫代磷酸酯类杀虫剂，化学名称为 O,O-二乙基-O-(对硝基苯基)硫代磷酸酯，其构造式为

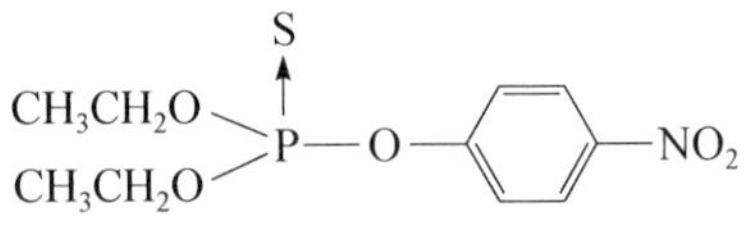

$$\begin{matrix} CH_3CH_2O & S \\ & \uparrow \\ & P-O-\text{C}_6\text{H}_4-NO_2 \\ CH_3CH_2O & \end{matrix}$$

对硫磷是淡黄色油状液体，工业品呈红棕色或暗褐色，具有类似大蒜的臭味，难溶于水，易溶于有机溶剂。

对硫磷是一种剧毒性农药，它有优异的杀虫性能，但对人、畜和鱼类的毒性也很大，对大白鼠口服致死中量 LD_{50} 为 $3.6\sim 13\ mg\cdot (kg\text{体重})^{-1}$，因此使用时要特别注意安全，避免吸入及与皮肤接触。

与对硫磷结构相似的硫代磷酸酯类杀虫剂还有甲基对硫磷、杀螟硫磷等，它们对人、畜的毒性较小，使用时较安全。它们的构造式和化学名称如下：

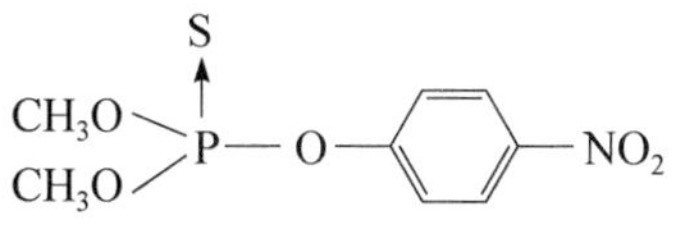

甲基对硫磷
O,O-二甲基-O-(对硝基苯基)硫代磷酸酯

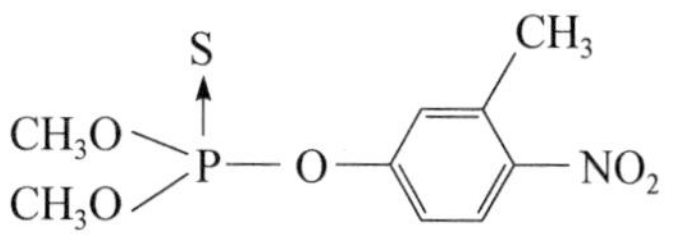

杀螟硫磷
O,O-二甲基-O-(3-甲基-4-硝基苯基)硫代磷酸酯

5. 乐果和氧化乐果

乐果(dimethoate)属于二硫代磷酸酯类杀虫剂,氧化乐果(omethoate)属于硫醇代磷酸酯,它们的构造式为

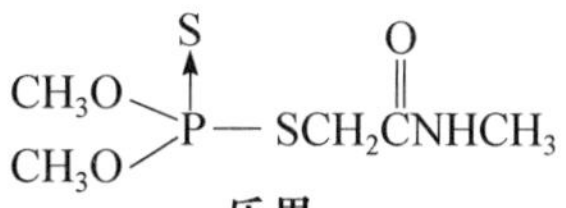

乐果 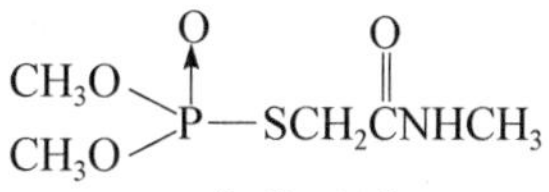   氧化乐果

乐果的化学名称为 O,O-二甲基-S-(N-甲基氨基甲酰甲基)二硫代磷酸酯,纯品为白色晶体,有恶臭,熔点为 51~52 ℃,可溶于水和多种有机溶剂,具有内吸性,能被植物的根、茎、叶吸收,并传导分布到整个植株。它对温血动物的毒性很低,对大白鼠口服致死中量 LD_{50} 为 250 mg·(kg 体重)$^{-1}$,而对昆虫的毒性却相当高,这是因为它在不同的情况下发生不同的分解或氧化过程。与乐果相比,氧化乐果的杀虫效果更佳。

与乐果同属于二硫代磷酸酯的杀虫剂还有马拉硫磷等。马拉硫磷对人的毒性比 DDT 还小,现已取代 DDT、六六六来防治稻飞虱、介壳虫及螨类,其构造式和化学名称为

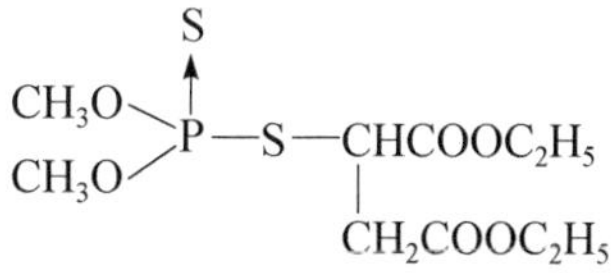

O,O-二甲基-S-(1,2-二乙氧基羰基乙基)二硫代磷酸酯

6. 稻瘟净

稻瘟净(kitazine)是硫代磷酸酯类杀菌剂,化学名称为 O,O-二乙基-S-苄基硫代磷酸酯,其构造式为

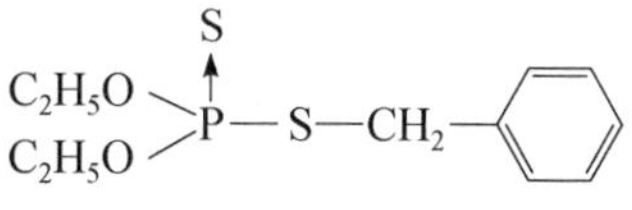

纯品为无色透明液体,沸点为 120~130 ℃(13.3~19.9 Pa),难溶于乙醇、乙醚、苯、二甲苯、环己酮等有机溶剂,对光、酸较稳定,遇碱、高温易分解。

稻瘟净主要用于防治稻瘟病,对水稻苗瘟、叶瘟和穗颈瘟均有良好的防治效果,对水稻小粒菌核病、纹枯病、颖枯病也有一定防治效果,并可兼治稻叶蝉和稻飞虱,与乐果、马拉硫磷混用可提高防治效果。

习 题

1. 命名下列化合物。

   (1) $(CH_3)_2CHNH_2$

   (2) ⌬—NHCH$_3$（环己基甲胺）

   (3) O_2N—⌬—$N(CH_3)_2$

   (4) CH_3—CH—CH_2—CH—CH_3
       　　　|　　　　　|
       　　OCH_3　　NH_2

   (5) $(C_6H_5CH_2)_4N^+Cl^-$

   (6) $(C_2H_5)_2N^+H_2OH^-$

   (7) H_2N—⌬—NH_2

   (8) CH_3—⌬—$N_2^+Cl^-$

   (9) $C_6H_5\overset{O}{\underset{OH}{\overset{\uparrow}{P}}}$—OH

   (10) $(C_2H_5O)_2\overset{O}{\overset{\uparrow}{P}}$—OH

2. 根据名称写出下列化合物的构造式。

   (1) 对甲基苄胺　　(2) 1,6-己二胺　　(3) 三丁基胺　　(4) 碘化二甲基二乙基铵

   (5) 对氨基苯甲酸乙酯　(6) 氨基甲酸乙酯　(7) O,O-二乙基磷酸酯　(8) 乐果

3. 完成下列反应式。

   (1) CH_3—⌬—NH_2 + $CH_3\overset{O}{\overset{\|}{C}}$—$Cl$ ⟶ (　)

   (2) ⌬—$N(C_2H_5)_2$ + HNO_2 ⟶ (　)

   (3) $(C_2H_5)_3N$ + CH_3CHCH_3 ⟶ (　)
       　　　　　　　　　　　|
       　　　　　　　　　　Br

   (4) ⌬—NH_2 + Br_2 $\xrightarrow{H_2O}$ (　)

   (5) O_2N—⌬—NO_2 $\xrightarrow{(\quad)}$ H_2N—⌬—NH_2

   (6) ⌬—$N_2^+Cl^-$ + HO—⌬—OH ⟶ (　)

   (7) $2H_2N$—$\overset{O}{\overset{\|}{C}}$—$NH_2$ $\xrightarrow{\triangle}$ (　)

   (8) ⌬(NH$_2$)—COOH $\xrightarrow[0\sim5\ ℃]{NaNO_2/HCl}$ (　) $\xrightarrow{Cu_2(CN)_2 \atop KCN}$ (　) $\xrightarrow{H_2O/H^+}$ (　)

4. 按碱性由强到弱的顺序排列下列化合物。

   (1) CH_3CONH_2　　(2) $PhNH_2$　　(3) $(CH_3CH_2)_2NH$　　(4) NH_3

(5) CH₃CH₂NH₂   (6) Ph₂NH   (7) (CH₃CH₂)₄N⁺OH⁻

5. 用化学方法区分下列各组化合物。

  (1) 甲胺、二甲胺、三甲胺

  (2) 邻甲基苯胺、N-甲基苯胺、苯甲酸、邻羟基苯甲酸

6. 用化学方法分离苄胺、苄醇和对甲苯酚的混合物。

7. 选择适当的路线完成下列转化。

(1) 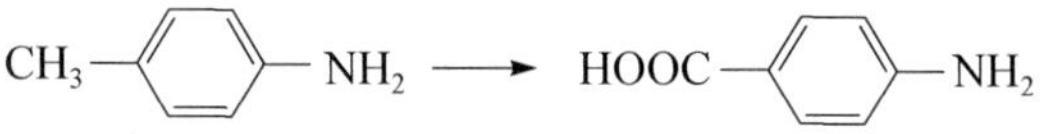 CH₃—C₆H₄—NH₂ ⟶ HOOC—C₆H₄—NH₂

(2) 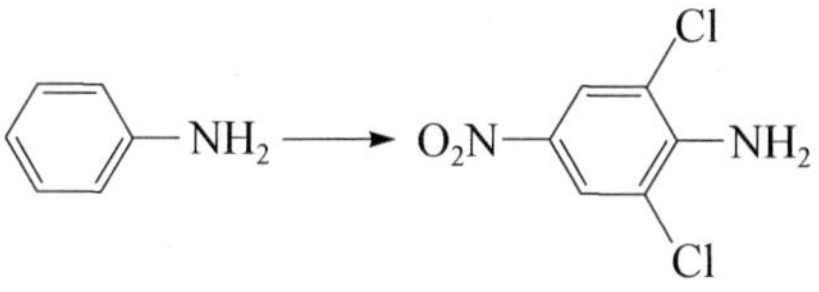 C₆H₅—NH₂ ⟶ O₂N—C₆H₂(Cl)₂—NH₂ (2,6-二氯-4-硝基苯胺)

(3) 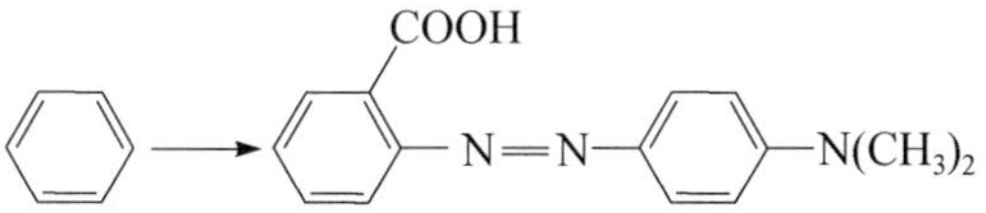 C₆H₆ ⟶ 邻-HOOC-C₆H₄-N=N-C₆H₄-N(CH₃)₂

(4) 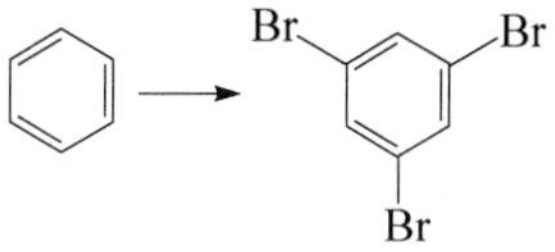 C₆H₆ ⟶ 1,3,5-三溴苯

(5) C₆H₆ ⟶ 间-Br-C₆H₄-OH

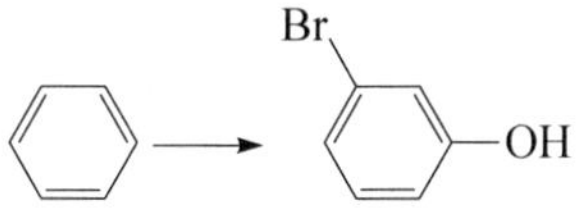

8. 化合物 A 的分子式为 $C_6H_{15}N$,能溶于稀盐酸,与亚硝酸在室温作用放出氮气并得到化合物 B,B 能进行碘仿反应。B 与浓硫酸共热得到化合物 C(C_6H_{12}),C 在酸性高锰酸钾作用下氧化分解为乙酸和 2-甲基丙酸。推定 A、B、C 的结构式,并写出相关反应方程式。

第 11 章 杂环化合物和生物碱

杂环化合物(heterocyclic compound)是一类组成环的原子除碳原子外还有杂原子的化合物,根据杂原子的不同,可以分为氧杂环、硫杂环、氮杂环等。生物碱(alkaloid)是一类存在于生物体内(主要是植物),对人和动物有强烈的生理作用的碱性含氮有机物。本章主要介绍杂环化合物的分类、命名、结构、性质和一些重要的杂环化合物,并对生物碱的一般性质、提取方法和重要的生物碱作简单介绍。

11.1 杂环化合物

构成环的原子除碳原子外的其他原子都称为杂原子,最常见的杂原子有氧原子、硫原子和氮原子等。杂环化合物广泛存在于自然界中,种类繁多,是数量最多的一类天然有机化合物,其数量几乎占已知有机化合物的三分之一。杂环化合物的应用范围极其广泛,涉及医药、农药、染料、香料、高分子材料、生物薄膜、超导材料、分子器件储能材料等。许多重要的物质,如植物中的叶绿素、动物中的血红素、止痛的吗啡、抗菌消炎的黄连素、抗癌的喜树碱和核酸的碱基以及临床应用的一些有显著疗效的天然药物和合成药物等,都含有杂环化合物的结构。杂环化合物大多具有生物活性,在生物体的生长、发育、遗传和衰亡等生命活动中起着非常重要的作用。

前面章节涉及的一些杂环化合物,如环醚、内酸酐、内酯、内酰胺等,既容易由开链化合物闭环得到,又容易开环生成开链化合物,其性质与相应的脂肪族化合物比较接近,不作为本节讨论内容。

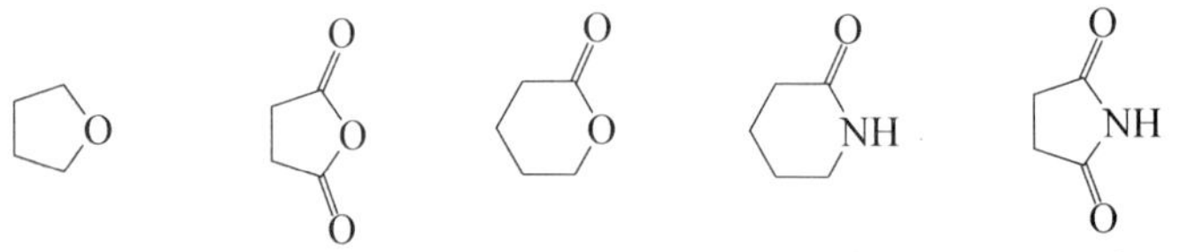

1,4-环氧丁烷　　丁二酸酐　　δ-戊内酯　　戊内酰胺　　丁二酰亚胺

本节讨论的杂环化合物是结构比较稳定,具有芳香性的杂环化合物。

11.1.1 杂环化合物的分类和命名

1. 分类

根据杂环的个数与连接方式的不同,杂环化合物可以分为单杂环和稠杂环。单杂环中最常见、最稳定的杂环是五元杂环和六元杂环。稠杂环又可以分为苯并杂环和杂环并杂环。此外,也可按照杂原子的不同分为氧杂环、硫杂环、氮杂环等;还可根据杂原子的个数分为含有一个杂原子的杂环和含有两个或两个以上杂原子的杂环。常见的杂环母体见表 11-1。

表 11-1　常见杂环化合物的分类及命名

类别		含一个杂原子			含两个杂原子		
单杂环	五元杂环	 furan 呋喃	 thiophene 噻吩	 pyrrole 吡咯	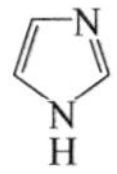 imidazole 咪唑	 thiazole 噻唑	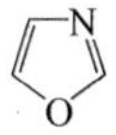 oxazole 噁唑
	六元杂环	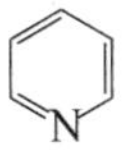 pyridine 吡啶	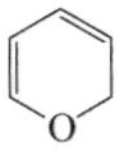 α-pyran α-吡喃	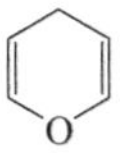 γ-pyran γ-吡喃	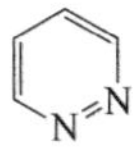 pyridazine 哒嗪	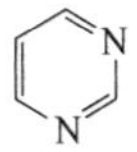 pyrimidine 嘧啶	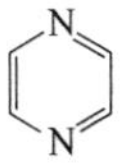 pyrazine 吡嗪
稠杂环	苯并单杂环	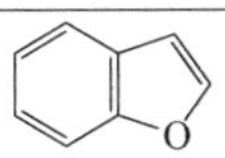 benzofuran 苯并呋喃	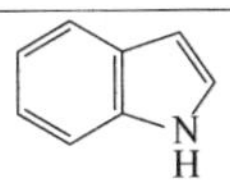 indole 吲哚	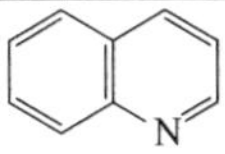 quinoline 喹啉	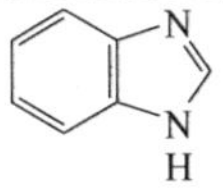 benzoimidazole 苯并咪唑	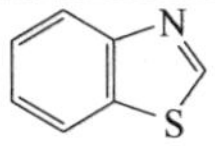 benzothiazole 苯并噻唑	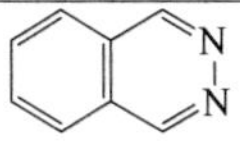 phthalazine 酞嗪
	杂环并杂环		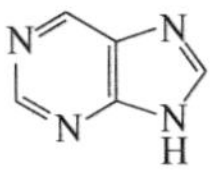 purine 嘌呤	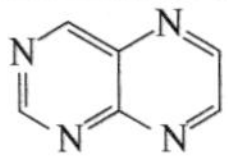 pteridine 蝶啶			

2. 命名

杂环化合物的命名比较复杂,国际上大多采用习惯命名法,我国目前主要采用译音法。译音法是根据其英文名称的译音来命名,选用同音汉字加上口字旁来表示杂环化合物,如表11-1中的呋喃、吡啶、吲哚等。

连有取代基的杂环化合物,其命名与芳香烃相似,当杂环上连有—OH、—NH$_2$、—OR、—R、—X、—NO$_2$ 等取代基时,以杂环作为母体;当杂环上连有—COOH、—SO$_3$H、—CN、—CHO、—CO—(酮基)等官能团时,则以杂环作为取代基。杂环命名时,编号一般从杂原子开始,顺着环编号,依次为1、2、3、…,或者将杂原子相邻的碳编为α,依次为α、β、γ、…,编号要符合最低系列原则。例如

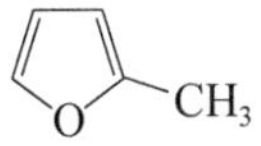

2-甲基呋喃　　3-硝基噻吩　　3-氯吡咯　　2-甲基吡啶
α-甲基呋喃　　β-硝基噻吩　　β-氯吡咯　　α-甲基吡啶

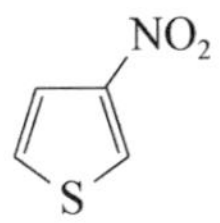

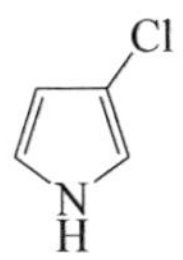

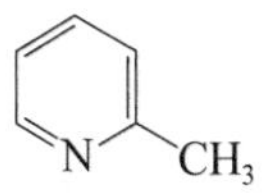

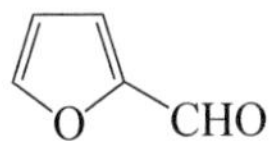

2-呋喃甲醛(糠醛)　　2-吡咯乙酮　　3-吡啶甲酸(烟酸)
α-呋喃甲醛　　α-吡咯乙酮　　β-吡啶甲酸

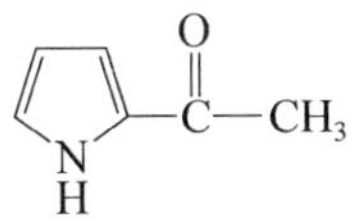

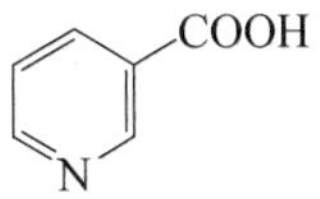

当环上含有两个或两个以上相同的杂原子时,编号从连有氢原子的杂原子开始,并应使杂原子的编号尽可能小;当环上含有两个或两个以上不同杂原子时,按 O→S→N 的顺序编号。例如

2-甲基-4-硝基咪唑　　　2,4-二甲基噻唑　　　5-甲基噁唑

稠杂环的编号一般与稠环芳烃相同,但少数稠杂环有固定的编号顺序。例如

3-吲哚乙酸　　　6-氨基嘌呤

思考题 11-1

命名下列化合物。

(1)　(2)　(3)　(4)　(5)　(6)　(7)　(8)

11.1.2 杂环化合物的结构

1. 五元杂环化合物的结构

典型的五元杂环有呋喃、噻吩和吡咯,从结构上看,它们应该具有共轭二烯烃的性质,但事实上,它们的许多化学性质与苯相似,不发生二烯烃的加成反应,而易发生取代反应。

近代物理方法证明,呋喃、噻吩和吡咯在结构上有共同点,杂环上的 5 个原子都在同一平面上,彼此都以 σ 键相连;每个原子都是 sp² 杂化,5 个未参与杂化的 p 轨道形成具有 6 个 π 电子的闭合共轭体系,符合休克尔规则,都具有芳香性,如图 11-1 所示。

图 11-1　呋喃、噻吩和吡咯的结构

呋喃、噻吩和吡咯中的杂原子以未共用电子对参与环的共轭体系,杂原子具有供电子的共轭效应,使得环上电子云密度比苯环大,称为富电子的芳杂环或多电子的芳杂环。因此,呋喃、

噻吩和吡咯的化学性质比苯更活泼，更容易发生亲电取代反应，并且亲电取代反应主要发生在α位。

由于原子的电负性为氧＞氮＞硫＞碳，电子云偏向杂原子，杂环上电子云分布不像苯那么均匀，键长不像苯环那样完全平均化，因此芳香性比苯环差，芳香性强弱顺序为苯＞噻吩＞吡咯＞呋喃。

2. 六元杂环化合物的结构

六元杂环化合物的典型结构可用吡啶为例来说明。吡啶的结构和苯很相似，环上6个原子能够形成具有6个π电子的闭合共轭体系，具有芳香性，如图11-2所示。

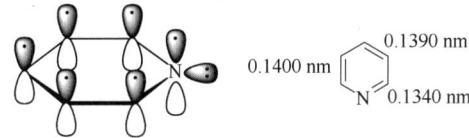

图11-2 吡啶的结构

吡啶环中氮原子电子云密度大于碳原子，为缺电子的芳杂环或少电子的芳杂环。因此，吡啶的化学性质比苯更钝化，发生亲电取代反应更困难，并且亲电取代反应主要发生在β位。

其他六元杂环的电子结构与吡啶类似，都是非苯芳香族化合物（吡喃环除外）。

11.1.3 杂环化合物的物理性质

五元杂环多数为无色液体，有强烈而难闻的气味，有一定的毒性，难溶于水，易溶于醇、醚等有机溶剂。吡啶是有广泛应用价值的溶剂，既能与水以任何比例互溶，又溶于醇、醚等多数有机溶剂，还能溶解大多数极性和非极性的有机化合物，甚至可以溶解某些无机盐类。常见杂环化合物的物理常数见表11-2。

表11-2 常见杂环化合物的物理常数

化合物	熔点/℃	沸点/℃	相对密度(d_4^{20})	折光率(n_D^{20})
呋喃	−86	31	0.934	1.4214
噻吩	−38	84	1.065	1.5289
吡咯	−24	131	0.969	1.5085
吡啶	−42	115.5	0.982	1.5095

11.1.4 杂环化合物的化学性质

1. 酸碱性

吡咯氮原子上的未共用电子对参与整个环上的共轭体系，从而使氮原子上的电子云密度降低，供电子能力减弱，碱性降低（pK_b=13.6），比苯胺（pK_b=9.4）的碱性弱。同时，由于这种共轭作用，N—H键上的电子云密度也降低，氢原子更容易解离成H$^+$而显出微弱的酸性，其酸性（pK_a=15.0）比乙醇（pK_a=17.0）强，而比苯酚（pK_a=10.0）弱。吡咯可以与固体氢氧化钾加热生成钾盐。

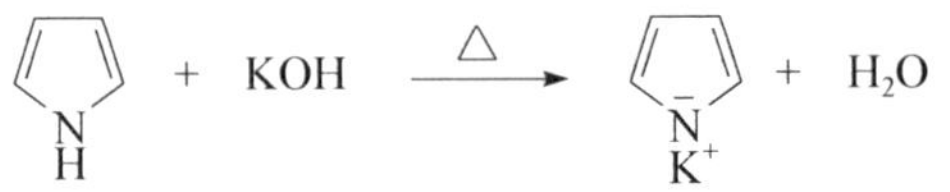

$$\text{吡咯} + KOH \xrightarrow{\triangle} \text{吡咯钾盐} + H_2O$$

吡啶环上氮原子的未共用电子对处在 sp^2 杂化轨道上,未参与整个环的共轭,它可以结合质子而显碱性,与强酸作用生成吡啶盐。吡啶的碱性($pK_b=8.8$)比吡咯($pK_b=13.6$)和苯胺($pK_b=9.4$)强,但比三级胺(如三甲胺,$pK_b=4.2$)弱得多。因此,吡啶既能与盐酸、硫酸成盐,也能与卤代烃结合成季铵盐。

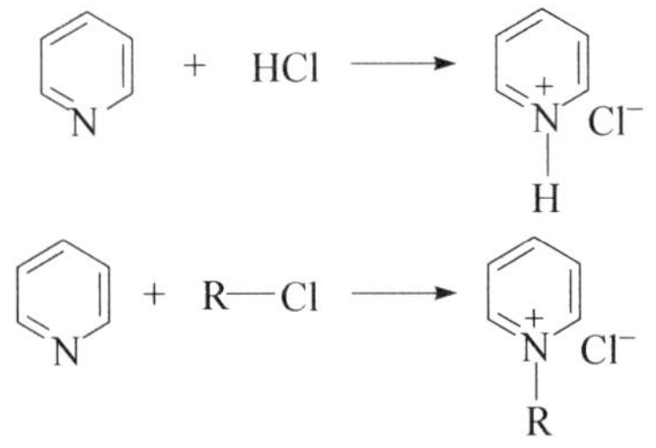

$$\text{吡啶} + HCl \longrightarrow \text{吡啶盐酸盐}$$

$$\text{吡啶} + R-Cl \longrightarrow \text{N-烷基吡啶氯化物}$$

思考题 11-2

比较下列化合物的碱性强弱。
(1) 氨　　(2) 甲胺　　(3) 二甲胺　　(4) 苯胺　　(5) 吡咯

---

2. 取代反应

五元芳杂环属于富电子芳杂环,亲电取代反应比苯容易,一般发生在电子云密度较大的 α 位。吡啶属于缺电子芳杂环,亲电取代反应比苯困难,一般不发生傅-克反应,吡啶环上的亲电取代反应主要发生在 β 位上。

(1) 卤化反应。呋喃、噻吩和吡咯比苯活泼,在室温下就可与卤素发生卤化反应,而吡咯极易发生卤化反应,生成的不是一卤代产物,而是四卤代产物。例如

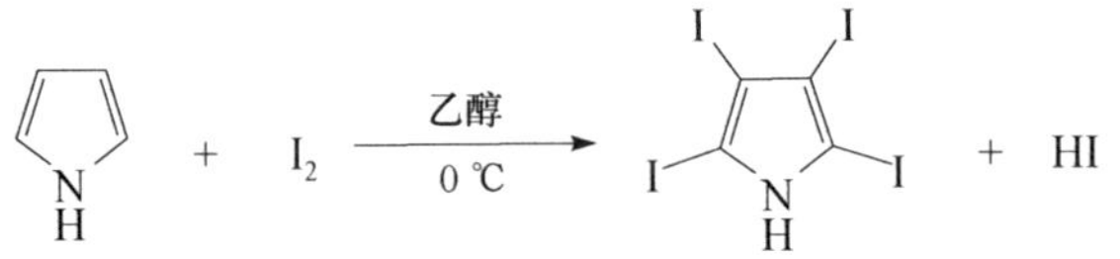

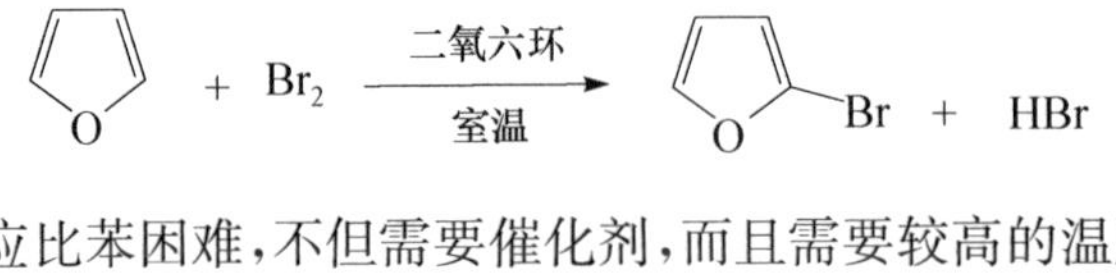

$$\text{吡咯} + I_2 \xrightarrow[0\,^\circ C]{\text{乙醇}} \text{四碘吡咯} + HI$$

$$\text{呋喃} + Br_2 \xrightarrow[\text{室温}]{\text{二氧六环}} \text{2-溴呋喃} + HBr$$

吡啶发生卤化反应比苯困难,不但需要催化剂,而且需要较高的温度。例如

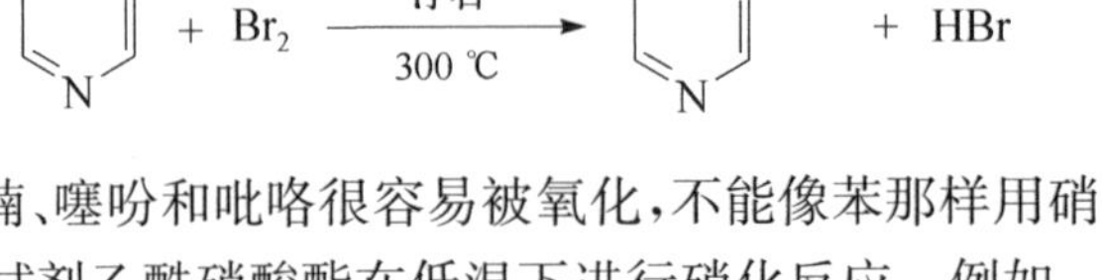

$$\text{吡啶} + Br_2 \xrightarrow[300\,^\circ C]{\text{浮石}} \text{3-溴吡啶} + HBr$$

(2) 硝化反应。呋喃、噻吩和吡咯很容易被氧化,不能像苯那样用硝酸直接硝化。一般用比较温和的非质子硝化试剂乙酰硝酸酯在低温下进行硝化反应。例如

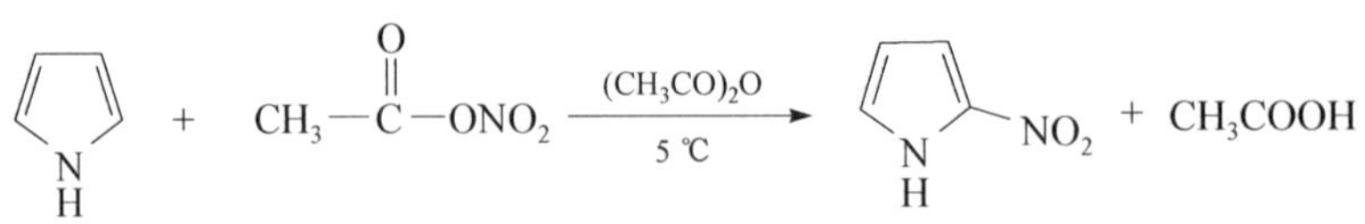

$$\text{吡咯} + CH_3-\underset{\underset{O}{\parallel}}{C}-ONO_2 \xrightarrow[5\,^\circ C]{(CH_3CO)_2O} \text{2-硝基吡咯} + CH_3COOH$$

吡啶需在浓硫酸和较高的温度下才能进行硝化反应。

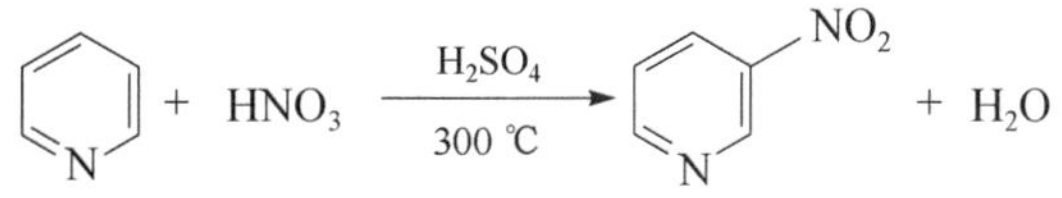

$$\text{吡啶} + HNO_3 \xrightarrow[300\ ℃]{H_2SO_4} \text{3-硝基吡啶} + H_2O$$

（3）磺化反应。与硝化反应一样，呋喃和吡咯不能用浓硫酸直接磺化，一般用非质子的磺化试剂如吡啶三氧化硫加成物进行磺化。

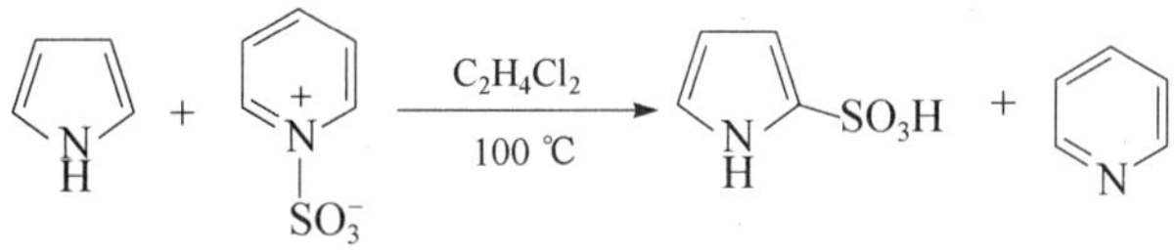

$$\text{吡咯} + \text{吡啶·SO}_3 \xrightarrow[100\ ℃]{C_2H_4Cl_2} \text{2-吡咯磺酸} + \text{吡啶}$$

吡啶则需要在较高的温度和硫酸汞的催化作用下才能与浓硫酸发生磺化反应。

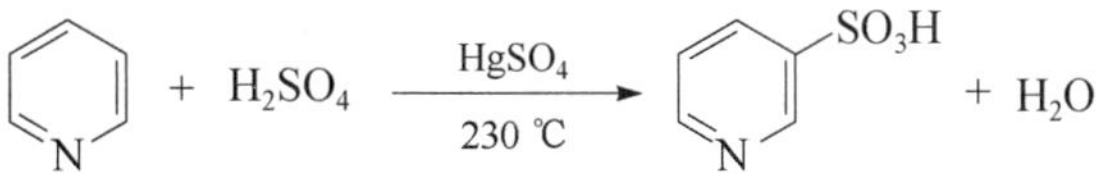

$$\text{吡啶} + H_2SO_4 \xrightarrow[230\ ℃]{HgSO_4} \text{3-吡啶磺酸} + H_2O$$

（4）傅-克反应。呋喃、吡咯和噻吩一般用较温和的催化剂（如 $SnCl_4$、BF_3 等）与酸酐发生傅-克酰基化反应。例如

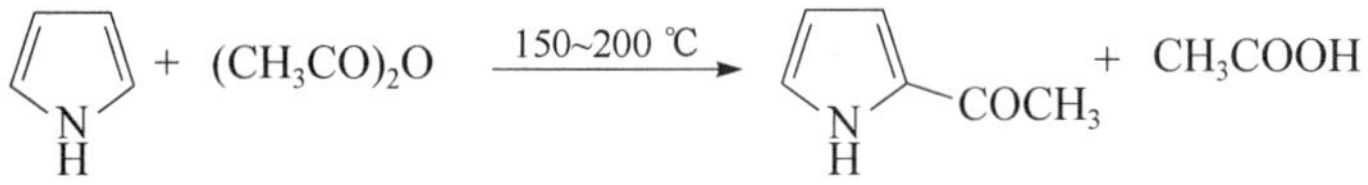

$$\text{吡咯} + (CH_3CO)_2O \xrightarrow{150\sim 200\ ℃} \text{2-乙酰基吡咯} + CH_3COOH$$

思考题 11-3

1. 吡咯、呋喃、噻吩的硝化、磺化反应能否在强酸条件下进行？为什么？
2. 吡咯与乙酸酐反应不生成 N-乙酰基吡咯，而生成 α-乙酰基吡咯，为什么？
3. 比较苯、吡咯、吡啶环上发生亲电取代反应的活性顺序，并解释原因。

3．加成反应

呋喃、噻吩和吡咯在催化剂的作用下都可以发生加氢反应，生成饱和的杂环化合物。噻吩中的硫能使催化剂中毒，因而需用特殊催化剂，如 MoS_2。

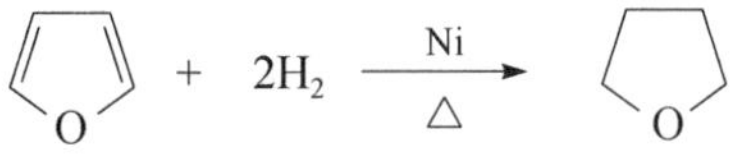

$$\text{呋喃} + 2H_2 \xrightarrow[\triangle]{Ni} \text{四氢呋喃}$$

四氢呋喃是非常重要的有机溶剂，工业上也用于合成己二酸和己二胺，它们是制备尼龙-66 的原料。

吡啶在催化剂作用下氢化或用乙醇钠还原，可以得到六氢吡啶（哌啶）。

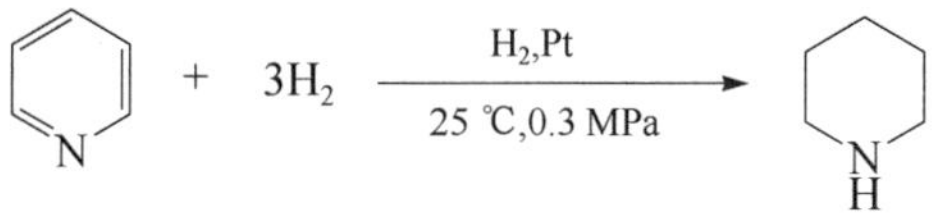

$$\text{吡啶} + 3H_2 \xrightarrow[25\ ℃,0.3\ MPa]{H_2,Pt} \text{哌啶}$$

六氢吡啶的沸点为 106 ℃，能与水、乙醇、乙醚等混溶，具有二级胺的性质（$pK_b=2.7$），常用作有机溶剂和有机合成的原料。

呋喃具有一定的共轭二烯烃的性质，可以与亲双烯体发生双烯合成反应。例如

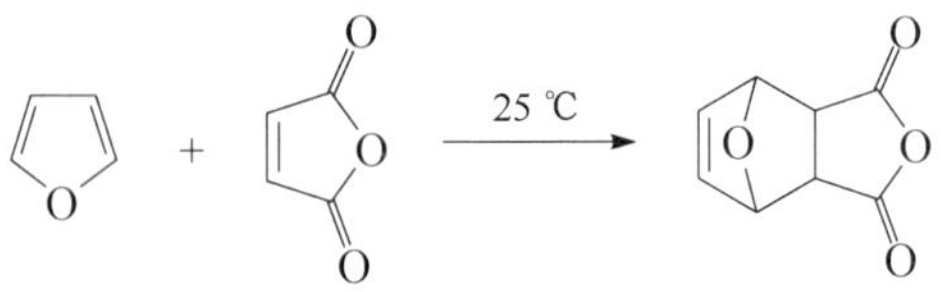

$$\text{furan} + \text{maleic anhydride} \xrightarrow{25\ ^\circ\text{C}} \text{[加合产物]}$$

4. 氧化反应

呋喃和吡咯对氧化剂很不稳定，能被空气中的氧气氧化；噻吩相对较稳定；吡啶对氧化剂很稳定，比苯更难氧化。例如，吡啶的烃基衍生物在强氧化剂作用下，只发生侧链的氧化，生成吡啶甲酸。

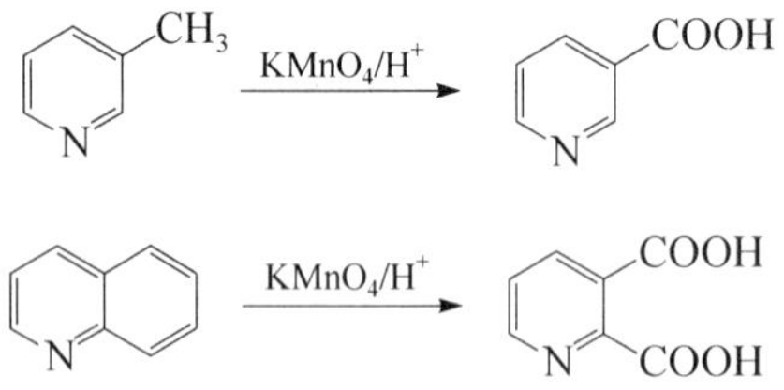

$$\text{3-甲基吡啶} \xrightarrow{\text{KMnO}_4/\text{H}^+} \text{烟酸 (吡啶-3-甲酸)}$$

$$\text{喹啉} \xrightarrow{\text{KMnO}_4/\text{H}^+} \text{吡啶-2,3-二甲酸}$$

思考题 11-4

完成下列反应式。

(1) 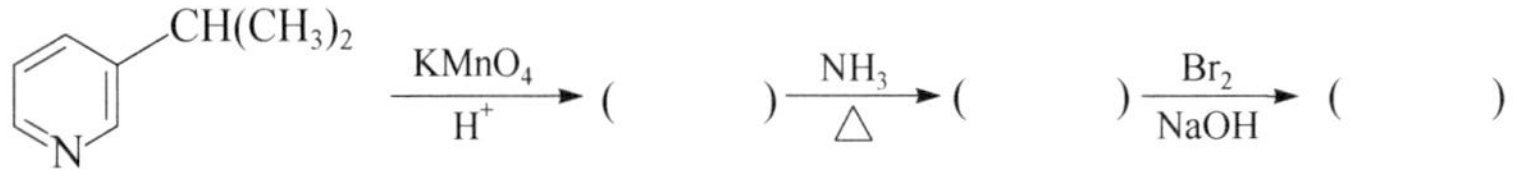 $\text{3-异丙基吡啶} \xrightarrow[\text{H}^+]{\text{KMnO}_4} (\quad) \xrightarrow[\triangle]{\text{NH}_3} (\quad) \xrightarrow[\text{NaOH}]{\text{Br}_2} (\quad)$

(2) $\text{呋喃} + \text{马来酸酐} \longrightarrow (\quad) \xrightarrow{\text{H}_3\text{O}^+} (\quad)$

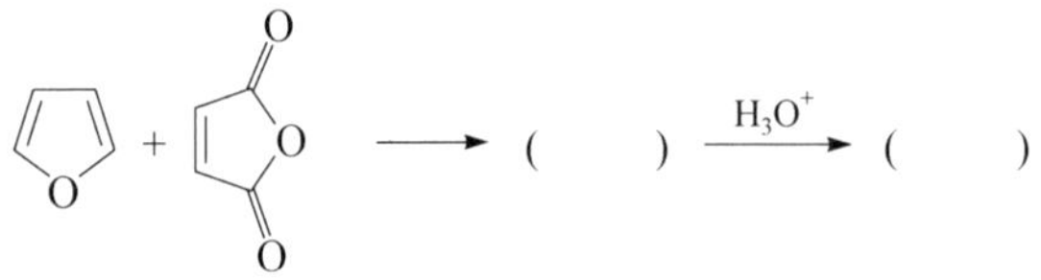

11.1.5 个别杂环化合物及其衍生物

1. 呋喃及其衍生物

呋喃是最简单的含氧五元杂环化合物，主要存在于松木焦油中，为无色易挥发液体，有温和的香味，不溶于水，溶于丙酮、苯、乙醇、乙醚等多数有机溶剂。主要用于有机合成或用作溶剂。呋喃蒸气遇盐酸浸过的松木片显绿色，可用于鉴别呋喃。

α-呋喃甲醛俗称糠醛（furfural），可由农副产品大麦壳、麦秆、高粱秆、玉米芯等水解得到。在稀酸作用下，这些原料中的多聚戊糖水解成戊糖，再失水生成糠醛。

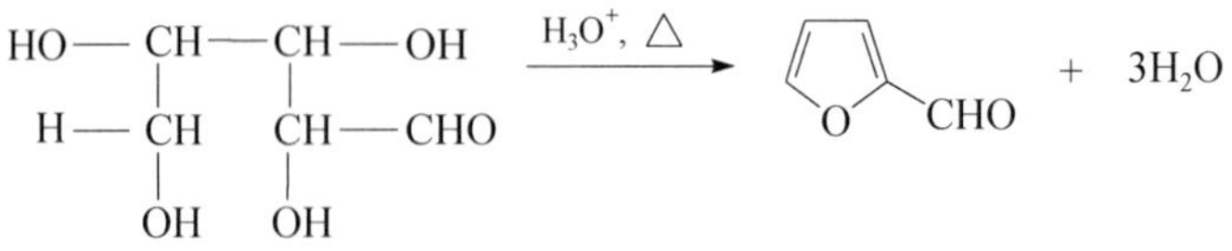

$$\text{戊糖} \xrightarrow{\text{H}_3\text{O}^+,\ \triangle} \text{糠醛} + 3\text{H}_2\text{O}$$

糠醛为无色液体，沸点为 162 ℃，微溶于水，与醇、醚等能混溶。在空气中遇光、热很快氧化聚合，变为黑褐色。与苯胺乙酸盐溶液作用显深红色，此反应可用于鉴别糠醛。化学性质与苯甲醛相似，不含α-H，能发生康尼查罗反应（歧化反应）及一些芳香醛的缩合反应，生成许多有用的化合物。糠醛是重要的化工原料，其蒸气在催化剂作用下与水蒸气反应可脱去羰基生成呋喃。

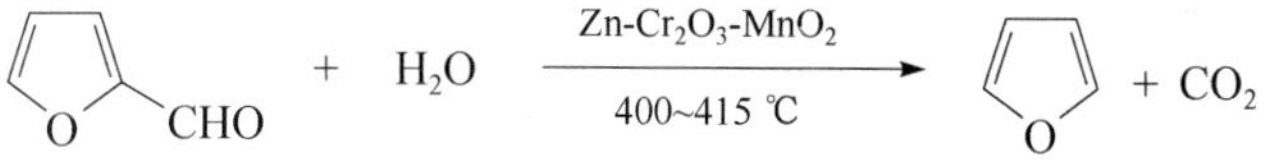

$$\text{呋喃-CHO} + H_2O \xrightarrow[400\sim415\ ℃]{Zn\text{-}Cr_2O_3\text{-}MnO_2} \text{呋喃} + CO_2$$

这是我国生产呋喃的主要方法。呋喃在石油工业上可用作优良的溶剂，也可用于制造合成树脂、医药、农药等其他产品，如治疗痢疾的药物痢特灵（呋喃唑酮）和合成抗菌药呋喃妥因等。

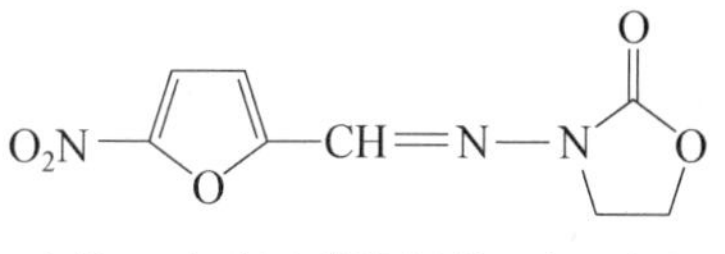

5-硝基-2-呋喃甲醛缩氨基四氢噁唑酮
（痢特灵）

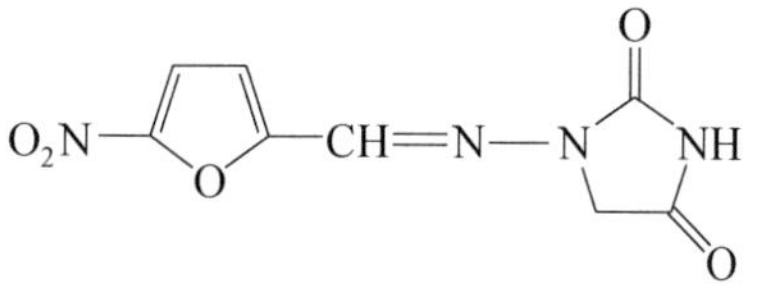

1-{[(5-硝基-2-呋喃基)亚甲基]氨基}-2,4-咪唑烷二酮
（呋喃妥因）

2. 吡咯及其衍生物

吡咯是最简单的含氮五元杂环化合物，吡咯及其甲基取代的同系物存在于骨焦油中，为无色液体，微溶于水，易溶于乙醇、乙醚等有机溶剂，吡咯在微量氧的作用下就可变黑；松木片反应显红色；在盐酸作用下聚合成为吡咯红；对氧化剂一般不稳定。

吡咯的衍生物极为重要，很多有重要生理作用的物质（如叶绿素、血红素、维生素 B_{12} 及胆红素等）都是吡咯的衍生物。这些物质分子结构中都含有一个卟吩（porphine）环，即四个吡咯环的α-碳原子通过四个次甲基（—CH=）相连而成的环状共轭体系，含有该环的化合物称为卟啉（porphyrin）类化合物。

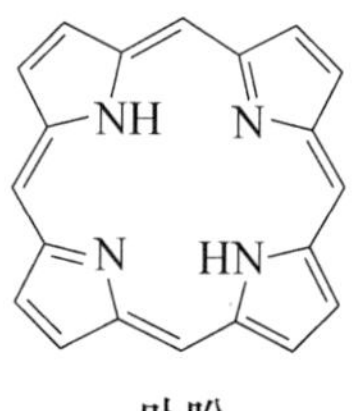

卟吩

卟吩环中的氮原子可以通过配位键与不同的金属离子结合，如叶绿素中与镁结合，血红素中与铁结合，维生素 B_{12} 中则与钴结合。

3. 吡啶及其衍生物

吡啶是含氮六元杂环化合物，吡啶及其同系物存在于骨焦油、煤焦油、煤气、页岩油、石油中，为无色或微黄色液体，有恶臭。吡啶除作溶剂外，在工业上还可用作变性剂、助染剂以及合成一系列产品（包括药物、消毒剂、染料、食品调味料、黏合剂、炸药等）的原料。

吡啶衍生物广泛存在于自然界中，而且很多在生物体内具有极为重要的生理作用，其中最常见的有维生素 B_6、维生素 PP、异烟酰肼等。

（1）维生素 B_6（vitamin B_6）。又称吡哆素（pyridoxine），广泛存在于动植物体内，如在肝、鱼肉、谷物、香蕉、干酵母、白菜等中含量丰富。自然界的维生素 B_6 包括以下三个组分：

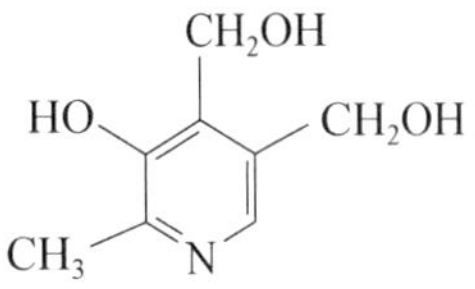

吡哆醇 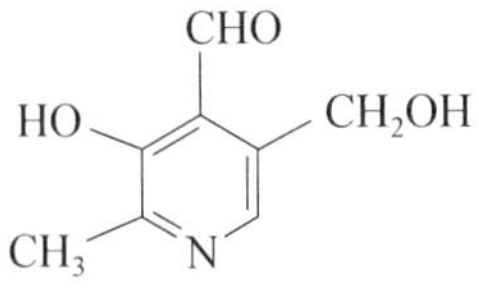　　　　吡哆醛 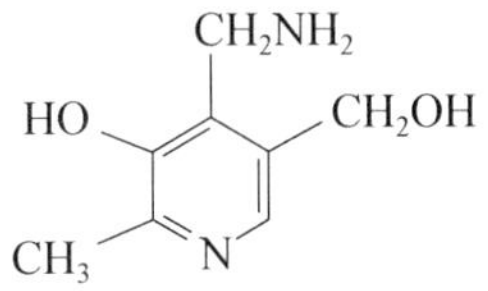　　　　吡哆胺

维生素 B_6 易溶于水和乙醇,对酸、碱稳定,但易被光破坏。它是动物体维持蛋白质正常代谢所必需的维生素,鼠类缺少维生素 B_6 就会患皮肤病。

(2) 异烟酰肼。商品名为雷米封(rimifon),白色固体,熔点为 170~173 ℃,易溶于水,微溶于醇,不溶于乙醚。异烟酰肼可由异烟酸(γ-吡啶甲酸)与肼缩合制得。

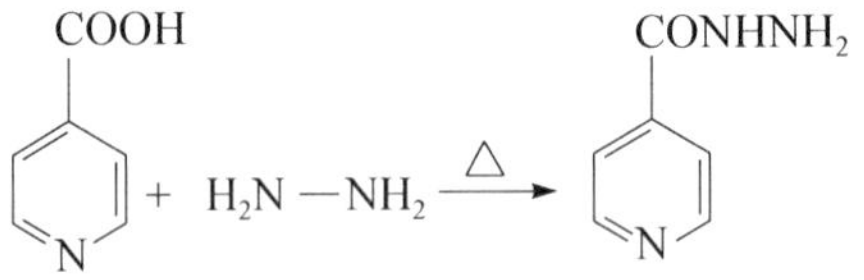

异烟酸　　　　　　　　　　　异烟酰肼

异烟酰肼是治疗结核病的特效药物。

4. 嘧啶及其衍生物

嘧啶是含有两个氮原子的六元杂环化合物。它是无色晶体,熔点为 22 ℃,沸点为 123~124 ℃,折光率为 1.4998,有臭味,溶于水和乙醇。由于受环中两个氮原子吸电子作用的影响,环上的电子云密度下降,因而嘧啶的碱性比吡啶弱,亲电取代反应也比吡啶难以进行。

嘧啶是精细化工、农药和医药的重要中间体,特别在医药领域,主要用于合成抗艾滋病药物及抗乙肝药物拉米夫定,抗癌药物吉西他滨、依诺他滨及 5-氟胞嘧啶等,应用非常广泛。许多重要的药物含有嘧啶环,胞嘧啶核苷、胞嘧啶核苷酸均可作为升高白细胞的药物。

嘧啶本身在自然界不存在,但其衍生物却广泛存在,有的具有非常重要的特殊生理活性,如核酸中的嘧啶碱基、维生素 B_1、维生素 B_2 等。

核酸的 5 种碱基中有 3 种是嘧啶的衍生物,即胞嘧啶(cytosine,C)、尿嘧啶(uracil,U)和胸腺嘧啶(thymine,T)。它们都存在互变异构,在生理条件下主要以酮式存在。

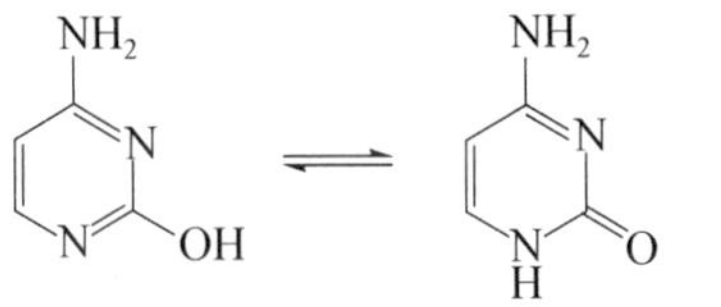

2-羟基-4-氨基嘧啶　　2-氧-4-氨基嘧啶
胞嘧啶

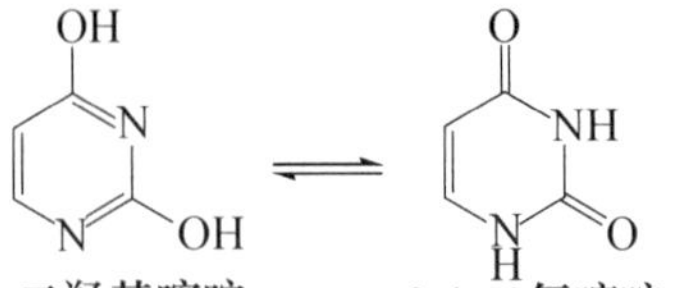

2,4-二羟基嘧啶　　2,4-二氧嘧啶
尿嘧啶

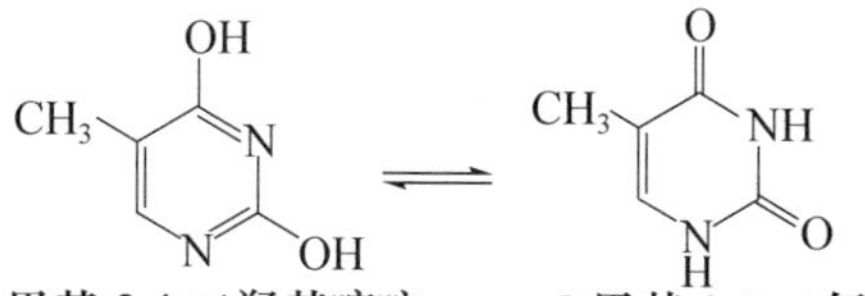

5-甲基-2,4-二羟基嘧啶 ⇌ 5-甲基-2,4-二氧嘧啶
胸腺嘧啶

维生素 B_1 又称硫胺素,主要存在于米糠、麦麸、花生、豆类、瘦肉及酵母等食物中。维生素 B_1 在人体内参与糖的代谢过程。缺乏维生素 B_1,糖代谢受阻,影响神经组织的能量供应,并伴有丙酮酸及乳酸等在神经组织中的堆积,引发健忘,继而出现多发性神经炎,表现为四肢无力、肌肉疼痛。

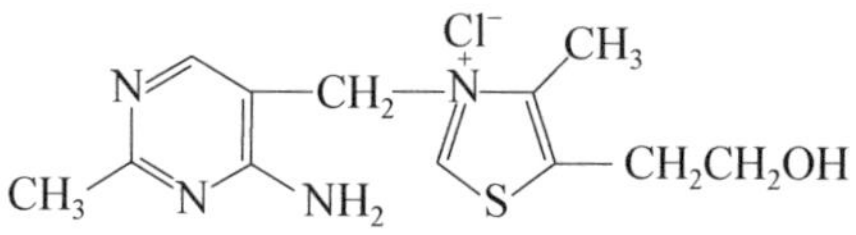

维生素 B_1

5. 吲哚及其衍生物

吲哚是吡咯与苯稠合而成的杂环化合物,又称苯并吡咯。吲哚及其同系物和衍生物广泛存在于天然花油(如茉莉花、苦橙花、水仙花、香罗兰等)中,也存在于煤焦油中;粪便中含有 3-甲基吲哚;许多瓮染料是吲哚的衍生物;动物的一种必需氨基酸——色氨酸是吲哚的衍生物;某些生理活性很强的天然物质(如生物碱、植物生长素等)都是吲哚的衍生物。

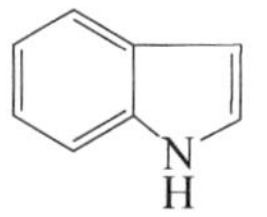

吲哚 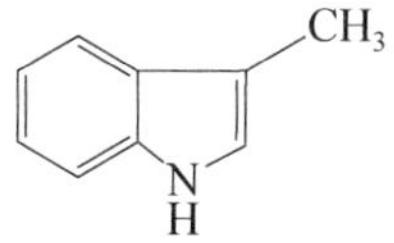　　3-甲基吲哚 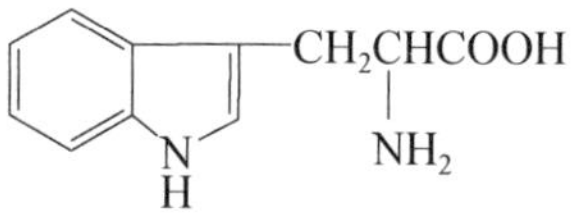　　色氨酸

吲哚为白色片状晶体,熔点为 52.5 ℃,沸点为 253~254 ℃,溶于醇、醚等有机溶剂,几乎不溶于石蜡油和水。吲哚浓度高时具有强烈的粪臭味,扩散力强而持久;高度稀释的溶液有香味,可以作为香料使用。

吲哚的衍生物在自然界分布很广,许多具有强烈的生理活性,如在农业上作为高效植物生长调节剂的吲哚乙酸、3-吲哚丁酸、吲哚乙腈等。

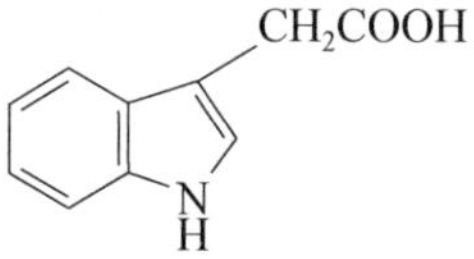

吲哚乙酸 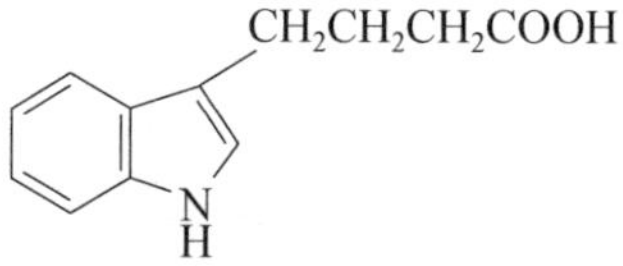　　3-吲哚丁酸 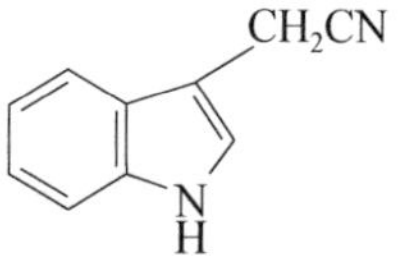　　吲哚乙腈

6. 嘌呤及其衍生物

嘌呤是由一个嘧啶环和一个咪唑环稠合而成的杂环,为无色晶体,易溶于水,其水溶液呈中性,但能与酸或碱成盐。它有两种互变异构体系:

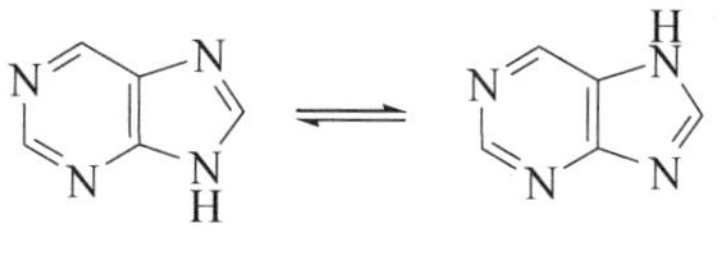

嘌呤本身在自然界并不存在,但它的衍生物却广泛存在于动植物体中,是核酸的组成成分。DNA 和 RNA 中的嘌呤碱基为腺嘌呤(adenine,A)和鸟嘌呤(guanine,G)。此外,核酸中还发现有许多稀有嘌呤碱。

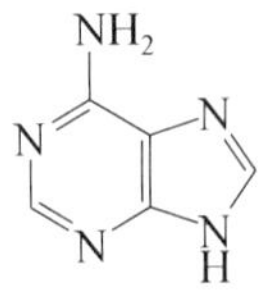

6-氨基嘌呤 2-氨基-6-羟基嘌呤 ⇌ 2-氨基-6-氧嘌呤
腺嘌呤   鸟嘌呤

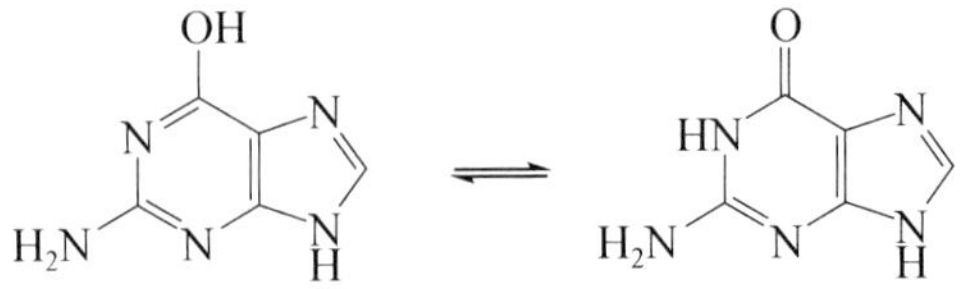

7. 苯并吡喃衍生物

苯并吡喃衍生物中较为重要的是黄酮类化合物,广泛存在于植物中。它们具有 2-位或 3-位苯基取代的色酮(chromone)的母核结构,其中 2-苯基色酮称为黄酮(flavone),3-苯基色酮称为异黄酮(isoflavone)。

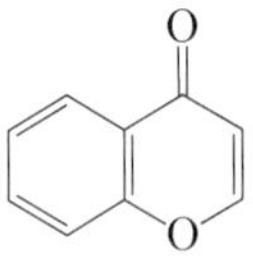

色酮 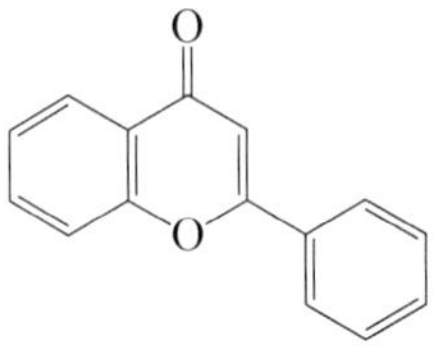   黄酮 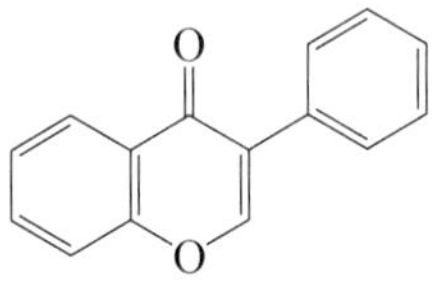   异黄酮

黄酮类化合物分子中常带有羟基、烷氧基或烷基,并常与糖结合,以苷的形式存在于植物中。例如,中药黄芩中具有抗菌活性的有效成分黄芩苷(baicalin),中药葛根中具有解痉、扩张冠状动脉、增加冠脉血流量等作用的有效成分葛根素(puerarin)和银杏中用于治疗冠心病的白果素(bilobetin)等均属于黄酮类化合物。

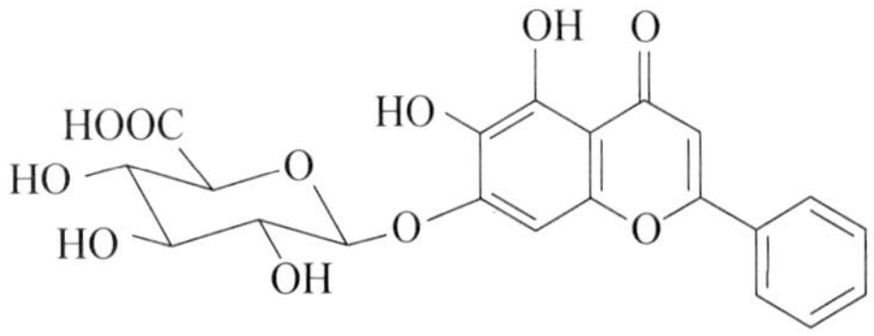

黄芩苷 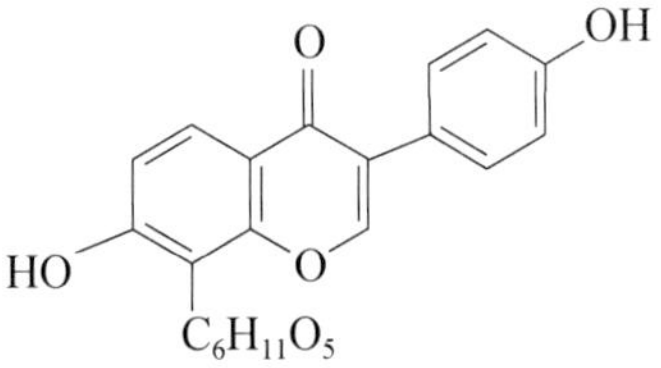   葛根素

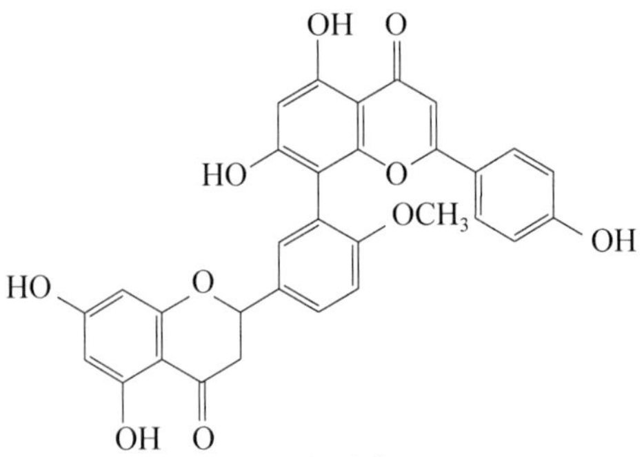

白果素

11.2 生 物 碱

11.2.1 生物碱概述

1. 生物碱的含义与特点

生物碱是指从动植物体内提取的具有强烈生理作用的含氮碱性有机化合物,一般存在于植物体内,极少数存在于动物体内,因此也称为植物碱。分子中含有碳、氢、氧和氮四种元素,也有的不含氧原子。大多数有复杂的环状结构,氮元素多包含在环内,有显著的生物活性,是中草药中重要的有效成分之一。

2. 生物碱的分布与存在形式

生物碱主要分布于植物界,绝大多数存在于高等植物的双子叶植物中,已知存在于50多个科的120多个属中。与中药有关的一些典型的科有毛茛科(黄连、乌头、附子)、罂粟科(罂粟、延胡索)、茄科(洋金花、颠茄、莨菪)、防己科(汉防己、北豆根)、豆科(苦参、苦豆子)等。单子叶植物也有少数科属含生物碱,如石蒜科、百合科、兰科等,百合科中较重要的如贝母属。少数裸子植物如麻黄科、红豆杉科、三尖杉科也存在生物碱。

在植物体内,生物碱一般与有机酸(苹果酸、枸橼酸、酒石酸和鞣酸等)结合成盐类,呈溶解状态存在于液泡中;少数以无机酸盐形式存在,如盐酸小檗碱、硫酸吗啡;有些是与糖结合成苷而存在;少数生物碱呈游离状态存在,如咖啡碱(caffeine)和秋水仙碱(colchicine)等。

3. 生物碱的生物活性

生物碱多具有显著而特殊的生物活性。例如,吗啡、延胡索乙素具有镇痛作用;阿托品具有解痉作用;小檗碱、苦参生物碱、蝙蝠葛碱有抗菌消炎作用;利血平有降血压作用;麻黄碱有止咳平喘作用;奎宁有抗疟作用;苦参碱、氧化苦参碱等有抗心律失常作用;喜树碱、秋水仙碱、长春新碱、三尖杉碱、紫杉醇等有不同程度的抗癌作用等。

11.2.2 生物碱的性质

1. 生物碱的提取方法

大多数生物碱是无色结晶固体,难溶于水,易溶于乙醇、乙醚等有机溶剂。一般生物碱味苦,有旋光性,天然生物碱多为左旋。

由于生物碱在生物体内通常与有机酸或无机酸形成盐而存在,因此一般生物碱的提取方法是先将植物粉碎加入稀盐酸或稀硫酸浸泡或加热,使生物碱与盐酸或硫酸成盐而溶解于水中。向其中加入碱(氢氧化钠或氢氧化钙),生物碱被置换出来,再用有机溶剂将游离的生物碱萃取后重结晶提纯。也可将生物碱与酸的盐溶液通过阳离子交换树脂柱,使生物碱阳离子与树脂阴离子结合而保留在树脂上,再用氢氧化钠溶液洗脱,经有机溶剂萃取后重结晶提纯。

2. 生物碱试剂

有些试剂可与生物碱反应生成沉淀或产生颜色变化,这些试剂称为生物碱试剂,可用于检验生物碱的存在。

1) 沉淀试剂

沉淀试剂即能与生物碱作用生成沉淀的试剂,如丹宁、苦味酸、硅钨酸、磷钼酸、碘-碘化钾、碘化汞钾(HgI_2+KI)等,可以使生物碱由水中沉淀出来。某些生物碱能与碘-碘化钾生成棕红色沉淀;与磷钼酸生成黄褐色或蓝色沉淀;与硅钨酸形成白色沉淀。

2) 显色试剂

高锰酸钾、重铬酸钾、浓硝酸、浓硫酸、钒酸铵及甲醛的浓硫酸溶液等氧化剂或脱水剂能与生物碱发生显色反应。重铬酸钾的浓硫酸溶液使吗啡显绿色;浓硫酸使秋水仙碱显黄色;钒酸铵的浓硫酸溶液使吗啡显棕色,而使奎宁显淡橙色。显色反应可用于生物碱的鉴定。

11.2.3　重要的生物碱

生物碱的种类很多,结构也比较复杂,一般根据它所含杂环来分类,根据它们来源的植物给以专名。例如,从毒芹草中提取的生物碱称为毒芹碱,属于四氢吡咯及六氢吡啶环系生物碱;从可可豆中提取的一种生物碱称为可可碱,属于嘌呤环系生物碱。下面简单介绍几种常见的、重要的生物碱。

1. 烟碱

烟碱(nicotine)俗名尼古丁,是存在于茄科植物(茄属)中的一种吡啶型生物碱,分子式$C_{10}H_{14}N_2$。烟碱是烟草中的12种生物碱中最重要的一种,在烟叶中的含量为1%~3%。1828年,德国化学家Posselt和Reimann首次将尼古丁由烟草中分离出来。1904年,Pictet和Crepieux成功利用合成的方式得到尼古丁。其结构式如下:

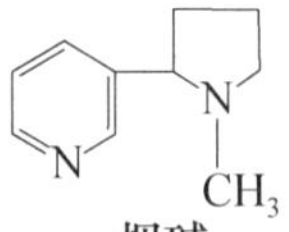

烟碱

烟碱为无色挥发性液体,有刺激性臭味,熔点为-79 ℃,沸点为246.7 ℃(745 mmHg),相对密度为1.0097(20/4 ℃),比旋光度为-169°,可以水蒸气蒸馏,在空气中易发生变质,易溶于水、乙醇、乙醚、氯仿和石油醚。烟碱能与各种无机酸(如盐酸、硫酸)和有机酸(如酒石酸、苦味酸)生成结晶的单盐和双盐,其中双苦味酸盐的熔点为278 ℃,常用来鉴别烟碱。烟碱与二氧化汞生成结晶形复合物,此反应可用来纯化烟碱。

烟碱会使人上瘾或产生依赖性(最难戒除的毒瘾之一),人们通常难以克制自己,重复使用尼古丁也会增加心跳速度和升高血压并降低食欲。大剂量的尼古丁会引起呕吐及恶心,严重时人会死亡。成人体内烟碱达到40~60 mg可急性致死,而每支卷烟含烟碱20~30 mg,此外还有多种其他有毒物质,故长时间吸烟将严重损害人体健康,并导致上瘾。同时,肺癌发病率与吸烟密切相关;吸烟还可诱发慢性咽炎、呼吸道疾病、心血管疾病、某些消化道疾病和头痛、失眠、视力损害等神经系统障碍,故应大力提倡戒烟。

烟碱在农业生产上可用作杀虫剂。

2. 颠茄碱

颠茄碱(atropine)又称阿托品,存在于颠茄、曼陀罗等茄科植物中。分子式$C_{17}H_{23}NO_3$,为无色长柱状晶体,熔点为118~119 ℃,无光学活性。易溶于苯、乙醇、氯仿,微溶于乙醚和热水,能与多种无机或有机酸生成水溶性盐,与氯化汞生成黄红色沉淀。颠茄碱可由茄科植物中含量较多的 L-莨菪碱(L-hyoscyamine)在稀碱性溶液中消旋化来制备。其结构式如下:

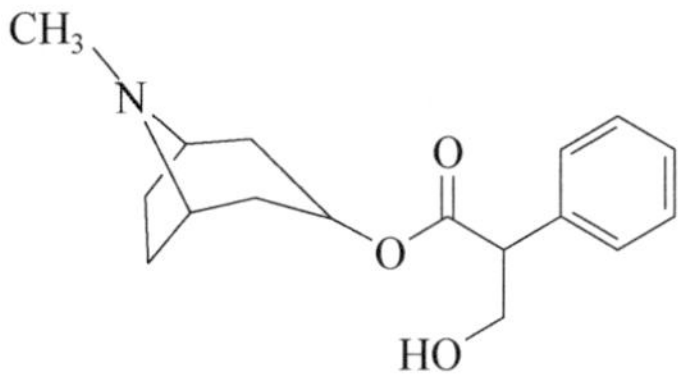

莨菪碱 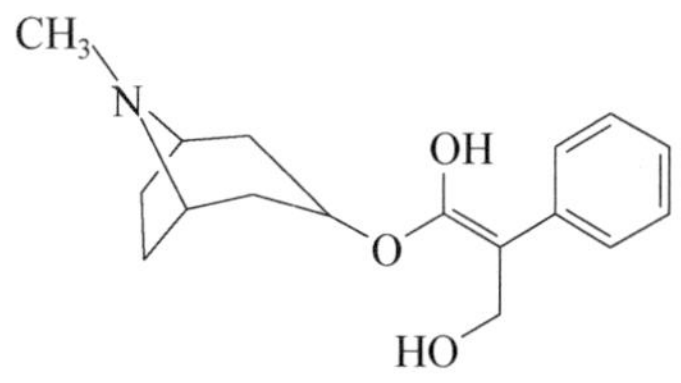　　　　　　　　　阿托品

颠茄碱是副交感神经抑制剂,可用作眼科扩瞳剂、泻药,也可缓解干草热、伤风鼻阻和肠痉挛,还用于治疗小儿夜尿症,有时用于疏解输尿管和胆道痉挛。颠茄碱毒性较大,剂量过大时可引起视觉模糊、分泌闭止、血管扩张、高热、兴奋、激动和谵妄。它是吗啡、毛果芸香碱、毒扁豆碱等的拮抗剂。

3. 咖啡碱、可可碱和茶碱

咖啡碱、可可碱和茶碱都是嘌呤环系生物碱,主要存在于咖啡、可可豆及茶叶中。

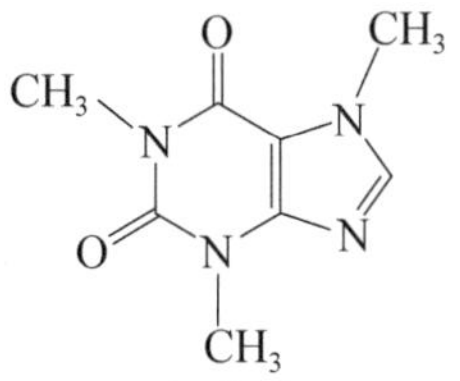

咖啡碱 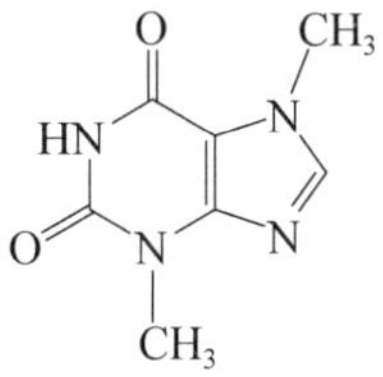　　　　　可可碱 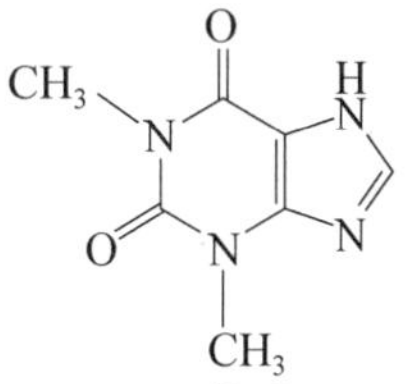　　　　　茶碱

咖啡碱又称咖啡因,纯品为无色针状晶体,熔点为 238 ℃,味苦,易溶于热水,难溶于冷水,显弱碱性。含结晶水的咖啡碱在 100 ℃时失去结晶水,并开始升华,120 ℃时显著升华,178 ℃时迅速升华,可利用这一性质纯化咖啡碱。它具有刺激中枢神经的作用,可用作兴奋剂,有止痛、利尿的功效。咖啡因是一种中枢神经兴奋剂,能够暂时驱走睡意并恢复精力。

可可碱(theobromine)为白色单斜形针状结晶性粉末,熔点为 357 ℃,微溶于水、中度溶于胺,不溶于苯、醚、四氯化碳和氯仿,溶于氢氧化钠、浓酸和 20% 碱式磷酸钠水溶液。可可碱甲基化后即为咖啡因。

茶碱(theophylline)比咖啡碱少一个甲基,是可可碱的异构体,为无色针状晶体,熔点为 272 ℃,无臭,味苦,易溶于热水,难溶于冷水,显弱碱性。与咖啡碱相似,茶碱具有刺激中枢神经的作用,但比咖啡碱弱。

4. 麻黄碱

麻黄碱又称麻黄素(ephedrine),主要存在于麻黄中,麻黄是我国的特产。麻黄碱属于非杂环苯丙胺衍生物,纯品为无色晶体,易溶于水及大多数有机溶剂,熔点为 38.1 ℃,比旋光度为 −6.3°。主治伤寒、头痛、咳嗽、寒气等,现在用于增血压、强心、舒展支气管治疗哮喘等。

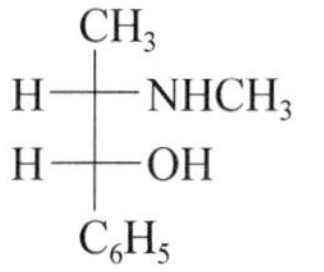

D-(−)-麻黄素 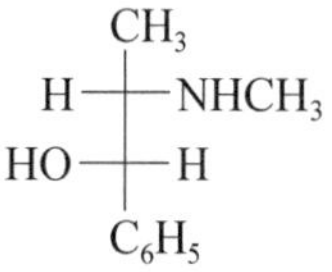　　　　L-(+)-假麻黄素

服用麻黄碱后可以明显增加运动员的兴奋程度,使运动员不知疲倦,但对运动员本人有极大的副作用,属于国际奥委会严格禁止的兴奋剂。

5. 利血平

利血平(reserpine)是一种吲哚环系生物碱,存在于萝芙木属多种植物中,在催吐萝芙木中含量最高,可达 1%。其结构式如下:

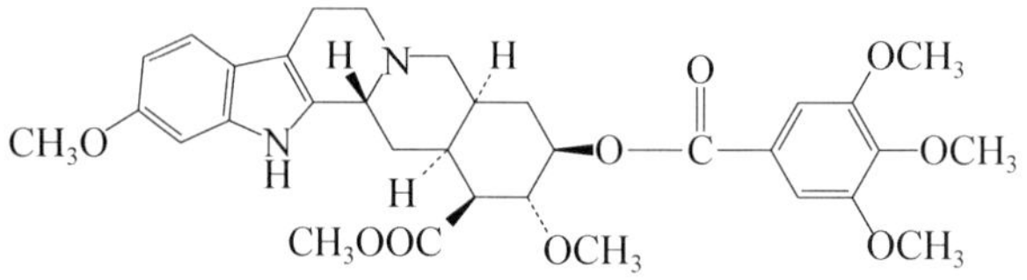

利血平

利血平为无色棱状晶体,熔点为 264~265 ℃(分解),比旋光度为 $-117.7°$(氯仿),易溶于氯仿、二氯甲烷、冰醋酸,能溶于苯、乙酸乙酯,稍溶于丙酮、甲醇、乙醇、乙醚、乙酸和柠檬酸的稀水溶液。利血平溶液放置一定时间后变黄,并有显著的荧光,加酸和曝光后荧光增强。

利血平能降低血压和减慢心率,作用缓慢、温和而持久,对中枢神经系统有持久的安定作用,是一种很好的镇静药。1956 年,美国化学家伍德沃德(Woodward)全合成了利血平。

6. 金鸡纳碱和辛可宁碱

金鸡纳碱和辛可宁碱属于喹啉环系生物碱,主要存在于金鸡纳树皮中。二者的区别在于前者比后者多一个甲氧基。

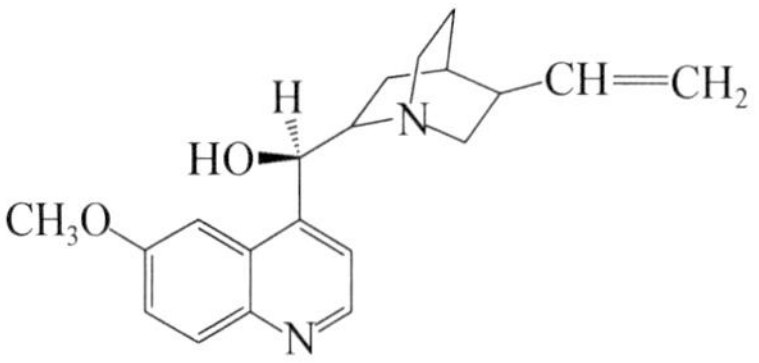

金鸡纳碱 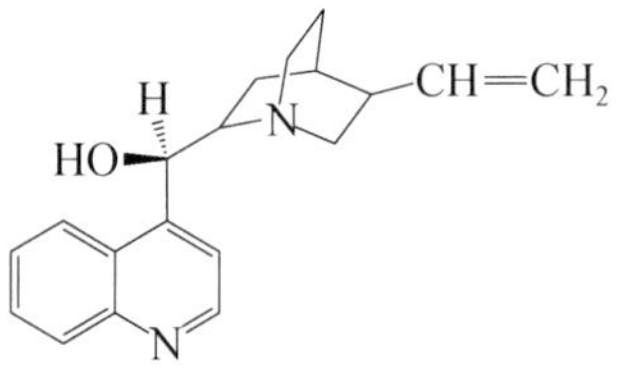　　　辛可宁碱

金鸡纳碱又称奎宁(quinine),无水奎宁熔点为 177 ℃,三水合奎宁熔点为 57 ℃,微溶于水,易溶于乙醇、乙醚。

辛可宁碱(cinchonine)为无色针状或棱状结晶,熔点为 265 ℃(220 ℃开始升华),比旋光度为 $+229°$(乙醇),能溶于乙醇、氯仿、乙醚中,几乎不溶于冷水。

金鸡纳碱和辛可宁碱都是良好的抗疟疾药,并有退热作用。

7. 黄连素

黄连素(berberine)又称小檗碱,存在于小檗属植物黄柏、黄连和三颗针等植物中。它属于异喹啉衍生物类生物碱,是一种季铵化合物。

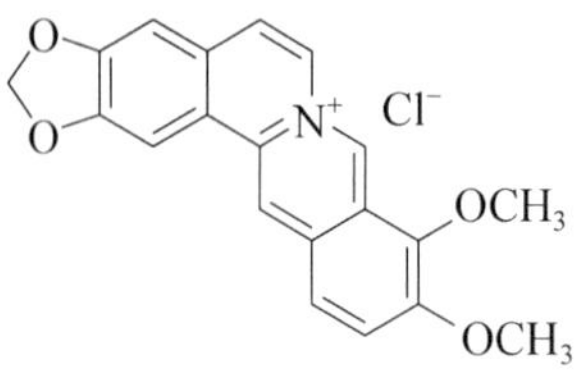

盐酸小檗碱(盐酸黄连素)

黄连素具有较强的抗菌作用,在临床上常用盐酸黄连素治疗细菌性痢疾、胃肠炎等疾病,无抗药性和副作用。

8. 吗啡

吗啡(morphine)是鸦片中最主要的生物碱(含量为10%～15%),1806年法国化学家泽尔蒂纳首次从鸦片中分离出来。纯净吗啡为无色或白色结晶或粉末,难溶于水,难溶于一般有机溶剂,易吸潮。随着杂质含量的增加,颜色逐渐加深,粗制吗啡则为咖啡似的棕褐色粉末。吗啡具有镇痛、解痉、止咳、催眠、麻醉等作用,但容易成瘾。海洛因(heroin)就是吗啡经乙酸酐处理后生成的二乙酸酯,白色晶体,俗称白粉、白面,是三大毒品之一,其毒性相当于吗啡的2～3倍,没有任何医疗作用,吸食后极易上瘾。吗啡族中另两个重要成员是可待因和蒂巴因,可待因成瘾倾向小,被广泛用作局部麻醉剂。

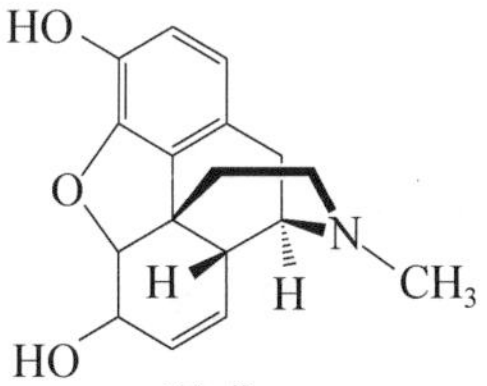

吗啡 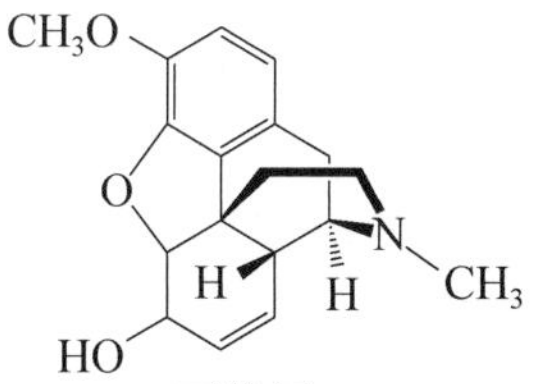　　　　可待因 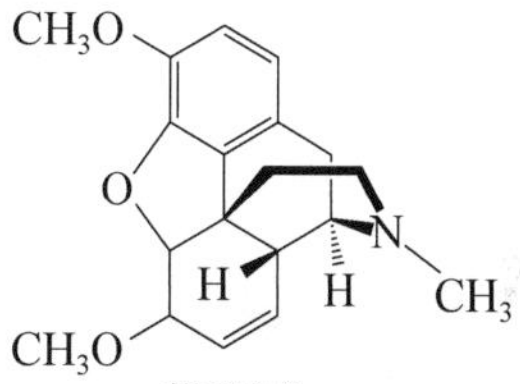　　　　蒂巴因

9. 喜树碱

喜树碱(camptothecin)是一种植物抗癌药物,是从分布在我国中南、西南的喜树中提取得到的喹啉族生物碱。1976年,我国化学家高怡生等合成消旋喜树碱成功。喜树碱为浅黄色针状结晶(甲醇-乙腈),分解点为264～267 ℃,比旋光度为+31.3°(氯仿-甲醇),在紫外光下表现出强烈的蓝色荧光,与酸不能生成稳定的盐。

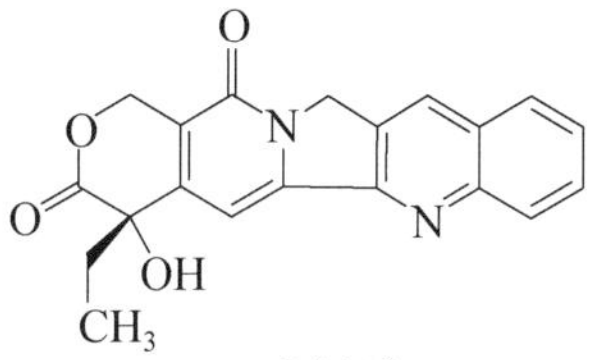

喜树碱 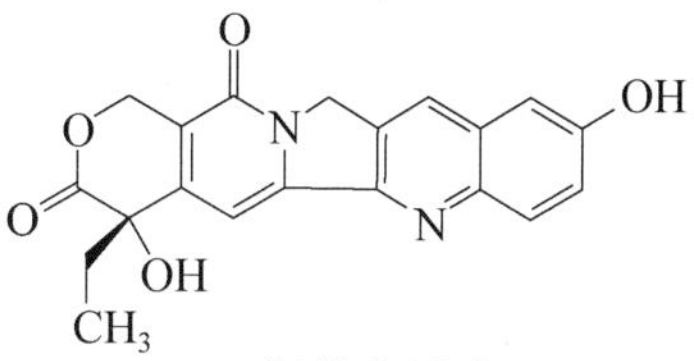　　　　10-羟基喜树碱

喜树碱临床用于治疗恶性肿瘤、银屑病、治疣、急慢性白血病及血吸虫病引起的肝脾肿大等。喜树碱对胃肠道和头颈部癌等有较好的近期疗效,但对少数患者有尿血的副作用。10-羟基喜树碱(10-hydroxycamptothecin)的抗癌活性超过喜树碱,对肝癌和头颈部癌也有明显疗效,而且副作用较小。

习 题

1. 命名下列化合物或写出结构式。

(1) 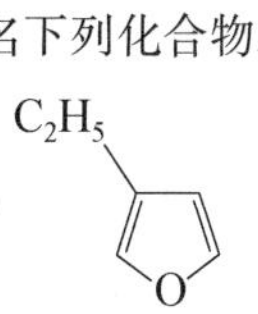 3-乙基呋喃　(2) 2,3,5-三碘吡咯　(3) 4-甲基-2-硝基吡咯　(4) 3-噻吩磺酸

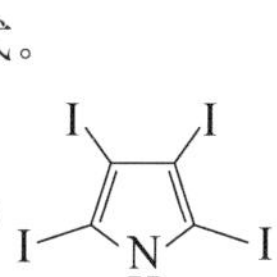

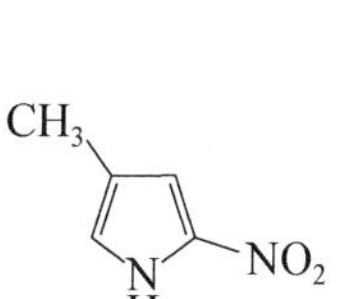

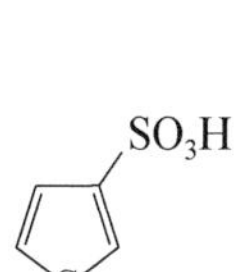

(5) 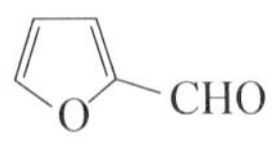 ![furan-2-CHO] (6) 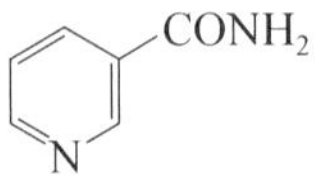 ![nicotinamide] (7) 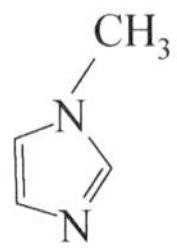 ![1-methylimidazole] (8) 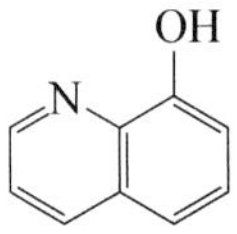 ![8-hydroxyquinoline]

(9) α-呋喃甲醇　　(10) 5-甲基-2-氨基吡啶　　(11) β-吲哚乙酸　　(12) 烟碱

2. 将下列化合物按碱性递增的顺序排列。
   (1) 苯胺、吡咯、吡啶
   (2) 吡啶、吡咯、六氢吡啶
   (3) 吡啶、苯胺、环己胺

3. 呋喃能与顺-丁烯二酸酐发生双烯合成反应,噻吩则不能,为什么?

4. 完成下列反应式。

   (1) 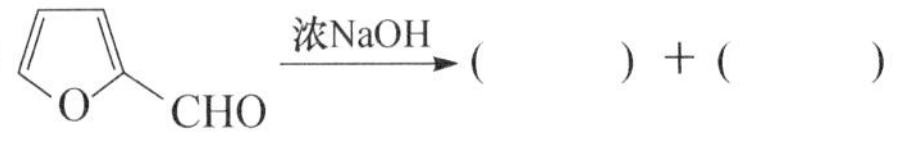 呋喃-2-CHO $\xrightarrow{\text{浓NaOH}}$ (　　) + (　　)

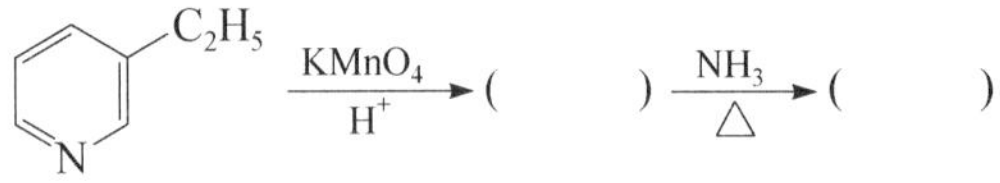

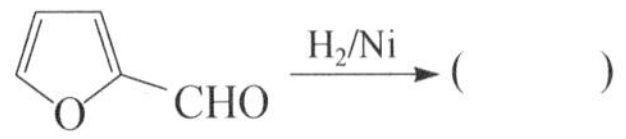

   (2) 3-乙基吡啶 $\xrightarrow[\text{H}^+]{\text{KMnO}_4}$ (　　) $\xrightarrow[\triangle]{\text{NH}_3}$ (　　)

   (3) 呋喃-2-CHO $\xrightarrow{\text{H}_2/\text{Ni}}$ (　　)

   (4) 喹啉 $\xrightarrow[\text{H}^+]{\text{KMnO}_4}$ 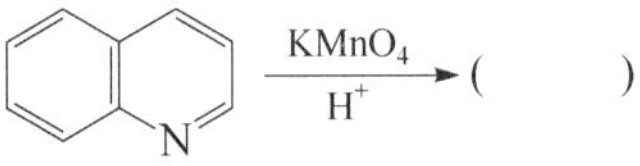 (　　)

   (5) 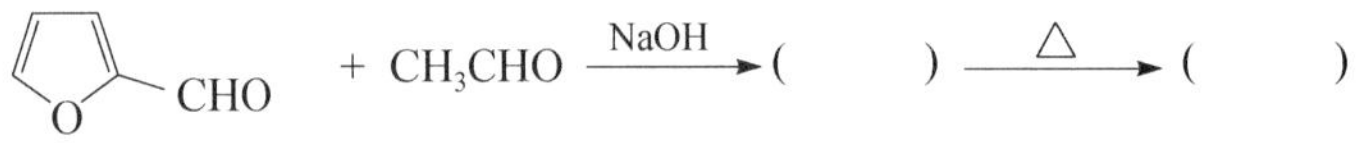 呋喃-2-CHO + CH_3CHO $\xrightarrow{\text{NaOH}}$ (　　) $\xrightarrow{\triangle}$ (　　)

   (6) 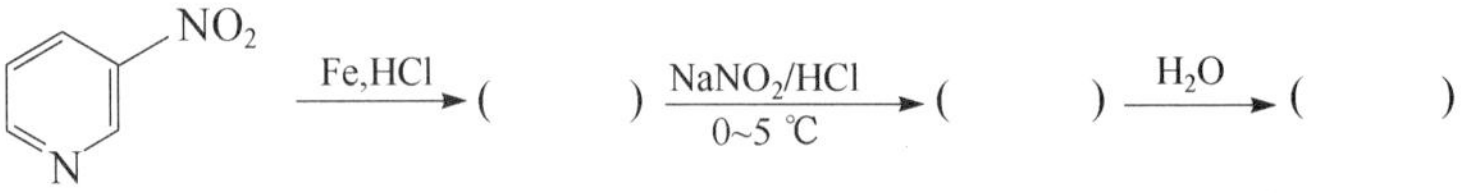 3-硝基吡啶 $\xrightarrow{\text{Fe,HCl}}$ (　　) $\xrightarrow[0\sim5\,^\circ\text{C}]{\text{NaNO}_2/\text{HCl}}$ (　　) $\xrightarrow{\text{H}_2\text{O}}$ (　　)

5. 完成下列转化(两个碳以下有机试剂可选)。

   (1) 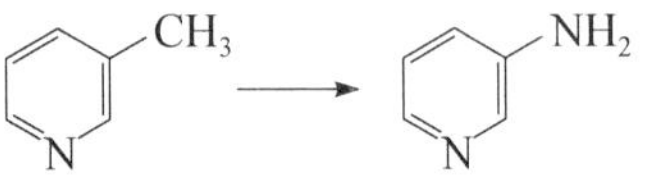 3-甲基吡啶 ⟶ 3-氨基吡啶

   (2) 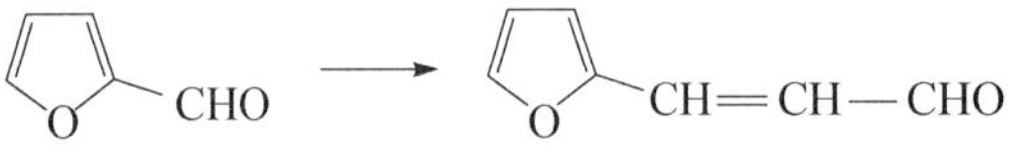 呋喃-2-CHO ⟶ 呋喃-2-CH=CH—CHO

6. 某杂环化合物 A,分子式为 $C_5H_4O_2$。A 氧化后生成分子式为 $C_5H_4O_3$ 的羧酸 B;羧酸 B 的钠盐与碱石灰作用,则转变为分子式为 C_4H_4O 的化合物 C;C 不与金属钠作用,也不具有醛和酮的性质。试写出 A、B、C 的结构式。

7. 某甲基喹啉经高锰酸钾氧化后得到三元酸,该羧酸在脱水剂的作用下发生分子内脱水,能生成两种酸酐。试推测甲基喹啉的结构式。

第 12 章 糖类化合物

糖(saccharide)是自然界中存在数量最多、分布最广且具有重要生物功能的有机化合物。从细菌到高等动物的机体都含有糖类化合物。日常食用的蔗糖、粮食中的淀粉、植物体中的纤维素、人体血液中的葡萄糖等均属糖类。植物中最重要的糖是淀粉和纤维素,动物细胞中最重要的糖是糖原。植物依靠光合作用,将大气中的二氧化碳合成糖。其他生物则以糖类(如葡萄糖、淀粉等)为营养物质,从食物中吸收转变成体内的糖,通过代谢向机体提供能量;同时糖分子中的碳架以直接或间接的方式转化为构成生物体的蛋白质、核酸、脂类等各种有机物分子。因此,糖作为能量物质和细胞结构物质以及在参与细胞的某些特殊的生理功能方面都是不可缺少的生物组成成分,在生命活动过程中起着重要的作用,是一切生命体维持生命活动所需能量的主要来源。

最早发现和利用的糖类物质(如葡萄糖、蔗糖、淀粉等)都是由碳、氢、氧三种元素组成,分子式可用通式 $C_m(H_2O)_n$ 表示,即把它们看成是碳和水结合的化合物,因此称为碳水化合物(carbohydrate),如葡萄糖的分子式为 $C_6H_{12}O_6$,可表示为 $C_6(H_2O)_6$。但后来发现有些化合物,如脱氧核糖($C_5H_{10}O_4$)、鼠李糖($C_6H_{12}O_5$)等,性质上属于碳水化合物,但氢与氧之比并不是 2∶1 的关系;而有些化合物如乙酸($C_2H_4O_2$)、乳酸($C_3H_6O_3$)分子中碳、氢、氧个数之比都符合碳水整数比,但结构和性质都不属于糖类化合物。有些糖还含有氮元素,如甲壳素中的氨基糖等。因此,"碳水化合物"这个名称并不恰当,因沿用已久,至今仍在使用,但已失去它原来的含义。

从分子结构上看,糖是多羟基醛或多羟基酮以及水解产物为多羟基醛或多羟基酮的一类有机化合物。

糖类化合物根据其水解性能可以分为三类:

(1) 单糖。不能被水解为更小分子的糖属于单糖,如葡萄糖、果糖、核糖等。

(2) 低聚糖。含有 2~10 个单糖单位,水解以后产生单糖的糖称为低聚糖,又称寡糖。自然界以游离状态存在的低聚糖主要有二糖如麦芽糖、蔗糖和乳糖,三糖如棉子糖。

(3) 多糖。由 10 个以上单糖分子或其衍生物缩合而成的高聚物称为多糖,又称高聚糖,如淀粉、纤维素等。

此外,糖还可以与其他非糖物质共价结合形成结合多糖(复合多糖)或糖缀合物(glycoconjugate),如蛋白聚糖、糖脂、糖蛋白等。

12.1 单 糖

根据分子中所含羰基的位置,单糖可分为醛糖和酮糖。按分子中所含碳原子数分别把三碳糖称为丙醛糖和丙酮糖,四碳糖称为丁醛糖和丁酮糖,相应的醛糖和酮糖是同分异构体。自然界中的单糖以含四个、五个和六个碳原子的最为普遍。下面主要以葡萄糖和果糖为例讨论单糖的结构和性质。

12.1.1 单糖的结构

单糖分子是不对称分子(丙酮糖除外),具有旋光性。以甘油醛为例,分子中的 2 位碳是不对称碳原子,有两种异构体,一种是 D-甘油醛,另一种是 L-甘油醛,它们是一对对映体。由 D-甘油醛通过增碳可衍生出一系列异构体,在这一系列异构体中,与羰基相距最远的手性碳原子构型均是 D-型,这一系列糖统称为 D-系列糖(图 12-1)。同样由 L-甘油醛可衍生出 L-系列糖。

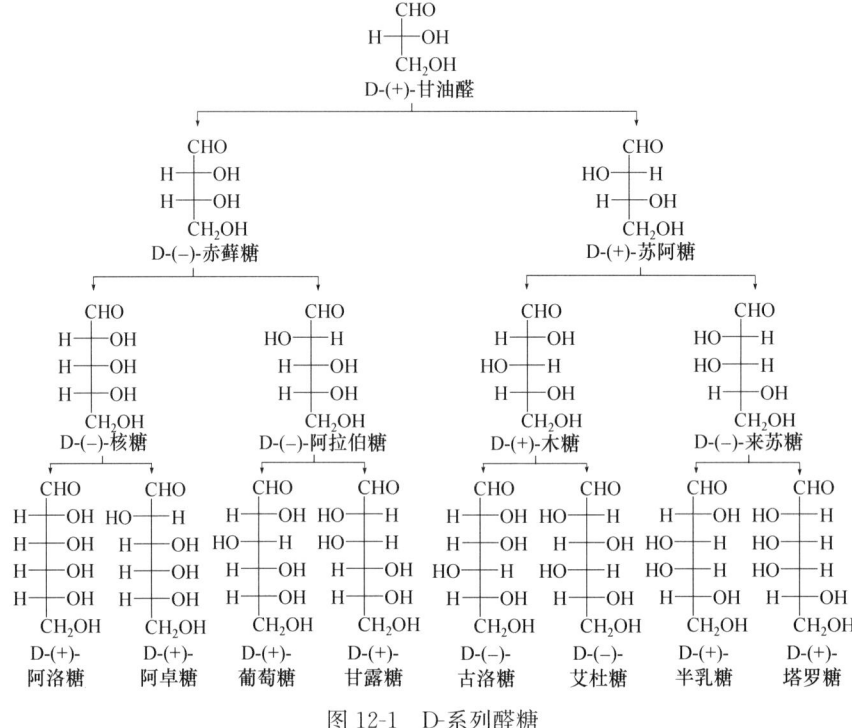

图 12-1　D-系列醛糖

对于酮糖也是按同样方法确定构型。酮糖中羰基位于 2 位上,其旋光异构体数目比相应的醛糖少。

1. 单糖的变旋现象和环状结构

D-葡萄糖有两种不同的晶体,一种由乙醇中结晶出来,熔点为 146 ℃,比旋光度$[\alpha]_D=+112°$;另一种从吡啶中结晶出来的,熔点为 150 ℃,比旋光度$[\alpha]_D=+18.7°$。将两种 D-葡萄糖晶体分别溶于水中,一段时间后其旋光度都会发生变化,前者的比旋光度逐渐下降至$+52.7°$,后者的比旋光度则逐渐上升至$+52.7°$。两种晶体或其混合物的比旋光度达到$+52.7°$后就不再变化。像这种有旋光性的化合物,放到溶液中,其比旋光度逐渐变化,最后达到一个稳定的平衡值的现象称为变旋现象(mutamerism)。其他大部分单糖,如果糖、甘露糖、核糖等也都有变旋现象。

单糖的变旋现象无法从其开链结构得到解释。此外,葡萄糖不能与饱和亚硫酸氢钠发生加成反应,且只能与一分子醇反应生成缩醛,这些也与其醛的性质不完全相符。

近代物理化学方法(红外光谱、核磁共振谱及 X 射线衍射)证明葡萄糖分子中不存在醛基的特征峰,且晶体状的葡萄糖是以六元环存在的。这些表明,在糖分子中,其羰基与分子内的羟基发生了反应,生成了环状结构产物。

五元环和六元环最容易形成。在葡萄糖分子中,C_1羰基与δ-C(C_5)上的羟基发生加成反应,生成六元环状的半缩醛式结构。

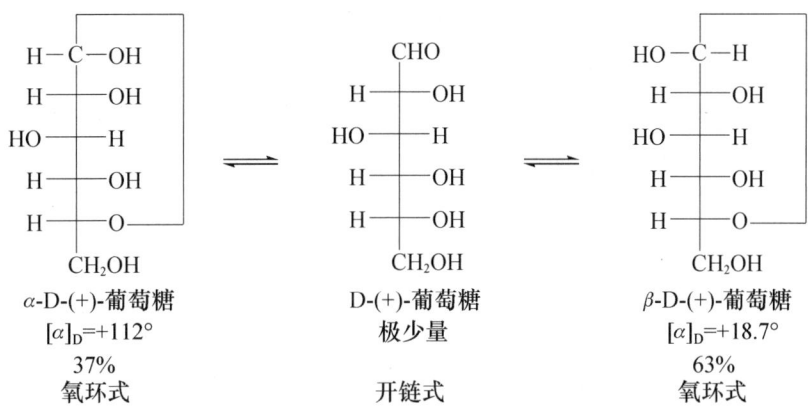

在两种氧环式结构中，C_1 成为新的手性中心，有两种异构体，其中半缩醛羟基与 C_5 上的羟基在同一侧的称为 α-型，不在同一侧的称为 β-型。两种异构体中只有 C_1 构型不同，其他手性碳的构型都相同的异构体称为 C_1-差向异构体，也称为端基异构体(end-group isomerism)或异头物(anomer)。

两种葡萄糖异构体溶于水中，由于活泼的半缩醛羟基的存在，可以通过开链式结构发生相互转化，最终形成三种结构的动态平衡混合物，其中 α-异构体占 37%，β-异构体占 63%，而开链式含量极少，只有约 0.01%。环状式结构与开链式结构的互变是产生变旋现象的根本原因。而在溶液中，葡萄糖几乎全部以氧环式结构存在，因此也很难与饱和亚硫酸氢钠加成，且只能与一分子醇反应生成缩醛。

2. 单糖的哈沃斯式

为了更直观、更形象地描述糖的环状结构中基团的空间相对位置，一般采用哈沃斯(N. Haworth)透视式。下面以 D-葡萄糖为例说明哈沃斯式的书写规则。

(1) 水平画出表示氧环式结构的六元环，其中氧原子放在右后方，环上碳原子按顺时针方向排列。

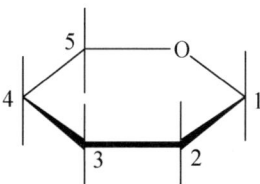

(2) 将费歇尔投影式中竖线左边的基团写在哈沃斯式环平面的上面，右边的基团写在下面，即遵循"左上右下"的原则。

(3) D-型糖的尾基(—CH₂OH)写在上面，L-型糖的尾基写在下面。

(4) 半缩醛羟基的位置同样遵循"左上右下"的原则，如 D-型糖中，α-型的半缩醛羟基写在下面，β-型的半缩醛羟基写在上面，而 L-型糖则相反。

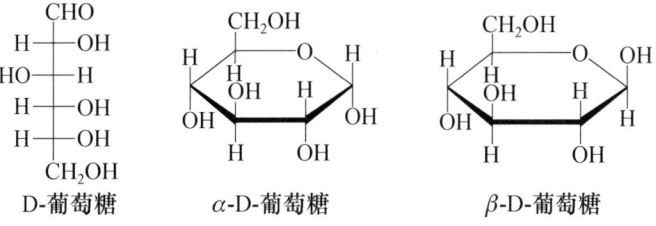

按同样的方法果糖也可以写出哈沃斯式。由于果糖是酮糖，羰基在 2 位，可以与 6 位碳上的羟基加成形成六元环（与吡喃环相似，称为吡喃果糖），也可以与 5 位碳上的羟基加成形成五元环（与呋喃环相似，称为呋喃果糖），其中水平放置的五元环氧原子处在正后方。

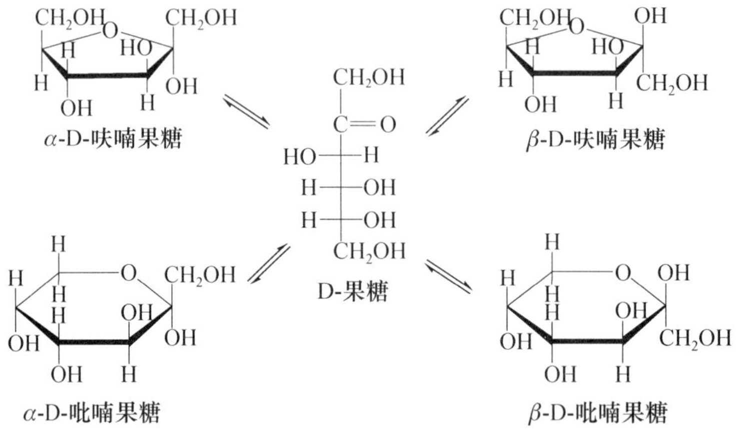

自然界中已醛糖多为吡喃式结构，结合态的果糖多为呋喃式结构。

应该注意哈沃斯式是透视式而不是投影式。使用哈沃斯式时，有时为了书写需要，其环平面可以旋转，此时成环碳原子位次仍是顺时针方向排列，并且环上基团的上下位置不变；有时环平面也可以翻转，但此时成环碳原子位次为逆时针排列，这时要能准确识别出它是什么糖，并判断是 α-型还是 β-型，关键找出半缩醛羟基。半缩醛羟基所连的碳一定与氧桥相连。根据半缩醛羟基在环上所处的位置，判断糖类环状结构的 α-或 β-构型，并能写出糖的链状费歇尔投影式。例如

β-D-葡萄糖

α-D-半乳糖

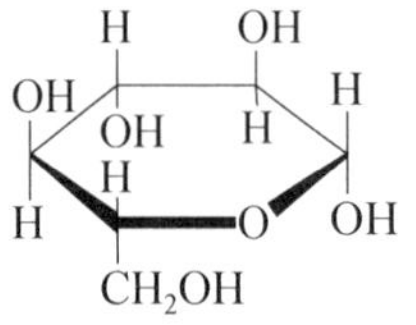

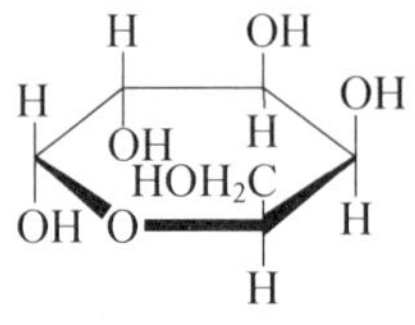

3. 单糖的构象

X 射线分析证明，D-吡喃葡萄糖的两种异构体均是椅式构象。

α-D-葡萄糖

β-D-葡萄糖

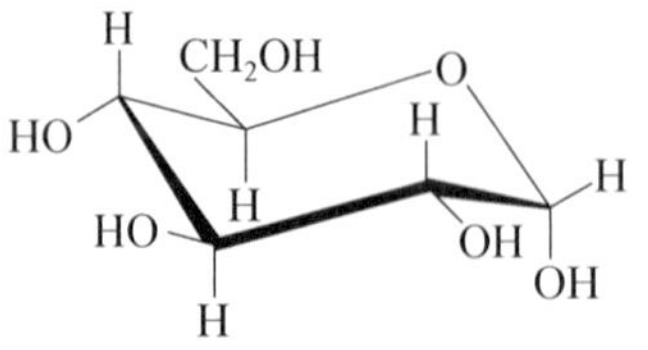

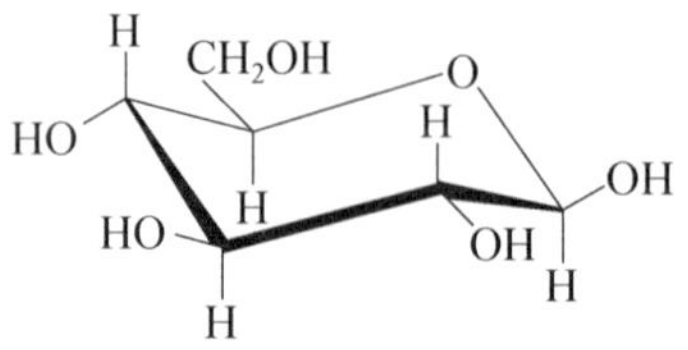

从构象式可以看出，在 β-型中所有较大基团都占据 e 键，而在 α-型中 C_1 上的半缩醛羟基只能占据 a 键，因此 β-型比 α-型更稳定。在变旋平衡体系中，β-D-葡萄糖占比例较大（63％）。

思考题 12-1

写出下列单糖的哈沃斯式。

(1) α-D-呋喃核糖　　(2) β-L-吡喃木糖　　(3) α-L-呋喃果糖

12.1.2　单糖的物理性质

单糖都是无色结晶,有吸湿性,极易溶于水,可溶于乙醇,不易溶解于乙醚、丙酮、苯等有机溶剂,但能溶于吡啶。单糖(除丙酮糖外)都有旋光性且大多具有变旋现象。单糖和二糖都有甜味,各种糖的甜度不同。一般以蔗糖的甜度为 100 来比较其他糖类的相对甜度,葡萄糖的甜度为 74,果糖的甜度为 173,是最甜的糖。

12.1.3　单糖的化学性质

单糖是多羟基醛(或酮),具有醛(或酮)及醇的典型性质。同时,由于羰基和羟基的相互影响,也产生一些新的特殊性质。

1. 差向异构化作用

在碱性条件下,单糖分子中羰基 α-碳上的氢受羰基和同碳原子上羟基的双重影响而很活泼,容易转移到羰基上,成为烯二醇中间体。烯二醇中间体结构很不稳定,又能重新变成 α-羟基醛或酮,从而形成互变平衡体系。用稀碱如 $Ba(OH)_2$ 处理 D-葡萄糖可以得到 D-葡萄糖、D-甘露糖和 D-果糖的平衡体系混合物,这种作用称为异构化(isomerize)。

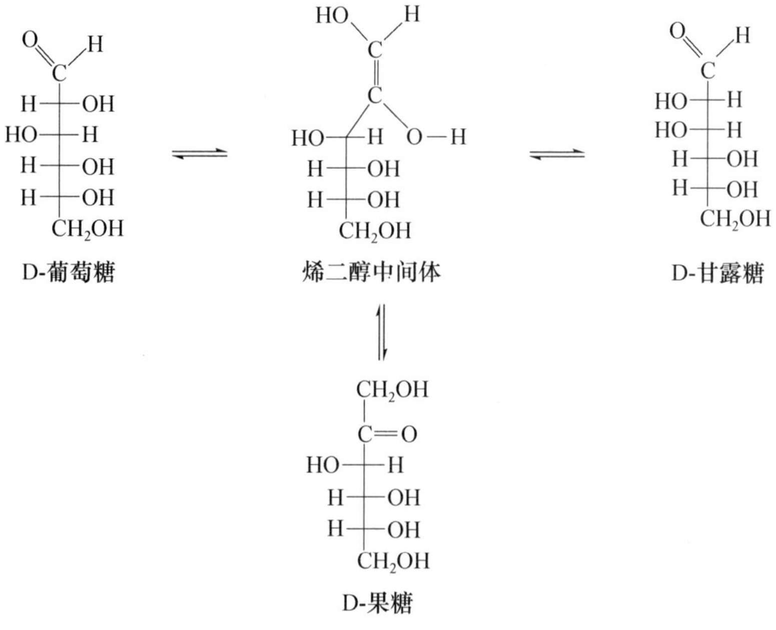

这种异构化作用是可逆的,用稀碱处理三种糖中的任意一种,都可以得到三种糖的平衡混合物。其中,D-葡萄糖和 D-甘露糖只有 C_2 构型不同,其他手性碳构型都相同,称为 C_2-差向异构体。在生物体内异构化酶的催化作用下,其他单糖在代谢过程中也能发生差向异构化作用。

2. 氧化反应

(1) 碱性条件下的氧化。由于酮糖和醛糖在碱性条件下发生差向异构化作用而相互转化，因此醛糖和酮糖都可以被弱氧化剂如托伦试剂、费林试剂氧化，生成单质银或氧化亚铜沉淀。所有的单糖都具有还原性，称为还原性糖。糖与铜盐的作用可用于血液和尿中葡萄糖的定量测定。

(2) 酸性条件下的氧化。酸性条件下没有差向异构化作用，因此醛糖和酮糖性质不同。

酸性条件下，溴水只能氧化醛糖而不能氧化酮糖，该反应可用于鉴别醛糖和酮糖，也可用于糖酸的制备。

$$\begin{array}{c}\text{CHO}\\ \text{H}\!-\!\text{OH}\\ \text{HO}\!-\!\text{H}\\ \text{H}\!-\!\text{OH}\\ \text{H}\!-\!\text{OH}\\ \text{CH}_2\text{OH}\end{array} \xrightarrow{Br_2,H_2O} \begin{array}{c}\text{COOH}\\ \text{H}\!-\!\text{OH}\\ \text{HO}\!-\!\text{H}\\ \text{H}\!-\!\text{OH}\\ \text{H}\!-\!\text{OH}\\ \text{CH}_2\text{OH}\end{array}$$

D-葡萄糖　　　　D-葡萄糖酸

更强的氧化剂硝酸不仅可以氧化醛基，也可以氧化尾基（—CH_2OH），生成糖二酸。

$$\begin{array}{c}\text{CHO}\\ \text{H}\!-\!\text{OH}\\ \text{HO}\!-\!\text{H}\\ \text{H}\!-\!\text{OH}\\ \text{H}\!-\!\text{OH}\\ \text{CH}_2\text{OH}\end{array} \xrightarrow{HNO_3} \begin{array}{c}\text{COOH}\\ \text{H}\!-\!\text{OH}\\ \text{HO}\!-\!\text{H}\\ \text{H}\!-\!\text{OH}\\ \text{H}\!-\!\text{OH}\\ \text{COOH}\end{array}$$

D-葡萄糖　　　　D-葡萄糖二酸

在生物体内酶的作用下，某些单糖如葡萄糖、半乳糖的羟甲基也可被氧化成羧基，而醛基保持不变，生成相应的糖醛酸。

$$\begin{array}{c}\text{CHO}\\ \text{H}\!-\!\text{OH}\\ \text{HO}\!-\!\text{H}\\ \text{H}\!-\!\text{OH}\\ \text{H}\!-\!\text{OH}\\ \text{CH}_2\text{OH}\end{array} \xrightarrow{酶} \begin{array}{c}\text{CHO}\\ \text{H}\!-\!\text{OH}\\ \text{HO}\!-\!\text{H}\\ \text{H}\!-\!\text{OH}\\ \text{H}\!-\!\text{OH}\\ \text{COOH}\end{array}$$

D-葡萄糖　　　　D-葡萄糖醛酸

3. 还原反应

醛糖、酮糖中的羰基在金属氢化物或催化加氢的作用下都可以被还原为羟基，生成相应的糖醇。工业上用镍催化加氢的方法生产糖醇，实验室中常用 $NaBH_4$ 还原。

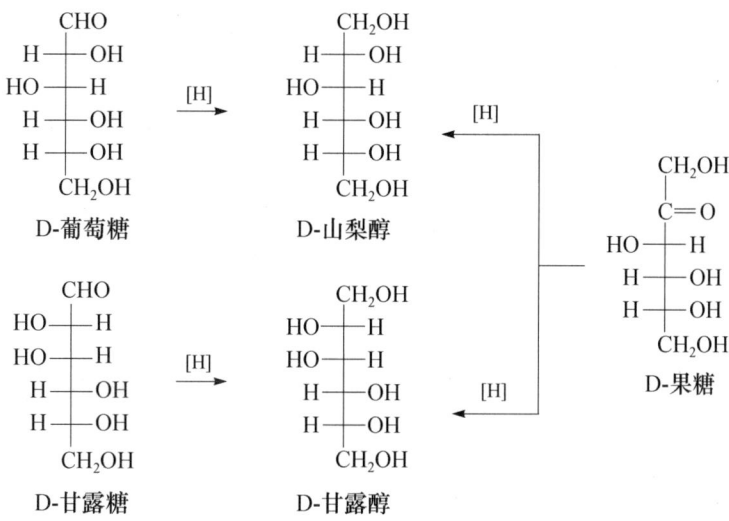

羰基还原后,单糖分子的手性可能发生变化。例如,D-半乳糖还原后生成内消旋的糖醇,而 D-葡萄糖的还原产物 D-山梨醇仍有手性。

4. 成脎反应

单糖分子中的羰基可以与苯肼作用生成糖苯腙,过量的苯肼将其 α-位的羟基氧化成羰基,再与苯肼作用,最终生成糖脎(osazone)。

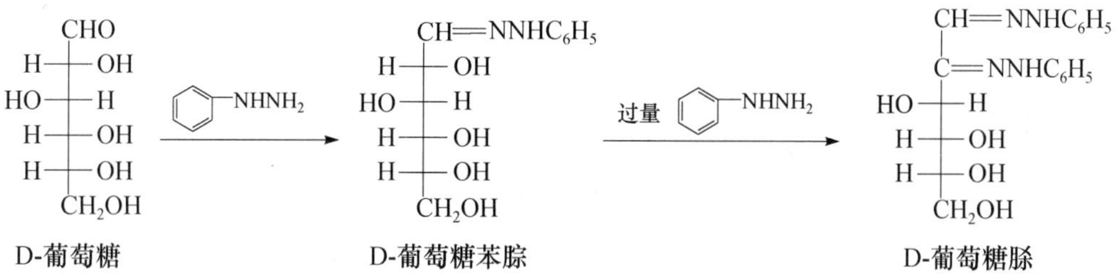

酮糖同样可以生成糖脎。成脎反应只在 C_1、C_2 上发生,与其他碳原子无关。因此,单糖分子中,若除 C_1、C_2 外其他碳原子的构型都相同,就能生成相同的糖脎,如 D-葡萄糖、D-甘露糖和 D-果糖都生成相同的糖脎。

糖脎是不溶于水的黄色结晶。不同糖脎的结晶形状、生成速度、熔点都不相同,可以据此进行糖的鉴定。

思考题 12-2

1. 在 D-型糖中,哪些可以生成相同的脎?
2. D-古洛糖和 D-艾杜糖是醛糖,它们和 D-山梨糖能生成相同的糖脎,试写出 D-山梨糖的费歇尔投影式。

5. 成酯和成苷反应

(1) 成酯反应。单糖分子中的羟基(含半缩醛羟基)在适当条件下都可以与酸反应生成酯。例如,葡萄糖与乙酐反应可生成五乙酸葡萄糖酯。

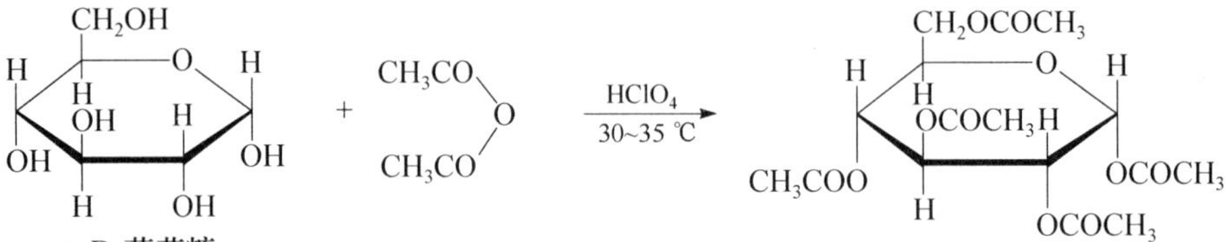

在生物体内酶的作用下，糖与无机酸（如磷酸等）作用生成单酯或双酯，其中最重要的是己糖磷酸酯和丙糖磷酸酯，它们都是生物代谢过程中的重要物质。植物缺磷可导致光合作用不能正常进行。

（2）成苷反应。单糖环状结构中的半缩醛羟基也称为苷羟基，能与含有羟基、巯基、亚氨基（ $\diagdown$NH ）等基团的化合物脱水生成缩醛型化合物，这种化合物称为糖苷（glucoside），该反应称为成苷反应。其中，糖的部分称为糖基，非糖部分称为配基或苷元，糖基与配基之间相连的键称为苷键。

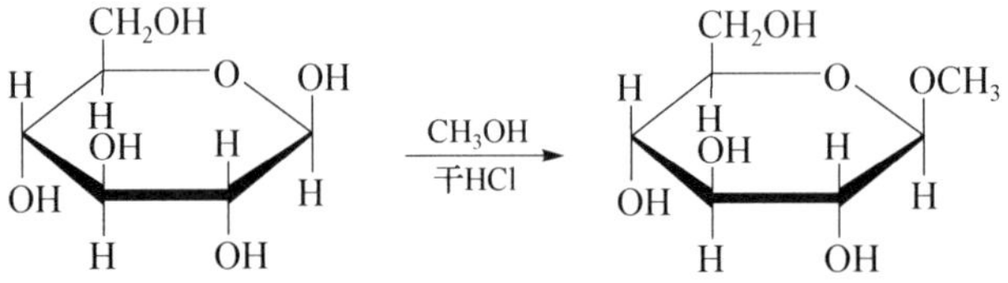

糖苷与缩醛（酮）性质一样较稳定，没有还原性、成脎反应、变旋现象等性质，在稀酸或酶的作用下可以水解生成原来的糖和非糖化合物。

糖苷是无色晶体，味苦，难溶于乙醚，能溶于水和乙醇。天然糖苷大多是 β-型，一般是左旋的。糖苷广泛存在于动植物体中，如在人参、灵芝、天然的靛蓝、茜素染料以及淀粉、纤维素、核酸等中都有糖苷键存在。

6. 显色反应

单糖在浓酸（浓盐酸、浓硫酸等）作用下脱水生成糠醛或其衍生物。在一定条件下，糠醛及其衍生物可与酚类、芳香胺、蒽酮等作用生成有色化合物，这些显色反应可用于糖类的鉴定。

（1）莫力许（Molisch）反应。在浓硫酸存在下，所有的糖（包括单糖、多糖）都能与 α-萘酚反应生成紫色物质。该反应也称为 α-萘酚反应，是糖类化合物定性鉴定的常用方法之一。

（2）蒽酮反应。在浓硫酸存在下，所有的糖（包括单糖、多糖）都能与蒽酮反应生成蓝绿色物质。该反应可用于糖类的定性鉴定，也可用于比色法进行糖类的定量分析。

（3）西列瓦诺夫（Seliwanoff）反应。醛糖、酮糖与间苯二酚的浓盐酸溶液共热，酮糖在 2 min 内生成有色物质，醛糖在 2 min 内不显色，果糖显红色，戊酮糖显蓝至绿色。该反应也称为间苯二酚反应，用于区别醛糖和酮糖。

（4）皮阿尔（Bial）反应。在浓盐酸存在下，戊糖与 5-甲基-1,3-苯二酚反应生成绿色物质。该反应用于鉴别戊糖。

（5）狄斯克（Diseke）反应。在乙酸与浓硫酸混合液中，脱氧核糖与二苯胺反应生成蓝色物质。此反应用于鉴别脱氧核糖。

思考题 12-3

1. 写出 α-D-葡萄糖与下列物质反应的反应式。
(1) 甲胺 (2) 苯肼(过量) (3) 溴水 (4) 稀硝酸
2. 用化学方法鉴别下列各组化合物。
(1) 丙醛、丙酮、果糖、半乳糖 (2) 葡萄糖、果糖、核糖、脱氧核糖

12.1.4 重要的单糖及其衍生物

自然界已发现的单糖主要是戊糖和己糖。常见的戊糖有 D-核糖、D-2-脱氧核糖、D-木糖和 L-阿拉伯糖。它们都是醛糖，以多糖或苷的形式存在于动植物中。常见的己糖有 D-葡萄糖、D-甘露糖、D-半乳糖和 D-果糖，后者为酮糖。己糖以游离或结合的形式存在于动植物中。

1. D-核糖和 D-2-脱氧核糖

核糖以糖苷的形式存在于酵母和细胞中，是核酸以及某些酶和维生素的组成成分。核酸中除核糖外，还有 2-脱氧核糖(简称脱氧核糖)。核糖和脱氧核糖的环为呋喃环，故称为呋喃糖。

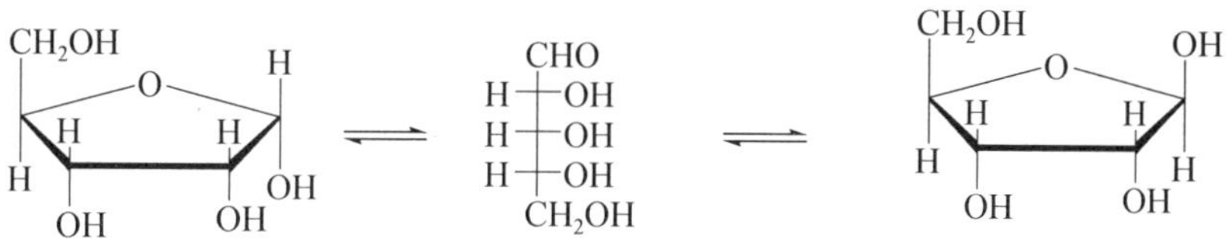

α-D-核糖 ⇌ D-核糖 ⇌ β-D-核糖

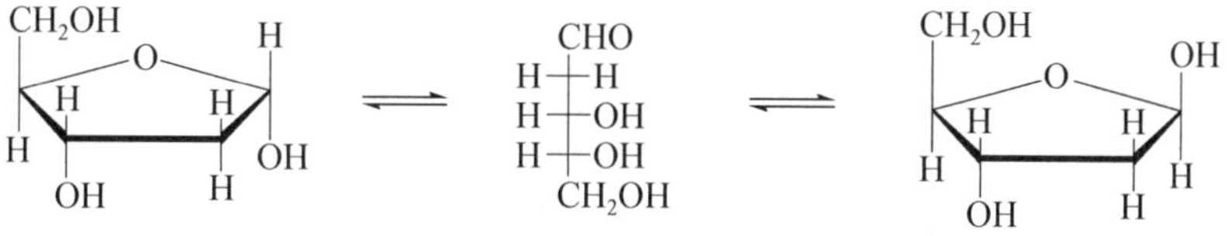

α-D-2-脱氧核糖 ⇌ D-2-脱氧核糖 ⇌ β-D-2-脱氧核糖

β-D-呋喃核糖核酸、β-D-脱氧呋喃核糖核酸中的核糖或脱氧核糖 C_1 上的 β-苷键结合成核糖核苷或脱氧核糖核苷，统称为核苷。核苷中的核糖或脱氧核糖再以 C_5 或 C_3 上的羟基与磷酸以酯键结合即成为核苷酸。含核糖的核苷酸统称为核糖核苷酸，是 RNA 的基本组成单位；含脱氧核糖的核苷酸统称为脱氧核糖核苷酸，是 DNA 的基本组成单位。

2. D-葡萄糖

D-葡萄糖在自然界中分布极广，尤以葡萄中含量较多，因此称为葡萄糖。葡萄糖也存在于人的血液中，称为血糖。糖尿病患者的尿中含有葡萄糖，含糖量随病情的轻重而不同。葡萄糖是许多糖(如蔗糖、麦芽糖、乳糖、淀粉、糖原、纤维素等)的组成单元。

葡萄糖是无色晶体或白色结晶性粉末，熔点为 146 ℃，易溶于水，难溶于乙醇，有甜味。天然的葡萄糖为右旋结构，故又称右旋糖。

在肝脏内，葡萄糖在酶作用下氧化成葡萄糖醛酸。葡萄糖醛酸在肝中与有毒物质(如醇、酚等)结合变成无毒化合物由尿排出体外，可达到解毒作用。

3. D-半乳糖

半乳糖是己醛糖,是葡萄糖的非对映体。两者不同之处仅在于 C_4 上的构型相反,为 C_4 差向异构体。半乳糖是无色晶体,熔点为 165~166 ℃。半乳糖有还原性,也有变旋现象,平衡时的比旋光度为 +83.3°。

半乳糖与葡萄糖结合成乳糖,存在于哺乳动物的乳汁中,脑髓中有些结构复杂的脑苷脂中也含有半乳糖。人体内的半乳糖是摄入食物中乳糖的水解产物,在酶的催化下半乳糖能转变为葡萄糖。

半乳糖的一些衍生物广泛分布于植物界。例如,半乳糖醛酸是植物黏液的主要成分;石花菜胶(也称为琼脂)主要是半乳糖衍生物的高聚体。

4. D-果糖

D-果糖以游离状态存在于水果和蜂蜜中,是蔗糖的一个组成单元。果糖为无色晶体,易溶于水,可溶于乙醇和乙醚中,熔点为 105 ℃(分解)。自然界中的 D-果糖为左旋糖,有变旋现象,平衡时的比旋光度为 −92°。

果糖在游离状态时主要以吡喃环形式存在,在结合状态时则多以呋喃环形式存在。

工业上可利用蔗糖在稀盐酸或转化酶作用下大规模生产果糖,或者以淀粉为原料,水解后经固定化葡萄糖异构酶转化为转化糖,其中含有 42% 的果糖和 58% 的葡萄糖,这种商品称为果葡糖浆或高果糖浆。

果糖是自然界发现的最甜的糖,比蔗糖甜近一倍,广泛用于食品工业。D-果糖不易发酵,用它制成的糖果不易形成龋齿。

5. 氨基糖

自然界的氨基糖是己醛糖分子中 C_2 上的羟基被氨基取代的衍生物。

氨基糖常以结合状态存在于黏蛋白和糖蛋白中,但游离的氨基半乳糖对肝脏有毒性。

常见的氨基己糖有

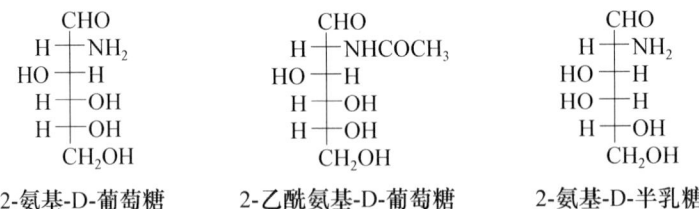

2-氨基-D-葡萄糖　　　　2-乙酰氨基-D-葡萄糖　　　　2-氨基-D-半乳糖

6. 维生素 C

维生素 C(vitamin C)不属于糖类,但它可由糖来合成,并且在结构上可以看成是不饱和的 L-型糖酸内酯,因此常将维生素 C 当作单糖的衍生物。维生素 C 广泛存在于新鲜瓜果及蔬菜中,在柑橘、番茄中含量尤为丰富。人体自身不能合成维生素 C,必须从食物中获得。人体若缺乏维生素 C,就容易患坏血病,故维生素 C 又称为 L-抗坏血酸。其结构式如下:

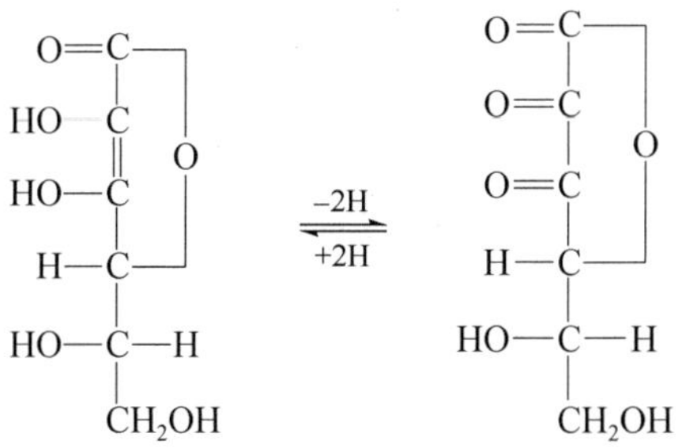

抗坏血酸 ⇌(−2H / +2H) 脱氢抗坏血酸

维生素 C 是白色结晶，易溶于水，它的构型是 L-型，$[\alpha]_D^{20} = +21°$。由于分子内具有两个烯醇式羟基，故呈现明显的酸性，并且易被氧化成脱氢抗坏血酸，脱氢抗坏血酸还原又重新变成抗坏血酸，它在动物体内生物氧化过程中具有电子传递和氢传递的作用。

7. 糖苷

糖苷是单糖在自然界的主要存在形式。糖苷广泛存在于生物体内，尤其是植物的根、茎、叶、花和果实中。

(1) 水杨苷。水杨苷广泛存在于多种柳属和杨属植物的树皮和叶子以及松针中，是由 β-D-葡萄糖和水杨醇形成的苷。水杨苷为白色结晶，味苦，熔点为 199～202 ℃；可溶于水，易溶于沸水，难溶于乙醇，不溶于醚或氯仿，但能溶于碱溶液、吡啶或冰醋酸中。

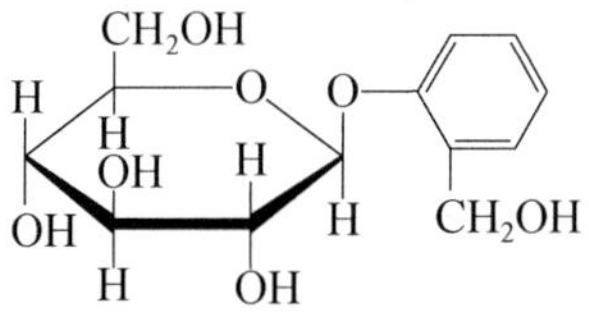

水杨苷

水杨苷具有解热和镇痛作用。由于它水解后可产生水杨醇，容易被氧化而产生水杨酸，因此曾是合成水杨酸类药物的主要来源。

(2) 苦杏仁苷。苦杏仁苷由两分子 β-D-葡萄糖以 1,6-苷键结合生成龙胆二糖，其 β-半缩醛羟基再与苦杏仁腈的羟基脱水缩合而成。

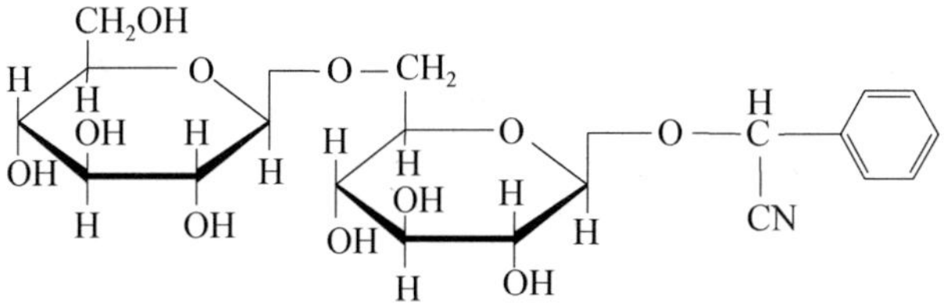

苦杏仁苷

苦杏仁苷存在于青梅、银杏、杏仁、桃仁等果实中。微量苦杏仁苷有镇咳作用，故可少量用作止咳药。但苦杏仁苷水解后可生成两分子 D-葡萄糖、一分子苯甲醛和一分子氢氰酸，故人、畜误食含苦杏仁苷的食物和饲料可能引起氢氰酸中毒。

12.2 二　糖

二糖是最简单也是最重要的低聚糖,可以看作是一分子单糖的半缩醛羟基与另一分子单糖的半缩醛羟基或非半缩醛羟基缩合而成。根据二糖分子中是否有半缩醛羟基,即能否还原碱性弱氧化剂,可以把它们分为还原性二糖和非还原性二糖两类。麦芽糖、纤维二糖、乳糖等是自然界常见的还原性二糖,蔗糖、海藻糖等是常见的非还原性二糖。

12.2.1 还原性二糖

还原性二糖是一分子单糖的半缩醛羟基与另一分子单糖的非半缩醛羟基缩合而成,形成的二糖分子中仍然保留一个半缩醛羟基,因此还原性二糖都有变旋现象,都具有还原性,能被费林试剂等弱氧化剂氧化,能与苯肼生成糖脎。

1. 麦芽糖

麦芽糖存在于发芽的种子中,麦芽中含量最高。它是生物体内淀粉在淀粉酶作用下水解的中间产物,是食用饴糖的主要成分,甜度是蔗糖的 40%。α-葡萄糖苷酶(麦芽糖酶)可将麦芽糖水解成两分子 D-葡萄糖,说明其分子中含有 α-苷键。两分子 D-葡萄糖通过 α-1,4-苷键相连,分子中仍保留一个半缩醛羟基,可通过开链式和环状式结构相互转变,产生变旋现象。

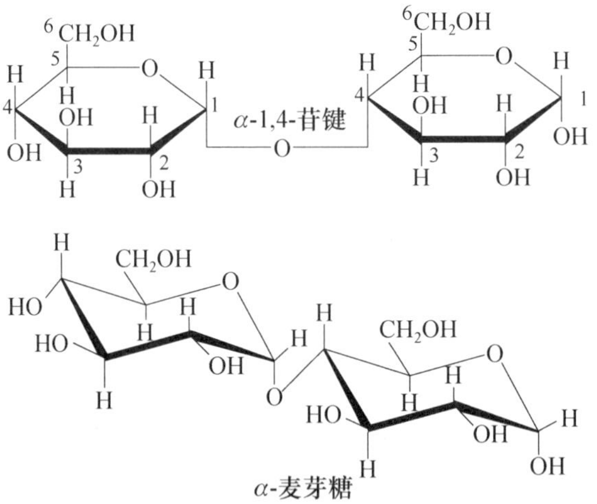

α-麦芽糖

麦芽糖是无色片状结晶,熔点为 102.5 ℃,易溶于水,有甜味,在水溶液中平衡时的比旋光度为 +136°。麦芽糖能被弱氧化剂(如托伦试剂、费林试剂)以及溴水、硝酸等氧化,能与苯肼作用生成糖脎。

2. 纤维二糖

自然界不存在游离的纤维二糖,可以由纤维素部分水解得到。纤维二糖没有甜味,为无色晶体,熔点为 225 ℃,有 α 和 β 两种异构体,平衡时 $[\alpha]_D^{20} = +34.6°$。其化学性质与单糖类似。

纤维二糖可以水解成两分子 D-葡萄糖,但不同于麦芽糖的是,水解纤维二糖必须用 β-葡萄糖苷酶(苦杏仁酶),表明两分子葡萄糖间是以 β-1,4-苷键相连。

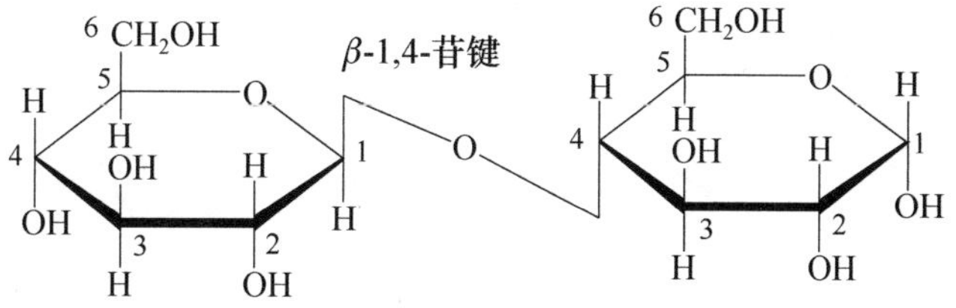

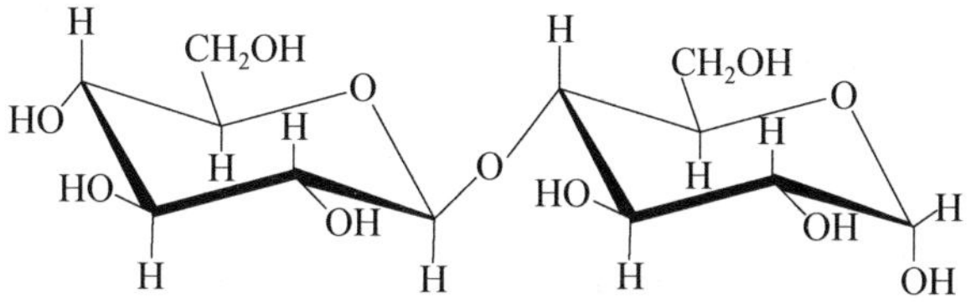

α-纤维二糖

3. 乳糖

乳糖主要存在于哺乳动物的乳汁中,一般含量在 5% 左右,也是生产奶酪的副产物,甜度是蔗糖的 70%,主要用于食品和医药工业。乳糖为无色晶体,水溶性较小,没有吸湿性,有变旋现象,平衡时 $[\alpha]_D^{20} = +55.4°$。

乳糖经酸或苦杏仁酶水解得到一分子 D-半乳糖和一分子 D-葡萄糖,它是由 β-D-半乳糖的半缩醛羟基与 D-葡萄糖 C_4 上的醇羟基脱水,通过 β-1,4-苷键缩合而成。

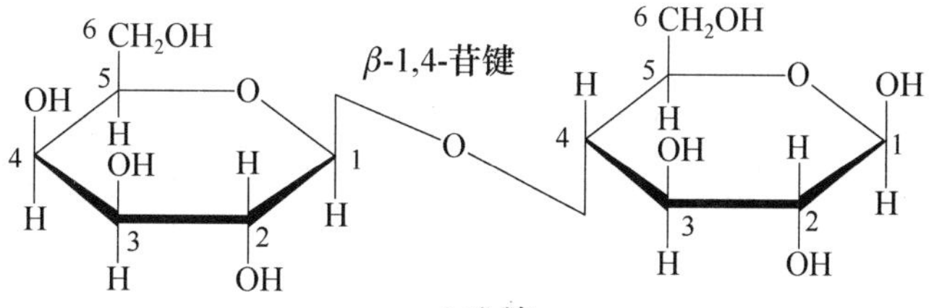

β-乳糖

12.2.2 非还原性二糖

非还原性二糖是两分子单糖间均以半缩醛羟基缩合,形成的二糖分子中没有半缩醛羟基,因此没有变旋现象,没有还原性,不能被弱氧化剂氧化,也不能与苯肼生成糖脎。

1. 蔗糖

蔗糖是人类基本的食品添加剂之一,是光合作用的主要产物,广泛分布于植物体内,特别是在甜菜、甘蔗和水果中含量极高。以蔗糖为主要成分的食糖根据其纯度由高到低又分为冰糖、白砂糖、绵白糖和赤砂糖(也称红糖或黑糖)。蔗糖是目前生产量较大的有机化合物之一。

蔗糖是由一分子 α-D-葡萄糖 C_1 上的半缩醛羟基与另一分子 β-D-果糖 C_2 上的半缩醛羟基脱去一分子水,通过 α,β-1,2-苷键连接而成。其结构式如下:

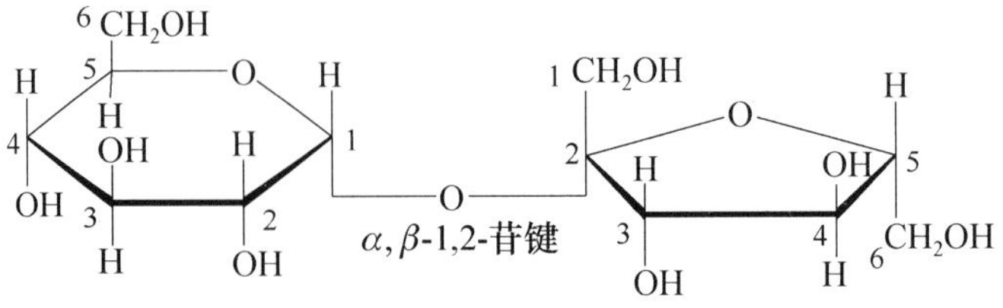

蔗糖本身是右旋的,在水溶液中$[\alpha]_D^{20}=+66.5°$,在少量酸或转化酶作用下水解,生成等量的 D-葡萄糖和 D-果糖的混合物,而两个单糖的混合物是左旋的,$[\alpha]_D^{20}=-19.8°$。因此,蔗糖的水解反应也称为转化反应,生成的混合物称为转化糖。

$$\text{蔗糖} + \text{H}_2\text{O} \xrightarrow{\text{稀酸或转化酶}} \text{D-葡萄糖} + \text{D-果糖}$$

$[\alpha]_D^{20}=+66.5°$ 　　　　　$[\alpha]_D^{20}=+52.7°$ 　$[\alpha]_D^{20}=-92°$

$[\alpha]_D^{20}=-19.8°$

2. 海藻糖

海藻糖广泛存在于藻类、细菌、真菌、酵母及某些昆虫中,是各种昆虫血液中的主要血糖。它是由两分子 α-D-葡萄糖的半缩醛羟基通过 α-1,1-苷键缩合而成,分子中没有半缩醛羟基,属于非还原性二糖。

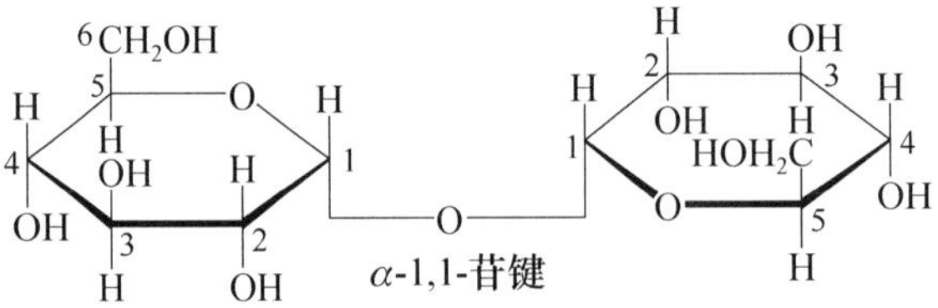

思考题 12-4

用简单的化学方法鉴别下列化合物。
(1)果糖　　(2)麦芽糖　　(3)蔗糖

12.3 多　糖

多糖(polysaccharide)是由 10 个以上的单糖通过苷键结合而成的高分子化合物,广泛存在于自然界中,糖类总量的 90% 以上以多糖的形式存在。

由相同的单糖组成的多糖称为同多糖,如淀粉、纤维素和糖原都是由葡萄糖组成的;由不同的单糖组成的多糖称为杂多糖,如阿拉伯胶是由戊糖和半乳糖等组成的。多糖是聚合程度不同的物质的混合物。多糖一般不溶于水,无甜味,不能形成结晶,无还原性和变旋现象。多糖也是糖苷,可以水解,在水解过程中往往产生一系列中间产物,最终完全水解得到单糖。

12.3.1 淀粉

淀粉是植物体中储存的养分,主要存在于种子和块茎中,如大米中含淀粉62%～86%,小麦中含淀粉57%～75%,玉米中含淀粉65%～72%,马铃薯中则含淀粉12%～14%。

淀粉是葡萄糖的高聚体,水解到二糖阶段为麦芽糖,完全水解后得到D-葡萄糖。淀粉有直链淀粉和支链淀粉两类。在天然淀粉中直链的占22%～26%,它是可溶性的,其余的则为支链淀粉。两种淀粉在结构和性质上有一定的差别。

1. 直链淀粉

直链淀粉是由D-葡萄糖通过α-1,4-苷键相连而成的高聚体(图12-2),平均相对分子质量为 $1.5×10^5～6×10^5$。直链淀粉并非直线形结构,而是通过分子内氢键卷曲成螺环状,螺环中间的空隙刚好可以容纳碘分子进入,形成深蓝色的包合物(图12-3)。此显色反应常用于淀粉的检验。

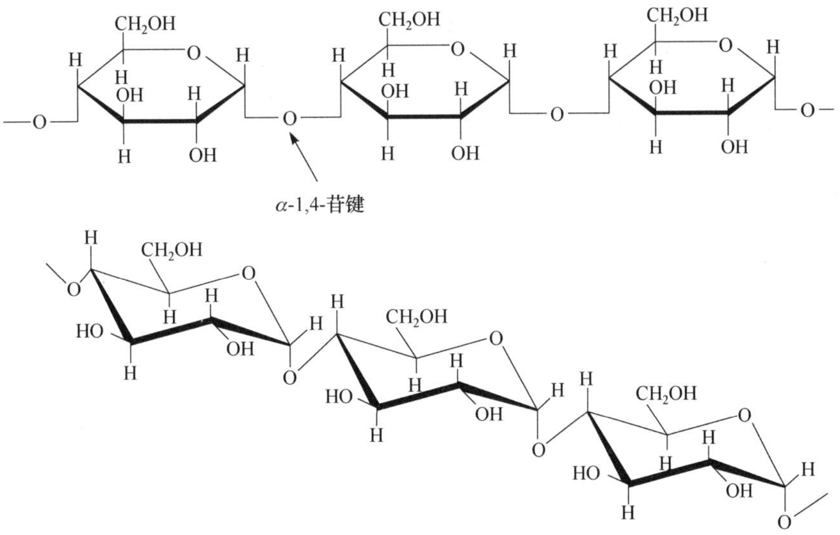

图12-2 直链淀粉的结构

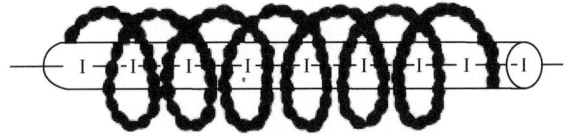

图12-3 淀粉与碘形成包合物

直链淀粉能溶于热水,可以被淀粉酶全部水解为麦芽糖。

2. 支链淀粉

支链淀粉分子中可含百万个α-D-葡萄糖单位,比直链淀粉分子更大,相对分子质量可达 $1×10^6～6×10^6$。支链淀粉是高度分支化的结构,每一支链含20～25个D-葡萄糖单位通过α-1,4-苷键相连,支链之间则以α-1,6-苷键相连。其结构式如图12-4所示。

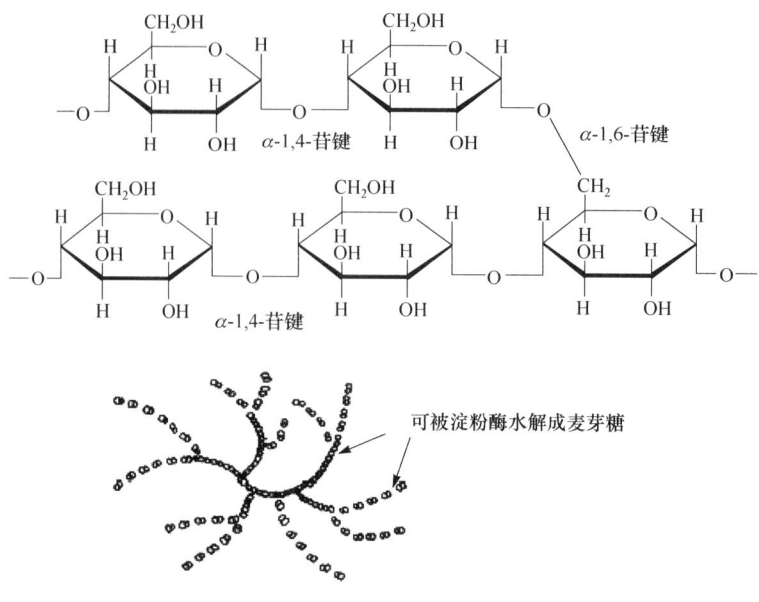

图 12-4 支链淀粉结构示意图

支链淀粉不溶于水,在热水中吸水膨胀形成黏稠糊状。支链淀粉遇碘可显紫红色,在淀粉酶作用下只有约 60% 被水解成麦芽糖。

淀粉经水解、糊精化或与化学试剂反应可使分子中某些葡萄糖基单元的结构发生改变,形成改性淀粉,广泛用于工农业和食品卫生等领域。

淀粉水解是大分子逐渐变为小分子的过程,其中间产物总称为糊精,根据它们与碘产生颜色的不同,分为蓝糊精、红糊精、无色糊精。它们可由淀粉酶催化水解,无色糊精再水解生成麦芽糖,在麦芽糖酶催化下最后水解成 D-葡萄糖。

12.3.2 纤维素

纤维素(cellulose)是由葡萄糖组成的大分子多糖,不溶于水及一般有机溶剂,是植物细胞壁的主要成分。纤维素是自然界中分布最广、含量最多的多糖,占植物界碳含量的 50% 以上。棉花的纤维素含量接近 100%,为天然的最纯纤维素来源。一般木材中,纤维素占 40%~50%,还有 10%~30% 的半纤维素和 20%~30% 的木质素。

纤维素是由几千乃至上万个 β-D-葡萄糖通过 β-1,4-苷键连成的链状高聚物,没有分支,用 40% 盐酸水解可得到 D-葡萄糖,用酸小心水解可得到纤维二糖。其结构式如下:

纤维素分子结构中不存在支链,也不卷曲成螺旋状,而是通过分子链间的氢键结合形成牢固的纤维胶束(图 12-5),纤维胶束相互交织在一起形成绳索状结构,进而按一定规律排列成植物纤维纹理。

图 12-5 纤维胶束示意图

纤维素无味,常温下既不溶于水,又不溶于一般的有机溶剂,如乙醇、乙醚、丙酮、苯等,但可溶于氢氧化铜的氨溶液、氯化锌的盐酸溶液、二硫化碳和氢氧化钠中,形成黏稠的溶胶,用于制造各种人造棉和人造丝等。纤维素也是一种重要的工业原料,用作纺织、造纸、人造丝、无烟火药、胶片等的原料。

人体内没有能水解 β-1,4-苷键的纤维素水解酶,因此人不能消化纤维素。食草动物牛、羊、马等的消化道中存在某些微生物能分泌出水解 β-1,4-苷键的酶,使其可从纤维中获取营养。

12.3.3 其他重要的多糖

1. 糖原

糖原又称肝糖、动物淀粉,完全由葡萄糖组成,在动物体内以肝脏和骨骼肌中储量最丰富,与淀粉在植物中的作用相当。

糖原是动物的糖储存库,也可看作体内的能量库。糖原与支链淀粉有基本相同的结构(葡萄糖单位的分支链),只是糖原的分支更多,支链更短,结构也较为紧密,形状为大小不等的颗粒。

糖原为无定形无色粉末,较易溶于热水,形成胶体溶液,易溶于三氯乙酸,不溶于乙醇等有机溶剂,遇碘则变褐色。当动物血液中葡萄糖含量较高时,就会结合成糖原储存于肝脏中。当葡萄糖含量降低时,糖原就可分解成葡萄糖而供给机体能量。

2. 甲壳素

甲壳素又称甲壳质、几丁质,存在于自然界的低等植物菌类、藻类的细胞及甲壳动物虾、蟹、昆虫的外壳和高等植物的细胞壁中,是除纤维素以外的又一大类重要多糖。

甲壳素是由 2-乙酰氨基葡萄糖通过 β-1,4-苷键相互连接而成的链状高分子聚合物,结构式如下:

甲壳素是白色半透明固体,不溶于水、稀酸、稀碱及有机溶剂。强酸或强碱能使甲壳素水解,脱去分子中的乙酰基生成壳聚糖,即氨基多糖,又称脱乙酰基甲壳素或可溶性甲壳素。

甲壳素可用于纺织品防霉杀菌除臭、食品保鲜、染料、纸张和水处理,以及农药、医疗、化妆品等方面。

3. 果胶

果胶是植物中的一种酸性多糖,是细胞壁中的重要组分,主要存在于植物的细胞壁和细胞内层,为内部细胞的支撑物质。它通常为白色至淡黄色粉末,稍带酸味,具有水溶性。果胶广泛存在于植物的果实、种子、浆果、块茎和叶子中,尤以水果和蔬菜中含量较多。

果胶来源不同,其化学组成也相差较大。一般根据其理化性质和结合状况,把果胶分为原果胶、可溶性果胶和果胶酸。

原果胶主要存在于未成熟的植物果实中,是由可溶性果胶与纤维素结合而成的高分子物质,在酸或果胶酶的作用下可转变为可溶性果胶。未成熟的水果因含有原果胶而较为坚硬。

可溶性果胶又称果胶酸酯,能溶于水,成熟的水果就是因为原果胶变成可溶性果胶而由硬变软。可溶性果胶主要是由半乳糖醛酸甲酯和少量半乳糖醛酸通过 1,4-苷键连成的长链状高分子化合物,在稀酸或酶的作用下水解生成半乳糖醛酸。

果胶酸是指由半乳糖醛酸通过 α-1,4-苷键连接而成的高分子化合物,其分子中含有游离的羧基,能与镁、钙等金属离子形成不溶性的果胶酸镁或果胶酸钙沉淀。此法常用于测定果胶酸含量。

果胶具有良好的胶凝化和乳化稳定作用,已广泛用于食品、医药、日化及纺织行业。

4. 琼脂

琼脂是由红藻类植物石花菜或其他藻类中提取的一种黏胶,是目前世界上用途最广泛的海藻胶之一。琼脂无色、无味,不溶于冷水,可溶于热水,冷却后成为凝胶,作为微生物培养基的介质。琼脂也广泛用作食品工业的增稠剂、凝固剂、悬浮剂、乳化剂、保鲜剂和稳定剂。

琼脂是由琼脂糖(约占 64%)和琼脂胶(约占 36%)组成的混合物。琼脂糖由 9 个 β-D-半乳糖以 β-1,3-苷键连接成链,末端再以 β-1,4-苷键与 β-L-半乳糖相连,其中 β-L-半乳糖 C_6 上的羟基与硫酸形成酯。其结构式如下:

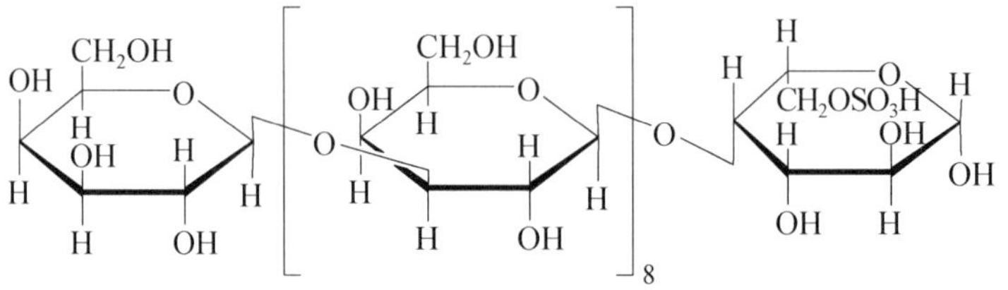

习 题

1. 写出下列单糖及其衍生物的哈沃斯结构式。
   (1) 甲基-α-D-吡喃葡萄糖苷　(2) β-D-吡喃甘露糖　(3) α-D-吡喃葡萄糖-1-磷酸
   (4) α-L-2-呋喃脱氧核糖　(5) β-D-呋喃果糖　(6) 纤维二糖
2. 写出下列糖类化合物的名称。

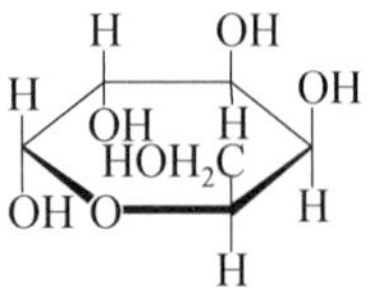

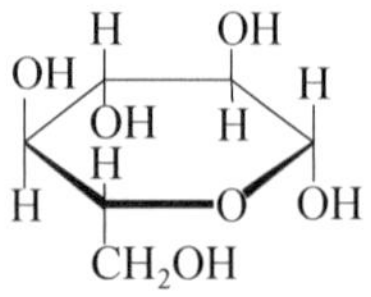

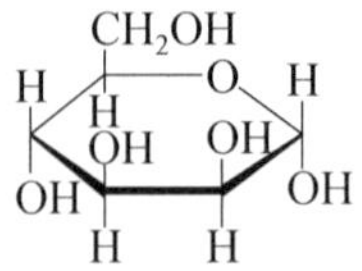

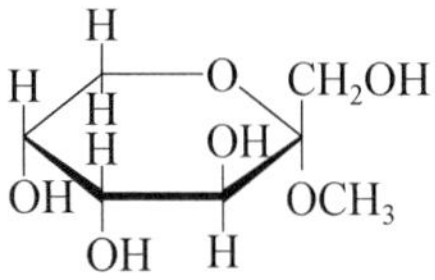

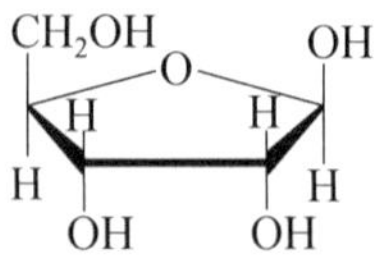

3. 举例说明下列概念。
   (1) 单糖　　　　　　　(2) 多糖　　　　　　　(3) 转化糖
   (4) 差向异构体　　　　(5) 糖苷键　　　　　　(6) 变旋现象
4. 可以把 L-(−)-甘油醛看作是一粒树种,把由它生长出来的四碳、五碳和六碳糖作为一簇树。
   (1) 用费歇尔投影式画出这一簇树的生长过程并命名。
   (2) 仔细观察上述一组醛糖投影式中,羟基的排列是否有规律。
   (3) 在上述所有的 L-己醛糖中,哪些能形成相同的糖脎?哪些能被氧化成相同的糖二酸?哪些被氧化成糖二酸后没有旋光性?
5. 写出 D-甘露糖与下列试剂反应的产物。
   (1) HNO_3　　(2) Br_2/H_2O　　(3) $CH_3OH+HCl(干)$　　(4) $NaBH_4$　　(5) 苯肼(过量)
6. 用简单的化学方法区别下列各组化合物。
   (1) 葡萄糖、果糖、核糖
   (2) 麦芽糖、蔗糖、淀粉
   (3) 核糖、脱氧核糖、戊醛、2-戊酮、环戊烷
7. 推测糖类化合物的结构式。
   (1) 化合物 A($C_9H_{18}O_6$)无还原性,经水解生成化合物 B 和 C。B($C_6H_{12}O_6$)有还原性,可被溴水氧化,与葡萄糖生成相同的脎。C(C_3H_8O)可发生碘仿反应。试写出 A、B、C 的结构式。
   (2) 某 D-型己醛糖 A 氧化得旋光糖二酸 B,将 A 降解为戊醛糖后再氧化得无旋光性的糖二酸 C。与 A 具有相同糖脎的另一己醛糖 D 氧化后得无旋光性的糖二酸 E。试推测 A~E 的结构。
   (3) 有 A、B 两种 D-戊糖,分子式均为 $C_5H_{10}O_5$,经实验得知,①将 A、B 分别进行西列瓦诺夫实验,B 很快显红色,A 则不能;②分别与苯肼试剂作用,生成两个互为差向异构体的糖脎;③对 B 进行 C_3 构型测定为 R 型;④将 A 用 HNO_3 氧化得到内消旋体。试写出 A 和 B 的费歇尔投影式及有关反应式。

第13章 脂 类

脂类化合物(lipid)是油脂和类脂化合物的总称,与糖类化合物和蛋白质一样,它也是生物体维持正常生命活动不可缺少的物质之一。其中,油脂是动植物体内油和脂肪的总称,是高级脂肪酸的甘油酯,类脂则是在物态及物理性质方面与油脂相似的化合物,如蜡、磷脂及甾族化合物等,它们都是不溶于水而易溶于非极性或弱极性有机溶剂的物质。

13.1 油 脂

13.1.1 油脂的存在和用途

油脂广泛分布于动植物体内。通常,常温下为液体的称为油,如花生油、桐油、菜子油等;常温下为固体或半固体的称为脂肪,如猪油、牛油等。植物体内的油脂主要存在于果实和种子中,花、叶、茎和根等部位含量很少。油料作物的含油量较高,有的可高达50%,表13-1是我国几种主要油料作物种子的含油量。动物体内的油脂主要存在于内脏的脂肪组织、大网膜、肠系膜、皮下结缔组织和骨髓中。鱼类脂肪多存在于肝内,海兽的脂肪多集结于皮下。

表13-1 几种油料作物种子的含油量

作物	含油量/%	作物	含油量/%
大豆	12~25	油茶	30~35
花生	40~61	椰子	65~70
油菜	33~47	棉子	14~25
芝麻	50~61	油桐	40~69

油脂在生物体内具有重要的生理功能,它们通过氧化代谢可以供给人类及动植物生命过程所需的热量,是动植物生命活动的主要能量之一。1 g 脂肪在人体内氧化时放出 39.3 kJ 热,而 1 g 蛋白质或糖类化合物只能放出 16.7 kJ 左右热。油脂还能为高等动物维持正常的生理功能提供所需的不饱和脂肪酸,也能促进维生素的吸收。此外,人及动物体内的脂肪一般都储存在皮下结缔组织,因此在皮下构成柔软隔离层,可以保护内脏免受震动、撞击及寒冷的侵害。植物种子的油脂还是一种储备养料,可满足种子发芽的需要。油脂还被广泛应用于工业中,可用来制作肥皂、油漆、润滑油等。还有些油脂甚至被应用于医药工业,如蓖麻油可用作泻剂,麻油则用作膏药的基质原料等。

13.1.2 油脂的结构和组成

油脂的主要成分是直链高级脂肪酸和甘油生成的酯。1854 年,法国科学家贝特洛(Berthelot)把甘油与高级脂肪酸一起加热制得油脂,从而证明了油脂的结构。

$$\begin{array}{c}\text{CH}_2\text{—O—}\overset{\overset{\text{O}}{\|}}{\text{C}}\text{—R}\\ \text{CH—O—}\overset{\overset{\text{O}}{\|}}{\text{C}}\text{—R}'\\ \text{CH}_2\text{—O—}\overset{\overset{\text{O}}{\|}}{\text{C}}\text{—R}''\end{array}$$

油脂

在油脂分子中,常把甘油两端的碳原子称为1位和3位碳原子,或者称为α位和α'位碳原子,中间的碳原子称为2位或β位碳原子。构成油脂的三个脂肪酸可以是饱和的,也可以是不饱和的;可以是相同的,也可以是不相同的。若式中的R、R'、R''完全相同,则称为单纯甘油酯;若R、R'、R''不同,则称为混合甘油酯。天然油脂常为多种混合甘油酯及少量游离脂肪酸、高级醇、高级烃、维生素及色素等的混合物。

由于生物体常以乙酸结构单位进行生物合成,因而在天然油脂中,组成甘油酯的脂肪酸绝大多数为含偶数碳原子的直链羧酸。现已从油脂水解得到了 $C_4 \sim C_{26}$ 的多种饱和脂肪酸和 $C_{10} \sim C_{24}$ 的多种不饱和脂肪酸。

组成油脂的各种饱和脂肪酸中,以软脂酸(十六酸)的分布最广,它存在于绝大部分油脂中;其次是月桂酸(十二酸)、肉豆蔻酸(十四酸)和硬脂酸(十八酸)等。组成油脂的各种不饱和脂肪酸中,以含十六和十八个碳原子的烯酸分布最广,如油酸、亚油酸、亚麻酸等。油脂中常见的高级脂肪酸见表13-2。

表 13-2 油脂中常见的高级脂肪酸

类别	高级脂肪酸	构造式	熔点/℃	分布
饱和脂肪酸	月桂酸	$CH_3(CH_2)_{10}COOH$	44	鲸蜡、椰子油
	肉豆蔻酸	$CH_3(CH_2)_{12}COOH$	58	肉豆蔻酯、椰子油
	软脂酸	$CH_3(CH_2)_{14}COOH$	63	动植物油脂
	硬脂酸	$CH_3(CH_2)_{16}COOH$	70	动植物油脂
	花生酸	$CH_3(CH_2)_{18}COOH$	75	花生油
不饱和脂肪酸	油酸	$CH_3(CH_2)_7CH=CH(CH_2)_7COOH$	16	动植物油脂
	亚油酸	$CH_3(CH_2)_4CH=CHCH_2CH=CH(CH_2)_7COOH$	−5	植物油
	亚麻酸	$CH_3(CH_2CH=CH)_3(CH_2)_7COOH$	−11	棉子油、亚麻油
	蓖麻油酸	$CH_3(CH_2)_5CH(OH)CH_2CH=CH(CH_2)_7COOH$	5	蓖麻油
	花生四烯酸	$CH_3(CH_2)_4(CH=CHCH_2)_4(CH_2)_2COOH$	−50	卵磷脂、脑磷脂
	芥酸	$CH_3(CH_2)_7CH=CH(CH_2)_{11}COOH$	31.5	菜子油

多数脂肪酸能在人和动物体内合成,但亚油酸、亚麻酸和花生四烯酸等少数脂肪酸不能被人体和动物所合成,必须由食物供给,称为"营养必需脂肪酸"。

组成不同油脂的脂肪酸种类和比例不同。在油中,组成甘油酯的不饱和脂肪酸的含量较高,而在脂肪中,组成甘油酯的饱和脂肪酸的含量较高。天然油脂中不饱和脂肪酸的双键大多为顺式构型,其碳链不像饱和脂肪酸那样呈锯齿形的"直链",而是弯成一定角度的"曲"链,链与链之间不能紧密接触,分子间作用力小,其熔点比相应的饱和脂肪酸低。因此,室温下油呈液态,脂肪呈固态或半固态。

命名高级不饱和脂肪酸时,可用"Δ"(delta)代表双键,将双键的位置写在"Δ"的右上角,如亚麻酸可命名为 $\Delta^{9,12,15}$-十八碳三烯酸,花生四烯酸可命名为 $\Delta^{5,8,11,14}$-二十碳四烯酸。

甘油酯的命名与酯相同,对于单纯甘油酯可直接命名为"三某酸甘油酯"。例如

$$\begin{array}{l} CH_2-O-\overset{O}{\underset{\|}{C}}-(CH_2)_{16}CH_3 \\ CH-O-\overset{O}{\underset{\|}{C}}-(CH_2)_{16}CH_3 \\ CH_2-O-\overset{O}{\underset{\|}{C}}-(CH_2)_{16}CH_3 \end{array}$$

三硬脂酸甘油酯

混合甘油酯则命名为"某酸某酸某酸甘油酯",并以 α、α' 和 β 分别标出它们的位置。例如

$$\begin{array}{l} CH_2-O-\overset{O}{\underset{\|}{C}}-(CH_2)_{16}CH_3 \\ CH-O-\overset{O}{\underset{\|}{C}}-(CH_2)_{14}CH_3 \\ CH_2-O-\overset{O}{\underset{\|}{C}}-(CH_2)_7CH=CH(CH_2)_7CH_3 \end{array}$$

α-硬脂酸-β-软脂酸-α'-油酸甘油酯

13.1.3 油脂的化学性质

从结构上说油脂是一种酯,因此油脂具有酯的性质,不饱和脂肪酸形成的油脂还具有碳碳双键的性质。

1. 油脂的水解反应

与羧酸酯一样,油脂可以在酸性或碱性介质中进行水解,前者是可逆反应,后者的反应不可逆。由于油脂在氢氧化钠(或氢氧化钾)作用下水解得到的高级脂肪酸的钠盐(或钾盐)可做肥皂,因而通常把油脂在碱性溶液中的水解反应称为皂化作用。工业上利用此反应来制造肥皂,皂化的产物经酸化可得到高级脂肪酸。

$$\begin{array}{l} CH_2-O-\overset{O}{\underset{\|}{C}}-R \\ CH-O-\overset{O}{\underset{\|}{C}}-R' + 3NaOH \longrightarrow \\ CH_2-O-\overset{O}{\underset{\|}{C}}-R'' \end{array} \quad \begin{array}{l} CH_2-OH \\ CH-OH \\ CH_2-OH \end{array} + \begin{array}{l} R-\overset{O}{\underset{\|}{C}}-ONa \\ R'-\overset{O}{\underset{\|}{C}}-ONa \\ R''-\overset{O}{\underset{\|}{C}}-ONa \end{array}$$

油脂在人体内代谢时,在脂肪酶的催化作用下也可以被水解。

工业上把 1 g 油脂完全皂化所需要的氢氧化钾的质量(单位:mg)称为皂化值。皂化值可反映油脂的平均相对分子质量,皂化值越大,油脂的平均相对分子质量越小。皂化值还是检验油脂品质的重要数据之一,各种正常的油脂都有固定的皂化值范围,如果油脂不纯,则因含有不能被皂化的杂质,其皂化值通常偏低。

2. 油脂的加成反应

含有不饱和酸的油脂，分子中的碳碳双键可以与氢或卤素等发生加成反应。

(1) 催化加氢。含不饱和脂肪酸的油脂在催化剂镍或钯等的催化下加氢，可以转化为含饱和脂肪酸更多的油脂，从而使液态的油转化为固态或半固态的脂肪。因此，这个过程常称为"油脂的硬化"或"油脂的氢化"。油脂硬化后，可制成人造牛油或黄油供食用，这样可以防止食用天然脂肪而摄入过多的胆固醇，而且油脂硬化后，由于消除了分子中的双键，其不像未硬化的油脂那样易于变质，更便于储存和运输。不能食用的动植物油脂经过硬化后用来制造肥皂，鱼油氢化后可以消除腥味，改善品质。

(2) 加卤素。含不饱和脂肪酸的油脂可以与卤素发生加成反应。在油脂分析中常用碘值来衡量油脂的不饱和程度。一般将 100 g 油脂所能吸收碘的质量(单位：g)称为碘值。碘值大，表示油脂中不饱和脂肪酸的含量高或不饱和程度高。例如，油酸含有一个碳碳双键，碘值为 90，亚油酸有两个碳碳双键，碘值为 181。天然脂肪以饱和脂肪酸残基占优势的，其碘值较低(10~70)，油因含有较大比例的不饱和脂肪酸残基而具有较高的碘值，如棉子油为 103~114，亚麻油为 170~204。

碘很难与碳的双键发生加成反应，在实际测定中，通常用过量的氯化碘(ICl)或溴化碘(IBr)的冰醋酸溶液与不饱和脂肪酸加成。

$$-\overset{|}{\underset{|}{C}}=\overset{|}{\underset{|}{C}}- + ICl \longrightarrow -\overset{|}{\underset{I}{C}}-\overset{|}{\underset{Cl}{C}}-$$

反应结束后，加入 KI 溶液，使剩余的 ICl 全部与 KI 作用而析出碘，再用硫代硫酸钠标准溶液滴定析出的碘，通过计算得到碘值。

3. 油脂的干化作用

有些油(如桐油)在空气中放置能生成一层干燥而有韧性的薄膜，这种现象称为油脂的干化作用，具有这种性质的油称为干性油。在干性油中加入颜料等物质，可制成油漆。干性油干性的好坏是以形成干燥性薄膜的速度和形成薄膜的韧性来衡量的。桐油、亚麻油等是常见的干性油。

油脂干化作用的化学本质目前还不清楚，但一般认为是一系列氧化聚合反应的结果。实践证明，油脂干化作用的好坏与油脂分子中所含双键的数目及双键结构体系有关，一般是含双键数目多且具有共轭体系的油脂干化作用好。

由于干化作用与油脂分子中所含的双键数目有关，而碘值大小可直接反映分子中所含双键数目的多少，因此干化作用与油脂的碘值有一定的联系。一般情况下，碘值大于 130 的油脂具有较好的干化作用，常称为干性油；碘值为 100~130 的油脂有一定程度的干化作用，但不强，常称为半干性油；碘值小于 100 的油脂不具有干化作用，常称为非干性油或不干性油。

桐油是最理想的干性油，不仅结膜速度快，而且漆膜坚韧、耐光、耐冷热变化、耐潮湿、耐腐蚀。桐油是我国的特产，产量占世界总产量的 90% 以上。

4. 油脂的酸败作用

油脂在空气中放置过久，会逐渐产生难闻的特殊气味，这种变化过程称为油脂的酸败。产生这种气味的原因在于酸败过程中生成了一些具有难闻气味的低级羧酸、醛、酮等物质。

　　油脂的酸败是比较复杂的过程，主要是由空气中氧和微生物的作用引起的。不饱和脂肪酸的甘油酯受空气中氧的作用，经过比较复杂的氧化过程，最终使碳碳双键氧化断裂而生成低级的醛、酮和羧酸等物质；饱和脂肪酸的甘油酯在同等条件下虽然不发生氧化断裂，但由于微生物的作用，油脂水解为甘油和游离脂肪酸，游离脂肪酸再受微生物作用，进一步在 β-碳原子上发生氧化作用而生成 β-酮酸。β-酮酸不稳定，很容易发生脱羧反应生成酮，并放出二氧化碳。

$$-CH=CH- + O_2 \longrightarrow \underset{O-O}{-CH-CH-} \xrightarrow{H_2O} \text{醛、酮、酸(低级)}$$

$$-CH_2-CH_2-COOH \xrightarrow{O_2} -\underset{O}{\overset{\|}{C}}-CH_2-COOH \xrightarrow[\text{酶}]{-CO_2} -\underset{O}{\overset{\|}{C}}-CH_3$$

　　油脂中除含有大量的甘油酯外，还含有少量的游离脂肪酸。中和 1 g 油脂中的游离脂肪酸所需氢氧化钾的质量(单位：mg)称为该油脂的酸值。由于正常的油脂中游离脂肪酸的含量都很低，因而其酸值都不大，但酸败了的油脂，由于游离脂肪酸增多，其酸值便升高，一般当酸值大于 6 时，此油脂就不能食用。因此，酸值也是衡量油脂品质的重要数据之一。

　　在油脂的酸败过程中，光、热、潮湿等因素对酸败有促进作用。为了防止或减少酸败，油脂应储存于密闭的容器中，使其与空气中的氧、水分、微生物等隔离，同时注意阴凉、干燥和避光。有时在油脂中加入少量抗氧剂，以减少油脂的氧化分解。

思考题 13-1

1. 写出甘油与软脂酸、油酸及亚麻酸形成的混合甘油酯的结构式及皂化反应方程式。
2. 解释下列事实。
   (1) 某些生活在地球两极的海生哺乳动物的脂肪比栖居于地球赤道地区的哺乳动物的脂肪所含的不饱和脂肪酸更丰富。
   (2) 硬脂酸在结晶和膜中都倾向于直线排列，而亚油酸则不能。

13.2　表面活性剂

　　凡是能够改变液体表面张力或两相界面张力的物质就称为表面活性剂。肥皂是一种最常见的表面活性剂。

13.2.1　肥皂及其去污作用

　　肥皂是长链脂肪酸的钠盐或钾盐，它可以由天然油脂在碱性条件下水解得到。日常所用的肥皂是脂肪酸的钠盐——钠皂，易于结块，能溶于水，因为是固体，质较硬，所以又称为硬肥皂，其中含 70% 左右的高级脂肪酸钠、0.2%～0.5% 的盐及约 30% 的水分。加入香料及颜料就成为家庭用的香皂，加入甲苯酚或其他防腐剂就成为药皂。洗涤肥皂通常加入松香酸钠来增加泡沫。

　　长链脂肪酸的钾盐称为钾皂，质软，难以结块，常称为软肥皂，多用于洗发水和医用乳化剂。

　　肥皂的去污作用是由高级脂肪酸盐的结构决定的。高级脂肪酸盐的一头是羧酸根，具有极性,易溶于水,称为亲水基;另一头是不溶于水而易溶于非极性物质的疏水基——烃基。

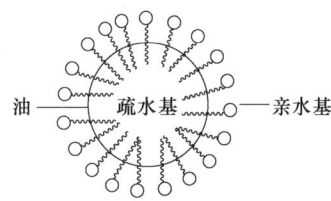

将肥皂置于水中,脂肪酸钠的亲水基倾向于进入水分子中,疏水的烃基则被排斥在水的外面,排列在水表面的脂肪酸钠分子削弱了表面水分子之间的引力,因此肥皂可以强烈地降低水的表面张力(纯水的表面张力为 7.3×10^{-4} N·cm^{-2},肥皂溶液的表面张力为 $2.5 \times 10^{-4} \sim 3.0 \times 10^{-4}$ N·cm^{-2}),它是一种表面活性剂。

当肥皂分子不是在水表面上而是在水溶液中时,则其疏水的长链烃基依靠相互间的范德华引力聚集到一起,形成一个把亲水基露在表面的团粒,因亲水基是带负电荷的羧酸根,故团粒表面带负电荷,这种带负电荷的团粒称为胶束。胶束表面带有相同的负电荷,彼此排斥,使胶束保持稳定的分散状态,因而形成肥皂胶体溶液。如果在肥皂水溶液中加入一些油,搅动后油被分散成细小的颗粒,肥皂分子的烃基就溶入油中,而羧基部分被留在油珠外面,这样每一个细小的油珠外面都被许多肥皂的亲水基包围而悬浮于水中,形成稳定的乳浊液。这种作用称为乳化作用,具有这种作用的物质称为乳化剂。如果遇到衣服上的油迹,肥皂分子的疏水基就会伸入油中而把亲水基留在表面,这样衣服上的油就被肥皂分子包围起来,在受到机械摩擦时,脱离附着物,分散成细小的乳浊液随水漂洗而去。这就是肥皂的去污原理,如图 13-1 所示。

图 13-1 肥皂的乳化作用示意图

肥皂具有优良的洗涤作用,但也有一些缺点,如不宜在硬水或酸性水中使用,因为硬水中的钙、镁离子会使肥皂转化成不溶性的高级脂肪酸的钙、镁盐而失效,而在酸性水中肥皂能游离出难溶于水的脂肪酸(肥皂是弱酸盐),去污力也会降低。此外,制造肥皂需要消耗大量的天然油脂。近年来根据肥皂分子结构的特点,合成了许多具有表面活性作用的物质,这些物质称为合成表面活性剂。

13.2.2 合成表面活性剂

人们认识了肥皂分子的结构和去污原理后,合成了一系列与肥皂分子具有类似结构的表面活性剂,按其作用主要分为洗涤剂、起泡剂、乳化剂、破乳剂、润湿剂等。但无论怎样分类,表面活性剂分子一般总是由非极性的亲油(疏水)的烃基和极性的亲水(疏油)的基团共同构成的,即表面活性剂是一种既亲油又亲水的两亲分子。

表面活性剂按其分子结构起作用部分的特点分为阴离子型表面活性剂、阳离子型表面活性剂和非离子型表面活性剂。

1. 阴离子型表面活性剂

阴离子型表面活性剂起表面活性作用的是阴离子(肥皂就属于这一类型),是目前用得最多的一类合成洗涤剂。常见的主要有羧酸盐、磺酸盐、硫酸酯盐和磷酸酯盐等,其中最重要的品种是烷基硫酸钠和烷基苯磺酸钠。

$$R-O-SO_3^-Na^+ \qquad R-\!\!\!\!\bigcirc\!\!\!\!-SO_3^-Na^+$$

烷基硫酸钠　　　　烷基苯磺酸钠

R 一般在 C_{12} 左右为好。碳原子数过大时油溶性太强,水溶性相应减弱;碳原子数太小又使油溶性减弱,水溶性增强。碳原子数过大或过小都直接影响洗涤剂的去污效果。现在国内外最广泛使用的这类表面活性剂是十二烷基硫酸钠和十二烷基苯磺酸钠。

$$CH_3(CH_2)_{10}CH_2-O-SO_3^-Na^+ \qquad C_{12}H_{25}-\!\!\!\!\bigcirc\!\!\!\!-SO_3^-Na^+$$

十二烷基硫酸钠　　　　十二烷基苯磺酸钠

十二烷基硫酸钠具有优良的起泡性能,对皮肤作用温和且无毒,常用于生产牙膏、化妆品和洗洁精。十二烷基苯磺酸钠是洗衣粉的主要成分。

磷酸酯盐类表面活性剂主要用作抗静电剂和乳化剂。

2. 阳离子型表面活性剂

阳离子型表面活性剂起表面活性作用的是阳离子,属于这一类的主要是季铵盐。例如

$$\left[\bigcirc\!\!\!\!-CH_2-\underset{\underset{CH_3}{|}}{\overset{\overset{CH_3}{|}}{N}}-C_{12}H_{25}\right]^+ Br^- \qquad \left[\bigcirc\!\!\!\!-OCH_2CH_2-\underset{\underset{CH_3}{|}}{\overset{\overset{CH_3}{|}}{N}}-C_{12}H_{25}\right]^+ Br^-$$

溴化二甲基苄基十二烷基铵(新洁尔灭)　　　溴化二甲基苯氧乙基十二烷基铵(杜灭芬)

这类表面活性剂去污能力较差,但具有较强的杀菌作用,一般用作消毒剂和杀菌剂。新洁尔灭在外科手术时用于皮肤和器械消毒,杜灭芬用于预防和治疗口腔炎和咽炎等。

3. 非离子型表面活性剂

这一类型表面活性剂在水中不电离,是中性化合物,起亲水作用的主要是羟基或醚键。由于这类基团亲水能力较弱,因此一般都有多个羟基或醚键。例如

$$C_{12}H_{25}O(CH_2CH_2O)_nH \qquad C_{17}H_{35}COOCH_2C(CH_2OH)_3$$

十二烷基聚乙二醇醚　　　一硬脂酸季戊四醇酯

非离子型表面活性剂在工业上常用作乳化剂、润湿剂和洗涤剂。

13.3 类　　脂

13.3.1 磷脂

磷脂(phospholipide)是一类分子中含有一个磷酸基团的类脂化合物,它们广泛存在于动

植物的细胞膜及组织中,尤其是在动物的脑、神经组织、蛋黄和植物的种子中含量较多。按照与磷酸成酯的醇的不同,可将磷脂分为磷酸甘油酯和神经类脂两类。

1. 磷酸甘油酯

磷酸甘油酯的母体结构与油脂的结构相似,即甘油分子中的三个羟基有两个与高级脂肪酸形成酯,另一个羟基与磷酸成酯,这样形成的单磷酸酯称为磷脂酸(phosphatidic acid)。与磷酸成酯的羟基可以是甘油分子中的 α-C 上的羟基,也可以是 β-C 上的羟基,分别形成 α-磷脂酸和 β-磷脂酸。自然界常见的是 α-磷脂酸,其结构通式为

$$\begin{matrix} CH_2-O-\overset{O}{\overset{\|}{C}}-R \\ CH-O-\overset{O}{\overset{\|}{C}}-R' \\ CH_2-O-\overset{\|}{\underset{OH}{P}}-OH \end{matrix}$$

磷脂酸中,与甘油成酯的高级脂肪酸常见的有软脂酸、硬脂酸、油酸、亚油酸等。两个高级脂肪酸通常不同,一般一个为饱和的,另一个为不饱和的。同时,由于 α-磷脂酸中甘油的 C_1 和 C_3 被不同的酸所酯化,因此 C_2 为手性碳原子,故 α-磷脂酸可存在 D-和 L-两种构型。自然界常见的磷脂酸绝大多数是 L-α-磷脂酸,其构型为

$$R'-\overset{O}{\overset{\|}{C}}-O-\overset{CH_2-O-\overset{O}{\overset{\|}{C}}-R}{\underset{CH_2-O-\overset{\|}{\underset{OH}{P}}-OH}{\mid H}}$$

自然界中游离的磷脂酸很少,常见的是磷脂酸中的磷酸与带有醇羟基的含氮有机碱所形成的酯,称为磷脂酰酯或其他俗名,其结构通式为

$$\begin{matrix} CH_2-O-\overset{O}{\overset{\|}{C}}-R \\ CH-O-\overset{O}{\overset{\|}{C}}-R' \\ CH_2-O-\overset{\|}{\underset{O-G}{P}}-OH \end{matrix}$$

G: —$CH_2CH_2NH_2$、—$CH_2CH_2N^+(CH_3)_3OH^-$、—$\overset{NH_2}{\underset{}{C}H}CH_2COOH$、

（肌醇结构） 等

卵磷脂(lecithin)和脑磷脂(cephalin)就是自然界中最重要的磷脂酰酯。卵磷脂是磷脂酸中的磷酸上的一个羟基与胆碱[$HOCH_2CH_2N^+(CH_3)_3OH^-$]的醇羟基缩合而形成的酯,也称磷脂酰胆碱。脑磷脂是磷脂酸中磷酸上的羟基与胆胺($HOCH_2CH_2NH_2$)的醇羟基缩合而形成的酯,也称磷脂酰胆胺。卵磷脂和脑磷脂主要都是以 L-α-异构体的形式存在,它们的结构式如下:

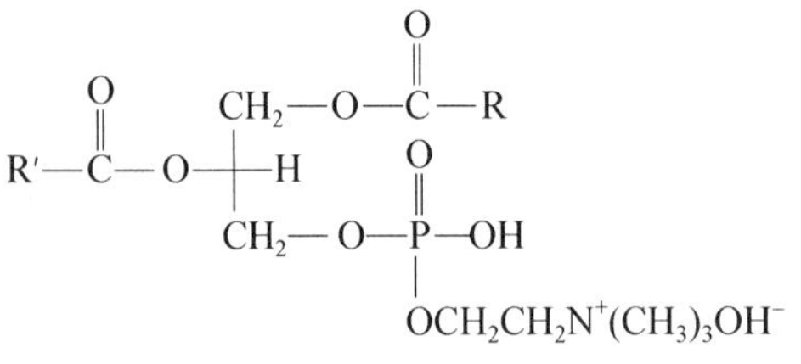

$$R'-\overset{O}{\underset{}{C}}-O-\overset{CH_2-O-\overset{O}{\underset{}{C}}-R}{\underset{CH_2-O-\overset{O}{\underset{OCH_2CH_2N^+(CH_3)_3OH^-}{P}-OH}}{H}}$$

$$R'-\overset{O}{\underset{}{C}}-O-\overset{CH_2-O-\overset{O}{\underset{}{C}}-R}{\underset{CH_2-O-\overset{O}{\underset{OCH_2CH_2NH_2}{P}-OH}}{H}}$$

卵磷脂 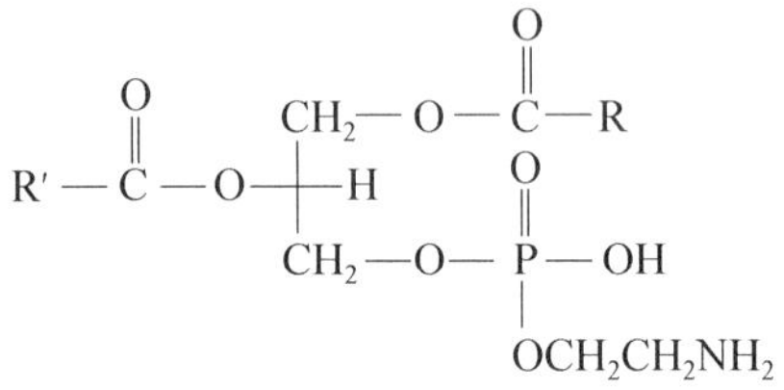　　　　　　　　　　　　　　　脑磷脂

卵磷脂和脑磷脂因在动物的卵黄和大脑中含量较多而得名，它们都是蜡状固体，有吸水性，在空气中易被氧化而变成黄色或褐色。它们都溶于乙醚、氯仿而不溶于丙酮，卵磷脂能溶于乙醇，而脑磷脂不溶于乙醇，在酸、碱或酶的催化下它们都可以完全水解。

在卵磷脂和脑磷脂的分子结构中，磷原子上还有一个酸性的羟基，它可与同一分子中的含氮碱基形成内盐。

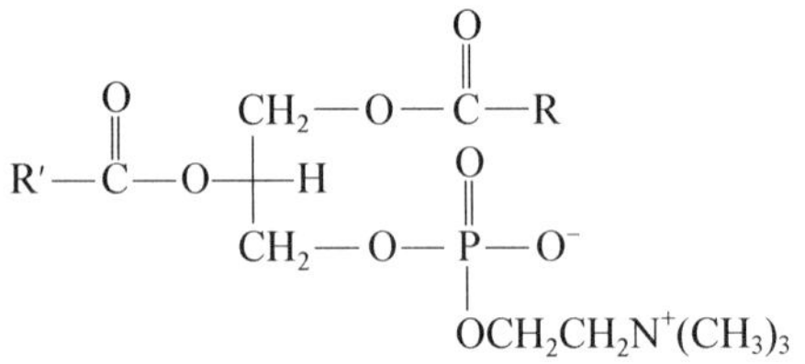

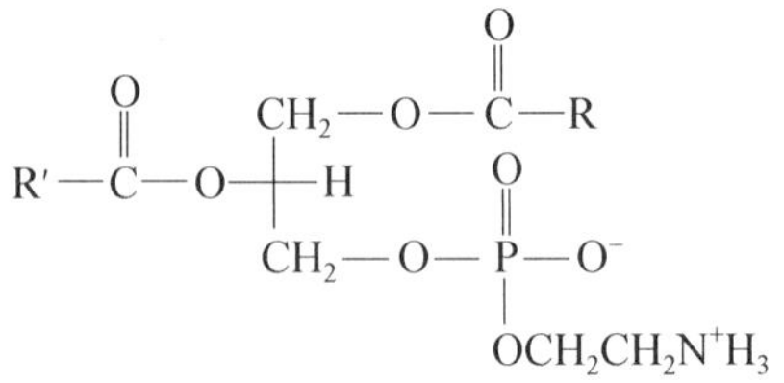

$$R'-\overset{O}{\underset{}{C}}-O-\overset{CH_2-O-\overset{O}{\underset{}{C}}-R}{\underset{CH_2-O-\overset{O}{\underset{OCH_2CH_2N^+(CH_3)_3}{P}-O^-}}{H}}$$

$$R'-\overset{O}{\underset{}{C}}-O-\overset{CH_2-O-\overset{O}{\underset{}{C}}-R}{\underset{CH_2-O-\overset{O}{\underset{OCH_2CH_2N^+H_3}{P}-O^-}}{H}}$$

在卵磷脂和脑磷脂的内盐结构中，既有极性的亲水基，又有非极性的疏水基，因此它们都是性能良好的表面活性剂，可作乳化剂，在生物体内有助于油脂的消化和吸收。

2. 神经磷脂

神经磷脂（sphingomyelin）是神经类脂中最常见的一种，其分子中与磷酸形成酯的不是甘油，而是一个长链不饱和的神经鞘氨醇。

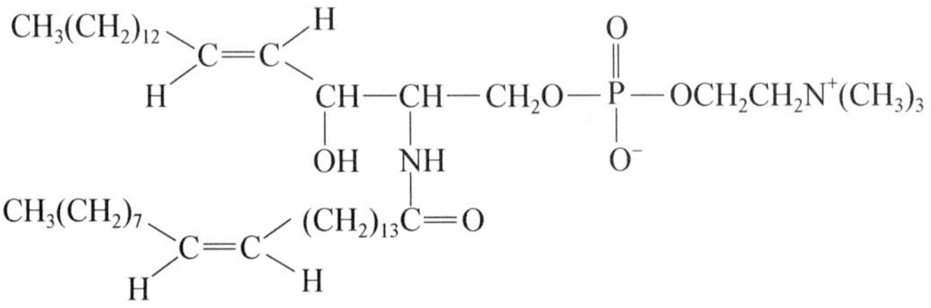

(神经)鞘磷脂

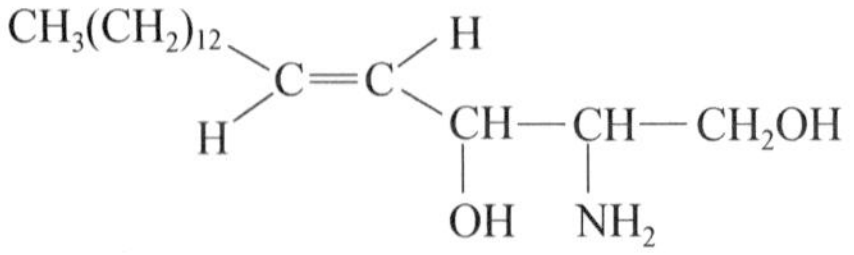

(神经)鞘氨醇

神经磷脂完全水解，可得到神经鞘氨醇、高级脂肪酸、磷脂及胆碱。

神经磷脂大量存在于脑和神经组织中，是神经鞘的主要成分，故又称为鞘磷脂。它是白色固体，在空气中较为稳定，不溶于水和丙酮，能溶于乙醇中。与卵磷脂和脑磷脂一样，它也可以形成内盐，也是良好的乳化剂。

13.3.2 蜡

蜡(wax)广泛分布在自然界,通常以混合物的形式存在。从化学结构上看,蜡的主要成分是高级饱和脂肪酸和高级一元醇所形成的酯。组成这种酯最常见的酸是软脂酸和二十六酸,最常见的醇是十六醇、二十六醇和三十醇。可见,组成蜡的高级脂肪酸和醇都含有偶数个碳原子。

蜡中除高级脂肪酸的高级醇酯外,还含有少量游离的高级脂肪酸、高级醇和高级烷烃。

蜡虽然也是酯,但与油脂不同,蜡是具有低熔点的固体,比油脂硬而脆,不溶于水,可溶于有机溶剂,稳定性大,在空气中不易变质,难以皂化。蜡也不能像油脂那样在体内被消化吸收,因而蜡不能作为人和动物的养料。

根据来源,蜡可分为动物蜡和植物蜡,植物蜡的熔点比动物蜡高。表 13-3 列出了几种重要的动植物蜡及其来源。

表 13-3 几种重要的动植物蜡及其来源

类别	名称	主要成分	熔距/℃	来源
植物蜡	巴西蜡	$C_{25}H_{51}COOC_{30}H_{61}$	83～90	巴西棕榈叶
	棕榈蜡	$C_{15}H_{31}COOC_{30}H_{61}$ 和 $C_{25}H_{51}COOC_{26}H_{53}$	100～103	棕榈树干
动物蜡	蜂蜡	$C_{15}H_{31}COOC_{30}H_{61}$	63～65	蜜蜂腹部
	鲸蜡	$C_{15}H_{31}COOC_{16}H_{33}$	41～46	鲸鱼头部
	虫蜡	$C_{25}H_{51}COOC_{26}H_{51}$	80～83	白蜡虫

动物蜡常存在于动物的分泌腺中或体表,植物蜡则常存在于植物的茎、叶和果实等表面。存在于动植物表面的蜡大多都具有防止水分侵入体内,减少水分蒸发以及避免外伤和传染病的作用。许多昆虫体表都有蜡质层,起保护作用,因此在使用农药时应选择脂溶性的药剂,以破坏昆虫体表的蜡质层,达到良好的治虫效果。

虫蜡也称白蜡,为我国特产,主要产于四川,它是寄生于女贞树上的白蜡虫的分泌物。蜂蜡是由工蜂腹部的蜡腺分泌出来的蜡,是建造蜂房的主要物质。鲸蜡主要存在于抹香鲸的头部。棕榈蜡则是分布在棕榈叶上面的蜡。

在工业上,蜡大量用作抛光剂、鞋油、蜡纸、蜡模、防水剂和药膏的基质等。

值得注意的是,蜡和石蜡不能混淆。石蜡是石油中得到的含有 26～30 个碳原子的直链烷烃的混合物,与蜡的化学组成完全不同。

13.4 甾族化合物

13.4.1 甾族化合物概述

甾族化合物(steroid)也称类固醇化合物,其名称源于希腊文 steroe,意即固体。甾族化合物广泛存在于动植物体内,对动植物的生命起着极其重要的调节作用,是一类重要的天然类脂化合物。其中,发现最早并且含量较多的是存在于脂肪中的非皂化物,后来在胆石中发现了同样的化合物,经鉴定是一个结晶的醇,由于其在胆石中含量较高,故称之为胆固醇。后来在生产实践中,从不同的地方发现了大量化学结构与胆固醇类似的一系列化合物,人们把这一系列化合物统称为类固醇化合物。

甾族化合物的种类繁多，但从结构上看，它们有一个共同的特点：含有一个由三个六元环和一个五元环稠合而成的1,2-环戊烷稠全氢化菲的四环结构，此结构是甾族化合物的母核或骨架。四个环常用 A、B、C、D 四个字母表示，环上碳原子的编号如下：

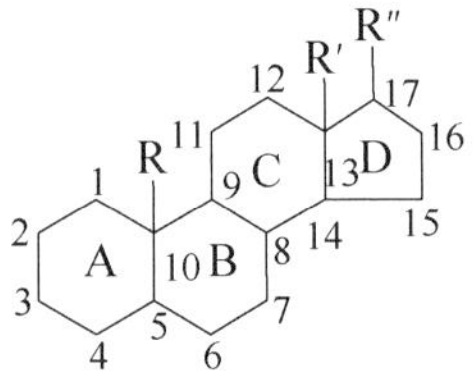

一般甾族化合物在 C_{10}、C_{13} 和 C_{17} 上都有三个支链。通常在 C_{10} 和 C_{13} 处的支链都是甲基，又称为角甲基，在 C_{17} 处则连一些不同的取代基。这一类化合物中各成员之间的主要区别就是 C_{17} 上所连取代基的不同。同时，环上其他位置还可连有不同取代基。甾族化合物在结构上的重要差别还有：母核中环可能是完全饱和的，也可能在不同的位置含有不同数目的双键。

甾族化合物中的"甾"是一个象形字，字中的"田"表示四个环，"巛"表示 C_{10}、C_{13} 和 C_{17} 上的三个支链。

甾族化合物的结构比较复杂，通常根据来源或生理作用用俗名来命名，如胆固醇、多角甾醇等。

13.4.2 重要的甾族化合物

1. 胆固醇

胆固醇(cholesterol)又称胆甾醇，主要存在于人和动物的脂肪、血液、脑、脊髓和胆石中，它是人类最早发现的甾族化合物之一。

胆固醇是不饱和醇，醇羟基在 C_3 处，双键在 C_5 和 C_6 之间，C_{17} 处的支链是一个含八个碳原子的烃基，其结构式如下：

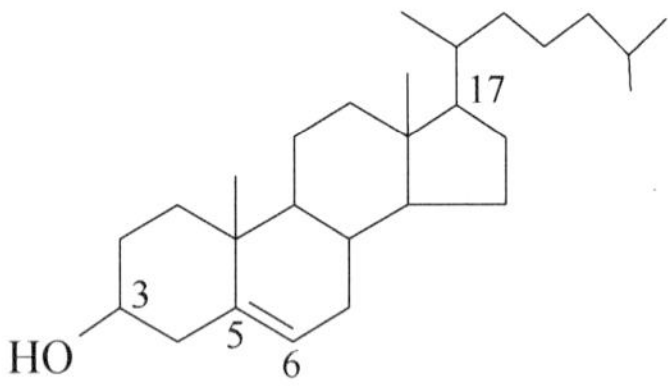

胆固醇

胆固醇为无色或略带黄色的结晶，熔点为 148.5 ℃，在高真空度下可升华。微溶于水，易溶于乙醇、乙醚、氯仿等有机溶剂。

人体中胆固醇的总量（游离的胆固醇和胆固醇酯）占体重的 0.2%，血液中的含量一般为 200 mg • (100 mL)$^{-1}$。适量的胆固醇对人体健康是很重要的，若过量则会对人体造成一定的危害，如可以引起胆结石或沉积于血管壁而引起动脉硬化、高血压等疾病。

2. 7-去氢胆固醇、麦角固醇和维生素 D

胆固醇分子中 C_7 和 C_8 两个碳原子上各去掉一个氢原子，在 C_7 和 C_8 之间形成一个双键，就变成了 7-去氢胆固醇。它属于动物固醇，存在于人体皮肤中，当受太阳中的紫外线照射时，B

环打开而转化成维生素 D_3，因此适量的日光照射是获得维生素 D_3 的最简易方法。

7-去氢胆固醇　　维生素 D_3

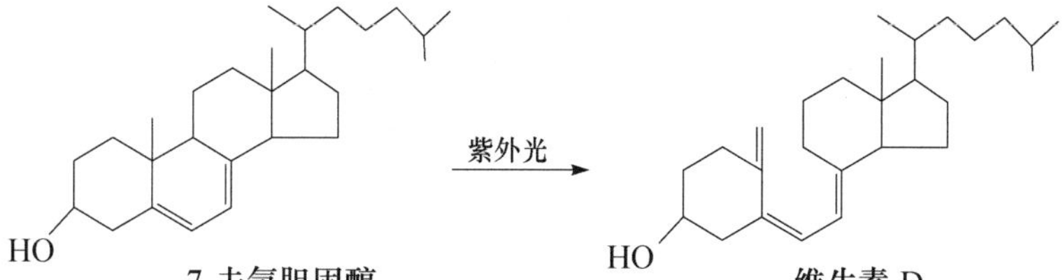

麦角固醇又称麦角甾醇，是一种重要的植物甾醇，它存在于酵母、麦角及真菌中，是青霉素生产中的一种副产品，可用于激素生产。

与 7-去氢胆固醇相比，麦角固醇在 C_{17} 处的支链上多一个甲基和一个双键。在紫外线照射下麦角固醇转变成维生素 D_2。

麦角甾醇　　维生素 D_2

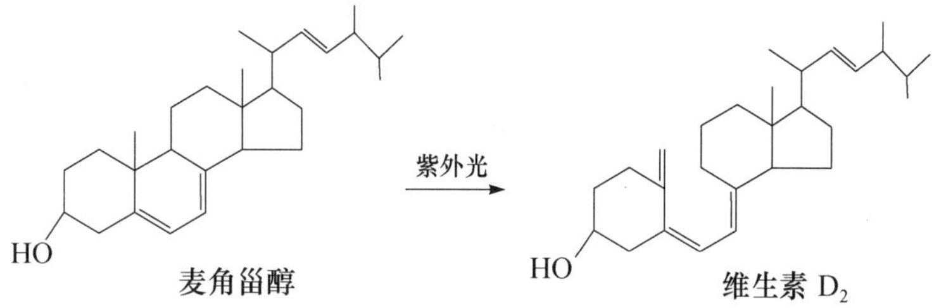

维生素 D 也称抗佝偻病维生素，其主要生理功能是促进人体内钙质的吸收。当人体缺乏维生素 D 时，儿童会患佝偻病，成人则会患软骨症。因此，儿童必须服用一些维生素 D，并且需要多晒太阳。

维生素 D 有几种同功物。最初发现麦角固醇经紫外光照射后，可以生成具有防治软骨病功能的物质，便将该物质定名为维生素 D_1。后来发现，维生素 D_1 是混合物，于是将其中一种生理作用最强的维生素称为维生素 D_2，此外还有维生素 D_4、D_5 等同功物，但以维生素 D_2、D_3 的生理作用最强。

维生素 D 广泛存在于动物体中，含量最多的是鱼的肝脏，牛奶、蛋黄中也存在维生素 D。

3. 性激素

性激素(sex hormone)分为雄性激素和雌性激素两类，它们分别是由睾丸和卵巢分泌的，对促进动物性器官的发育、调节性器官的机能及维持动物第二性征有决定性的作用，很少量的性激素就能对动物产生极大的影响。目前，已分离出的雄性激素和雌性激素很多，其重要的代表物有黄体酮和睾丸酮。

黄体酮

睾丸酮

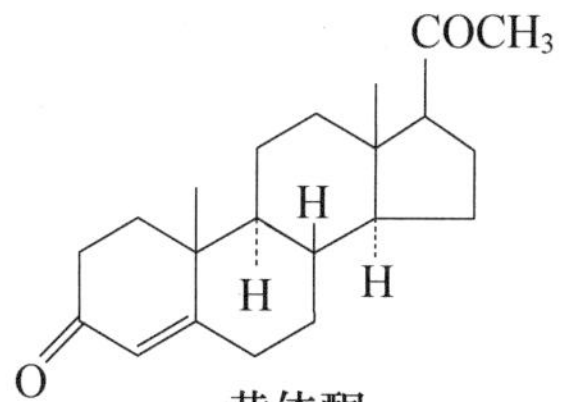

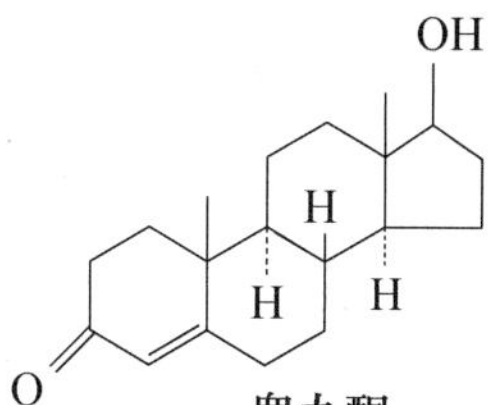

从上面的结构来看，黄体酮和睾丸酮都属于甾族化合物，它们的结构很相似，区别仅在于

C_{17} 上所连的基团,前者为乙酰基,后者为羟基。虽然它们的结构很相似,但生理作用完全不同:睾丸酮是雄性激素,主要生理作用是促进雄性性器官的成熟和第二性征的发育;黄体酮是雌性激素,主要生理作用是促进受精卵在子宫内发育,抑制排卵,在医药上用于防止流产。

习 题

1. 写出下列化合物的结构式。
   (1) 三乙酸甘油酯　　(2) 硬脂酸　　(3) 软脂酸　　(4) 油酸　　(5) 亚油酸
   (6) 亚麻酸　　(7) 胆固醇　　(8) 卵磷脂　　(9) 脑磷脂　　(10) 维生素 D_3
2. 举例说明下列各组名词的含义有何不同。
   (1) 酯与脂肪　　(2) 蜡与石蜡　　(3) 脂类与类脂
   (4) 磷酸酯与磷脂酸　　(5) 混合甘油酯与甘油酯的混合物
3. 解释下列名词。
   (1) 皂化值　　(2) 碘值　　(3) 酸值　　(4) 干性油　　(5) 非干性油
4. 用化学方法鉴别下列各组物质。
   (1) 硬脂酸和亚麻酸　　(2) 三硬脂酸甘油酯和三油酸甘油酯
5. 比较油脂、蜡和磷脂的结构特点,写出它们的一般结构式,并指出它们属于哪一类有机化合物。
6. 在巧克力、冰激凌等许多高脂肪含量的食品以及医药和化妆品中,常用卵磷脂来防止发生油和水分层的现象,这是根据卵磷脂的什么特性?
7. 下列化合物哪种有表面活性剂的作用?

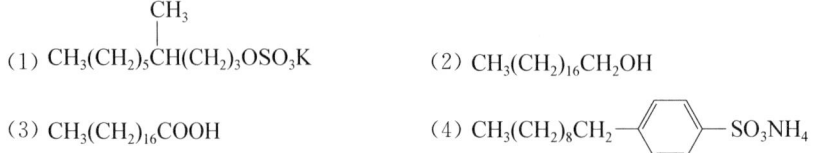

(1) $CH_3(CH_2)_5CH(CH_3)(CH_2)_3OSO_3K$ 　　(2) $CH_3(CH_2)_{16}CH_2OH$

(3) $CH_3(CH_2)_{16}COOH$ 　　(4) $CH_3(CH_2)_8CH_2$—C$_6$H$_4$—SO_3NH_4

8. 皂化某油脂 2.0 g,用去 0.25 mol·L^{-1} 氢氧化钠溶液 28 mL,试计算该油脂的皂化值。

第 14 章 氨基酸、蛋白质和核酸

参与构成生命最基本的物质有蛋白质、核酸、多糖和脂类,其中以蛋白质(protein)和核酸(nucleic acid)最为重要。蛋白质和多肽是由基本结构单元氨基酸(amino acid)分子间脱水后彼此以酰胺键连接而形成,广泛存在于一切动植物体的细胞中。核酸最重要的功能是决定生物遗传和蛋白质的生物合成,并且还作为核蛋白的重要辅基,因而是生命最根本的物质基础。

14.1 氨 基 酸

14.1.1 氨基酸的结构、分类和命名

氨基酸是羧酸碳链上的氢原子被氨基取代后的化合物,分子中同时含有氨基和羧基两种官能团。氨基酸可以根据氨基和羧基的相对位置分为 α-、β-、γ- 和 δ-氨基酸等。目前发现的自然界存在的氨基酸约有 1000 种,但是由蛋白质水解得到的氨基酸仅有 20 多种,这些氨基酸(除脯氨酸外)均是 α-氨基酸,它们是构成蛋白质的基本组成单位。这些氨基酸具有相同的结构通式,它们的差异在于 R 基团的不同(表 14-1)。

$$\text{R—CH—COOH} \atop |\phantom{\text{R—CH—}} \text{NH}_2$$

α-氨基酸

表 14-1 蛋白质中的氨基酸

	名称	英文缩写	字母代号	中文缩写	结构式	等电点(pI)
中性氨基酸	甘氨酸(glycine)	Gly	G	甘	$\text{CH}_2\text{COOH} \atop \| \atop \text{NH}_2$	5.97
	丙氨酸(alanine)	Ala	A	丙	$\text{CH}_3\text{CHCOOH} \atop \| \atop \text{NH}_2$	6.02
	缬氨酸(valine)*	Val	V	缬	$(\text{CH}_3)_2\text{CHCHCOOH} \atop \| \atop \text{NH}_2$	5.97
	亮氨酸(leucine)*	Leu	L	亮	$(\text{CH}_3)_2\text{CHCH}_2\text{CHCOOH} \atop \| \atop \text{NH}_2$	5.98
	异亮氨酸(isoleucine)*	Ile	I	异亮	$\text{CH}_3\text{CH}_2\text{CH—CHCOOH} \atop \|\| \atop \text{CH}_3\text{NH}_2$	6.02

续表

	名称	英文缩写	字母代号	中文缩写	结构式	等电点(pI)
中性氨基酸	丝氨酸(serine)	Ser	S	丝	HOCH$_2$CH(NH$_2$)COOH	5.68
	苏氨酸(threonine)*	Thr	T	苏	CH$_3$CH(OH)CH(NH$_2$)COOH	5.60
	半胱氨酸(cysteine)	Cys	C	半胱	HSCH$_2$CH(NH$_2$)COOH	5.02
	蛋氨酸/甲硫氨酸(methionine)*	Met	M	蛋	CH$_3$SCH$_2$CH$_2$CH(NH$_2$)COOH	5.06
	苯丙氨酸(phenylalanine)*	Phe	F	苯丙	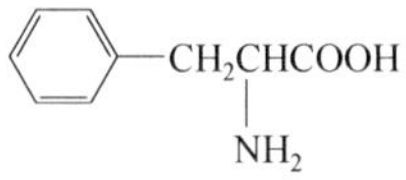 C$_6$H$_5$CH$_2$CH(NH$_2$)COOH	5.48
	酪氨酸(tyrosine)	Tyr	Y	酪	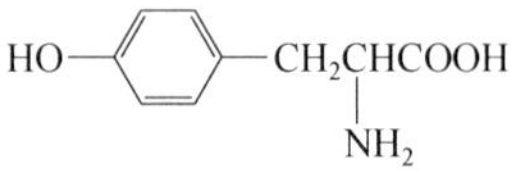 HO-C$_6$H$_4$-CH$_2$CH(NH$_2$)COOH	5.67
	色氨酸(tryptophan)*	Trp	W	色	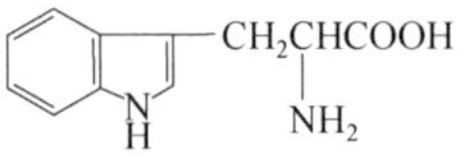 (吲哚-3-基)-CH$_2$CH(NH$_2$)COOH	5.88
	脯氨酸(proline)	Pro	P	脯	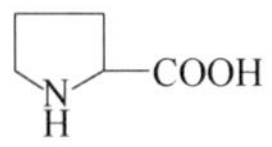 (吡咯烷-2-)COOH	6.30
	天门冬酰胺(asparagine)	Asn	N	天冬-NH$_2$	H$_2$NCOCH$_2$CH(NH$_2$)COOH	5.41
	谷氨酰胺(glutamine)	Gln	Q	谷-NH$_2$	H$_2$NCOCH$_2$CH$_2$CH(NH$_2$)COOH	5.70
酸性氨基酸	天门冬氨酸(aspartic acid)	Asp	D	天冬	HOOCCH$_2$CH(NH$_2$)COOH	2.98
	谷氨酸(glutamic acid)	Glu	E	谷	HOOCCH$_2$CH$_2$CH(NH$_2$)COOH	3.22

续表

	名称	英文缩写	字母代号	中文缩写	结构式	等电点(pI)
碱性氨基酸	赖氨酸(lysine)*	Lys	k	赖	H₂NCH₂CH₂CH₂CH₂CHCOOH|NH₂	9.74
	精氨酸(arginine)	Arg	R	精	H₂NCNHCH₂CH₂CH₂CHCOOH||NH |NH₂	10.76
	组氨酸(histidine)	His	H	组	咪唑-CH₂CHCOOH|NH₂	7.59

注：标记"*"的氨基酸为不能在人体内合成、必须由食物供给的氨基酸，即必需氨基酸。

α-氨基酸根据 R 基团的化学结构可分为脂肪族、芳香族和杂环族氨基酸；根据 R 基团的极性又可分为非极性的 R 基氨基酸、不带电荷的极性 R 基氨基酸、带正电荷的 R 基氨基酸和带负电荷的 R 基氨基酸；也可根据分子中氨基和羧基的数目不同分为中性氨基酸（氨基和羧基数目相同）、酸性氨基酸（羧基数目多于氨基）和碱性氨基酸（氨基数目多于羧基）（表 14-1）。

氨基酸的系统命名法与取代酸的系统命名法相同，即将氨基作为羧酸的取代基命名，但由蛋白质水解得到的氨基酸多用习惯名称，即按其来源或性质命名，如天门冬氨酸最初是在天门冬的幼苗中发现的；甘氨酸因具有甜味而得名；最初从蚕丝中分离得到的氨基酸称为丝氨酸。

$$\underset{\substack{\text{2-氨基-1,4-丁二酸}\\\text{(天门冬氨酸)}}}{\text{HOOCCH}_2\text{CHCOOH} \atop |\atop \text{NH}_2} \qquad \underset{\substack{\text{2-氨基乙酸}\\\text{(甘氨酸)}}}{\text{CH}_2\text{COOH} \atop |\atop \text{NH}_2} \qquad \underset{\substack{\text{2-氨基-3-羟基丙酸}\\\text{(丝氨酸)}}}{\text{HOCH}_2\text{CHCOOH} \atop |\atop \text{NH}_2}$$

另外，氨基酸的命名还采用中英文名称缩写和字母代号。表 14-1 列出了常见 α-氨基酸的名称、结构及中英文缩写。

组成蛋白质的氨基酸，除甘氨酸外，分子中的 α-碳原子均为手性碳原子。α-氨基酸的构型可用 D/L 法或 R/S 法标记，习惯上采用 D/L 构型标记法。蛋白质水解得到的氨基酸几乎都是 L 构型。氨基酸的构型是与甘油醛对照确定的，它们与 L-甘油醛之间的关系如下：

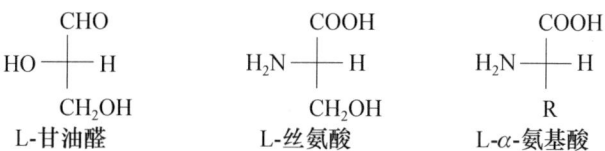

L-甘油醛　　　　　L-丝氨酸　　　　　L-α-氨基酸

分子中含多个手性碳原子的 α-氨基酸的构型均以 α-碳的构型为准来标记分子构型，分子中的手性碳原子则通常采用 R/S 标记法。例如

$$\underset{\text{L-丙氨酸}}{\begin{array}{c}\text{COOH}\\\text{H}_2\text{N}-\!\!\!\!\!-\text{H}\quad S\\\text{CH}_3\end{array}} \qquad \underset{\text{L-异亮氨酸}}{\begin{array}{c}\text{COOH}\\\text{H}_2\text{N}-\!\!\!\!\!-\text{H}\quad 2S\\\text{H}_3\text{C}-\!\!\!\!\!-\text{H}\quad 3S\\\text{C}_2\text{H}_5\end{array}}$$

自然界中存在的 α-氨基酸大多数为 L 型。

14.1.2 氨基酸的物理性质

氨基酸大多是无色结晶固体，其熔点一般为 200～300 ℃，比相对分子质量相近或相同的羧酸及胺类高，加热至熔点时易分解。大多数氨基酸可溶于水，但其溶解度受溶液 pH 影响较大，能溶于稀酸或碱，难溶于有机溶剂。除甘氨酸外，其他氨基酸都有旋光性。另外，不同氨基酸的味道有所不同，有的无味、有的味甜、有的味苦，谷氨酸的单钠盐有鲜味，是味精的主要成分。

14.1.3 氨基酸的化学性质

氨基酸分子中同时含有氨基和羧基两种官能团，因此具有典型的羧酸和胺的性质，同时还具有氨基和羧基相互影响而产生的一些特殊性质。

1. 两性和等电点

氨基酸含碱性的氨基和酸性的羧基，因而氨基和羧基能在分子内反应成盐。这种同一分子内碱性基团和酸性基团之间相互作用形成的盐称为内盐（zwitterion），又称为两性离子或偶极离子（dipolar ion）。氨基酸在结晶状态或水溶液中都是以内盐形式存在的，这也是大多数氨基酸能溶于水而难溶于有机溶剂并具有高熔点的原因。

$$R-\underset{NH_2}{CH}-\underset{\parallel}{C}-OH \rightleftharpoons R-\underset{NH_3^+}{CH}-\underset{\parallel}{C}-O^-$$

内盐（两性离子）

氨基酸两性离子既能从强酸中接受一个质子，又能向强碱提供一个质子。

$$R-\underset{NH_2}{CH}-COO^- \underset{OH^-}{\overset{H^+}{\rightleftharpoons}} R-\underset{NH_3^+}{CH}-COO^- \underset{OH^-}{\overset{H^+}{\rightleftharpoons}} R-\underset{NH_3^+}{CH}-COOH$$

负离子　　　　　两性离子　　　　　正离子
(pH > pI)　　　　(pH = pI)　　　　(pH < pI)
　　　　　　(pI为等电点时的pH)

因此，氨基酸是既具有酸性又具有碱性的两性化合物，但氨基酸的酸性不是羧基—COOH 表现出来的供质子能力，而是—NH_3^+ 的供质子能力；同样，它的碱性也不是—NH_2 表现出来的结合质子能力，而是—COO^- 的结合质子能力。

上式还说明，氨基酸在水溶液中所处的状态，除与本身的结构有关外，还与溶液的 pH 有关。根据化学平衡原理，在氨基酸的水溶液中加入碱，氨基酸主要以负离子形式存在，在电场中向正极移动；在氨基酸的水溶液中加入酸，则主要以正离子形式存在，在电场中向负极移动。当溶液的 pH 恰好调节至某一值时，正离子和负离子的浓度正好相等，静电荷等于零，氨基酸在电场中既不向正极移动也不向负极移动，这时溶液的 pH 称为该氨基酸的等电点，通常用 pI 表示。在等电点时，两性离子的浓度最大，氨基酸在水中的溶解度最小，最容易沉淀。因此，利用调节等电点的方法，可以分离氨基酸的混合物。

不同的氨基酸中氨基和羧基的相对强度和数目不同，因而具有不同的等电点（表 14-1）。

一般中性氨基酸的 pI 值为 5.5~6.3。酸性氨基酸由于含羧基数目多于氨基,要到达它的等电点需要加入较多的酸来抑制负离子的生成,因此酸性氨基酸的 pI 值较小,一般为 2.8~3.2。碱性氨基酸由于含氨基数目多于羧基,要到达它的等电点需要加入较多的碱来抑制正离子的生成,因此碱性氨基酸的 pI 值较大,一般为 7.6~10.6。

2. 氨基的反应

α-氨基酸分子中的氨基具有典型氨基的性质,如能与酸、亚硝酸、酰基化试剂、烃基化试剂、甲醛、过氧化氢等反应。

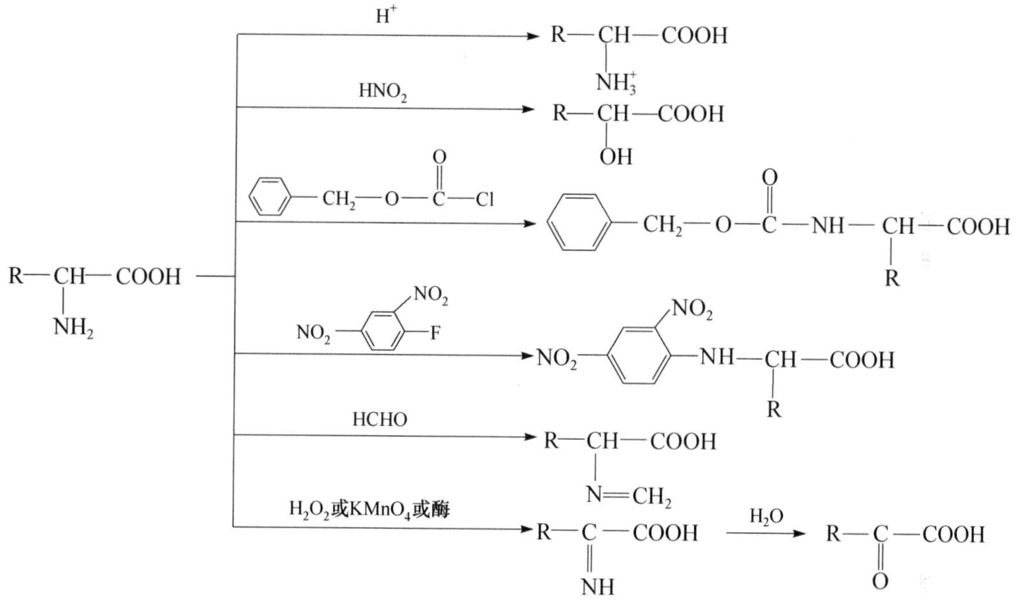

$$
\begin{array}{l}
R-CH-COOH \xrightarrow{H^+} R-CH-COOH \ (NH_3^+) \\
\xrightarrow{HNO_2} R-CH-COOH \ (OH) \\
\xrightarrow{PhCH_2-O-CO-Cl} PhCH_2-O-CO-NH-CH(R)-COOH \\
\xrightarrow{2,4-(NO_2)_2C_6H_3F} (NO_2)_2C_6H_3-NH-CH(R)-COOH \\
\xrightarrow{HCHO} R-CH(N=CH_2)-COOH \\
\xrightarrow{H_2O_2 \text{或} KMnO_4 \text{或酶}} R-C(NH)-COOH \xrightarrow{H_2O} R-C(O)-COOH
\end{array}
$$

α-氨基酸(除脯氨酸外)都能与亚硝酸反应,生成羟基酸,并定量放出氮气,因放出的氮气一半来自氨基酸的氨基、另一半来自亚硝酸,故测量放出氮气的体积即可计算出氨基酸中氨基的含量,此法称为范斯莱克(van Slyke)定量法。

苄氧甲酰氯(简写为 CBz)可以作为 α-氨基酸中氨基的酰化剂,此法常用于蛋白质或多肽的化学合成过程中,对暂不参加形成肽键的氨基以及侧链的氨基进行保护。因为氨基在酰化形成酰胺基团后,其氮原子的亲核性消失,避免了干扰目标肽键的形成。苄氧甲酰基不仅容易引入,还能用多种方法把它脱除。

氨基酸与卤代烃作用则烃基化形成 N-烃基衍生氨基酸,如 2,4-二硝基氟苯[简称 DNFB,又称桑格(Sanger)试剂]与氨基酸的反应可用于肽链结构的 N 端分析。

氨基酸和甲醛反应可用于酸碱滴定法测羧基含量时保护氨基,避免干扰。

氨基酸氧化脱氨生成酮酸的反应是生物体内在酶催化下蛋白质分解代谢过程中的重要反应。

3. 羧基的反应

α-氨基酸分子中的羧基具有典型羧基的性质,如能与碱、五氯化磷、氨、醇、氢化铝锂等反应。

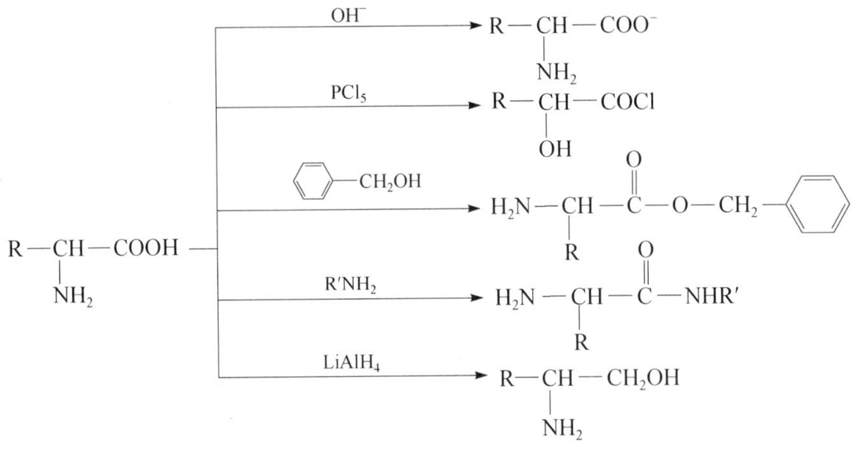

$$\text{R—CH—COOH} \atop \text{NH}_2 \begin{cases} \xrightarrow{\text{OH}^-} \text{R—CH—COO}^- \atop \text{NH}_2 \\ \xrightarrow{\text{PCl}_5} \text{R—CH—COCl} \atop \text{OH} \\ \xrightarrow{\text{C}_6\text{H}_5\text{CH}_2\text{OH}} \text{H}_2\text{N—CH—C(=O)—O—CH}_2\text{—C}_6\text{H}_5 \atop \text{R} \\ \xrightarrow{\text{R}'\text{NH}_2} \text{H}_2\text{N—CH—C(=O)—NHR}' \atop \text{R} \\ \xrightarrow{\text{LiAlH}_4} \text{R—CH—CH}_2\text{OH} \atop \text{NH}_2 \end{cases}$$

4. 与水合茚三酮反应

α-氨基酸在碱性溶液中与水合茚三酮共热，经氧化、脱氨、脱羧及缩合等反应生成蓝紫色物质。此反应非常灵敏，可用于 α-氨基酸的定性、定量分析。蛋白质和多肽也能发生此显色反应。α-亚氨基酸（如脯氨酸）与茚三酮反应生成黄色物质。β-氨基酸等不与水合茚三酮反应。

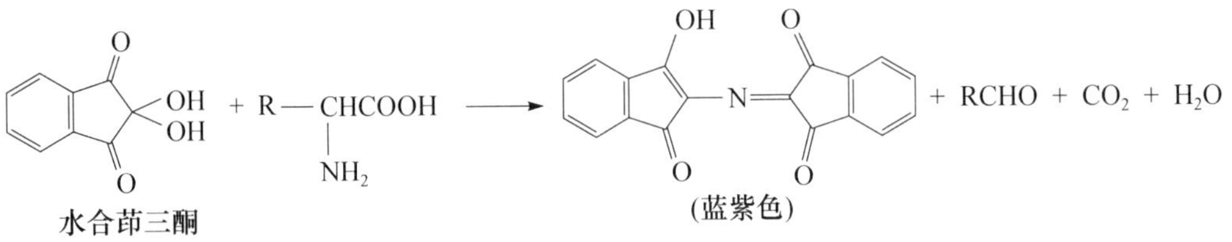

水合茚三酮 + R—CHCOOH (NH₂) → （蓝紫色产物） + RCHO + CO₂ + H₂O

5. 热分解反应

当氨基酸分子中的氨基和羧基的相对位置不同时，在加热情况下能发生和羟基酸极为相似的热分解反应，生成不同的产物。例如，α-氨基酸加热时可发生分子间的相互脱水形成交酰胺——二酮吡嗪，也可以两个 α-氨基酸分子间只脱一分子水而生成二肽。

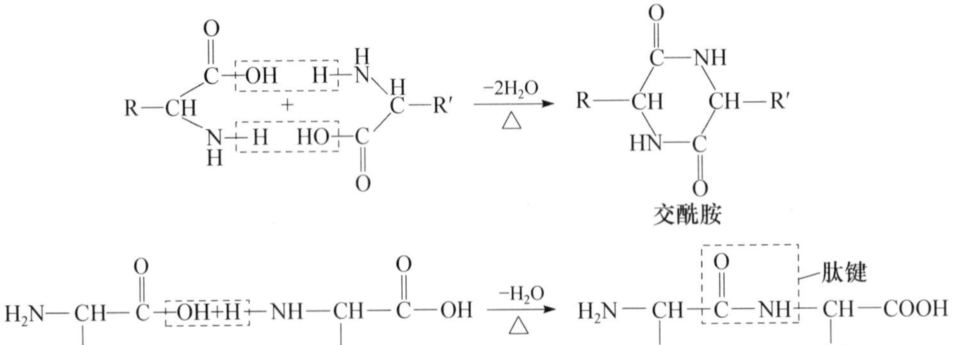

（交酰胺生成反应示意图）

（二肽生成反应示意图，标注"肽键"）

通常一分子氨基酸的氨基与另一分子氨基酸的羧基反应失水形成的酰胺键（—CONH—）称为肽键，α-氨基酸通过肽键连接起来的化合物称为肽（peptide），两个 α-氨基酸形成的肽称为二肽（dipeptide），多个 α-氨基酸按照一定顺序排列并通过肽键结合形成的肽称为多肽

(polypeptide)，组成多肽的氨基酸单元称为氨基酸残基(amino acid residue)。氨基酸通过肽键结合形成的链称为肽链。

任何一条肽链中都有一个游离的—NH$_3^+$端和一个游离的—COO$^-$端，前者称为N端，后者称为C端。在书写肽链时，一般将N端放在左边，C端放在右边。因此，多肽链中的氨基酸序列(amino acid sequence)是指由N端开始，以C端为终点的氨基酸排列顺序。命名多肽时按照氨基酸序列依次将每个氨基酸写成"某氨酰"，最后一个氨基酸单位写为"某氨酸"。命名还常用缩写符号来表示氨基酸残基，符号之间用短线隔开。例如

$$(N端)\ ^+H_3N-\underset{\underset{C_6H_5}{\underset{|}{CH_2}}}{\underset{|}{CH}}-\overset{O}{\overset{\|}{C}}-NH-CH_2-\overset{O}{\overset{\|}{C}}-NH-\underset{\underset{CH_3}{|}}{CH}-\overset{O}{\overset{\|}{C}}-NH-\underset{\underset{CH_2OH}{|}}{CH}-\overset{O}{\overset{\|}{C}}-O^-\ (C端)$$

苯丙氨酰甘氨酰丙氨酰丝氨酸(简称：苯丙-甘-丙-丝)

β-氨基酸受热失去一分子氨，生成α,β-不饱和羧酸。

$$R-\underset{\underset{NH_2}{|}}{CH}-\underset{\underset{H}{|}}{CH}-COOH \longrightarrow R-CH=CH-COOH + NH_3\uparrow$$

γ-或δ-氨基酸受热发生分子内脱水，生成五元环或六元环的内酰胺。

$$R-\underset{\underset{H}{\underset{|}{HN}}}{CH}-CH_2-CH_2-\underset{\underset{OH}{|}}{C}=O \longrightarrow \begin{array}{c}\text{五元环内酰胺}\\ \text{(含R取代)}\end{array} + H_2O$$

14.2 蛋 白 质

蛋白质是由一条或多条多肽链以特殊方式组合而形成的具有较稳定构象且具有生物活性的大分子(相对分子质量通常为10 000~1 000 000或更大)。蛋白质是一切生物体的细胞和组织的主要成分，也是生物体形态结构的物质基础。不仅如此，蛋白质在生物体内还担负着多种生物功能，如它们作为生物催化剂——酶，催化和调控新陈代谢的所有化学反应，供给机体营养，输送氧气，防御疾病，控制高等动物的肌肉收缩和血液凝固，修复受损组织，负责生长和繁殖，传递信息等。总之，蛋白质是生命的物质基础，在生命现象和生命过程中起决定作用。

14.2.1 蛋白质的元素组成和分类

元素分析表明，蛋白质中的主要元素有碳、氢、氧、氮及少量的硫，有的还含有微量的磷、铁、锌、铜、钼、碘等元素。其中，含氮量在各种蛋白质中都比较接近，平均为16%。碳、氢、氧和硫元素分别占50%~55%、6%~8%、20%~23%和0.3%~2.5%。

蛋白质种类繁多，一般根据它们的形状、化学组成和功能进行分类。根据蛋白质的形状可分为纤维蛋白质和球状蛋白质，纤维蛋白的分子为细长形，一般不溶于水；球蛋白呈球形或椭球形，一般能溶于水或含有盐类、酸、碱或乙醇的水溶液。根据蛋白质的化学组成可分为单纯蛋白质和结合蛋白质，单纯蛋白质仅由氨基酸构成；结合蛋白质是由蛋白质和非蛋白质部分结

合而成，非蛋白质部分称为辅基，可以是核酸、糖类、脂类或磷酸酯等。蛋白质还可以根据功能分为活性蛋白和非活性蛋白，活性蛋白包括酶、激素、抗体、收缩蛋白和运输蛋白等；非活性蛋白本身不具有活性，但承担了生物的保护和支持作用，如储存蛋白（清蛋白、酪蛋白等）、结构蛋白（角蛋白、弹性蛋白胶原）等。

14.2.2 蛋白质的结构

蛋白质是多肽高分子化合物，并随肽链数目、氨基酸组成及空间排列的不同形成非常复杂的结构，主要包括以肽链结构为基础的肽链线性序列（一级结构，也称初级结构）以及由肽链卷曲、折叠而形成的高级结构或空间结构（通常又分为二、三和四级结构）。

1. 蛋白质的一级结构

蛋白质的一级结构（primary structure）是指蛋白质中氨基酸按照特定的排列顺序通过肽键连接起来的多肽链结构，包括二硫键的位置，其中最重要的是多肽链的氨基酸序列。蛋白质的一级结构不仅决定蛋白质的二、三、四级结构，还对它的生物功能起决定作用。

2. 蛋白质的三维结构

1）二级结构

蛋白质的二级结构（secondary structure）主要是肽链主链在空间的排列，它只涉及分子主链的构象以及链内或链间所形成的氢键，不包括与其他肽段的相互关系及侧链构象的内容。

多肽链中的肽键存在 p-π 共轭效应，使 C—N 键具有部分双键的性质而不能自由旋转，因而使组成肽键的四个原子及与肽键相连的两个 α-碳原子（C_α）都处在同一平面上，这个平面称为肽平面。因此，多肽的主链可以看成是由多个相邻的肽平面构成，两个相邻的肽平面通过一个共同的 C_α 相接（图 14-1）。

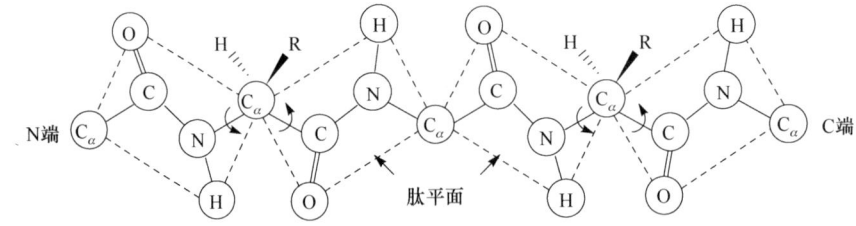

图 14-1 多肽链中酰胺平面和 C_α—N 及 C—C_α 键链的旋转

由于 C_α—N 和 C_α—C 键是能自由旋转的单键，因此两个相邻的肽平面之间可以以 C_α 为交界点而转折成各种角度，使整个肽链可以在保持肽键平面结构不变的情况下，形成不同的空间排列。例如，多肽链可以是伸展的，也可以是折叠的。

多肽链的酰胺键中 C=O 和 N—H 容易形成链内或链间的氢键，这种氢键对于稳定主链构象有重要意义。

蛋白质的二级结构包括 α 螺旋、β 折叠、β 转角及无规卷曲，其中最重要的是前两种类型的结构（图 14-2）。

α 螺旋（α-helix）是鲍林（L. Pauling）和科里（E. J. Corey）利用 X 射线衍射法研究纤维状蛋

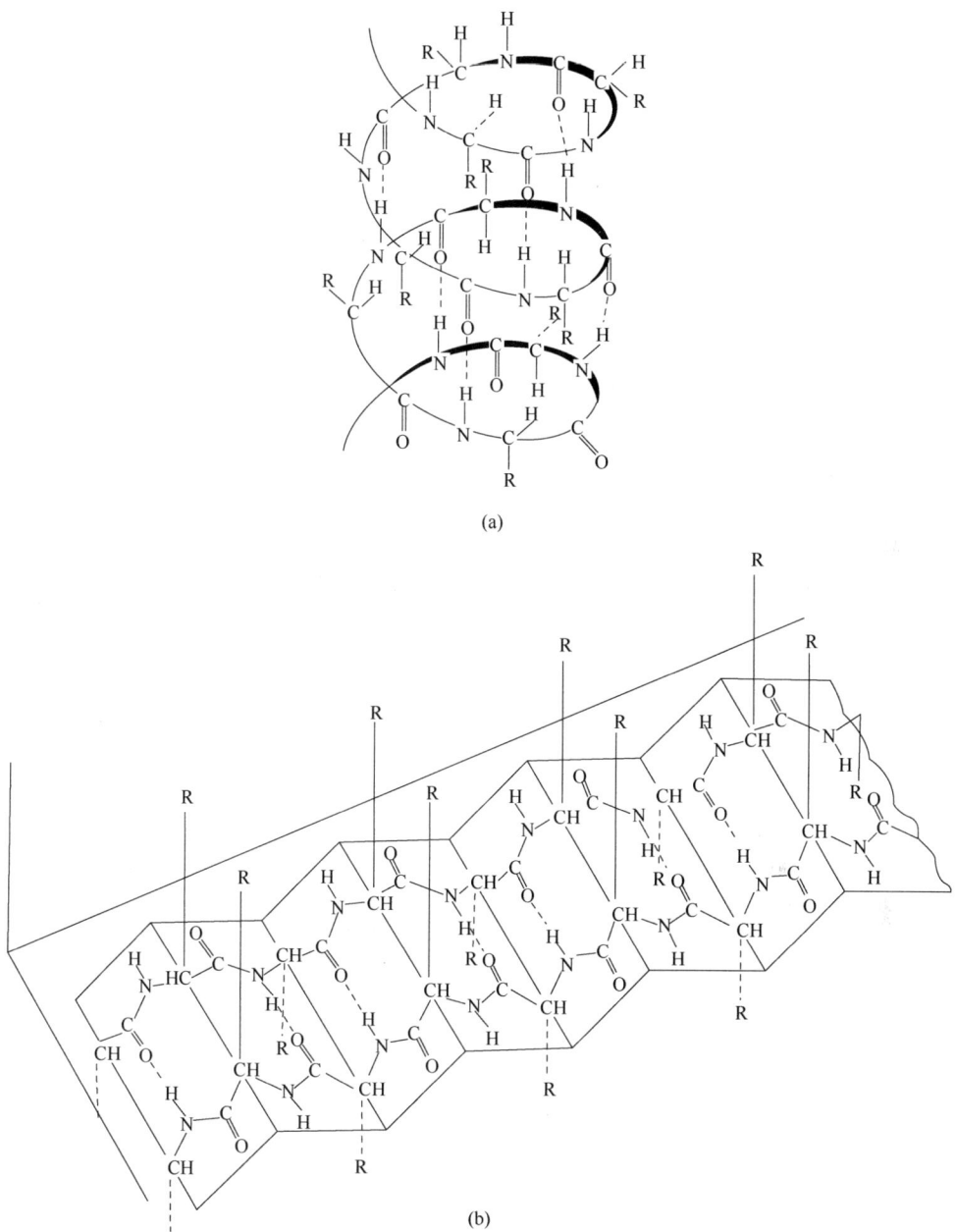

图 14-2 蛋白质的二级结构示意图
(a) α 螺旋(右手螺旋);(b) β 折叠

白质分子时发现的,这种结构是蛋白质主链的一种典型结构,呈现出多肽主链围绕同一中心轴以螺旋方式伸展,一个螺旋圈包含 3.6 个氨基酸残基,每上升一圈向上平移 0.54 nm,每个残基沿轴上升 0.15 nm。维持这种螺旋结构的作用力来自多肽链中每个氨基酸残基的 N—H 与前面相隔三个氨基酸残基的 C=O 形成氢键,氢键的方向大致与中心轴平行。天然蛋白质的 α 螺旋大多为右手螺旋。

β 折叠(β-sheet)中多肽主链处于较伸展的曲折(锯齿)形式,肽链之间或同一肽链的不同肽段之间平行或反平行聚集,借助相邻肽链上的 N—H 和 C=O 之间形成的氢键而彼此连成片状结构,因此称为β折叠。β折叠包括平行和反平行两种类型。

2) 三级结构

蛋白质很少以简单的二级结构存在,而是在二级结构的基础上进一步盘绕、折叠、卷曲,形成包括主链和侧链构象在内的特征的、紧凑的三维结构,称为三级结构(tertiary structure)。形成三级结构的多肽链通常在进一步折叠卷曲后把亲水的极性基团暴露于表面,而疏水的非极性基团包在中间。维持三级结构的力来自于组成肽链的氨基酸分子中各种基团之间的相互作用,主要是氨基酸侧链 R 基之间的相互作用,包括二硫键、氢键、正负离子间的静电引力(离子键)、疏水基团之间的亲和力(疏水键)、范德华力等(图 14-3)。除了二硫键是三级结构中唯一的共价键(键能为 210 kJ·mol^{-1}),其他的键都比较弱,统称为非共价键或次级键。尽管这些次级键相对较弱,但这些键的综合作用在维持蛋白质三级结构中起很重要的作用,尤其是疏水键。因此,在一级结构中相距很远的氨基酸分子可能在三级结构中处在相互靠近且彼此相互作用的空间位置上。

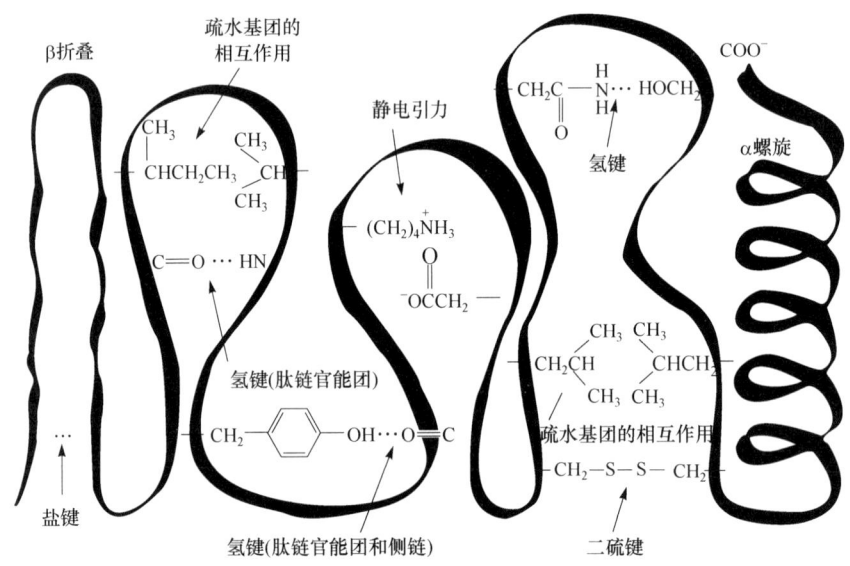

图 14-3 蛋白质三级结构中的相互作用力

3) 四级结构

在一些蛋白质中,整个分子含有不止一个多肽链,每条多肽链可以认为是一个亚单位或称亚基(subunit)。由两个或两个以上亚基组成的蛋白质称为寡聚蛋白质、多聚蛋白质或多亚基蛋白质。蛋白质的四级结构(quaternary structure)涉及亚基种类和数目以及各亚基在整个分子中的空间排布,包括亚基间的结构互补以及主要通过非共价键维持的亚基间的相互作用和四级结构的稳定性。

14.2.3 蛋白质的性质

1. 两性和等电点

蛋白质和氨基酸相似,也是两性物质,它与强酸或强碱都可反应。在强酸性溶液中,蛋白质以正离子状态存在;在强碱性溶液中,则以负离子状态存在。蛋白质溶液在某 pH 时,分子所带正、负电荷相等,静电荷为零,蛋白质在电场中也不迁移,此时溶液 pH 称为该蛋白质的等电点(pI)。每种蛋白质都具有特定的等电点,如胃蛋白酶的 pI=1.1,血清白蛋白的 pI=4.8,胰岛素的 pI=5.3。蛋白质在等电点时溶解度最小,最易沉淀,可根据这一性质在科学实验和生化工业中提取分离蛋白质。

2. 胶体性质

蛋白质是大分子化合物,它在水溶液中形成的颗粒直径为 1~100 nm,具有胶体溶液特征,如布朗运动、丁铎尔与电泳现象、不能透过半透膜及具有吸附能力等。蛋白质的水溶液是一种比较稳定的亲水胶体,一方面,蛋白质表面有很多极性基团,易与水结合形成一层水化膜,水化膜使蛋白质胶粒被隔开,它们之间不会因碰撞而聚集成大颗粒;另一方面,蛋白质表面的极性基团可电离,分子表面一般带有同种电荷,同性电荷相斥,使蛋白质胶粒不易接近而聚沉。

3. 沉淀反应

蛋白质分子由于带电荷以及能形成水化膜,因此在水溶液中可形成稳定的胶体。但如果加入某些试剂破坏了蛋白质的水化膜或蛋白质表面的电荷,蛋白质就会产生沉淀。引起蛋白质沉淀的试剂很多,最常用的是中性盐,如硫酸铵、硫酸钠等,当把它们加入蛋白质溶液中达到相当大的浓度时,蛋白质水化膜被破坏,电荷被中和,从溶液中沉淀出来,此种作用称为盐析。不同蛋白质的盐析所需盐的浓度是不同的。盐析是可逆的,被沉淀的蛋白质空间构象基本上没有改变,还保持生理活性,若去除中性盐,沉淀的蛋白质还会重新溶解,因此盐析是分离制备蛋白质的常用方法。类似的可逆沉淀方法还有在低温下加入有机溶剂(如乙醇、丙酮)也会破坏蛋白质水化膜,使蛋白质沉淀。但是在温度较高时加入有机溶剂或加入有机溶剂沉淀的时间较长则成为不可逆沉淀。此外,加入氯化汞、硝酸银、硝酸铅及三氯化铁等重金属盐或苦味酸、单宁酸及三氯乙酸等酸类物质也会引起不可逆沉淀。

4. 变性作用

蛋白质的变性作用是指受物理或化学因素的作用,天然蛋白质分子内部原有的功能结构发生变化,并致使其理化性质和生物功能都随之改变甚至丧失。

使蛋白质变性的化学方法有加强酸、碱、尿素、重金属、三氯乙酸、乙醇、丙酮等。物理方法有干燥、加热、剧烈振荡或搅拌、紫外线或 X 射线照射、超声波处理等。这种变性作用并不破坏蛋白质的一级结构中的共价键,主要是破坏蛋白质中的氢键等次级键,分子内从原有的高度有规律的结构变为松散无序的结构,导致蛋白质的高级结构(二、三、四级)被破坏,从而丧失生物功能。另外,原来处于分子内部的疏水基团大量暴露在分子表面,使蛋白质分子不能与水相溶而失去水化膜,容易引起分子间相互碰撞发生聚集沉淀,因而变性后的蛋白质表现出溶解度降低、黏度加大、易凝固或沉淀等理化性质的改变。例如,鸡蛋煮熟之后,不再溶于水,而成为固体,也不能再孵出小鸡。

蛋白质的变性作用如果不剧烈,蛋白质分子内部结构变化不大,还有可能恢复原来的结构和功能,这是一种可逆变性。但随变性时间延长和变性条件的加剧导致变性程度的加深,原来蛋白质的结构功能不能再恢复,则出现不可逆变性。

5. 显色反应

蛋白质分子中某些特殊结构能与一些试剂发生特有的显色反应,利用这些反应可以鉴别蛋白质。

(1) 缩二脲反应。蛋白质在强碱溶液中与稀硫酸铜溶液发生反应,生成紫色化合物,并在 540 nm 波长下有光吸收。此反应可用于蛋白质的定性及定量分析。

(2) 黄蛋白反应。蛋白质中存在含有芳香环的氨基酸,遇浓硝酸变为深黄色,再加碱后则转为橙黄色,这是由于苯环发生硝化反应生成黄色硝基化合物。例如,皮肤遇浓硝酸变黄色就是这个原因。

(3) 米伦(Millon)反应。米伦试剂是硝酸汞、亚硝酸汞、硝酸和亚硝酸的混合物。酪氨酸及含酪氨酸的蛋白质与其反应产生白色沉淀,加热后沉淀变成红色。这是由于酪氨酸中的酚羟基与汞形成有色化合物,此反应可以用于检查酪氨酸是否存在。

(4) 茚三酮反应。蛋白质与 α-氨基酸一样,与茚三酮溶液共热即呈蓝色。

(5) 乙醛酸反应。在蛋白质溶液中加入乙醛酸,并沿试管壁慢慢注入浓硫酸,在上、下两层溶液分界处会出现紫色环。这是由蛋白质中色氨酸的吲哚基引起的显色反应,该反应可用于检查蛋白质中是否含有色氨酸残基。

14.3 核 酸

核酸是瑞士生理学家米歇尔(F. Miescher)于 1869 年从细胞核中首次分离得到的,因为它是一种含磷量很高的酸性化合物,故称为核酸。核酸以游离态或以与蛋白质结合成核蛋白的形式存在于细胞核和细胞的其他部分,它类似于蛋白质和糖类,也是生物大分子化合物。核酸包括脱氧核糖核酸(deoxyribonucleic acid,DNA)和核糖核酸(ribonucleic acid,RNA)两大类。DNA 主要存在于细胞核中,RNA 则主要分布于细胞质中。DNA 是遗传信息的载体,决定生命的遗传;RNA 在蛋白质的生物合成中起帮助传递和表达遗传信息的作用。因此,可以说核酸是生命活动最根本的物质基础。

核酸的研究加快了揭示生命奥秘的进程,20 世纪两个最重要的突破就是 DNA 双螺旋结构的发现和遗传密码的解开。随着对核酸的进一步研究,由此产生的基因工程在工业、农业、医学等领域的应用也日益广泛,并取得了丰硕的成果。

14.3.1 核酸的化学组成

经元素分析,核酸分子中除含碳、氢、氧、氮四种元素外,还含有大量的磷,个别的还含有硫,其中含氮 15%~16%,含磷 9%~10%。

核酸是由几十万到几百万个核苷酸聚合而成的大分子,因此又称多聚核苷酸。核酸在酸性或碱性条件下部分水解即可生成核苷酸,核苷酸还可以进一步水解生成核苷和磷酸,核苷最终水解为戊糖(脱氧核糖或核糖)和杂环碱(嘧啶或嘌呤)。

$$核酸 \xrightarrow{水解} 核苷酸 \xrightarrow{水解} \begin{cases} 磷酸 \\ 核苷 \xrightarrow{水解} \begin{cases} 嘌呤或嘧啶(杂环碱) \\ 脱氧核糖或核糖(戊糖) \end{cases} \end{cases}$$

由此可见,核酸由磷酸、戊糖和杂环碱三种简单分子组成,戊糖和杂环碱组成核苷,核苷再和磷酸组成核苷酸,核苷酸分子聚合最终形成链状聚合物。

1. 脱氧核糖或核糖

核酸因其所含的戊糖不同而分为 RNA 和 DNA 两大类。RNA 中含有 D-核糖(D-ribose),DNA 中含有 D-2-脱氧核糖(D-2-deoxyribose),这两种戊糖均以 β-D-呋喃糖的形式存在。

2. 含氮碱基

存在于核苷酸中的碱基共有五种,都是来自于含氮杂环碱的羟基和氨基衍生物(只有一种还含有甲基),其中两种嘌呤的衍生物分别是腺嘌呤(A)和鸟嘌呤(G),另外三种嘧啶的衍生物分别是胞嘧啶(C)、胸腺嘧啶(T)和尿嘧啶(U)。DNA 和 RNA 中所含的碱基种类也有差别,DNA 中存在 A、G、C 和 T 四种碱基,RNA 中存在 A、G、C 和 U 四种碱基。

3. 核苷

核苷是由上述戊糖和杂环碱形成的糖苷,通常是由糖分子 $1'$ 位(糖分子中的碳原子用 $1'$、$2'$、$3'$ 等编号)上的羟基和嘧啶环上 1 位或嘌呤环上 9 位氮原子的氢脱水而形成的 β-糖苷。DNA 的核苷包括脱氧腺嘌呤核苷(简称脱氧腺苷)、脱氧鸟嘌呤核苷(简称脱氧鸟苷)、脱氧胞嘧啶核苷(简称脱氧胞苷)和脱氧胸腺嘧啶核苷(简称脱氧胸苷);RNA 的核苷包括腺嘌呤核苷(简称腺苷)、鸟嘌呤核苷(简称鸟苷)、胞嘧啶核苷(简称胞苷)和尿嘧啶核苷(简称尿苷)。核苷可用单字母符号(A、G、C、U)表示,脱氧核苷则在单字母符号前加一个小写的 d(dA、dG、dC、dT)表示。例如

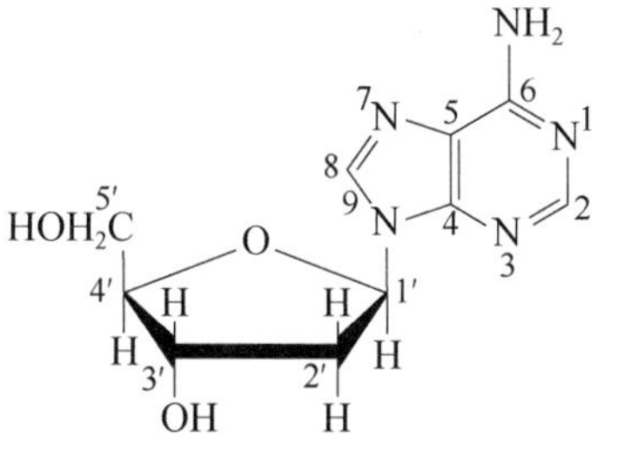

脱氧腺苷(dA) 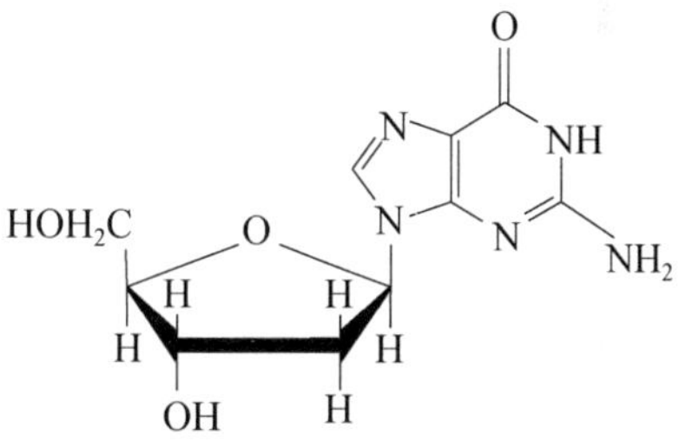   脱氧鸟苷(dG)

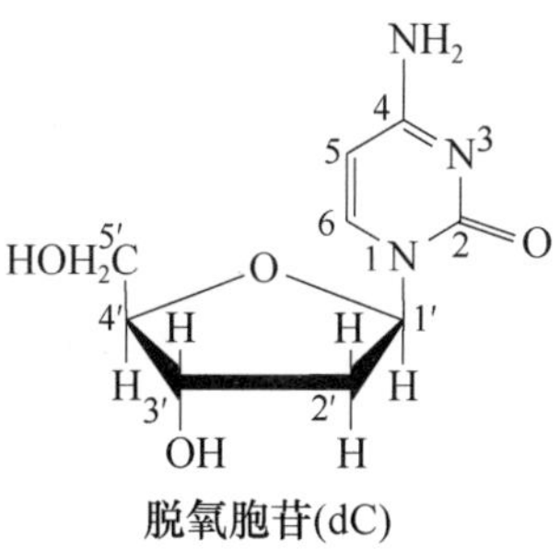

脱氧胞苷(dC) 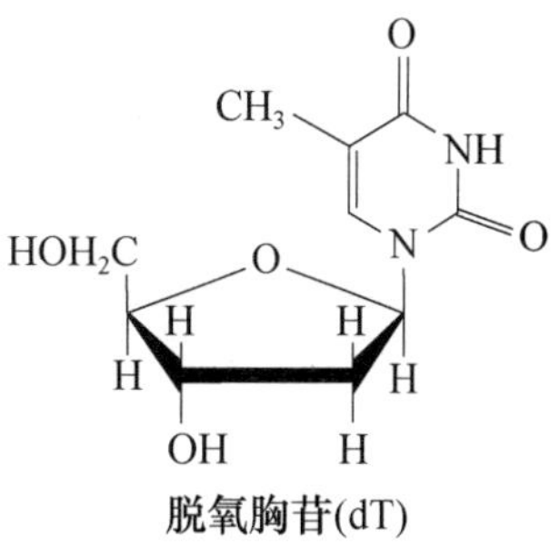   脱氧胸苷(dT)

DNA中的四种核苷

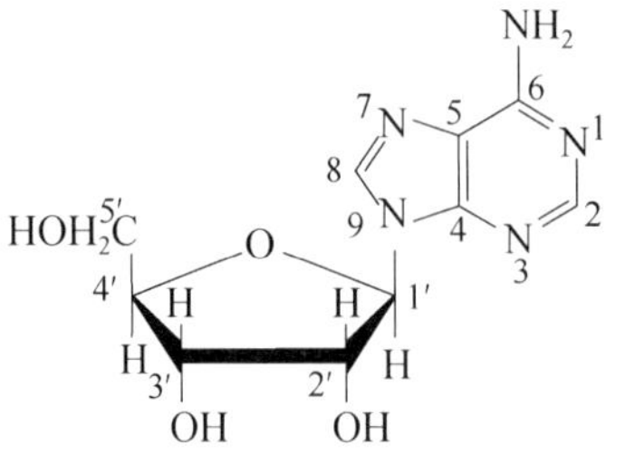

腺苷(A) 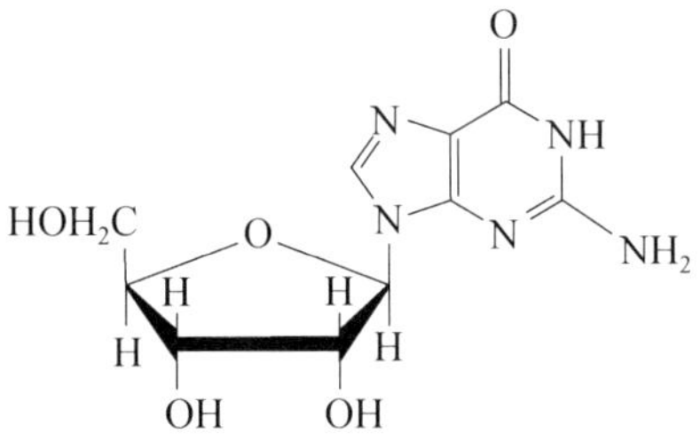　　　　　　　　鸟苷(G)

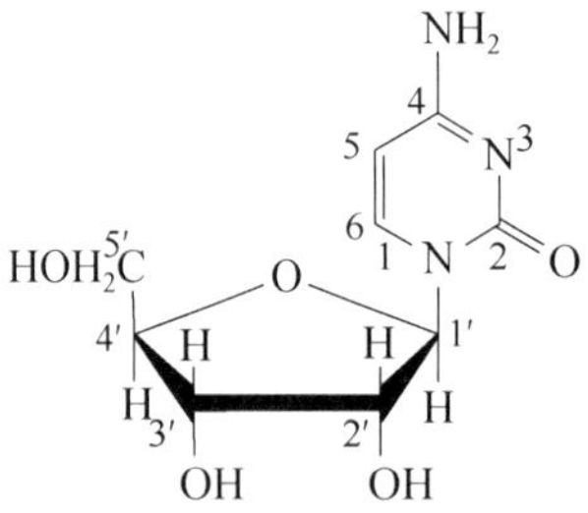

胞苷(C) 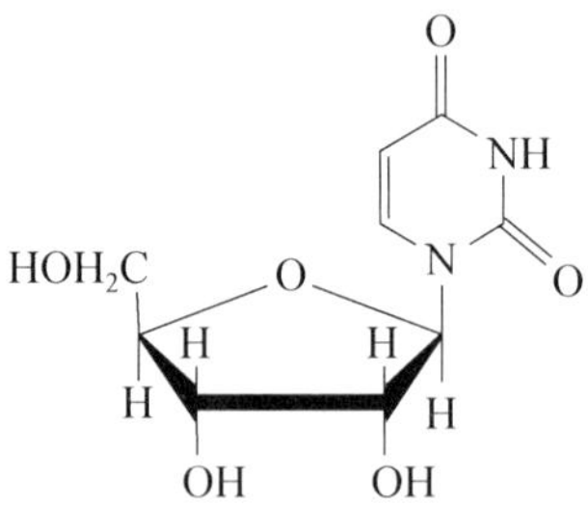　　　　　　　　尿苷(U)

RNA中的四种核苷

4. 核苷酸

核苷酸是核苷的磷酸酯,即由核酸 3′ 或 5′ 位的羟基与磷酸酯化生成。例如

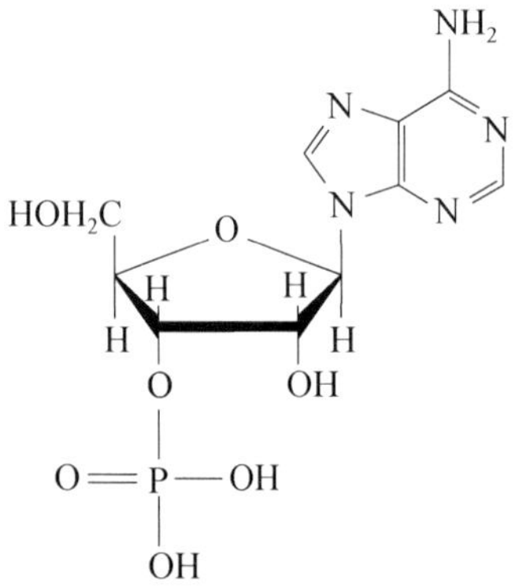

腺苷-3′-磷酸(3′-AMP) 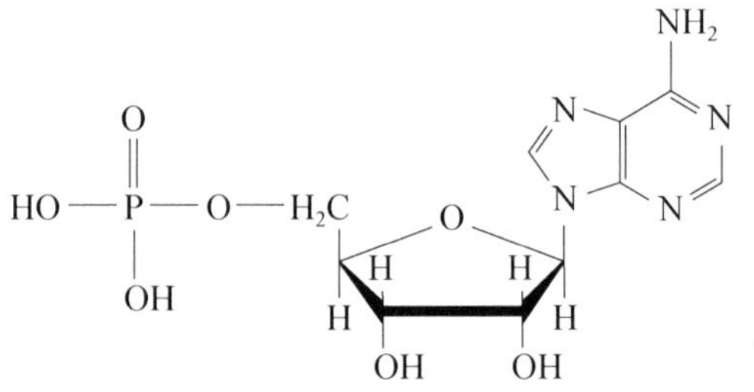　　　　　　　　腺苷-5′-磷酸(5′-AMP)

上述两例是作为核苷磷酸酯命名为核苷磷酸,如果命名为核苷酸,则前者为 3′-腺苷酸,后者为 5′-腺苷酸。生物体内的游离核苷酸多为 5′-核苷酸。

核苷酸除作为核酸的组成单位外,它们的某些衍生物还有很重要的生物功能。例如,核苷酸的磷酸基上可通过焦磷酸酯键加上一个或两个磷酸基,形成核苷二磷酸或核苷三磷酸等多磷酸核苷酸。各种核苷三磷酸(ATP、CTP、GTP、UTP)是体内合成 RNA 的直接原料,各种脱氧核苷三磷酸(dATP、dCTP、dGTP、dTTP)是体内合成 DNA 的直接原料。多磷酸核苷酸还能在生物体的能量代谢中起重要作用。例如,ADP 和 ATP 的焦磷酸酯键可以储存能量,此键水解断裂时可以释放能量供给细胞代谢中需要能量的反应(如合成肽链的反应)。

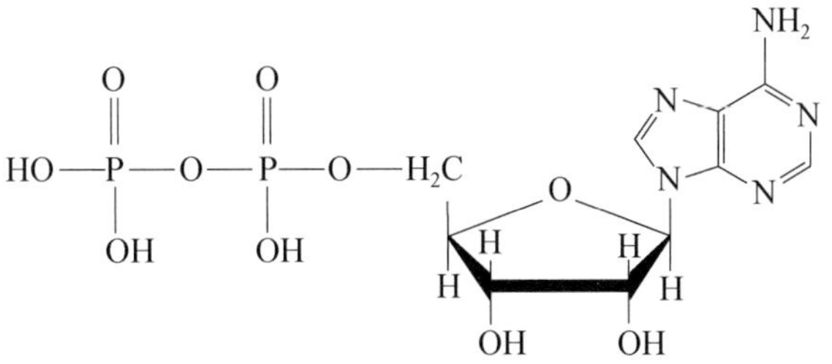

腺苷-5′-二磷酸(ADP)

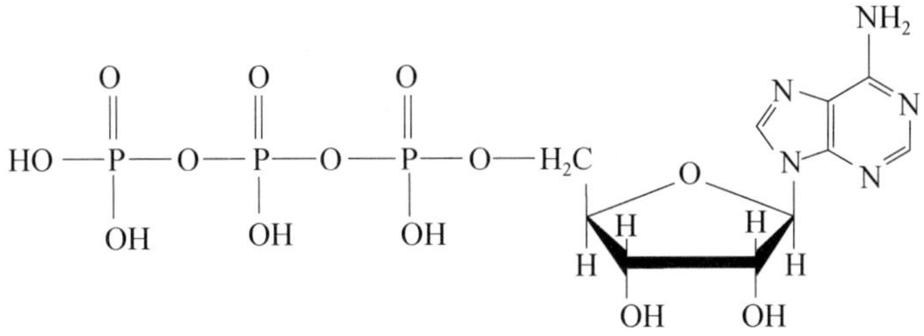

腺苷-5′-三磷酸(ATP)

在哺乳动物细胞中还存在环腺苷-3′,5′-磷酸(环 AMP 或 cAMP),它是一些激素发挥生理作用的重要媒介物。

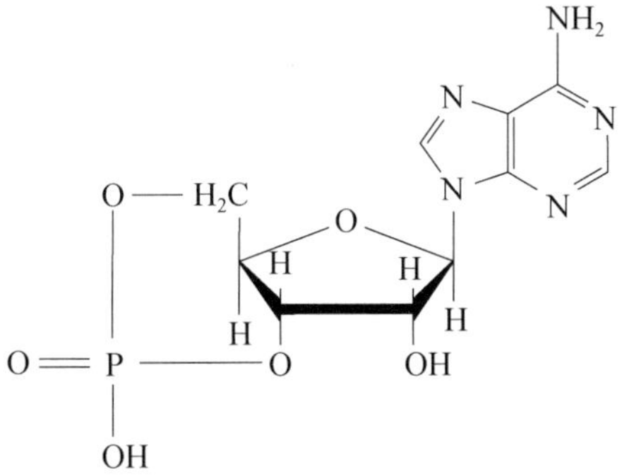

环腺苷-3′,5′-磷酸(cAMP)

14.3.2 核酸的结构

核酸的结构类似于蛋白质,也存在一级序列,以及在此基础上多聚核苷酸链进一步扭曲、折叠和盘绕而形成更稳定的有生物活性的高级空间结构,通常分为一级、二级、三级结构。

1. 一级结构

DNA 或 RNA 都是多聚核苷酸长链,核苷酸的戊糖 $C_{5'}$ 上磷酸基和相邻核苷酸戊糖 $C_{3'}$ 上的羟基形成的 3′,5′-磷酸二酯键是连接各核苷酸单位的桥梁,因此核酸的一级结构是指核酸中各核苷酸单位排列的顺序(序列)。核酸大分子的主链由相间排列的戊糖和磷酸构成,而代表其特性的碱基可以看成是有序连接在其主链上的侧链基团。链的一端一般含有一个游离的 5′-磷酸基,另一端则有一个游离的 3′-羟基。多聚核苷酸链的序列具有方向性,必须注明 5′→3′ 或 3′→5′。例如,图 14-4 是 DNA 多聚核苷酸的一级结构片段示意图。

RNA 多聚核苷酸一级结构片段与 DNA 相似,不同之处是:①用核糖代替脱氧核糖;②用尿嘧啶代替胸腺嘧啶。

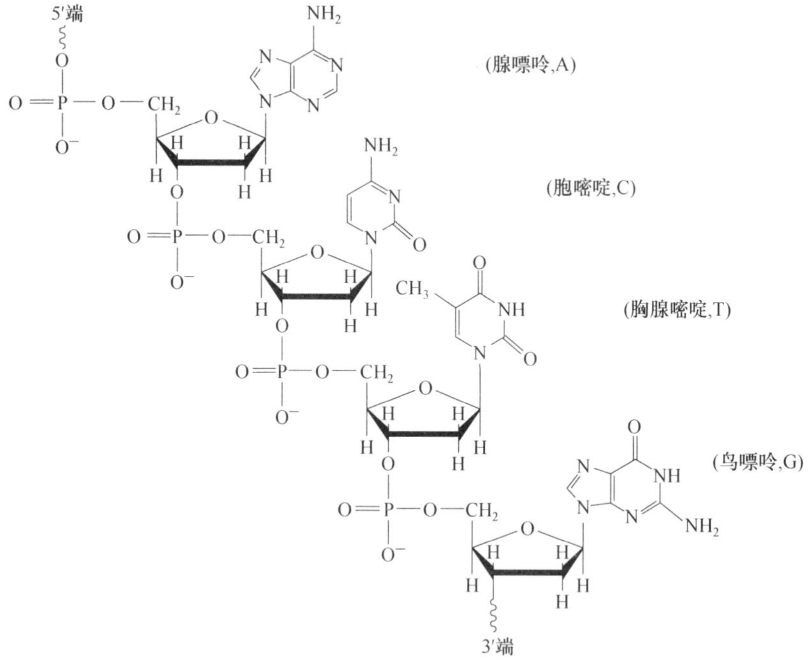

图 14-4　DNA 多聚核苷酸一级结构片段示意图

由此可见,核酸主链上的戊糖和磷酸两种成分是不断重复的,核酸的一级结构实际上就是核酸的碱基顺序。上述例子中的 DNA 片段的序列可以简写成:$5'$ACTG$3'$。因此,碱基的种类虽然不多,但随碱基的数目、比例和顺序的不同能够形成多种序列的核酸,核酸的碱基顺序本身就是遗传信息储存的分子形式,具有重要的生理意义。

2. 二级结构

1953 年,沃森(J. Watson)和克里克(F. Crick)在前人研究工作的基础上,根据 X 射线研究和分子模型的推论以及各碱基的性质,提出了著名的 DNA 双螺旋(DNA double helix)结构模型,此模型的提出被称为 20 世纪最伟大的科学成就之一。

DNA 分子的二级结构就是指双螺旋结构(图 14-5)。DNA 双螺旋结构具有以下几个特点:①DNA 分子由两条反向平行的多聚核苷酸链构成,两条链围绕一个共同的轴沿右手螺旋的方向平行盘绕;②两条链上的碱基位于螺旋内侧,两条链的碱基之间以氢键相连互补配对,并且碱基的配对按严格的规律进行,即 A 只能和 T 通过形成两个氢键而配对,C 只能和 G 通过形成三个氢键而配对,碱基间的氢键构成了双螺旋结构的盘绕力;③成对碱基大致处于同一平面,与螺旋轴基本垂直,糖环平面与螺旋轴基本平行,磷酸基连在糖环外侧;④螺旋横截面的直径约为 2 nm,两条链上、下相邻两个平面间距离为 0.34 nm,每 10 个核苷酸形成一个螺旋,螺旋的螺距(螺旋旋转一圈)高度为 3.4 nm。

RNA 的二级结构不如 DNA 有规律。目前只有少数 RNA 结构被大家了解。一般认为 RNA 只有一条核苷酸链,常见一条 RNA 分子中存在双螺旋和单股非螺旋相间复合,链中的局部双螺旋区通过 A-U 及 G-C 碱基互补配对。

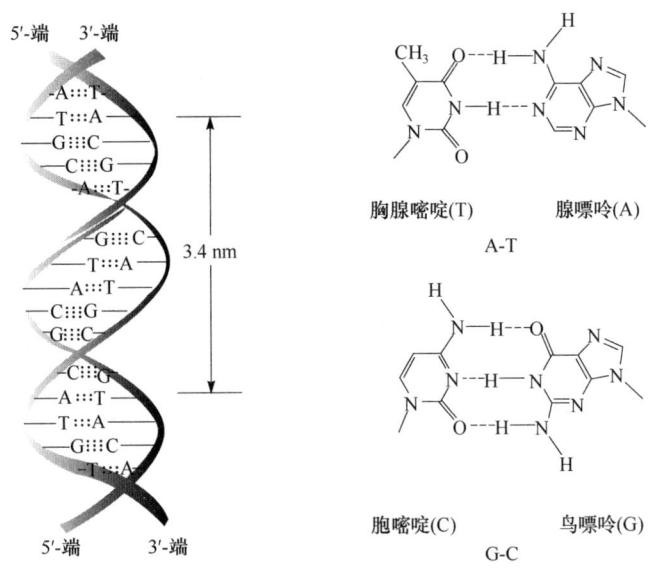

图 14-5　DNA 双螺旋结构示意图

3. 三级结构

核酸三级结构的研究很难制得完整的原样 DNA,但用温和条件可以从某些小病毒、叶绿素等中分离出降解的 DNA。研究这些 DNA 的结构,发现它们在 DNA 二级结构的基础上进一步扭曲、紧缩成闭合的链环状、开链状以及"麻花状"等形式的三级结构(图 14-6)。近年来,RNA 三级结构的研究也有一定的进展。

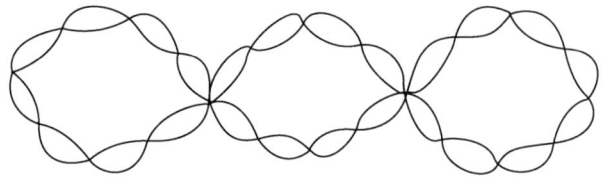

图 14-6　多瘤病毒 DNA 的三级结构示意图

14.3.3　核酸的生物功能

根据实验和已知的事实,核酸的功能主要有两个方面:一是以 DNA 分子自我复制的方式控制生命现象中的各种遗传作用;二是由 DNA 分子通过 RNA 控制体内蛋白质的生物合成。现以 DNA 复制为例说明核酸的一种功能。DNA 在细胞内可以复制和原来相同的 DNA,其复制过程的要点可描述如下:DNA 在复制过程中,组成 DNA 双螺旋的两条链先拆分成两条单链;以每条单链为模板,通过碱基配对规律(A-T、G-C)各自复制出一条与模板完全互补的新链,并结合在一起形成一个新的 DNA 双螺旋分子(图 14-7)。因此,经过一个复制周期后,子代 DNA 分子的两条多聚核苷酸链中,必有一条来自母代 DNA 分子,另一条是新合成的,所以又称半保留复制(semiconservative replication)。这样,遗传信息就由母代传到子代。

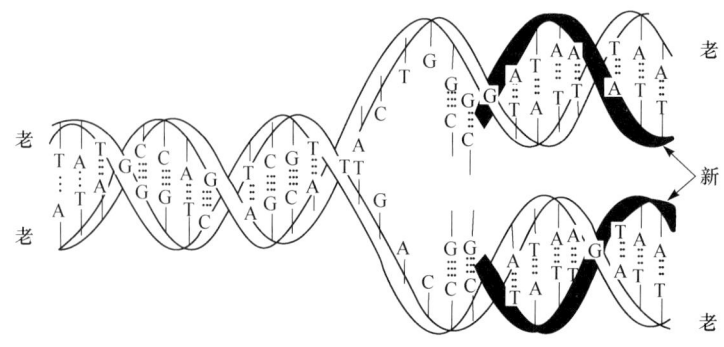

图 14-7 DNA 的复制

习 题

1. 写出下列化合物的结构式。
   (1) 胞苷　　　　　(2) 脱氧鸟苷　　　　(3) 丙氨酰甘氨酰谷氨酰苯丙氨酸
   (4) 脱氧胸苷-5′-磷酸　(5) 碱基序列为尿-鸟-腺-胞的四聚核糖核苷酸

2. 写出下列氨基酸的费歇尔投影式,并用 R/S 标记法标记它们的构型。
   (1) L-苯丙氨酸　　　(2) L-丝氨酸　　　　(3) L-苏氨酸

3. 在下列 pH 溶液中,各氨基酸主要以何种离子形式存在? 如何调节到等电点?
   (1) 甲硫氨酸在 pH=8.0 的溶液中
   (2) 天门冬氨酸在 pH=1.5 的溶液中
   (3) 丝氨酸在 pH=2.0 的溶液中
   (4) 赖氨酸在 pH=4.6 的溶液中

4. 写出丙氨酸与下列试剂反应的主要产物。
   (1) HCl 水溶液　　　(2) NaOH 水溶液　　　(3) CH_3CH_2COCl
   (4) $NaNO_2$+HCl　　(5) C_2H_5OH+HCl　　(6) 2,4-二硝基氟苯

5. 解释下列各种试剂或条件使蛋白质变性的原因。
   (1) Hg^{2+} 和 Ag^+　(2) 尿素　(3) 强酸和强碱　(4) 加热　(5) 紫外线

6. DNA 和 RNA 的结构有什么区别?

7. 用简单的化学方法鉴别下列各组化合物。
   (1) $CH_3\underset{NH_2}{CH}COOH$　$H_2NCH_2CH_2COOH$　$C_6H_5NH_2$
   (2) 谷氨酸　β-氨基戊二酸

8. 某化合物分子式为 $C_3H_7O_2N$,有旋光性,能与 HCl 和 NaOH 作用成盐,能与醇生成酯,与 HNO_2 作用放出氮气。试写出该化合物的结构式。

第 15 章 波谱学基础

有机化合物结构的测定向来是有机化学的重要课题。在有机化学发展的早期阶段,人们主要依靠化学方法来测定有机化合物的结构。这样既费时又费力,样品的用量也大,有时得到的结果还不一定准确。

近几十年来,随着光谱科学的迅速发展,通过精密仪器、采用现代物理手段测定有机化合物结构的方法得到了广泛的应用。这些方法具有样品用量少、时间短、结果准确的优点,已经成为测定有机化合物结构的主要方法。

本章对在有机化合物结构测定中应用最为广泛的紫外光谱(ultraviolet spectroscopy, UV)、红外光谱(infrared spectroscopy, IR)、核磁共振谱(nuclear magnetic resonance, NMR)和质谱(mass spectroscopy, MS)作一简单介绍。

15.1 波谱知识概述

15.1.1 光的基本性质

光是一种电磁波(也称为电磁辐射),具有波粒二象性。光辐射的能量是量子化的,光子的能量与光的频率成正比,与光的波长成反比。其能量与频率之间的关系式为

$$E = h\nu \tag{15-1}$$

式中:E 为光子能量,J;h 为普朗克(Planck)常量,其值为 6.626×10^{-34} J·s;ν 为频率,Hz。频率与波长及波数的关系为

$$\nu = \frac{c}{\lambda} = c\bar{\nu} \tag{15-2}$$

式中:c 为光速,大小为 3×10^{10} cm·s^{-1};λ 为波长,cm;$\bar{\nu}$ 为波数,即表示 1 cm 长度中波的数目,cm^{-1}。

15.1.2 能级跃迁与分子吸收光谱

当原子或分子吸收一定能量的光子(电磁波),就由一种稳定的状态(基态)跃迁到另一种状态(激发态)。所吸收的光子能量必须等于分子跃迁前后的能量差,否则不被吸收。

把某一有机化合物对不同波长的电磁辐射的吸收情况记录下来,就是该化合物的吸收光谱。电磁波类型及其对应的波谱分析方法见表 15-1。

表 15-1 电磁波与波谱分析方法

电磁波类型	波长范围	激发能级	波谱分析方法
X 射线	0.01~10 nm	内层电子	X 射线光谱
远紫外光	10~200 nm	σ 电子	真空紫外光
紫外-可见光谱	200~800 nm	n 及 π 电子	紫外和可见吸收光谱(UV/Vis)

续表

电磁波类型	波长范围	激发能级	波谱分析方法
红外光	0.8～300 μm	振动与转动	红外吸收光谱(IR)
微波	0.3～100 mm	电子自旋	电子自旋共振谱(ESR)
无线电波	0.1～1000 m	原子核自旋	核磁共振谱(NMR)

15.2 紫外光谱

15.2.1 电子跃迁

紫外光谱通常是指近紫外区(200～400 nm)的吸收光谱。化合物分子经可见光或紫外光照射时，价电子就吸收了与激发能相应波长的光，从基态跃迁到能量较高的激发态。

价电子有三种类型，即形成单键的σ电子、不饱和键上的π电子和杂原子(氧、氮、硫、卤素等)上未成键的n电子。有机化合物分子中的电子能级与电子跃迁如图15-1所示。

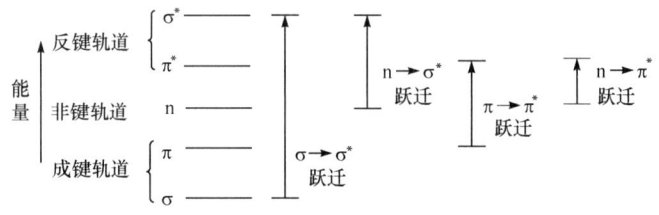

图 15-1　几种电子能级及跃迁

1. σ→σ* 跃迁

σ电子由能级最低的σ成键轨道向能级最高的σ*反键轨道的跃迁需要较高的能量，一般发生在<200 nm的远紫外区。因此，饱和烃在近紫外区无吸收，一般可以作为紫外光谱分析的溶剂。

2. n→σ* 跃迁

分子中含有—OH、—NH₂、—X等基团的饱和烃衍生物，其杂原子上的n电子吸收紫外光可以发生n→σ*跃迁。与σ→σ*跃迁所需要的能量相比，n→σ*跃迁所需能量较低，但大部分吸收也在远紫外区。

3. π→π* 跃迁

这是紫外光谱中最常见、最重要以及研究最广的电子跃迁形式。孤立双键的π→π*跃迁吸收仍在远紫外区(乙烯 λ_{max} =185 nm)，对研究分子结构的意义不大。但共轭双键的π→π*跃迁随着共轭链的增长向长波移动(红移)，且ε值较大，是强吸收。

4. n→π* 跃迁

当分子中含有杂原子形成的不饱和键(如C═O、C≡N、N═O等)时，杂原子上的未成键n电子跃迁到π*。n→π*跃迁所需能量最低，在近紫外区(275～295 nm)产生不太强的吸收带。

各类电子跃迁与吸收峰波长之间的关系见表 15-2。

表 15-2 电子跃迁类型和吸收峰波长的关系

跃迁类型	吸收峰波长/nm
σ→σ*	~150
n→σ*	<200
(孤立双键)π→π*	~200
n→π*	200~400

15.2.2 紫外光谱的表示方法

紫外光区域的波长范围是 10~400 nm,分为远紫外区(10~200 nm)和近紫外区(200~400 nm)。紫外光谱通常指近紫外区的吸收光谱。

若控制光源,使紫外光按波长由短到长的顺序依次照射分子,外层价电子就吸收相应波长的光,从基态跃迁到能量较高的激发态。将吸收强度随波长的变化记录下来,得到的吸收曲线就是紫外吸收光谱。吸收强度遵循朗伯-比尔(Lambert-Beer)定律:

$$A = -\lg \frac{I}{I_0} = \lg \frac{1}{T} = \varepsilon c l \tag{15-3}$$

式中:A 为吸光度;I_0 和 I 分别为入射光强度和透射光强度;T 为透光率,%;ε 为摩尔吸光系数;c 为溶液的浓度,$mol \cdot L^{-1}$;l 为光通过的液层厚度,cm。

紫外光谱图通常以波长 λ(nm)为横坐标,吸光度 A 为纵坐标。吸收光谱又称吸收曲线,其最大吸收值所对应的波长称为最大吸收波长(λ_{max});曲线的谷所对应的波长称为最低吸收波长(λ_{min});在峰旁边的一个小曲折称为肩峰;在吸收曲线的波长最短一端,吸收相当大但不成峰形的部分称为末端吸收。吸收光谱图的纵坐标也可用 ε 或 $\lg\varepsilon$ 表示。某化合物的紫外光谱图如图 15-2 所示。

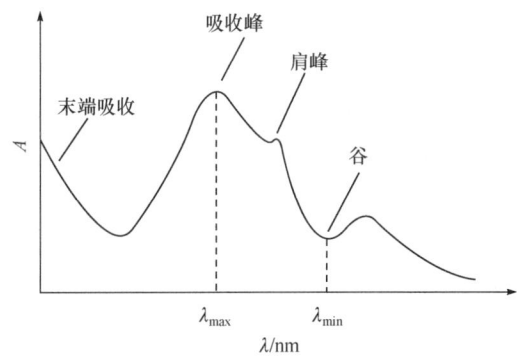

图 15-2 某化合物的紫外光谱图

紫外光谱图提供了两个重要数据,即吸收峰的位置和吸收光谱的吸收强度。在大多数文献报道中,通常不绘制出紫外光谱图,只是报道化合物的最大吸收波长 λ_{max} 及与其相对应的摩尔吸光系数 ε,如 CH_3I 的 λ_{max} 为 258 nm($\varepsilon = 387$ L·mol^{-1}·cm^{-1})。

15.2.3 紫外光谱中的常用术语

1. 生色团

吸收紫外光引起电子跃迁的基团称为生色团，一般是具有不饱和键的基团，主要产生 $\pi \to \pi^*$ 及 $n \to \pi^*$ 跃迁。表 15-3 列出了一些常见生色团及其紫外吸收峰位置。

表 15-3 一些常见生色团及其紫外吸收峰位置

生色团	代表化合物	λ_{max}/nm	跃迁类型	ε_{max}/(L·mol^{-1}·cm^{-1})	溶剂
\>C=C\<	乙烯	165	$\pi \to \pi^*$	15 000	正己烷
—C≡C—	乙炔	173	$\pi \to \pi^*$	6 000	气体
\>C=O	丙酮	279	$n \to \pi^*$	15	正己烷
—COOH	乙酸	204	$n \to \pi^*$	41	甲醇
—COCl	乙酰氯	220	$n \to \pi^*$	100	正己烷
—COOR	乙酸乙酯	204	$n \to \pi^*$	60	水
—CONH$_2$	乙酰胺	214	$n \to \pi^*$	63	水
—C=C—C=C—	1,3-丁二烯	214	$\pi \to \pi^*$	20 900	正己烷
—C=C—C=O	丙烯醛	210	$\pi \to \pi^*$	25 500	水
		315	$n \to \pi^*$	13.8	乙醇
Ar—	苯	204	$\pi \to \pi^*$	7 900	正己烷
		256	$\pi \to \pi^*$	200	正己烷

2. 助色团

某些具有非键电子的原子或基团单独存在时不吸收紫外-可见光区的光辐射，但与生色团相连时形成 p-π 共轭，结果使电子的活动范围增大，吸收向长波位移，使颜色加深。这种效应称为助色效应，这种基团称为助色团。常见的助色团有：—X、—OH、—OR、—NH$_2$、—NR$_2$、—SR 等。

3. 红移与蓝移

由于取代基或溶剂的影响，λ_{max} 向长波方向移动的现象称为红移；λ_{max} 向短波方向移动的现象称为蓝移。吸收波长与电子跃迁前后所占据的轨道能量差成反比。因此，凡是能引起能量变化的因素（如共轭效应、超共轭效应、空间效应、溶剂效应等）均产生蓝移或红移。

15.2.4 紫外光谱的应用

1. 定性分析

紫外吸收光谱主要反映分子中不饱和基团的性质，用于确定化合物的结构是比较困难的。但紫外光谱具有特征性强和灵敏度高的优点，对含量极微的共轭烯烃、羰基、亚硝基、偶氮化合物及芳香族化合物等的鉴定尤其可靠和有用。因此，紫外光谱在确定生色团种类、判断某些异构体及确定不饱和化合物骨架等方面起着十分重要的作用。举例如下：

(1) 化合物在 220～800 nm 无吸收，说明该化合物分子中不存在共轭体系，也不含 Br、I、S 等杂原子，可能是脂肪烃、脂环烃或它们的简单衍生物(氯化物、醇、醚、羧酸等)，甚至可能是非共轭的烯烃。

(2) 220～250 nm 有强吸收(ε 近 10 000 或更大)，这表明存在共轭体系(如共轭二烯烃或 α,β-不饱和醛、酮等)。

(3) 250～290 nm 有中等强度吸收，且常显示不同程度的精细结构，说明苯环或某些芳杂环的存在。

(4) 250～350 nm 有中、低强度的吸收，可能含 n→π^* 跃迁基团，说明羰基或共轭羰基的存在。

(5) 300 nm 以上的高强度吸收，说明该化合物具有较大的共轭体系。若高强度吸收具有明显的精细结构，说明稠环芳烃、稠杂环芳烃或其衍生物的存在。

2. 定量分析

紫外-可见分光光度法是进行定量分析的最有用工具之一。它的依据是朗伯-比尔定律，即物质在一定波长处的吸光度与它的浓度呈线性关系。因此，通过测定标准样品和待测样品对一定波长入射光的吸光度，就可求出溶液中物质的含量。

由于最大吸收波长 λ_{max} 处的摩尔吸光系数 ε_{max} 最大，因此通常都是测定 λ_{max} 的吸光度，以获得最大灵敏度。同时，吸收曲线在 λ_{max} 处通常是平坦的，使所得数据能更好地符合朗伯-比尔定律。

15.3 红外光谱

15.3.1 红外光与红外光谱

红外光区位于可见光区和微波区之间，波长范围为 0.75～1000 μm。习惯上又将红外光分为三个区域：近红外区、中红外区和远红外区。

近红外区(0.75～2.5 μm)又称倍频区或泛频区，能量较高，能引起化合物分子产生两个以上振动能级的跃迁，通常在鉴别某一基团是否存在，需要倍频峰佐证时用到。

中红外区(2.5～25 μm)是有机化合物红外吸收的最重要区域，其对应于分子中原子之间的振动和转动能级的跃迁，能够反映出分子中各种化学键、官能团及分子整体结构特征，是有机化合物红外光谱的主要研究范围。

远红外区(25～1000 μm)是有机化合物分子纯转动跃迁和固态晶体中晶格振动跃迁吸收区。该光区能量弱，除非中红外区没有特征谱带，一般不在此范围内分析。

当一定能量的红外光照射化合物分子，分子中某个基团的振动频率与红外光波的频率一致，且分子在此振动过程中能引起偶极矩的变化时，分子与辐射发生振动偶合，产生红外吸收，使得相应吸收区域的透射光强度减弱。记录红外光的透光率($T\%$)与波数或波长关系的曲线，就得到红外光谱。

15.3.2 分子的振动

作为一种近似,若将两原子间的化学键看作是弹簧,两个原子则是沿键轴方向在各自的平衡位置附近做伸缩振动的质点,如图 15-3 所示。

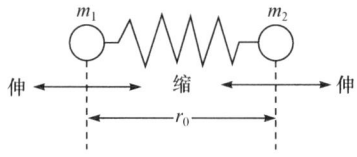

图 15-3 双原子分子振动

这个质点体系是一种谐振子,它做简正振动。其振动频率 ν 或波数（$\bar{\nu}$）根据胡克定律可导出：

$$\nu = \frac{1}{2\pi}\sqrt{\frac{k}{\mu}} \tag{15-4}$$

式中：k 为连接两个原子的化学键力常数；μ 为质量为 m_1 和 m_2 的两原子折合质量,即

$$\mu = \frac{m_1 m_2}{m_1 + m_2} \tag{15-5}$$

由式(15-4)和式(15-5)可以看出,键的振动频率（或波数）与化学键力常数及成键原子的质量密切相关。化学键越强,成键原子质量越小,键的振动频率越高。例如

	C—H	C≡C	C=C	C—C	C—Cl	C—Br
$\bar{\nu}/\text{cm}^{-1}$	3000	2150	1650	1200	750	600

分子的振动形式基本上可以分为两大类,键长改变而键角不变的振动称为伸缩振动;键长不变而键角改变的振动称为变形振动。一般来说,键长的改变比键角改变需要较高的能量,因而伸缩振动主要出现在高频区,变形振动则出现在低频区。例如,亚甲基（CH_2）的几种基本振动形式如图 15-4 所示。

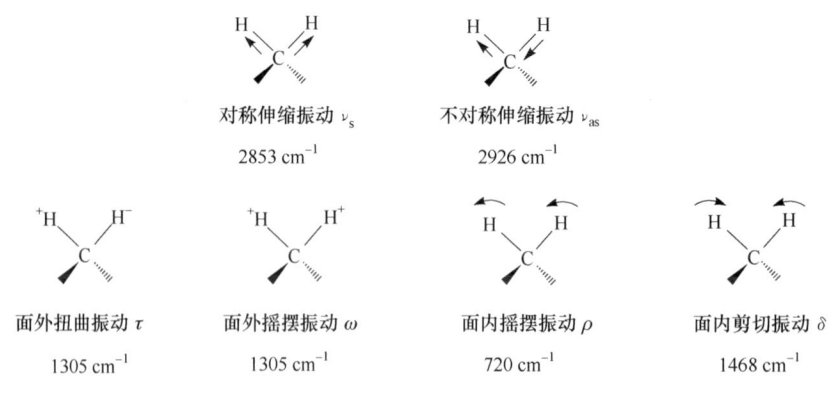

图 15-4 亚甲基的各种振动
+表示由纸面向外；-表示由纸面向内

15.3.3 有机化合物基团的特征频率

物质的红外光谱反映了物质分子的结构信息,谱图中的各吸收峰与分子中各基团的振动

相对应。按照红外光谱与分子结构的关系,可将红外光谱分成两个区域。4000～1300 cm^{-1}为特征谱带区,这一区域是官能团特征吸收峰出现较多的波数区段,且该区域官能团的特征吸收频率受分子中其他部分的影响较小。1300～400 cm^{-1}称为指纹区,这个区域的吸收光谱比较复杂,但它们能够灵敏地反映分子结构的微小差异,可以作为鉴定化合物的"指纹"使用,故称为指纹区。常见有机化合物基团的红外吸收特征频率见表15-4。

表15-4 常见有机化合物基团的红外吸收特征频率

	化学键类型	特征频率/cm^{-1}(化合物类型)	化学键类型	特征频率/cm^{-1}(化合物类型)
伸缩振动	—O—H	3600～3200(醇、酚) 3600～2500(羧酸)	C=C	1680(烯烃)
	—N—H	3500～3300(胺、亚胺,其中伯胺为双峰) 3350～3180(伯酰胺,双峰) 3320～3060(仲酰胺)	C=O	1750～1710(醛、酮) 1725～1700(羧酸) 1850～1800,1790～1740(酸酐) 1815～1770(酰卤) 1750～1730(酯) 1700～1680(酰胺)
	sp C—H	3320～3310(炔烃)	C=N	1690～1640(亚胺、肟)
	sp^{2}C—H	3100～3000(烯烃、芳烃)		
	sp^{3}C—H	2950～2850(烷烃)	—NO$_2$	1550～1535,1370～1345 (硝基化合物)
	sp^{2}C—O	1250～1200(酚、酸、烯醚)		
	sp^{3}C—O	1250～1150(叔醇、仲烷基醚) 1125～1100(仲醇、伯烷基醚) 1080～1030(伯醇)	—C≡C— —C≡N	2200～2100(不对称炔烃) 2280～2240(腈)
弯曲振动	C—H面内弯曲振动	1470～1430,1380～1360(CH$_3$) 1485～1445(CH$_2$)	Ar—H面外弯曲振动	770～730,710～680(五个相邻氢) 770～730(四个相邻氢) 810～760(三个相邻氢) 840～800(两个相邻氢) 900～860(隔离氢)
	=C—H面外弯曲振动	995～985,915～905(单取代烯) 980～960(反式二取代烯) 690(顺式二取代烯) 910～890(同碳二取代烯) 840～790(三取代烯)	≡C—H面外弯曲振动	660～630(末端炔烃)

15.3.4 有机化合物红外光谱图解析和应用

已知化合物的结构鉴定方法比较简单,首先在同样条件下测定样品与标样的红外光谱图,观察最强峰的峰位和峰形是否一致,然后检查中等强度峰和弱峰能否对应,若完全相同则可以肯定为同一化合物(极个别例外,如对映异构体)。

也可寻找标准谱图进行对照。常见的红外标准谱图有萨特勒(Sadtler)红外谱图集和DMS(documentation of molecular spectroscopy)卡片。对照时必须注意所用仪器和测试条件是否与标准谱图一致。仪器不同,谱图上某些峰的细微结构会有差别;测试条件不同,谱图也会有差异,尤其是溶剂因素影响较大。

未知化合物的结构测定比较复杂,没有一定的规则。对于结构比较简单的未知物,根据该化合物的红外光谱信息和分子式,可推断它的结构;对于比较复杂的未知物谱图解析,则需要依靠对光谱与化学结构关系的理解和经验积累,灵活运用基团特征吸收峰及其变迁规律,配合UV、NMR、MS等其他理化数据,逐步推出正确结构。解析时可按以下顺序进行:

(1) 观察高波数范围(1350 cm^{-1}以上)基团特征吸收峰,指定谱带的归属,并兼顾 1350～1000 cm^{-1} 的谱带,确定分子所含基团及化学键类型。在观察某一官能团的特征谱带时,要同时考虑这一官能团的其他相关谱带。例如,在 1750～1650 cm^{-1} 的 $\nu_{C=O}$ 若认定是羧酸的吸收带,要同时检查在 3200～2500 cm^{-1} 区域的 ν_{O-H} 吸收峰作为佐证;若认定是酯,则需检查 1330～1030 cm^{-1} 区域 $\nu_{as(C-O-C)}$ 和 $\nu_{s(C-O-C)}$ 两个谱峰作为佐证;若认定是醛,则需检查在 2880～2650 cm^{-1} 区域醛氢因费米(Fermi)共振而出现的两个吸收峰。

(2) 观察位于 1000～650 cm^{-1} 的 C—H 变形振动吸收峰,确定烯烃和芳烃的取代类型。

(3) 红外光谱图上的吸收峰并非要全部解释清楚,一般只要解释一些较强的峰,但是对一些特征性的弱峰也不能忽视。

(4) 对于未知化合物结构的最后确定,还要与标准样品的谱图或标准谱图核对,特别要注意 1350～625 cm^{-1} 指纹区的谱带核对。在同样条件下,特征谱带与指纹区光谱都与标准光谱一致(包括峰位、峰强和峰形),才可以确定该化合物结构与标准光谱相应的化合物结构一致。若未知化合物是新化合物,则还需要核磁共振氢谱和碳谱等其他谱图数据相互印证。

例 15-1 某化合物分子式为 C_6H_{12},其红外光谱如图 15-5 所示,试推测其结构。

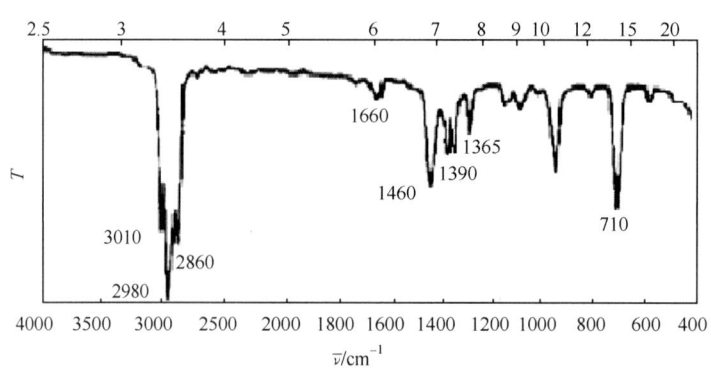

图 15-5 分子式为 C_6H_{12} 的某化合物红外光谱图

解 该化合物不饱和度 $=1+6+(0-12)/2=1$,可能含有 C=C 或环;
3010 cm^{-1} 是烯烃的 =C—H 伸缩振动吸收峰;
1660 cm^{-1} 是烯烃的 C=C 伸缩振动峰;
2980 cm^{-1}、1460 cm^{-1} 和 2860 cm^{-1} 是甲基和亚甲基的振动吸收峰;
1390 cm^{-1} 和 1365 cm^{-1} 是 —CH(CH$_3$)$_2$ 基团;
710 cm^{-1} 是烯烃的顺式二取代。
该化合物的结构为

$$\begin{array}{c} CH_3 \quad\quad CH(CH_3)_2 \\ \diagdown\;\;\;\;\;\diagup \\ C=C \\ \diagup\;\;\;\;\;\diagdown \\ H \quad\quad\quad\quad H \end{array}$$

例 15-2 某化合物分子式为 $C_4H_8O_2$,试根据其红外光谱图(图 15-6)推测其结构。

解 该化合物不饱和度 $=1+4+(0-8)/2=1$,可能含有 C=O、C=C 或环;
2983 cm^{-1} 是 —CH$_2$— 和 —CH$_3$ 的 C—H 伸缩振动峰;
1743 cm^{-1} 是 C=O 伸缩振动峰,可能是酯;

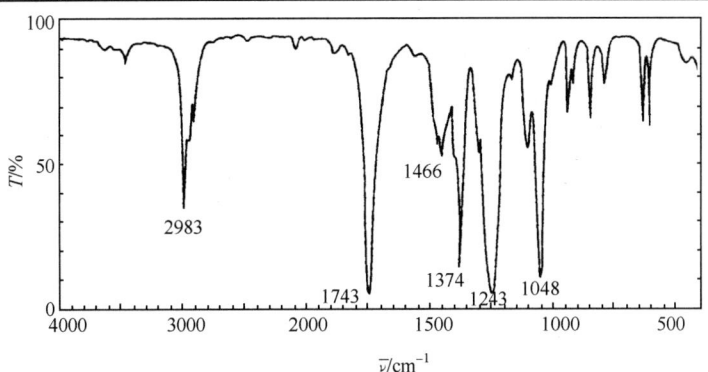

图 15-6 分子式为 $C_4H_8O_2$ 的某化合物红外光谱图

1466 cm^{-1} 是甲基不对称变形振动和亚甲基剪式振动的叠合峰；

1374 cm^{-1} 是甲基对称变形振动特征峰；

1243 cm^{-1} 是 C—O—C 不对称伸缩振动峰，酯的特征；

1048 cm^{-1} 是 C—O—C 对称伸缩振动峰。

可能的结构有：(a) $HCOOCH_2CH_2CH_3$；(b) $CH_3COOCH_2CH_3$；(c) $CH_3CH_2COOCH_3$。

由于甲酸酯的 C—O—C 不对称伸缩振动为 1180 cm^{-1}，甲酯的 C—O—C 不对称伸缩振动为 1160 cm^{-1}，乙酸酯的 C—O—C 不对称伸缩振动为 1240 cm^{-1}，因此该化合物为 $CH_3COOCH_2CH_3$。

15.4 核磁共振谱

核磁共振谱是无线电波与处于磁场中的分子内自旋核相互作用，引起原子核自旋能级跃迁而产生的吸收光谱。核磁共振谱在有机分子结构的研究中具有非常重要的作用，它可以给出有关分子中原子数目、类型乃至键合次序的信息，有时甚至可以直接确定分子的立体结构。本节只讨论应用最广泛的 ^1H 核磁共振谱(^1H NMR)。

15.4.1 核磁共振的产生原理

不同原子核的自旋状况不同，可用自旋量子数 I 表示。质量数为奇数的原子核，自旋量子数为半整数。其中，^1H、^{13}C、^{15}N、^{19}F、^{29}Si、^{31}P 等原子核的自旋量子数为 $1/2$，其自旋核的电荷分布为球形，最适宜核磁共振检测。

当自旋量子数不为零的原子核发生自旋时，便形成感应磁场，产生磁矩。自旋量子数为 $1/2$ 的核有两种自旋方向。当有外磁场存在时，两种自旋能级出现裂分。与外磁场方向相同的自旋核能量稍低，用 $+1/2$ 表示；与外磁场方向相反的核能量稍高，用 $-1/2$ 表示。两者能量差为 ΔE，如图 15-7 和图 15-8 所示。

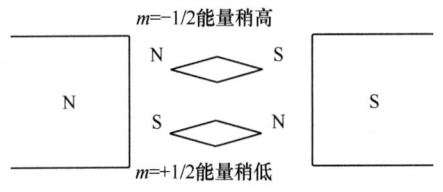

图 15-7 质子在外磁场(H_0)中的取向

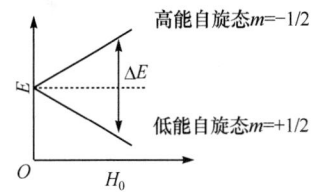

图 15-8 ΔE 与 H_0 的关系

ΔE 与外磁场强度 H_0 成正比,其关系式如下:

$$\Delta E = \gamma \frac{h}{2\pi} H_0 = h\nu \qquad \nu = \frac{\gamma H_0}{2\pi} \tag{15-6}$$

式中:γ 为磁旋比,是核的特征常数,对 ^{1}H 核而言,其值为 $2.675 \times 10^8 \text{A} \cdot \text{m}^2 \cdot \text{J}^{-1} \cdot \text{s}^{-1}$;$h$ 为普朗克常量;ν 为无线电波的频率。若用一定频率的电磁波照射外磁场中的氢核,当电磁波的能量正好等于两个能级之差时,氢核就吸收电磁波的能量,从低能级跃迁到高能级,发生核磁共振。式(15-6)是产生核磁共振的条件。

15.4.2 核磁共振仪和核磁共振谱

核磁共振仪主要由电磁铁、电磁波发生器、样品管和信号接收器等组成,如图 15-9 所示。被测样品溶解在不含质子的溶剂(CCl_4、$CDCl_3$、D_2O 等)中,样品管在气流的吹拂下悬浮在磁铁之间并不停旋转,使样品均匀受到磁场作用。

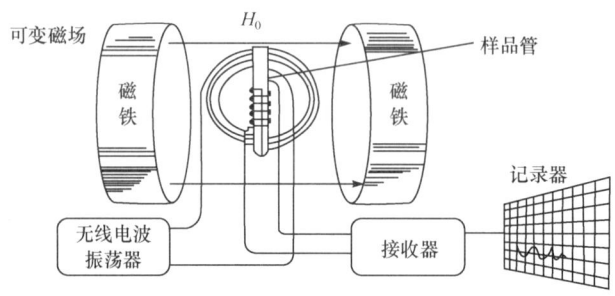

图 15-9 核磁共振仪示意图

实际操作时,可以固定磁场改变频率,也可以固定频率改变磁场。这两种方式均为连续扫描,其相应的仪器称为连续波核磁共振谱仪。若用固定频率无线电波照射样品,逐渐改变磁场强度,当二者符合式(15-6)时,样品中某一质子发生自旋能级跃迁。以磁感应强度为横坐标,将信号记录下来,就得到如图 15-10 所示的核磁共振谱。

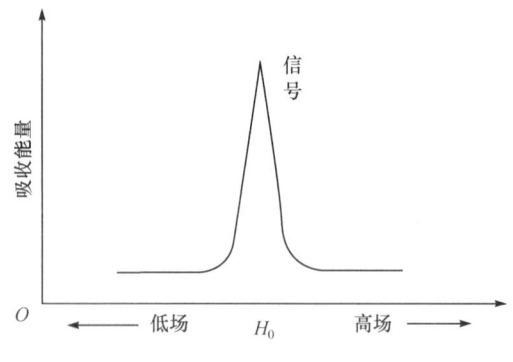

图 15-10 核磁共振谱示意图

一张核磁共振谱图通常可以给出四种重要结构信息:化学位移、自旋裂分、偶合常数和峰面积(积分线)。峰面积大小与质子数成正比,可以由阶梯式曲线高度求出。乙醇的 ^{1}H NMR 谱如图 15-11 所示。

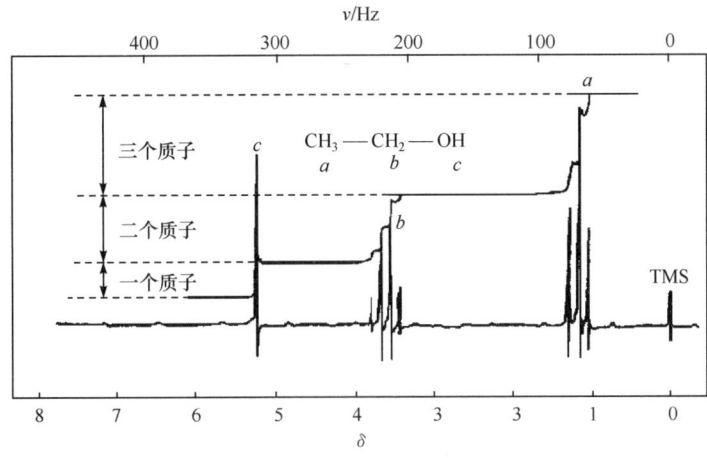

图 15-11　乙醇的 ^{1}H NMR 谱及其三种不同质子的积分曲线

15.4.3　有机物结构与核磁共振谱

1. 化学位移与屏蔽效应

根据式(15-6)，质子的磁感应强度只与质子的磁旋比及电磁波照射频率有关。当符合共振条件时，样品中的全部 ^{1}H 核都发生共振，只产生一个吸收峰。这对测定有机物结构毫无意义。但实验证明，在相同频率照射下，化学环境不同的质子在不同的磁感应强度处出现吸收峰。这是因为质子在分子中不是完全裸露的，而是被价电子包围。在外加磁场作用下，核外电子在垂直于外加磁场的平面内绕核旋转，产生与外加磁场方向相反的感应磁场，使质子实际感受到的磁场强度为

$$H_{实}=H_0-H_{感}=H_0-\sigma H_0=H_0(1-\sigma) \tag{15-7}$$

式中：σ 为屏蔽常数，核外电子的这种作用称为屏蔽效应。质子周围电子云密度越大，屏蔽效应越大，只有增加外磁场强度才能发生共振吸收。反之，若感应磁场与外磁场方向相同，质子实际感受磁场大于外磁场强度。此时，只有减小外磁场强度才能使质子发生共振吸收。这种作用称为去屏蔽效应。

综上所述，不同化学环境的质子受到不同程度的屏蔽效应，因而在核磁共振谱的不同位置上出现吸收峰，这种峰位置上的差异称为化学位移，见表 15-5。

表 15-5　不同类型质子的化学位移值

质子类型	化学位移(δ)	质子类型	化学位移(δ)
RCH_3	0.9	$ArCH_3$	2.3
R_2CH_2	1.2	$RCH=CH_2$	4.5～5.0
R_3CH	1.5	$R_2C=CH_2$	4.6～5.0
R_2NCH_3	2.2	$R_2C=CHR$	5.0～5.7
RCH_2I	3.2	$RC\equiv CH$	2.0～3.0
RCH_2Br	3.5	ArH	6.5～8.5
RCH_2Cl	3.7	$RCHO$	9.5～10.1

续表

质子类型	化学位移(δ)	质子类型	化学位移(δ)
RCH_2F	4.4	$RCOOH; RSO_3H$	10~13
$ROCH_3$	3.4	$ArOH$	4~5
$RCH_2OH; RCH_2OR$	3.6	ROH	0.5~6.0
$RCOOCH_3$	3.7	$RNH_2; R_2NH$	0.5~5.0
$RCOCH_3; R_2C=CRCH_3$	2.1	$RCONH_2$	6.0~7.5

核外电子产生的感应磁场非常小，只有外磁场强度的百万分之几，要精确测定相当困难。而精确测定样品质子与标准物质[通常用四甲基硅烷（TMS）]的吸收频率却比较容易。四甲基硅烷的化学结构为$(CH_3)_4Si$，它的12个氢核化学环境相同，在核磁共振谱中出现一个吸收峰；又因为屏蔽效应强烈，位移最小，与其他有机化合物中的质子峰不重叠。将四甲基硅烷的吸收峰位置规定为零（$\delta=0$），其他氢核的化学位移值均大于零。其表达式如下：

$$\delta = \frac{\nu_{样品} - \nu_{TMS}}{\nu_0} \times 10^6 \tag{15-8}$$

式中：$\nu_{样品}$ 及 ν_{TMS} 分别为样品及TMS的共振频率；ν_0 为操作仪器选用频率。因所得数值很小，一般只有百万分之几，为使用方便故乘以10^6。

化学位移起因于核外电子对核产生的屏蔽效应，因此凡是影响电子云密度的因素都将影响化学位移，其中影响较大的是诱导效应和磁各向异性效应。

电负性大的基团吸电子能力强，使邻近质子周围的电子云密度降低，屏蔽效应随之降低，质子的共振信号移向低场，δ值增大；供电子基团使邻近质子周围的电子云密度增大，屏蔽效应增强，质子共振信号移向高场，δ值减小，见表15-6。

表15-6 基团的电负性对化学位移值的影响

CH_3X	$(CH_3)_4Si$	CH_3H	CH_3CH_3	CH_3I	CH_3Br	CH_3Cl	CH_3F
X电负性	1.8	2.1	2.5	2.6	2.8	3.0	4.0
δ	0	0.23	0.88	2.16	2.68	3.05	4.26

构建化学键的电子在外加磁场作用下，产生一个各向异性的磁场，使处于不同空间位置的质子受到不同的屏蔽作用。处于屏蔽区域的质子信号移向高场，δ值减小；处于去屏蔽区域的质子信号则移向低场，δ值增大。

碳碳双键上的π电子在外加磁场的影响下产生环电流，如图15-12所示。由于双键上的质子处于π键环电流产生的感应磁场与外磁场方向一致的区域（去屏蔽区），存在去屏蔽效应，因此双键上质子的δ值（4.5~5.7）位于稍低的磁场处。与碳碳双键相似，羰基碳上的质子也处于去屏蔽区，存在去屏蔽效应；同时由于电负性较大的氧原子的诱导效应，因此羰基碳上的质子δ值（9.5~10.1）较大，在低场。

碳碳三键是线性分子，π电子围绕两个三键碳原子呈桶形分布，形成桶形环电流，其产生的感应磁场使得在三键轴线上的质子处于屏蔽区，受到较强的屏蔽效应（图15-13）。因此，虽然炔氢是与电负性较大的sp杂化碳相连，但其δ值（2.0~3.0）却比双键碳上的质子出现在较高场。

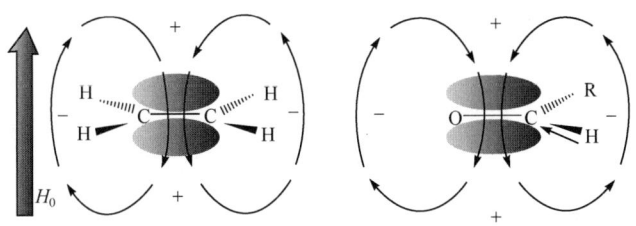

图 15-12 C=C 和 C=O 的屏蔽效应

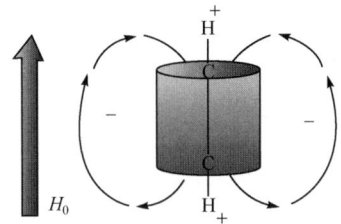

图 15-13 C≡C 的屏蔽效应

2. 自旋偶合与自旋裂分

1) 自旋偶合的产生

具有相同化学环境的质子往往并不是以单峰出现在核磁共振谱图上,如乙醇中的甲基和亚甲基分别为三重峰和四重峰(图 15-11)。这种现象是甲基和亚甲基上的氢原子核自旋产生的微弱感应磁场引起的。这种化学环境不同的相邻原子核之间相互作用的现象称为自旋偶合,由于自旋偶合导致谱线增多的现象称为自旋裂分。

以 H_a—C—C—H_b 为例讨论自旋偶合的起因。若 H_a 邻近无 H_b 存在,则其共振频率为

$$\nu = \frac{\gamma}{2\pi} H_0 (1-\sigma) \tag{15-9}$$

其吸收信号应为单峰。现在其邻近有 H_b 存在,H_b 在磁场中的两种自旋取向产生两种不同的感应磁场 $+\Delta H$ 和 $-\Delta H$,传递到 H_a 使其共振频率由 ν 裂分为 ν_1 和 ν_2。

$$\nu_1 = \frac{\gamma}{2\pi}[H_0(1-\sigma)+\Delta H] \tag{15-10}$$

$$\nu_2 = \frac{\gamma}{2\pi}[H_0(1-\sigma)-\Delta H] \tag{15-11}$$

因此,由于 H_b 的偶合作用,H_a 裂分成两重峰。显然,自旋偶合形成的裂分峰数目与相邻碳原子上的不同种类质子数目有关。当一种氢质子有 n 个相邻的不同氢质子时,其核磁共振谱的裂分峰数目为 $n+1$ 个。各裂分峰的强度比等于 $(a+b)^n$ 二项式展开式的各项系数比。

2) 偶合常数

自旋裂分所产生的裂分峰的间距称为偶合常数,用 J 表示,单位为 Hz。根据相互偶合质子间相隔键数的多少,可将偶合分为同碳偶合(^2J)、邻碳偶合(^3J)和远程偶合。偶合常数大小表示偶合作用强弱,与两个作用核之间的相对位置有关。在饱和体系中,相隔单键超过三个以上时偶合作用通常很小,J 值趋于零。O、S、N 等电负性较大的杂原子上质子容易电离,能进行快速交换而不参与偶合。

3) 化学等同核和磁等同核

在核磁共振谱中,化学环境相同的核具有相同的化学位移,这种化学位移相同的核称为化

学等同核。例如,在乙醇中,甲基上的三个质子是化学等同的,亚甲基上的两个质子也是化学等同的。分子中的一组核,若不但化学位移相同,且对组外任一核的偶合常数也相同,则这组核称为磁等同核。例如,二氟甲烷:

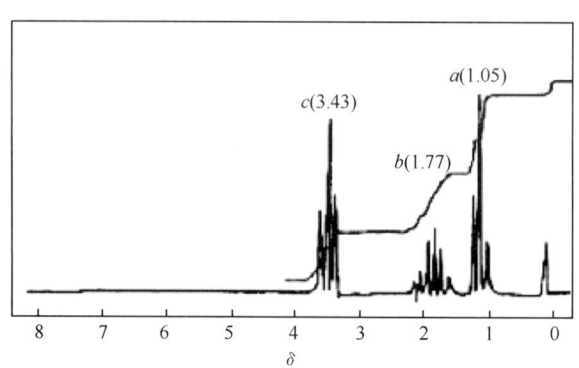

H_a 与 H_b 不但化学位移相同(化学等同),而且 H_a、H_b 与 F_1 或 F_2 的偶合常数也相同,所以也是磁等同核。又如,1,1-二氟乙烯:

H_a 与 H_b 化学等同,但是磁不等同,因为 $J_{H_aF_1} \neq J_{H_bF_1}$,$J_{H_aF_2} \neq J_{H_bF_2}$。磁等同核之间的偶合作用不产生峰的裂分,只有磁不等同核之间的偶合才产生峰的裂分。

15.4.4 核磁共振谱图解析

核磁共振谱进行谱图解析时,首先观察吸收峰的组数,确定化合物中有几种氢核;再由峰的强度(积分曲线)确定分子中各种氢核的数目;然后由峰的化学位移(δ 值)判断各种氢核的化学环境;最后由峰的裂分数和偶合常数确定各组质子之间的相互关系。

例 15-3 某化合物的分子式为 C_3H_7Cl,其 ^1H NMR 谱图如图 15-14 所示,试推断该化合物的结构。

图 15-14 某化合物的 ^1H NMR 谱图

解 (1) 由分子式可知,该化合物是一个饱和化合物。
(2) 有三组吸收峰,说明有三种不同类型的 H 核。
(3) 该化合物有七个氢,由积分曲线的阶高可知 a、b、c 各组吸收峰的质子数分别为 3、2、2。
(4) 由化学位移值可知:H_a 的共振信号在高场区,其屏蔽效应最大,该氢核离 Cl 原子最远;而 H_c 的屏蔽效应最小,该氢核离 Cl 原子最近。
因此,化合物的结构应为:$CH_3CH_2CH_2Cl$,1-氯丙烷。

例 15-4 一个化合物的分子式为 $C_{10}H_{12}O$,其 ^1H NMR 谱图如图 15-15 所示,试推断该化合物的结构。

解 (1) 由分子式 $C_{10}H_{12}O$ 可知化合物的不饱和度为 5,化合物可能含有苯基、C=C 或 C=O。

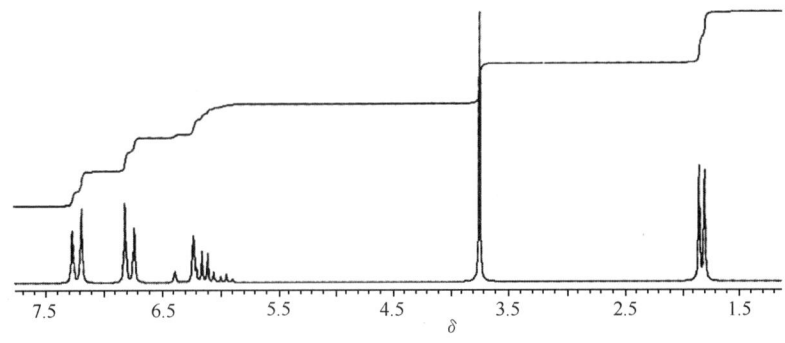

图 15-15　某化合物的 ¹H NMR 谱图

(2) ¹H NMR 谱无明显干扰峰；由低场至高场，积分简比为 4∶2∶3∶3，其数字之和与分子式中氢原子数目一致，故积分比等于质子数目之比。

(3) $\delta=6.5\sim7.5$ 的多重峰对称性强，可知含有 X—C₆H₄—Y(对位取代)结构。其中两个氢的 $\delta<7$，表明苯环与推电子基团(—OR)相连。

(4) $\delta=3.75(s,3H)$ 为 CH₃O 的特征峰。

(5) $\delta=1.83(d,3H)$ 为 CH₃—CH＝，$\delta=5.5\sim6.5(m,2H)$ 为双取代烯氢(C＝CH₂ 或 HC＝CH)的四重峰，其中一个氢又与 CH₃ 邻位偶合，排除＝CH₂ 基团的存在。

由上分析可知化合物应存在—CH＝CH—CH₃，故化合物的结构应为

$$CH_3O—\!\!\bigcirc\!\!—CH=CHCH_3$$

15.5　质　　谱

质谱是一种快速、方便、准确地测定化合物相对分子质量及分子结构信息的方法。高分辨质谱仪甚至可以给出分子式，收到元素分析的效果。如果色谱仪和质谱仪联合使用，还可以测出混合物各组分的相对分子质量及组成比例。

15.5.1　质谱的基本原理

被测样品在高真空条件下气化，经高能电子束轰击，待测分子失去一个价电子生成分子离子($M^{\dot+}$)。生成的分子离子 $M^{\dot+}$ 如果再受到电子束轰击，还会根据原化合物碳架和官能团不同，进一步裂解生成各种不同的碎片，如图 15-16 所示。

经高能电子束轰击成的碎片离子在质谱仪中电场和磁场的综合作用下，根据它们质荷比(质量和电荷的比值 m/z)的大小彼此分离，并相继通过离子收集器、检测器，同时产生与其离子数成正比的不同强度的信号；用照相或电子方法记录所产生的信号即为待测物质谱。质谱仪由离子源、磁分析器、离子捕集器和记录仪四部分组成，如图 15-17 所示。

15.5.2　质谱的表示方法

质谱通常采用质谱图和质谱表两种表示方式。

1. 质谱图

质谱图中将峰值最强的峰定为基峰(base peak)，其值为 100，其他峰值与基峰的高度相比

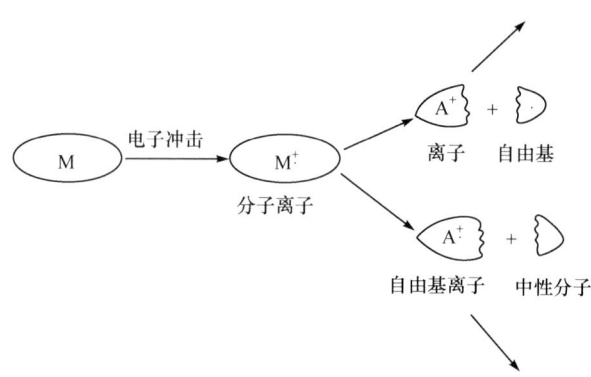

图 15-16　分子断裂示意图

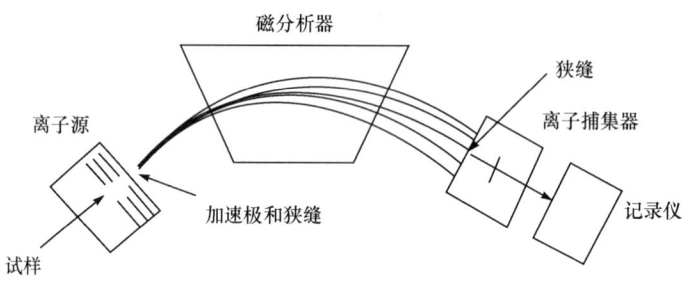

图 15-17　质谱仪示意图

的百分数称为相对丰度。质谱图的横坐标为 m/z，纵坐标为相对丰度。例如，2-乙酰基谷氨酸二乙酯的质谱图如图 15-18 所示。

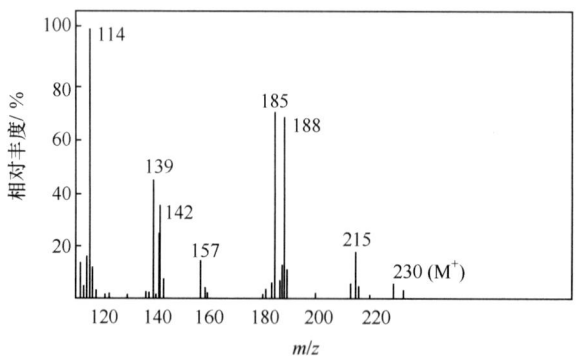

图 15-18　2-乙酰基谷氨酸二乙酯的质谱图

质谱图比较直观，但相对丰度比不够精确。

2. 质谱表

化合物裂解后，将碎片离子的质荷比、离子的相对丰度以表格的形式列出来。例如，表 15-7 为 2-乙酰基谷氨酸二乙酯的分子离子、碎片离子的质荷比（m/z 110 以上的部分）和相对丰度。

表 15-7 2-乙酰基谷氨酸二乙酯的分子离子、碎片离子的质荷比和相对丰度

m/z	相对丰度	m/z	相对丰度	m/z	相对丰度	m/z	相对丰度	m/z	相对丰度
111	15	121	2	141	22	182	2	189	7
112	3	129	2	142	37	184	5	214	5
113	18	137	3	143	6	185	67	215	14
114	100	138	3	157	12	186	8	216	2
115	12	139	45	158	1	187	11	227	2
116	2	140	8	159	3	188	66	230	3

15.5.3 质谱的解析

1. 分子离子峰和同位素峰

分子离子和碎片离子通常只带一个正电荷,因此质荷比通常即表示相对分子质量或碎片的式量。一旦分子离子峰在谱图中的位置确定下来,它的 m/z 值即为被测样品的相对分子质量。分子离子峰的确认有一定的规律性:

(1) 分子离子越稳定,则其峰值越强。因此,分子离子峰的丰度一般按芳烃、共轭烯烃、脂环烃、直链烷烃及支链烷烃的碳骨架顺序或酮、胺、酯、醚、羧酸、醛、卤代烃及醇的官能团顺序减弱。

(2) 分子离子含奇数个氮原子,其相对分子质量为奇数;不含或含偶数个氮原子,其相对分子质量为偶数。这个规律称为氮规律,适合绝大多数有机化合物。

(3) 比分子离子峰少 3~14 个质量单位处不会出现碎片离子峰。这是因为分子离子不可能裂解出两个以上的氢原子和小于一个甲基的质量单位。这有助于确定分子离子峰。

(4) 比分子离子峰高出一两个质荷比单位处往往伴有 M+1 或 M+2 的小峰。例如,图 15-18 中的 M+1 峰是 ^{13}C 的同位素峰,由于 ^{13}C 在自然界中的元素丰度仅为 1.1%,因此 M+1 峰的强度比分子离子峰的强度小得多。若碳氢化合物有 n 个碳原子(^2H 的元素丰度很小,可以忽略),M+1 峰的强度应为分子离子峰的 $n \times 1.1\%$。常见元素的同位素天然丰度比见表 15-8。

表 15-8 常见元素的同位素天然丰度比

同位素	^{13}C	^2H	^{17}O	^{18}O	^{15}N	^{33}S	^{34}S	^{37}Cl	^{81}Br
相对丰度比/%	1.107	0.0145	0.037	0.204	0.366	0.750	4.215	24.263	49.48

2. 分子式的确定

1963 年,贝农和威廉斯计算并发表了相对分子质量在 500 以下且只含 C、H、O、N 四种元素化合物的 M^+、$(M+1)^+$、$(M+2)^+$ 的相对丰度(贝农表)。在实际工作中,我们可以准确测定 M^+、$(M+1)^+$ 及 $(M+2)^+$ 峰的相对强度,然后根据 (M+1)/M 和 (M+2)/M 的百分比,查贝农表来确定分子式。

例 15-5 已知下列质谱数据,确定其分子式。

m/z	相对丰度/%	m/z	相对丰度/%	m/z	相对丰度/%
150(M)	100	151(M+1)	9.9	152(M+2)	0.9

解 查贝农表,相对分子质量为 150 的式子共 29 个,相对丰度比较接近的有以下六个:

分子式	M+1	M+2	分子式	M+1	M+2
$C_2H_{10}N_2$	9.25	0.38	$C_8H_{12}N_3$	9.98	0.45
$C_8H_8NO_2$	9.23	0.73	$C_9H_{10}O_2$	9.96	0.84
$C_8H_{10}N_2O$	9.61	0.61	$C_9H_{13}NO$	10.34	0.68

根据氮规律,相对分子质量为 150,应该不含氮原子或含偶数氮原子,这样排除了三个分子式。在剩余的三个式子中,相对丰度最接近所给质谱数据的分子式为 $C_9H_{10}O_2$。

3. 推测有机化合物的结构

在质谱仪中,样品除生成分子离子外,最大量的还是断裂分子离子结构中的不稳定键而生成的碎片离子。有些碎片离子还能进一步发生键的断裂,不同碎片离子的相对丰度与分子结构有密切关系。高丰度的碎片离子峰代表分子离子中易于裂解的部分,反之亦然。因此,掌握这些碎片离子及其断裂规律对确定分子结构有着重要的意义。根据这些规律,将各个碎片连接起来,可用于推导有机化合物的结构式;或者结合其他光谱(紫外光谱、红外光谱、核磁共振谱)数据推导结构式。

例 15-6 某化合物的质谱如图 15-19 所示。该化合物的 ^{1}H NMR 谱在 2.3 左右有一个单峰,试推测其结构。

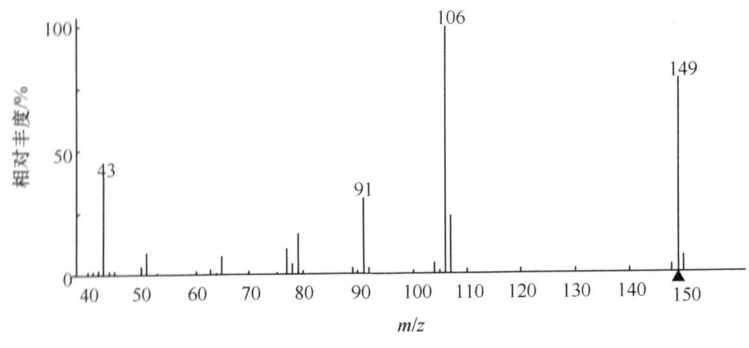

图 15-19 某化合物的质谱图

解 由质谱图可知:
(1) 分子离子峰 m/z 149 是奇数,说明分子中含奇数个氮原子。
(2) m/z 149 与相邻峰 m/z 106 质量相差 43,为合理丢失,丢失的碎片可能是 CH_3CO 或 C_3H_7。
(3) 碎片离子 m/z 91 表明分子中可能存在苄基结构单元。

综合以上几点及题目所给的 ^{1}H NMR 谱图数据,得出该化合物可能的结构为

习 题

1. 下列信息各由何种谱图提供?
   (1) 官能团　　　(2) 质子的化学环境　　　(3) 相对分子质量　　　(4) 共轭体系

2. 分子式为 C_2H_4O 的化合物 A 和 B,A 的紫外光谱在 $\lambda_{max}=290$ nm($\varepsilon=16$)处有弱吸收;而 B 在210 nm 以上无吸收。试判断两种化合物的结构。

3. 下列化合物中有多少种不同类型的 H?
   (1) CH_3CH_3　　(2) $(CH_3)_3CCH_2CH_3$　　(3) $CH_2\!=\!CH_2$　　(4) $CH_3CH\!=\!CH_2$　　(5) $C_6H_5CH_3$

4. 化合物 $C_8H_{10}O$ 的红外光谱显示,在 3300 cm^{-1} 附近有一强而宽吸收峰;^1H NMR 的数据为:δ 7.18(5H),δ 4.65(1H)四重峰,δ 3.76(1H)单峰,δ 1.32(3H)二重峰。给出该化合物的构造式。

5. 化合物 $C_{10}H_{12}O_2$,根据下列 ^1H NMR 谱图确定结构,并说明依据。

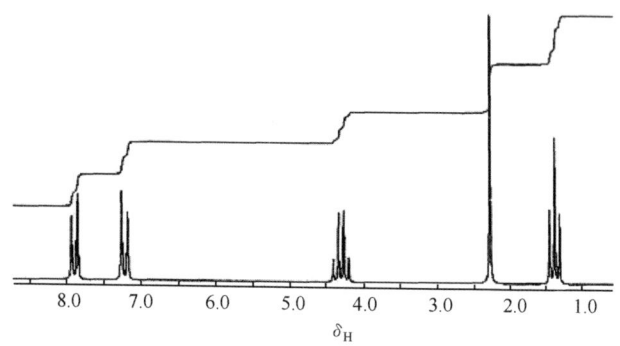

6. $C_5H_{10}Br_2$ 的几种异构体的 ^1H NMR 数据如下,试推测其相应结构。
   (1) 1.0(单峰,6H),3.4(单峰,4H)
   (2) 1.0(三重峰,6H),2.4(四重峰,4H)
   (3) 1.0(单峰,9H),5.3(单峰,1H)
   (4) 0.9(双峰,6H),1.5(多峰,1H),1.85(四重峰,2H),5.3(三重峰,1H)
   (5) 1.0(双峰,6H),1.75(多峰,1H),3.95(双峰,2H),4.7(多峰,1H)
   (6) 1.3(多峰,2H),1.8(多峰,4H),5.35(三重峰,4H)

7. 有一化合物分子式为 $C_9H_{12}O$,其 ^1H NMR 的 δ:7.5(单峰,5H),4.3(单峰,2H),3.4(四重峰,2H),1.2(三重峰,3H)。试推测其结构。

8. 某化合物的质谱图有 3 个主要峰,其 m/z 数值为 15、94 和 96,其中 94 与 96 两峰相对强度近似相等(96 峰略低)。试写出该化合物的结构式。

参考文献

傅建熙. 2018. 有机化学:结构和性质相关分析与功能. 4版. 北京:高等教育出版社.
高鸿宾. 2005. 有机化学. 4版. 北京:高等教育出版社.
胡宏纹. 2021. 有机化学(上、下册). 5版. 北京:高等教育出版社.
黄长干. 2000. 有机化学. 南昌:江西高校出版社.
蒋硕健,丁有骏,李明谦. 1996. 有机化学. 2版. 北京:北京大学出版社.
李贵深,李宗澧. 2009. 有机化学. 2版. 北京:中国农业出版社.
李文忠. 1997. 有机化学. 上海:上海交通大学出版社.
莫里森 R T,博伊德 R N. 1992. 有机化学(上、下册). 2版. 复旦大学化学系有机化学教研室译. 北京:科学出版社.
伍越寰,李伟昶,沈晓明. 2007. 有机化学. 2版. 合肥:中国科学技术大学出版社.
邢其毅,裴伟伟,徐瑞秋,等. 2017. 基础有机化学(上、下册). 4版. 北京:北京大学出版社.
徐寿昌. 1993. 有机化学. 2版. 北京:高等教育出版社.
徐雅琴,黄长干. 2017. 有机化学. 2版. 北京:中国农业出版社.
徐雅琴,尹彦冰. 2012. 有机化学. 北京:科学出版社.
杨红,章维华. 2018. 有机化学. 4版. 北京:中国农业出版社.
尹冬冬. 2010. 有机化学(上、下册). 2版. 北京:高等教育出版社.
袁履冰. 1999. 有机化学. 北京:高等教育出版社.